U0330530

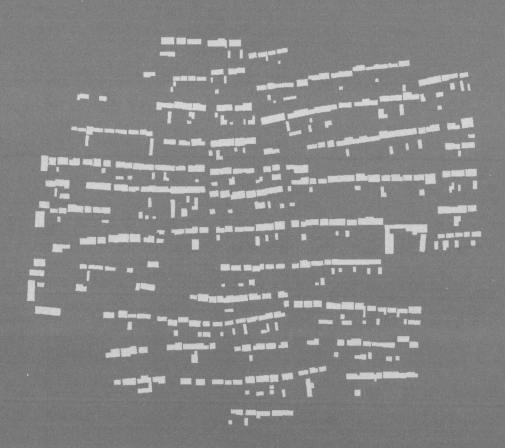

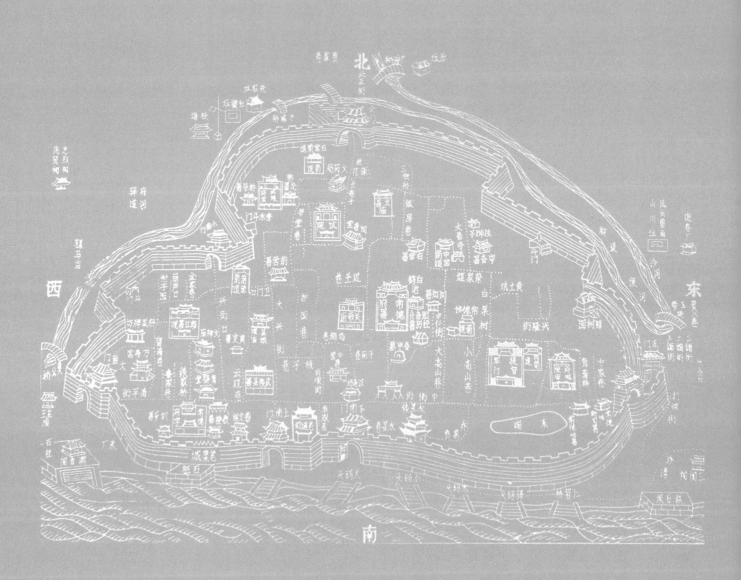

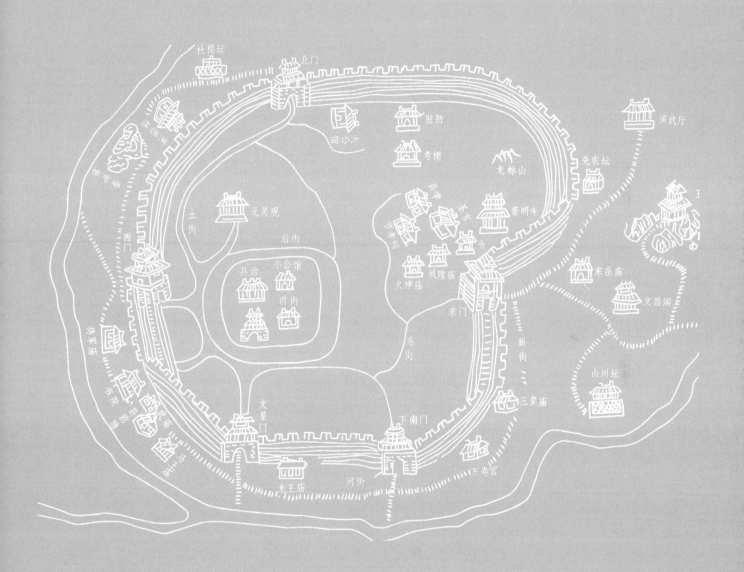

国家出版基金项目

国家重大出版工程项目
『十三五』国家重点图书

中国传统聚落
保护研究丛书

湖南聚落

余翰武　伍国正　著

中国建筑工业出版社

总编委会

顾 问：

张锦秋　　陆元鼎　　王建国　　孟建民　　王贵祥　　陈同滨

编委会主任：

常 青

编委会副主任：

沈元勤

总主编：

陆 琦　　胡永旭

委 员：（按姓氏笔画排序）

王 军	王金平	韦玉姣	冯新刚	朴玉顺	刘奔腾	关瑞明
李群(女)	李群(男)	李东禧	李树宜	杨大禹	吴小平	余翰武
张兴国	张鹏举	陆 峰	范霄鹏	金日学	周立军	郑东军
单晓刚	赵之枫	姚 赯	贾 艳	高宜生	郭 建	唐 旭
唐孝祥	黄 耘	黄文淑	黄凌江	韩 瑛	靳亦冰	雍振华
燕宁娜	戴志坚	魏 秦			

《中国传统聚落保护研究丛书　湖南聚落》

余翰武　伍国正　　著

审　稿：唐孝祥

一、引子

中国传统文化将一个地方的环境气候和风俗民情的特质和韵味称为"风土"。《国语·周语上》韦昭注："风土，以音律省土风，风气和则土气养也"，即从当地方言的乡音民谣中便可感知一方土地、民风的文化气息，因而"风土"一词与英文的Vernacular近义。"风"指风习、风俗、风气，"土"指水土、土地、地方，所谓一方水土养育一方人，供奉一方神，从这个意义上，"风土"与西方的"场所精神（Genius Loci）"也有一定的关联性。日本近代哲学家和辻哲郎著有《风土》一书，他对"风土"的定义是自然环境气候诸因素加上"景观"，这里的"景观"应指审美角度的自然和人文两个方面，二者相融合的文化景观就是一种典型的传统聚落。

然而，在当今乡村振兴的时代大潮中，传统聚落最常见的关键词是"乡土"而非"风土"，差不多已约定俗成了。"乡土"一词是中国农耕社会中故乡、家乡、老家和乡下的意思，至今中国社会还延续着这个传统的语义。但中文"乡土"与英文Vernacular的语境存在差异，因为西方并不存在以宗法制为基础的传统乡民社会，其乡村也就不会有类似于中国"乡土"的概念内涵。而乡村的发展前景是要走出农耕语境的乡土，留住文化记忆的乡愁，延续场所精神的风土，再造生态文明的田园。再说自近代以来，乡土并不包括城里的传统聚落，比如北京的胡同，西安、成都、苏州的巷子，上海的弄堂等属于"风土"而非"乡土"的范畴。

自1930年朱启钤先生发起成立中国营造学社以来，在梁思成和刘敦桢两位学科巨擘的引领下，我国建筑界对传统民居和乡土建筑的研究持续推进，成就斐然，形成了传统建筑研究的一大专业领域。但如何使这些研究更多地关联和影响城乡建设的进程，对整个建筑类学科都是一个很大的挑战。

二、中国传统聚落的源流与特征

1. "匝居"与城乡同构

中国传统聚落营造的信史可追溯到商周时期的聚落遗址。其中有关"营造"的最早文字记载见于《诗·大雅·灵台》："经始灵台，经之营之"。这里的"经"，是策划、管控的意思；而"营"，原意即"匝居"，是围而建之的意思，例如"营窟""营市（阛、阓）""营垒""营国"等一系列聚落营造范畴的词汇。因此，古代聚落即以"匝居"的方式，形成血缘的乡村聚落，地缘的城邑聚落，以至作为国家统治中心的都邑聚落——都城。这些华夏聚落以宗庙或祠堂为空间秩序的中心，以城垣壕堑为空间领域的边界，虽层级和功用不同，但从深层构成看却大多同构，保持和发展着"匝居"的聚落营造方式，从而部分地诠释了城乡一体的"亚细亚生产方式"学说。因为，一方面，许多乡村聚落拥有城垣、堡楼、街坊、庙宇等要素，俨如一座座城邑，如从汉代的"坞堡"到明清的庄寨、围堡均是如此；另一方面，城邑甚至都邑虽然看上去坚固伟岸，依然不过是政治权力和经济活动高度集中，等级制度极为森严，壕堑防卫更加严密，水平向扩展开来的巨型村寨而已，是乡村聚落的放大升级版。

2. 聚落原型与变换

从"匝居"的外在方式到聚落的内在构成，可以看到中国传统聚落源于商周"井田制"的"井"字形空间概念及其原型意象。所谓"井田制"，即以王室收取贡赋为目的的土地经营制度和划分方式。如周代王室拥公田，公卿以下据私田，遗有周代理想的营国制度，以百亩为夫，九夫为井，九井为国（都邑）。据此制度，田野的纵横阡陌就演变为聚落内经纬交错的街衢，并围合成间、里等空间尺度及单位。后世的里坊、厢坊、街坊，以及后来的胡同、街巷和弄堂等都是这样演变而来的。但这一"井"状网格空间原型的聚落并非处处趋同，而是因地制宜，异彩纷呈，依循了"因天材，就地利，故城郭不必中规矩，道路不必中准绳"（《管子·立政篇》）的变通法则，适应地理环境和地貌条件的差异而产生拓扑变换。这就犹如某种语言，尽管"方言"各异，但"句法"和"语义"相通。或许以这样的解读，方可辩异认同、知恒通变，把握住中国传统聚落的结构本质及其演变方向。

3. 水系与聚落分布

中国传统聚落源于近水的邑居，据《史记·五帝本纪》："禹耕历山……一年而所居成聚，二年成邑，三年成都"。其中，对水畔、雷泽、河滨等的劳作场所描述，均寓意了聚落是伴水而生的文化地景。甲骨文中的"邑"字右边旁加三撇表示傍水，即"邕"字的金文来历，同样表示聚落即环水的邑居。除了统治与防卫上的考虑，古代聚落选址的首要地理条件，是必须依傍满足漕运需要，方便物资供给的水系。因此，自上古以来聚落选址一般都位于大河的二级台地或其支流的一级或二级台地上。在物流以漕运为主的古代，这些水系可以说是聚落生存的命脉，对于都城而言尤甚，如长安、洛阳、汴梁（开封）沿黄河及其支流东西走向一字排开，建康（南京）、江都（扬州）濒临江淮，北京（涿郡）和临安（杭州）则处于南北大运河的两端。实际上历代中心聚落——都城在空间上的移动，均因应了文化地理的条件和漕运线路的兴衰，并与社会动荡、族际战争和人口迁徙相伴随。

4. 乡村风土聚落

在中国古代，与城邑聚落不同的是，乡村聚落社会是按血缘关系和经济共同体为纽带所形成的聚居系统，聚族而居的社会秩序和居住形式仰赖宗法制度维系，特别是自宋代以来，程朱理学倡导"敬宗收族"，形成了以祠堂、族田和族谱为核心的宗族组织及其聚居制度，宗法的社会结构更加趋于自组织化。但由于特定地域下的自然环境（如气候、地貌、水土、材料等）和人文环境（如宗法、宗教、数术、仪式等）的差异，聚落中的宗法秩序和空间布局亦有着同中有异的呈现方式，营造活动很少有统一法式的约束，较之城邑营造更加因地制宜，灵活多变，因而在与自然地景融为一体的有机生长中，保留了纯朴的古风和浓郁的地方性，可以说是千姿百态，谱系纷呈，表现了与西方的"场所精神"相类似的地方特质。以下按地理纬度和等降水量线，将中国各地域的聚落建筑分为四个区段。

1）农耕—游牧混合地区，即400毫米等降水量线以北半干旱北方地区的聚落建筑。如昆仑山南北侧和蒙古草原上游牧民族的帐幕、蒙古包；塔里木盆地周缘突厥语族—东伊朗民族的木构平顶阿以旺住宅；青藏高原上的藏式碉房，甘青地区各族建筑元素相混合的"庄窠"式缓坡顶两合院与三合院，以及青藏高原东部边缘的羌式碉房及合院等。

2）西北、华北和东北地区，即400毫米等降水量线以南至800毫米等降水量线以北之间半湿润北方地区的聚落建筑。如豫、晋、陕、甘各式窑洞，木构坡顶及包砖土坯（胡墼）墙房屋组成的晋系狭长四合院；东北、京、冀、鲁、豫木构坡顶、平顶、囤顶建筑构成的宽敞四合院等。

3）西南、江淮、江南地区，即800毫米等降水量线以南湿润地区的聚落建筑，如川、黔、桂、滇地区，以穿斗体系、干阑—吊脚为显著特征的楼居及合院，藏缅语族各民族的"土掌房""一颗印"（"窨子屋"）"三坊一照壁"等合院；湘、赣、闽北地区"四水归堂"的天井合院或"土库"建筑；江淮地区介于南北方之间的合院和圩堡；徽州地区以堂楼为中心，高耸的马头墙、墙厦、精工木雕、楼面地砖为特色的天井合院；江浙地区穿斗—抬梁混合式的多进厅堂和宅园等。

4）华南地区，即大部处于1600毫米等降水量线范围的高湿多雨地区聚落建筑，如闽南、粤北地区客家、潮汕（闽系）聚落以夯土墙和木屋架构成的大厝、土楼、土堡、围龙屋；粤南广府地区大屋、天井、冷巷构成的合院群等。

总体而言，延续至今的乡村传统聚落基本上都是明清以来的遗存，说明经过两晋南北朝开始的由北而南为主流的历次民族、民系大迁徙，明清时期各地乡村建筑相对稳定的地域分布格局已基本形成，可以从民间流传的营造匠书和聚落族谱中得到印证。如元明之际的《鲁般营造正式》、明万历年间的《鲁班经匠家镜》和清末民初的《营造法原》等，对江南地方的民间建筑影响尤其广泛。

至于少数民族地区的乡村传统聚落，因源于不同的文化传统，其构成及相互关系比较复杂，与汉民族聚落也存在交融现象。比如，明清两代逐渐推进"改土归流"，在南方的少数民族地区以"流官"管理制取代"土司"世袭制，推进了汉族与少数民族的异质文化交融，但后者的"熟化"（或"汉化"）程度，大大超过了前者的"夷化"。

自1930年中国营造学社成立以来，在梁思成和刘敦桢两位学科巨擘的引领下，建筑史界对乡土民居的研究成就斐然，形成了传统建筑研究的分支领域。跨世纪以来，建筑史界对传统民居的人文地理背景和建筑形态分布区系已有一些学术探讨，并有过以传统建筑结构类型为主线的地域区划专题研究。但是这些研究成果怎样对城乡改造中的遗产保护难题产生积极影响，还有待实践中的借鉴和运用。

三、城乡改造与传统聚落

1. 消亡中的乡愁载体

自19世纪末以来，直到改革开放之前，传统中国逐渐从农耕文明走向了工业文明，演变进程是相对缓慢曲折的。尽管传统聚落的宗法社会结构已经崩解，但血缘和宗族关系依然得以延续，聚落的空间结构和传统风貌依然大致如故。随着近30年来城镇化和城乡改造浪潮的冲击，传统聚落的文化特征已发生巨变，大部分古城只保留着少量的历史文化街区。作为乡村传统聚落的大多数村镇，经过撤并集聚或自发式改造，使原有的自然和社会生态系统瓦解或巨变，残留下来比较完整，较多保留着原生态风貌的多在边远山区，占比很大的部分已破败不堪，或被低质化改造，总体上正以极快的速度趋于消亡。

据中外学者的研究，民国时期的城镇化水平不过10%左右，中华人民共和国成立直到改革开放前也只达到17%左右。20世纪70年代末改革开放以来，城镇化开始飞速地发展，城镇化率2018年已达59.58%，其中城镇户籍人口42.35%（包括拥有宅基地的部分镇人口和城中村人口），与欧美约75%～85%及日本93%的城镇化率相比仍差距明显。截至2016年，我国乡村自然村仍有244.9万个，基层自治管理单位"村民委员会"52.6万个，乡村户籍人口7.63亿，常住人口5.6亿，在本地和外地谋生的农民工约2.88亿。2017年全国城乡人均收入倍差2.72，一些贫困的山区和边远地区农村人均收入与全国城乡平均收入倍差则远高于这个数字，这些地方的衰败或空村化现象更加严重（数据来源自2017年、2018年国家统计局公布的数据）。

虽然这种文明进程在任何一个走向现代化的农耕社会迟早都会发生，但是中国作为人类文明诸形态中唯一保持了连续性进化的国家，文化传统的基因和源头即存在于城乡传统聚落之中。这一"乡愁"载体的消亡，不但会使国家和地方失去身份认同的文化根基，而且会使城乡一体化发展的战略目标发生偏差。

2. 风土建成遗产

在中国传统聚落的话语体系中，"民居"是对功能类型而言，"乡土"是对乡村聚落而言，而"风土"是对城乡聚落及其文化地理背景而言，三者均属同一范畴。因此，乡村聚落也是最具文化载体性的风土聚落，呈现了各个地域环境、气候和民族、民系背景下异彩纷呈的风土特质。西方的风土建筑研究可以追溯到法国18世纪新古典主义理论家德·昆西（Quatremère de Quincy），他最早指出了建筑语言的风土（Vernacular）和习语（Idiom）属性。到了当代，英国建筑理论家兼乡村爵士乐作曲家鲍尔·奥利弗（Paul Oliver，1927—），集风土建筑研究大成，在1997年出版了覆盖全球的《世界风土建筑百科全书》（*Encyclopedia of Vernacular Architecture of the World*），他认为研究风土建筑不只是为了记录过往，对未来的文化和经济可持续发展也是不可或缺的。随后R. 布伦斯基尔（Brunskill R. W.）在2000年出版《风土建筑：一部图解的历史》一书，把20世纪以前定义为"风土建筑时代"，以大量的插图详解了数百年来英国风土建筑在农耕时期和工业化早期的形态特征。

"建成遗产"是经由营造活动所形成的建筑、聚落、景观等文化遗产本体的总称。1999年，国际古迹遗址理事会（ICOMOS）在《风土建成遗产宪章》（*Charter on the Built Vernacular Heritage*）中，首次提出了"风土建成遗产"的概念，即特定风俗和土地上所建造的文化遗产，其保护价值今已成为全球共识。首先，"聚落建筑"作为风土建成遗产的第一保护对象，是城乡历史环境的栖居场所，也是民族民系身份认同和乡愁记忆的空间载体，携带着可识别的中国传统文化基因。其次，"营造技艺"蕴含乡遗的工巧智慧精华，是对其进行保护、传承和再生的意匠源泉，而只有将传统聚落的营造技艺真正传承下去，保护才是可持续的，才能使聚落遗产长存下去。再次，"文化地景"（或文化景观Cultural Landscape）呈现聚落的环境因应特征，是人工与天工相交融的在地景观。韩国建筑师承孝相，为了表达地景建筑创意，生造了"Landscript"（地文）一词，本意是强调人的活动在土地上留下的印记，就如大地书写一般。显然，"地文"需要保护和续写，即像日本的"合掌造"民居、中国的西递—宏村那样，严格保护好聚落遗产标本，激活历史环境的"场所精神"（Spirit of Place），在新建筑中创造性地转化风土建成遗产的原型意象。

3. 国家级聚落遗产

根据住房和城乡建设部和国家文物局颁布的最新保护名录，中国传统聚落列入国家保护名录的有三大类，均可看作风土建成遗产。其一为100多处"国家重点文物保护单位"身份的传统聚落；其二为国家历史文化名城、名镇、名村，包括135座"名城"、312个"名镇"和487个"名村"；其三为6819个部分由国家财政资助保护的"传统村落"。此外，皖南古村落西递—宏村、福建土楼、开平碉楼与村落，以及红河哈尼梯田文化景观等4项乡村传统聚落及景观被收入世界文化遗产名录。

这其中的传统村落数量最为庞大，部分还同时具有国家级历史文化名村及重点文物保护单位的身份。其分布特点为：南方约占全国总量的78%，大大多于北方；山区多于平原、盆地，如晋、湘、滇、黔、闽的山区占比超过全国总量的二分之一；方言区多于官话区，如晋系方言区约占北方各官话区总和的40%左右；工业化、城镇化起步较晚的地区多于起步较早的地区，如西北地区多于东北地区；城乡人均收入倍差相对较高的地区多于发展水平相近的较低地区，如贵州、云南处于全国传统村落数量排名前列。

上述的三大类传统聚落遗产保护系列中的前两类，有着相应的国家保护法规及实施细则，生存问题相对无虞。而第三类——传统村落量大面广，没有直接的相应保护法规作保障，其生存问题看似有国家财政资助，实际状况则堪忧。

四、传统聚落的保护与活化

1. 模式与问题

对风土建成遗产的专项保护，比较典型的首推北欧斯堪的纳维亚半岛的挪威和瑞典，这里在第二次世界大战前最早以民俗博物馆的方式，保护和展示当地的风土建筑，这种方式随后风靡欧洲大陆和英国。1952年英国"古迹委员会"将18世纪以前的风土建筑均纳入了保护名录，特别值得注意的是，英国将乡村划为120个自然区和181个特色景观区，这是可以借鉴的乡村文化地景谱系保护策略。日本于20世纪70年代兴起的"造村运动"，是通过农业升级改造、乡村特色塑造和技术培训投入，提振乡村经济社会活力和磁力，最终使乡村聚落得到活化和再生。聚落遗产保护和传承是其中的一个部分，如长野县的妻笼宿和岐阜县的马笼宿，其风土建成遗产在存真、修缮、翻建、活化等方面皆有坚定的价值坚守和丰富的保护经验，可供中国乡村风土建成遗产保护和再生实践学习借鉴。

我国城乡风土建成遗产保护与活化前后已历20载左右，经验和教训并存，其中数量占大多数的乡村聚落遗产保护与活化主要有三种模式。第一种为国家文博体系和大型国企主导的乡村博物馆模式，如山西的丁村、陕西的党家村、湖南的张谷英村、福建的田螺坑土楼群及玉井坊郑氏大厝等，经费、法规、导则等条件较为完善，部分村民通过村委会组织参与经营活动受益。第二种为社会企业主导的风土观光综合体模式，乡村聚落遗产由企业与当地政府、村自治体——合作社以契约形式合作及分成，如安徽黟县宏村、浙江松阳县村落、山西沁水县湘峪村、福建连江县杜棠古村三落厝等。第三种为村自治体主导风土生态体验区模式，以由村自治体所属企业及乡村活化能人掌控风土观光资源，进行乡村聚落开发，村民参与其中的相对较多，受益也相对大一些，如安徽黟县西递村、山西平遥县横坡村、陕西礼泉县袁家村、山西晋城市皇城村、福建屏南县北村等。

不可忽视的是，乡村聚落遗产在保护和活化中存在一些带有普遍性的问题和挑战：一是大多没有以乡村经济、社会的改造升级为根本前提，而是过多地依赖于旅游资源的消耗；二是管理政出多门，既条块分割，又一事多管，造成一些村落一村多名，准入标准和处置方式交错低效；三是原住民生活资料——集体土地、宅基地和房屋处于不确定的流转状态，所有权和使用权分离，但土地与房屋租金普遍低廉，收益分配不成比例，原住民的公平共享诉求难以兑现，存在着大量的权益矛盾和法律纠纷，潜在的社会风险已然存在；四是维修和民宿化改造等多为村民自发行为，存在严重的安全隐患，如结构安全意识薄弱，涉及公众安全的强制性技术规范和安全施工监管缺位，消防间距、人身防护不合规范的状况随处可见，声、光、热等室内环境控制指标大都达不到基本使用要求；五是宅基地内滥建低质楼监管缺失，低质翻建率常在一半以上，严重的达70%～80%，使村落风貌严重失控，而招揽观光的利益驱动导致拆真造假现象也随处可见；六是薪火相传趋于中断，大部分营造技艺面临失传，由于种种原因，"非物质文化遗产传承人"名誉并未起到明显的弥补作用，传统意匠及技艺存续与再生尚待突破，新旧修复材料融合手段薄弱等问题普遍存在；七是同质化严重，社会资金普遍投入乡村聚落保护与再生项目的可能性有限，而传统村落依赖国家财政扶持也是很有限的，且不可持续。

2. 标本保存谱系化

当下我国城乡风土建成遗产的保护与活化，首先并不是个建筑学问题，而是涉及保护什么，如何保护，怎样活化的实质性问题，与经济、社会的可持续发展背景息息相关。从物种标本保存的战略眼光看，传统聚落保护与活化的前提是对聚落遗产标本的保存和研究。

少量被定格在某个历史时期或文化样态下的聚落遗产，比如平遥、丽江古城以及各地名镇、名村一类进入各种遗产名录，是受到严格保护的风土建成遗产标本。但这些遗产标本只是聚落遗产中极小的一部分，我们认为，实际上需将我国城乡风土建成遗产按民族、民系的语族区或方言区进行全覆盖，成体系地作分类分级梳理，为后世存续完整的风土建成遗产谱系标本，兹事体大，关及国家和地方历史身份和文化传承的根基。因此，应依风土建成遗产谱系统一甄别、筛选和认定聚落遗产，再以地景修复、聚落修补和技艺传承为基础，将之纳入再生过程。当务之急，是应对其谱系构成缘由与分布有比较系统的认知。

由于语言作为文化纽带的重要性仅次于血缘，而风土在语言学上的含义，即连接一个地方聚居群体的交流媒介"语缘"，既可代表不同的文化身份，也可作为判断各文化身份间亲疏关系的参照。因此，从文化地理学和人类学的角度，可尝试以民系方言和语族—语支为参照，对各地风土建筑做出以"语缘"为纽带的谱系分类区划。总体上看，历史上语族相近，说明有相关的文化渊源；语族的方言或语支相通，说明血缘和地缘存在关联性。传统的汉语族—方言和少数民族的语族—语支是在漫长的历史变迁中，由于地理阻隔及民族、民系迁徙所形成的。虽然建筑谱系和语言谱系是否完全对应确是个问题，但设若不同族群在语言上可以交流，则其聚落及建筑一般也会存在交互关系。

参照语言人类学家的语缘区划，汉藏语系的汉语族民族民系聚落及建筑谱系主要可分为：其一，东北、华北、西北、江淮和西南等五大官话区建筑谱系；其二，华北的晋语方言区建筑谱系；其三，江南的吴语、徽语、赣语和湘语四大方言区建筑谱系；其四，华南的闽语、粤语和客家语三大方言区建筑谱系。少数民族语族区聚落及建筑谱系主要可分为：其一，西南地区汉藏语系藏缅语族17个民族的建筑谱系，壮侗语族9个民族和苗瑶语族3个民族的建筑谱系；其二，北方地区阿尔泰语系突厥语族7个民族，蒙古语族6个民族和通古斯语族5个民族的建筑谱系等。此外，还有少量西北地区印欧语系斯拉夫语族和伊朗语族的民族的建筑谱系，以及华南地区南亚语系和南岛语系民族的建筑谱系。以这样的谱系认知方式，对风土建成遗产谱系遗产的标本系列进行谱系化的保护，是有重要意义的一种尝试。

突厥语族区建筑		其他区建筑	蒙古语族区建筑		其他区建筑	通古斯语族区建筑		其他区建筑
定居区	游牧区		定居区	游牧区		定居区	渔猎区	

北方官话区西部建筑		晋语方言区建筑			北方官话区东部建筑		
河西	关中	北部	中部	东南部	京畿	胶辽	东北

西南官话区建筑				北方官话区中部建筑		江淮官话区建筑	
滇	黔	川	鄂	豫	鲁	淮	扬

藏缅语族区建筑				湘语方言区建筑			赣语方言区建筑			徽语方言区建筑			吴语方言区建筑		
藏区	羌区	彝区	其他	湘西	湘中	湘东	豫章	临川	庐陵	歙县	婺源	建德	苏州	东阳	台州

壮侗语族区建筑			客家方言区建筑			闽语方言区建筑	
壮区	侗区	其他	西部	中部	东部	闽中	闽东

苗瑶语族区建筑	粤语方言区建筑			闽语方言区建筑（闽南）		
其他区建筑	桂南	粤西	广府	潮汕	南海	台湾

我国民族民系风土建成遗产谱系分布示意图

3. 大量性传统聚落的出路

除了经典传统聚落风土建成遗产谱系的标本保存，大量性的传统聚落，特别是乡村聚落，总体上面临着景象劣化、原有建筑被大量低质改建、乡村经济和民生有待振兴的境况。因此，需要将聚落有机更新和文化地景再造，作为未来发展的主要方向。实际上，对大量性传统聚落的可持续发展而言，实践中应考虑保存有标本价值的聚落典型建筑，延承风土营造谱系所曾依存的地貌特征、空间格局和尺度肌理，再造出隐含着基质原型、适应生活变迁的新风土聚落及文化地景。

此外，传统聚落遗产管理系统和遗产归口的合理化，遗产运作的信托化，遗产基金、社会"领养"

和活化途径的模式化，营造技艺传承的制度化，以及保护技术的系列化等，都应作为传统聚落保护与再生的改进方面加以关注和实施。

五、关于丛书编纂

这部丛书是第一部关于中国传统聚落特征与保护的大型研究集锦，内容覆盖了各省市自治区传统聚落的历史溯源、地域特征与现存状态、保护与活化的方法与途径，以及未来走向的展望等。丛书中的"传统聚落"聚焦于狭义的"村"和"镇"，并可选择性地涉及"城"，即"县"或"市"的老城区，如北京的胡同和上海的弄堂。书中内容兼顾理论观点和叙述方式的历史性、逻辑性和独特性，引述材料要求真实可靠，体例同中有异，充分表达地域特征，并将之纳入史地维度和经济、社会发展的叙事语境。保护与活化内容要求选取兼顾普适性和典型性的工程实践案例，对乡村振兴中的建成遗产存续和再生问题进行全方位的讨论。由于本丛书仍是以行政区划单位作为各分册的研究范畴，难免存在少量跨省市区之间的互涵和重复内容，但作为一部大型丛书，总体上还是完整统一的，其中不少篇章都可圈可点，对乡村振兴和传统聚落的未来探索有多方面的参考价值。

（本文主要内容及参考文献见《建筑学报》2019年12期）

中国科学院院士、同济大学教授

己亥夏至于上海寓所

聚落，是人类聚居和生活的场所，《汉书·沟洫志》曰："或久无害，稍筑室宅，遂成聚落"。聚落这一概念最早出现时是为了描述区别于都邑的居民点，现在已泛指人类生活地域中的村落和城镇。聚落是在各个地域内发生的社会活动、社会关系和特定的生活方式，并且是由共同的人群所组成相对独立的生活空间和领域。传统聚落主要是指具有一定历史性的城乡聚落，拥有物质形态和非物质形态的文化遗产，是先人运用自己的智慧，依据自然、气候、地理、习俗等环境因素建立的适宜的居住空间，同时具有较高的历史、文化、科学、艺术、社会、经济价值，能够反映一定历史时空的社会物质文化与精神文化的重要载体。

传统聚落是人们与自然协调过程中不断地尝试和调整所形成的，是在一定的时空条件下的总结。传统聚落是一定地域空间范围内的人文现象，它既是一种空间系统，也是一种复杂的经济、文化现象和社会发展过程。其起源、形成、发展均在特定地理环境和社会经济背景中，通过人类活动与自然相互作用下的结果，是对自然地理条件、社会治理结构、文化机制作用等多方面的缓慢调整适应，既是人类不断地适应、改造自然环境的实践积淀和智慧结晶，也是特定地域环境人地关系的空间反映。正如本套丛书之一《云南聚落》编写作者杨大禹教授所说："几乎所有的传统聚落，作为联系自然环境和人文环境的中介，从它们的地理分布、外部整体形态、内部空间结构，到聚落与周围自然环境、山水地形的紧密关系，都体现出因地制宜、和谐有机的共同规律。"这些共识是协调当地的地理条件、社会风俗与生活方式等积累而成的。在以聚居为主的生活模式下，都会充分考虑到聚落的环境特点，尽量找到资源配置最为合理、微气候最为和谐的场所。聚落形态与民居建筑形式的存在，与人们应对自然环境的生理、心理需求有着千丝万缕的联系。所以，传统聚落都能反映出在一定的地域空间环境、一定的民族和一定的历史时期所承载的建筑文化底蕴。

传统聚落作为中华文明的一种载体，凝聚着具有地域性、民族性与艺术性的布局特色和建筑风采，以及文化习俗下构成的聚落分布、空间格局、生产模式、景观形态等风情各异、千姿百态的元素。传统聚落是先人们长期适应自然，与自然和谐相处的历史见证，凝聚着中国悠久的农耕文明，展示着人们自古至今的生存智慧，可以说，传统聚落承载着中华文化精华和中华民族精神。所以，保护传统聚落就是维系中国传统文化的延续，就是在保护中华文明的根。

对于聚落空间的研究，既要把控聚落自身各种要素以及各要素之间的相互关系，也要关注聚落内部空间与聚落外部空间之间的关系，从而进一步了解单个聚落与同一个地域内其他聚落之间的关系，以便获得对聚落空间完整概念的把握。通过对传统聚落特色的系统研究，包括将传统聚落的不同历史发展阶段，各种历史文化要素和不同形态载体归纳合一，作为相互交融、贯通的体系来研究，从理论层面上梳理传统聚落各种有关形成、发展、演化的普遍规律和地区特征，挖掘其精神文化及生命智慧，发现其内在的文化价值，尊重其自身的运营机制，肯定其在现代聚落发展中的积极作用，以丰富我们对于人类聚居的认识。

长期以来，我们的先人经过不断的实践，运用了他们的丰富智慧，无论在聚落总体布局或在民居建筑技术、艺术方面都取得了很高的成就，积累了丰富的经验。传统聚落生存智慧拥有中国优秀传统文化的内核，是体现传统建筑智慧最具特色的代表。如何重新再认识传统聚落所具有的地域性、民族性与文化多样性特征，进一步发掘潜藏其中的营建技艺、理论精华和创造智慧，寻求传统聚落的持续发展相应的理论支撑，是我们当前重要的课题。当然，蕴含着中华文化基因的传统聚落更是当代建筑文化特色形成的基础，值得我们去进行研究、总结、学习和借鉴。

"中国传统聚落保护研究丛书"各卷作者综合运用文献研究法、调查研究法、比较研究法、定性分析法等科学研究方法，建构传统聚落研究的基本思路。采用文献分析、田野调查、理论研究与实证分析结合、系统化分析等方法，通过对学术文献、地方志、文书族谱等史料资料进行梳理筛选，对现有传统聚落进行建筑测绘、口述访谈，在吸取前人研究成果的基础上，归纳总结我国传统聚落发展特点及其背后蕴含的丰富文化和物质内涵，从整体上考虑多元文化影响下的传统聚落特征。丛书作者在编写过程中，借鉴历史学、社会学、建筑学、城乡规划学、文化地理学、景观生态学等跨学科交叉的思路，采用融合融贯的研究模式，既对传统聚落的基本共性特点归纳总结，也对受各区域条件影响的传统聚落比较分析，从整体上来把握研究对象。

在新时代的聚落发展和建设中，对传统聚落的保护与研究就显得尤为重要。传统聚落所呈现出来的优秀空间格局与营造技艺，不仅能给聚落的保护更新提供更为合理的方法途径，同时也能为新时代的聚落建设提供更多的方式方法及可能性。探究历史文化基因的内在联系，研究传统聚落的起源、演变、特点和价值，为传统聚落的传承提出依据，以便于更好地加以保护与利用。与此同时，在弘扬与传承优秀传统文化的基础上，探寻传统聚落发展模式及其保护的策略与原则，对保护与更新提出更为具体的要求与措施，构建整体保护的格局理念，以及与其相适应的、分级分类的传统聚落保护体系，更好地把握传统聚落在当代的发展道路与方向。

"中国传统聚落保护研究丛书"的编写希望以准确翔实的史料、精确细腻的测绘、真实生动的图片来全面展示中国传统聚落悠久的历史、灿烂的文化、淳朴的民风。由于各地区的状况不同和民族差异，以及研究基础也会参差不齐，故在编写中并未要求体例、风格完全一致，而以突出各地区传统聚落自身特色，满足各地区建设的需求为主。同时，丛书的编写，也希望对全国各省、直辖市、自治区传统聚落保护与传承、历史街区与传统村落建设，以及城乡人居环境提升起到重要的参考与指导作用，这是本套丛书研究编写的目的和意义所在。

2020年11月16日

前　言

　　聚落是人类社会发展到一定阶段的产物，是人们按照生活与生产的需要而形成的聚居的场所。伴随着人类生产力的发展及与之相适应的生产关系的变化，聚落形态也在不断地发生着改变。聚落是由功能空间、社会空间和意识空间组成，不仅是满足生活、生产活动的功能空间，也是反映某种生产关系和社会关系的社会空间，还是反映聚落群体共同信仰和行为规范的意识空间。每个聚落内部都存在着特殊的社会结构、活动、制度以及与之相应的社会形态。

　　作为人类聚居的空间形式，现今通常所指的聚落概念大体包括村落、集镇、城市三个层次。方志中亦有"城""镇""市"之分。"城"主要指府、州、县治所在地，一般衙署、军火局等政权机构，还有庙、祠、宫、殿、寺观、学校等公共设施；城内街巷纵横，商民稠密，酒肆、旅店、茶馆、货栈等一应俱全；一般围有城墙，整体规模较大；"镇"则主要指由于"业缘"定居，并逐步形成认同感的稳定的聚居形态，镇内有较为固定的交易区域和长期经营的商铺，它们大都处于交通要道，内销外运较为便利。方志中的"市"是与"城""镇"并存的地理单元概念，有的志书中也称为"场"。"市"的情况复杂：有专业市，如黔阳托口市，以木材交易为主；有"定期市"，即定期赶场；有"常市"，即"百日场"。可见，"镇""市"是较低一级的中心地，职能主要为供应乡村所需的生产生活资料，收购农产品以及满足其服务范围内居民对教育、医疗、娱乐等的需求，是连接城乡的纽带。

　　历史上，湖南是一个移民区，长期受多民族、跨区域的文化影响。明清时期"江西填湖广，湖广填四川"，湖南成为人口迁徙的移民通道，在湖湘文化的大背景下，湘南受客家和岭南文化影响较多，湘北受中原文化影响较多，湘西则在根植于本土文化的基础上同时受汉文化和巴蜀文化的影响，导致了湖南各地的经济、政治、文化等方面的差异性和多样性。

　　当前伴随着城市化快速推进，对传统聚落或历史街区进行的"旧城改造""棚户区改造"和忽视原有文化的"快餐式"开发，类似流水线产品式的面貌已使得地方风貌和文脉受到了严重的冲击，具有地域特征的传统聚落面临生存的尴尬窘境。同时，地域性与国际化的冲突，传统与现代的碰撞，保护与更新的矛盾，造成地方景观趋同和与地域特色和文化内涵的脱节。然而在当今全球化的不可逆转的发展趋势下，如何记住"乡愁"，留下民族记忆，维护、延续和发展地域文化，避免发展建设过程中的功利性和盲目性是值得专家学者们一直深入研究的课题。至少面对目前还"活"着的传统聚落，将其尽可能多地记录下来，也是一笔难得的宝贵财富。

2020年12月15日

目 录

第一节　早期聚落

湖南省，因大部分地区在洞庭湖之南，故称湖南，又以境内最长的河流湘水贯通南北，而简称"湘"。"湖南"作为一个区域的名字，最早出现在唐代后期。唐代宗广德二年（公元764年）在衡州置"湖南观察使"，辖湘、资二水流域，这是中国行政区划史上开始出现"湖南"作为地名之始。湖南省东临江西省，西接重庆市、贵州省，南毗广东省、广西壮族自治区，北与湖北省相连。境内四大水系：湘水、资水、沅水、澧水，均注入洞庭湖进入长江。

湖南是中国古代文明发达地区之一，经考古证实，早在二三十万年前，就有人类繁衍生息。石器时代，湖南的文化中心主要集中在湘西、湘西北和湘南地区，多处早期聚落遗址的考古发现，成为地区人类文明发展的见证。考古学家们在湖南的新晃大桥头、沅陵丑溪口、辰溪仙人湾、黔阳倒水湾等地，发现了1万年以前的旧石器时代的数百处年代相续不断且相当密集的古人类文化遗址，如洪江高庙遗址（距今约7800~6800年）、潕水两岸成片的旧石器时代文化带等[1]。有学者统计：近20年来，距今约30万~1万年间的旧石器遗址，仅今怀化市境内的12个县就发现了113处，常德地区发现了50多处，湘西土家族苗族自治州发现了86处。出土了大量的砍砸器、尖状器、刮削器和石片、石核、石球、石刀、石铲、石钻等石器，蚌刀、蚌挂饰和骨针、骨刀、骨铲、骨耜、骨镞等骨器，以及木棒、木耒耜和夹砂陶、泥质陶等烧制的手工陶器，如杯、盘、碗、钵、罐以及竹类编织品[2]。这些都说明湖南史前就有人类频繁活动，且形成了一定规模和原始文明，很有可能是人类起源地之一。

一、沅、澧流域早期文化与聚落

（一）石器时代文化概况

吕遵锷、万全文等人研究指出，湖南旧石器时代的文化中心有两个，一个在沅水中上游，被称为"潕水文化类群"；一个在沅水下游，澧水流域和洞庭湖西岸的平原地区，被称为"澧水文化类群"。这两个区域在旧石器时代的文化走向不同，但历时性并存，是湖南旧石器时代文化的主源所在[3][4]。相较而言，潕水文化类群与广西、贵州以及三峡地区的旧石器文化趋同，澧水文化类群与江汉平原、汉水盆地、江西、安徽等地联系更为紧密[5]。新石器时代，两流域秉承余绪，形成了各具特色的新石器时代文化。

在湘西地区，本土文化自始至终占据主导地位。洪江市安江镇的高庙文化遗址展示了湘西地区新石器时代中晚期文化，揭示了与本区域旧石器时代中晚期文化的渊源关系，反映了它与洞庭湖区以及岭南珠江流域新石器时代同期文化间的交互扩张和影响。新石器时代，该区域的文化中心主要有彭头山文化、皂市下层文化、汤家岗文化，以皂市下层文化为主。代表性遗址有澧县的彭头山、城头山、八十垱、黄家岗、东田丁家岗、梦溪三元宫、临澧县胡家屋场、安乡县的汤家岗、划城岗等。

① 马立本. 湘西文化大辞典 [M]. 长沙：岳麓书社，2008：517-518.
② 蒋南华，王化伟，蒋晓红，等. 武陵黔东——中华及其贵州文明的发祥地 [J]. 贵州师范学院学报，2011，27（8）：1-6.
③ 吕遵锷. 关于新晃、怀化发现旧石器文化的问题 [J]. 怀化史志，1988（1）；袁家荣. 略谈湖南旧石器的几个问题 [C] //中国考古学会第七次年会论文集. 北京：文物出版社，1989.
④ 万全文，杨理胜. 青铜时代背景下湖南文化中心的变迁 [J]. 湖南省博物馆馆刊，2018（08）：101-108.
⑤ 袁家荣. 湖南旧石器时代文化与玉蟾岩遗址 [M]. 长沙：岳麓书社，2013：149-171.

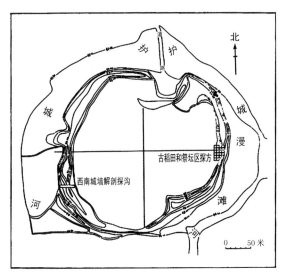

图1-1-1 澧县城头山古城址测绘图（来源：《澧县城头山古址1997-1998年度发掘简报》）

图1-1-2 澧县城头山古城址航拍图（来源：《城头山遗址保护总体规划》）

（二）城头山古城址

1979年7月在澧县车溪乡南岳村发现的城头山古城址，为距今约7000～6500年的新石器时代古城遗址。该城址为圆形，占地面积超过150000平方米，由护城河、夯土城墙、房址、陶窑、祭台，以及东、南、北三个城门等部分构成，保存有较完整的人祭坑、祭坛、建筑夯土台基群、墓葬区、制陶区、人工堰塘等（图1-1-1、图1-1-2）。专家认为，它是我国目前所知年代最早的史前城址，被誉为"中国最早的城市"[1]。在城头山城址的东墙下发现有约6500年前的稻田和配套灌溉设施，文化分期属于汤家岗文化与大溪文化时期[2]。该遗址为国家级重点文物保护单位。

（三）彭头山古遗址

1986年在澧县大坪乡孟坪村发现的彭头山文化遗址，为距今约9000～8300年新石器时代早期古文化遗址。该遗址是一处高出四周地面约4米的圆形丘冈，面积约10000平方米。遗址中有地面式和浅穴式建筑、灶坑、墓葬、灰坑等，出土陶器以夹炭红褐陶、夹砂红褐陶和泥质红陶为主，均为原始的贴塑法制成，其纹饰有绳纹、刻划纹。器形有圜底罐，深腹钵、盆等。出土的石器以打制为主，另有少量石质装饰品等。彭头山出土的陶器中夹杂了大量的稻壳与谷粒，为确立长江中游地区在中国乃至世界稻作农业起源与发展中的历史地位奠定了基础。

（四）八十垱古遗址

八十垱古遗址位于澧县梦溪镇五福村，遗址面积范围超过30000平方米，可分早、中、晚3期，文化堆积主要属于彭头山文化时期，年代距今约8500～7500年。在该遗址中，出土了大量的约9000～8000年前的古栽培稻谷和大米等[3]。八十垱古遗址中发现了中国最早的环绕原始村落的壕沟和围墙，围墙南北长120米，东西宽110米，专家普遍认为这是古代"城"

---

① 孙伟，杨庆山，刘捷. 尊重史实——城头山遗址展示设计构思［J］. 低温建筑技术，2011（01）：26-27.
② 湖南省文物考古研究所. 澧县城头山——新石器时代遗址发掘报告［M］. 北京：文物出版社，2007.
③ 张文绪，裴安平. 澧县梦溪乡八十垱出土稻谷的研究［J］. 文物，1997（01）：36-41.

的雏形①。八十垱遗址是长江流域发现的最早的环壕聚落。

遗址中村落三面有环壕与围墙，墙内发现有大量的居住房址，建筑形式有半地穴式、地面式和干阑式，以干阑式为主。一处海星状土台基式遗迹，遗迹四角有犄角形坡道，立有中心柱，并发现有牛下颌骨，推测应为宗教祭祀遗迹。同时出土有大量的陶器、石器、骨器、木器、百余种植物秆茎与果核，对研究稻作起源、中国史前聚落起源和形态、中国古代都城的起源都具有重要价值和意义。

（五）早期聚落形态

总体说来，澧水流域、洞庭湖西岸平原及沅水下游地区新石器时代的稻作农业发达，文化发展较快，聚落定居形式已形成，并出现了"城"的雏形，城的基本功能已初步具备。聚落发展呈现了"定居村落—环壕聚落—城壕聚落—城壕聚落群"的发展脉络，地区特色明显②，其流风余韵波及洞庭湖东岸、南岸和湘水下游等地区。

二、湘、资流域早期文化与聚落

（一）石器时代文化概况

湘水和资水流域虽然在旧、新石器时代未能取得一枝独秀的文化属性，但湘南地区考古发现的许多遗迹和遗址表明，湘南地区的文化发育是很早的，湘南地区是中国南方开发较早的地区之一，也是中国古代文明的重要发祥地之一。零陵石棚、道县玉蟾岩稻作遗存等考古发现表明，至迟在旧石器时代晚期，今永州一带已经有

人类居住，从一个侧面说明了湘南地区在新旧石器过渡时期的人类生活面貌和经济形态。

张伟然先生研究指出，湖南湘水流域和资水流域相对于沅水流域和澧水流域被移民开发较早，总体说来，宋代以前湖南的发展，主要是集中在洞庭湖地区和湘水流域③。

（二）零陵石棚

零陵石棚位于永州市零陵区城西15公里的黄田铺镇中学内，是永州地区至今发现的最为远古的人类活动遗迹。石棚突兀在一个不规则梯形岩石构成的两层台阶状基石上，基石台面平整，东西长15米，南北宽6米，四周平坦。整个石棚由四块大小不等的石灰岩石堆垒而成，顶石一，墙石三，有明显的人工选择或加工痕迹（图1-1-3）。石棚整体高3.06米，顶石高1.92米，南北宽2.22米，顶石重量在10000公斤以上，能暂避风雨。据专家考证，零陵石棚距今约2万年。从堆砌状态和朴拙的形制看，系旧石器晚期人类活动遗迹，堪称世界上最早的人类建筑，产生年代大致与北京山顶洞人相同，日本学者称之为"巨石文化"（Megalithic Culture）。时任永州市舜文化研究会副会长雷运富先生考察零陵石棚后认为，零陵石棚具有以下四个方面的特性：方向标示性、原始崇拜性、展示性和南交南正的特殊性，反映了古人的生殖崇拜、火神崇拜和宗教祭祀文化特点④。

从远古先民祭社遗址的特点以及关于祭社文化的论述，尤其是关于"高禖"和"巨石建筑"的论述，笔者认为零陵石棚与文献记载中我国东部地区以石社为主，以及石社自西往东、往北的发展路线相吻合，零陵

① 原载《三湘都市报》1997年4月22日，引自：罗庆康. 长沙国研究［M］. 长沙：湖南人民出版社，1998：133.
② 郭伟民. 城头山遗址与洞庭湖区新石器时代文化［M］. 长沙：岳麓书社，2012.
③ 张伟然. 湖南历史文化地理研究［M］. 上海：复旦大学出版社，1995：17-18.
④ 雷运富. 零陵黄田铺"巨石棚"有新发现［A］//刘翼平，雷运富主编. 零陵论. 北京：中国和平出版社，2007：102-106.

（a）东北向　　　　　　　　　　　　　　　（b）西北向

图1-1-3　零陵石棚东北向与西北向组图（来源：伍国正 摄）

石棚应属于古代的高禖，体现了宗教人类学和文化人类学中的古人宗教祭祀文化和图腾崇拜文化等原始崇拜文化。

（三）道县玉蟾岩遗址

玉蟾岩遗址位于道县西北12公里的寿雁镇白石寨村，为岩洞遗址，遗址文化堆积主要分布在洞厅内。洞口朝向东南，洞厅阳光充足，洞前地势平坦开阔，为远古人类生息繁衍的良好居所。经过长达二十多年发掘，从出土的骨制品、动物标本、稻壳和陶片等确定该遗址至少形成于1.8万年前，这意味着玉蟾岩人在旧石器时代晚期就已经懂得烧制陶器。美国《考古科学杂志》2009年刊发文章认为，玉蟾岩陶器的出土，表明玉蟾岩遗址存在资源强化利用的现象，这是人类从定居走向农业生产的先兆。

现代考古学一般认为新石器时代有三个基本特征：一是开始制造和使用磨制石器；二是发明了陶器；三是出现了农业和家畜饲养业。磨制石器是适应农耕的需要而逐步发展起来的，陶器是适应炊煮谷物等食物的需要而逐步发展起来的。我国著名考古学家夏鼐认为，人类进入文明社会有四大标志：一是陶器及青铜器的发明；二是农业的产生和发展；三是城市的兴起和繁荣；四是文字的出现。

玉蟾岩稻作的发现刷新了人类最早栽培水稻的历史纪录，表明湘南地区是中国南方开发较早的地区之一，也是中国古代文明的重要发祥地之一。三次出土距今超过万年的有人工育化迹象的稻壳和陶器遗存，表现了其在新旧石器过渡方面的重要地位，反映了过渡时期的经济形态和人类生活面貌，在中华远古文明史和世界文明史上都有着独特而重要的作用。玉蟾岩遗址的古栽培稻标本比浙江省余姚市的河姆渡遗址的栽培稻要早约7000～5000年，也使世界的水稻栽培史向前推进了4000年以上（此前在印度发现了距今8700多年的原始栽培稻谷）。

（四）早期聚落形态

该区域处于南岭北缘，地貌复杂多样，以丘岗山地为主，溪河纵横，水系发育，河道曲折。地区考古还未发现有新石器时代的聚落遗址，但发掘的众多商周时期遗址，都有完整的聚落形态，表明商周时期，这里就是人类聚居之地，山地聚落文化发育较早较好。其聚落选址与规划营建符合中国南部典型的"山地文化"，即"湖熟文化"[①]特征。如：永州零陵区的水口山镇芮家村商代遗址、菱角塘商周遗址、福田乡老江桥村红岭遗址、马子江乡马子江村寨山岭商周遗址、凼底乡望子岗商周遗址、东安县的大庙口镇南溪村坐果山商周遗址、塘复乡弄田湾村大寨山石城商代遗址、宁远县的冷水镇东城乡隔江村山门脚商周遗址、水市镇柴家坝村柴家坝商周遗址、蓝山县竹管寺镇竹管寺村横江咀商周遗址、江永县上江圩镇浩塘山商周遗址、新田县石羊乡宋家村后龙山商周遗址、道县桥头乡坦口村唐明洞商周遗址、双牌县城关镇义村寨子岭商周遗址等[②]，都为"台形遗址"，建筑位于河湖沿岸的土墩山丘上。其中，东安县的坐果山商周遗址和大寨山石城商代遗址为"城堡式"聚落遗址。坐果山商周遗址上建筑四周为山石墙，在山石之间空地立柱搭棚；大寨山石城商代遗址的山体四周曾筑有数米高的石墙——占山成寨，据险为堡，防御特征明显。

第二节　历史沿革

湖南历史悠久，旧石器时代就有人类活动，古为苗人、越人和楚人的生活地区。西周时期为楚国南部。唐广德二年（公元764年）首置湖南观察使，至此中国行政区划上开始出现湖南之名。

一、前秦时期

远在商周时代，湖南境内就有土著人居住，史书上称之为澄部落。从地缘上看，湖南为《禹贡》记载的古荆州[③]南境（图1-2-1）。从历史学和民族学来看，湖南最早的先民可能是濮僚、百越。苗人是蚩尤的后裔，与黄帝的角逐中战败后，由江淮经洞庭进入湖南并逐渐与当地先民融合，随后西北部巴蜀地区的先民也在北方部族的挤压下东移进入湖南。历史上曾有"放欢兜于崇山，以变南蛮"[④]，"高辛氏以女配神犬盘瓠入五溪"[⑤]和"巴五子居五溪而长"[⑥]的记载。从族源学上看，濮僚是侗壮民族的先民，巴人是土家族的先民，苗蛮是苗瑶民族的先民。各民族的先民在共同生息繁衍和开发的过程中，使湖南具备了最基本的人类社会物质基础。

春秋时期，楚武王三十七年（公元前704年）命庄

① "湖熟文化"为中国东南地区史前青铜时代文化，遗址主要分布在南京、镇江以及太湖流域，其存在时间相当于中原地区的商朝、周朝。因1951年在江苏省江宁县湖熟镇首次发现而得名。该文化遗址大都位于河湖沿岸的土墩山丘上，因而称作台形遗址。

② 零陵地区地方志编纂委员会. 零陵地区志 [M]. 长沙：湖南人民出版社，2001：1012，1465-1466.

③ 古荆州："荆及衡阳为荆州，实自江汉以至于衡山之阳，约当今湘之全省，及鄂、渝、川黔及两粤之一部，而向化者仅及江汉。自余不过边缴荒服，以为放逐流窜之所而已。"即自汉江以至于衡山之阳，约为当今湘之全省，及鄂、川、黔、渝暨两粤之一部。引自：（明）沈瓒编撰，（清）李涌重编，陈心传补校，伍新福校点，湖湘文库编辑出版委员会. 五溪蛮图志 [M]. 长沙：岳麓书社，2012：244.

④ 司马迁. 史记·五帝本纪 [M]. 北京：中华书局，1982：28.

⑤ 范晔. 后汉书·南蛮西南夷列传 [M]. 北京：中华书局，1973：28-29.

⑥ 伍新福. 苗族历史探考 [M]. 贵州：贵州民族出版社，1992：26.

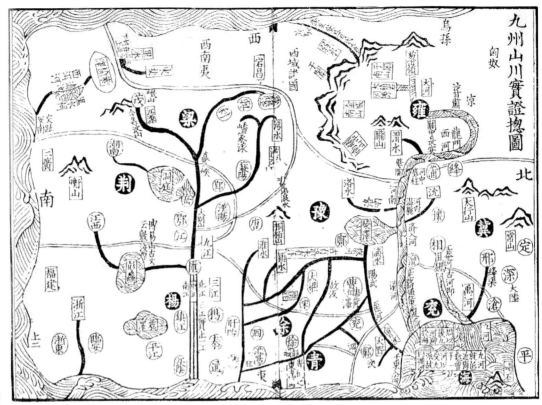

图1-2-1 禹贡九州图
（来源：《中国历史地图集》）

踬入滇，"开濮地而有之"[①]；楚文王时期，楚国军事政治势力进入洞庭湖南岸地区，湖南在这一时期被纳入楚国版图；其后，秦、楚双方为争夺"黔中"（黔中郡[②]）展开了长期拉锯战[③]。这一时期，在酉水及沅水中下游流域出现了一批军事屯堡，如：沅陵的窑头古城、保靖迁陵的四方古城、里耶古城、常德索县故城等。《汉书·地理志》载："楚文王徙罗子自枝江居此"，汉之罗县，即今汨罗、岳阳一带，并在这里建立了战略据点——罗子国城。《史记·楚世家》也载："镇尔南方夷越之乱……于是楚地千里。"这里的"越"，指的就是湘江流域的"扬越"，即湘东南和湘中地区。

春秋晚期，楚人正式进入长沙地区，并继续沿湘江上溯，于春秋战国之交到达湘江流域上游及广大湘南地区。

二、秦汉至隋唐时期

秦统一后，实行郡县制，湖南分属黔中郡、长沙郡，少许在象郡境内。西汉实行州、郡、县三级制，与封国并行。湖南在西汉初期属于长沙国，汉武帝之后属荆州刺史部，境内设有武陵郡、桂阳郡、零陵郡和长沙郡。

三国时期，湖南地区为蜀汉和东吴角逐之所，后归入东吴版图，孙吴在湖南境内共置八郡。

---

① 司马迁. 史记·楚世家 [M]. 北京：中华书局，1975：1695.
② 黔中郡：据现在已有史料来看，属楚国的黔中郡。其治所为临沅（今湖南常德）。下辖领土大约为今湖南西部的沅水、澧水流域，湖北西南部的清江流域，四川东南部的黔江流域和贵州省东北隅。公元前205年，重新设立黔中郡，郡治在今沅陵县。
③ 余翰武，陆琦. 遗产廊道理念下沅水流域传统聚落发展概略 [J]. 小城镇建设，2013（9）：100-104.

西晋时，湖南分属荆州、广州。东晋偏安江左，湖南分属荆州、湘州和江州。

南朝宋、齐和梁前期，湖南分属湘州、郢州和荆州。陈朝时湖南分属荆州、沅州、湘州。

这一时期，湖南政治、经济和文化中心逐步东移，由沅水流域转向湘江流域，尤其是灵渠的开通，沟通了珠江水系和长江水系，凭着通达岭南珠江流域的交通优势和流域内开阔平坦的自然条件，湘江流域成为湖南的开发重心。

隋朝裁并州、县，改州、郡、县三级制为郡县二级制。湖南省境今属八郡：长沙郡、武陵郡、沅陵郡、澧阳郡、巴陵郡、衡山郡、桂阳郡、零陵郡。

唐贞观十年（公元636年），唐太宗依山河形势将天下分为十道，湖南分属山南东道、江南西道和黔中道。唐广德二年（公元764年），置湖南观察使，驻衡州，"湖南"之名由此始，仍辖潭、衡、邵、永、道五州。

三、宋元至民国末期

宋初，地方行政管理沿袭唐制，仍实行道、州郡、县三级制，太宗至道三年（公元997年）改道为路，湘江流域隶属于荆湖南路和荆湖北路，其中潭、衡、永、郴、道隶荆湖南路，岳州隶荆湖北路。到了宋后期，王朝孱弱，对"五溪郡县弃而不问"[①]，保存了沅水流域政治、经济、文化和民族乃至自然的原生性。

元代实行行省制度，湖南属湖广行省，分14路3州：岳州路、常德路、澧州路、辰州路、沅州路、靖州路、天临路、衡州路、道州路、永州路、郴州路、宝庆路、武冈路、桂阳路、茶陵州、耒阳州、常宁州。元朝政府还在今湘西少数民族聚居地实行土司制度，置

有10多个长官司或蛮夷长官司，分别隶属思州军民安抚司、新添葛蛮安抚司和四川行省永顺等处军民安抚司管辖。

明朝行省设布政使司，后改为承宣布政使司，省下为府（州），府下设县，实行省、府（州）、县三级制。湖南属湖广布政使司，辖地在今湖南境的有7府、2州、2司：岳州府、长沙府、常德府、衡州府、永州府、宝庆府、辰州府、郴州、靖州、永顺军民宣慰使司、保靖州军民宣慰使司。明洪武五年（1372年）改潭州府为长沙府，治长沙，隶属于湖广布政使司，辖长沙、善化、湘阴、湘潭、浏阳、醴陵、宁乡、益阳、湘乡、攸县、安化等11县及茶陵州。

清朝地方政权实行省、道、府（直隶州、直隶厅）、县（散厅、散州）四级制。康熙三年（1664年）置湖广按察使司，湖广右布政使、偏沅巡抚均移驻长沙，湖南成为一个单独的行政省，以长沙为治所，下辖9府（长沙、宝庆、岳州、常德、辰州、沅州、永顺、衡州、永州）、4直隶州（澧州、靖州、郴州、桂阳州）和5直隶厅（乾州、凤凰、永绥、晃州、南州）。雍正二年（1724年），偏沅巡抚易名湖南巡抚。至此，现行的湖南省行政区域作为独立的地方一级政权组织和行政区域基本确立下来，且延续至今变化几微。

中华民国成立后，湖南的行政设置几经变化。民国3年（1914年），分全省为湘江、衡阳、辰沅、武陵4道，其辖区与清代长宝道、衡永郴桂道、辰沅永靖道和岳常澧道基本相同，共75县。民国11年（1922年），撤销道制，仅存省、县二级。民国26年（1937年）12月，全省普遍设立行政督察专员公署，以专员兼任驻在地县长，全省划为9区。至1949年8月5日湖南和平解放前，全省共有2个直辖市、10个行政督察区、77个县。1937年抗日战争爆发后，国民政府迁都重庆，僻居西南，沅

① 脱脱，等. 宋史·西南溪洞诸蛮（上）[M]. 北京：中华书局，1977：14181.

水流域成为抗日战争大后方。一时间大批难民涌入，许多机关、工厂和学校也随之迁入，由此迎来了该地传统

聚落短暂的繁荣和发展。

第三节　民族变迁与民族文化

文化总是处于发展的状态，它的这种动态性使得多元文化在聚落发展中不断碰撞、沉积，造就了风格多样的聚落空间差异。历史上，湖南在多种文化碰撞中发展，每个聚落都有自己的历史发展轨迹，这一轨迹是无法复制的，并以风格、形态等形式加以表征。在历史的长河中，各族文化不断交融嬗变，经过接触、冲突、混杂、联结和融合，形成共生、共存、共荣。

一、上古时期湖南地区的民族构成

湖南古代并非华族之地。考古成果已经证明，商周时期湘资流域与沅澧流域分布着两个不同的民族集团。前者属百越集团，殆无异议；后者族属则聚讼纷纭。现代一般认为，上古时期沅澧流域的民族主要有濮族、巴族、九黎族，九黎族是苗族的先祖。

（一）百越族

百越族，是古代中国南方和越人有关的诸族的合称，分布地区很广。隋朝以前的文献中出现的"江南地区"即为今湖南、湖北一带。在秦汉以前，整个广大的江南之地，即"交趾至会稽七八千里"，都是百越族的居住地，主要包括吴越、闽越、南越（南粤）、雒越（骆越）四个地区。因此，"百越族"并不是一个整体，而

是古代中原部落对长江以南地区诸多部落的泛称，是一种地理称谓。

在中原文化的影响下，湖南大约从商中叶开始进入青铜时代，湘资流域是古代百越集团分布区域，湘南永州地区商周时期的文化遗址和出土文物越族风格浓郁。在距离零陵古城约20公里的丞底村望子岗遗址中，发现有新石器晚期至商周时期的四次明显的叠压生活界面。专家认为："望子岗遗址是湖南境内目前发现最早的古越人聚居地，也是首次在湘江流域发现的商周时期墓葬群"，其"再现了古代百越人的起居生活，是百越文化的集中分布区，也说明古越人是湖南历史上土生土长的土著人"，反映了南下的洞庭湖石家河文化和古越族文化的消长过程。[1][2]永州市零陵区城北鹞子岭一带战国和大型西汉古墓群则反映出楚越两种文化因素共存，出土的随葬品表明，春秋战国时期永州地区的农业和手工业已经很发达。罗庆康先生认为，汉代湘南地区居住的民族主要是越人，湘东、湘东北居住的越人也不少[3]。

（二）濮族与巴族

濮族，是先秦时期北方中原人对西南百濮之地诸民族的统称，曾经是我国古代人数众多、支系纷繁、分布辽阔的强大族群之一，最初分布在湘鄂川黔一带，春

---

① 徐海瑞. 庄稼地挖出新石器时代墓葬群［N］. 潇湘晨报，2009-05-14，A10版.
② 湖南省文物考古研究所. 坐果山与望子岗：潇湘上游商周遗址发掘报告［M］. 北京：科学出版社，2010.
③ 罗庆康. 长沙国研究［M］. 长沙：湖南人民出版社，1998：79.

秋后楚国扩张，多次征伐濮人，除少数濮人西迁至黔东北湘西外，多数濮人与其他民族融合。湖南沅水上游地区最初为濮文化势力范围，曾建立如夜郎、且兰等以原始部落联盟为形态的国家。随着濮人势力渐弱，沿都柳江北上的越人，逐渐占据沅水上游的清水江和潕阳河流域，濮人逐渐与越人融合。

巴族，是我国古代西南及中南地区的一个族群。据专家学者考证，巴人的地域范围大体界定在北起汉水、南至鄂西清江流域、东至宜昌、西达川东的地区。春秋战国之际，巴人向西发展，最终以重庆为中心，建立了巴国，形成巴文化。商周时期，巴人逐渐进入了湘西北和沅水流域下游地区，与濮人进行文化交流。左丘明《蜀都赋》载："东有巴，绵亘百濮。"考古学将"錞于"视为巴文化的主要代表标志，从出土錞于分布的地点来看，沅水中下游的干流及酉水、武水、辰水等支流的武陵山区深受巴文化影响。

（三）苗族

苗族在文献典籍中有多种不同的表述，诸如："三苗""有苗""苗民"等。《尚书·正义》载："苗民九黎之后"，《国语·楚语》说："三苗，九黎之后也。"又称"三苗复九黎之德"。《礼记·衣疏·引甫刑·郑注》说："有苗，九黎之后。颛顼代少昊，诛九黎，分流其子孙，为居于西裔者三苗。"九黎是中国上古传说中生活在东夷的一个部落联盟，居住在黄河中下游，又称"黎"。九黎是一个民族集合，共有9个部落，每个部落有9个氏族，蚩尤是他们的大酋长。九黎集团被炎黄两集团在涿鹿战败后，一部分被迫南迁到江汉流域，然后经汉水、长江、洞庭湖进入湖南境内，与湖南境内土著居民融合，建立了三苗部落联盟，史称三苗国，

曾广泛分布于"江南地区"。《战国策·魏策》载："昔者，三苗之居，左彭蠡之波，右洞庭之水，汶山在其南，衡山在其北。""潭州，古三苗之地。"表明今天的长沙，曾是古三苗国分布与活动的重要地域。后来，三苗部落与尧舜禹部落多次交战，失利后分崩瓦解，大部分逃入深山溪峒或向西南山林迁徙，成为后来"荆蛮"（周代称谓）、"长沙蛮""五溪蛮"（战国、秦、汉称谓）、"武陵蛮"（唐代称谓）和湖南以及云贵的苗、瑶、侗、畲等民族的祖先，同中原华夏文化发生较密切的联系。古代《苗经》及苗民《姓氏歌》都说古代苗民大姓的首领是"纹黎够尤"，即"九黎蚩尤"。今苗族人民中还广泛流传着蚩尤的传说，尊蚩尤为其始祖，有的地方称其为"尤公"，把他当作祖先和英雄加以崇拜。

二、秦汉以来的人口迁移与民族文化

（一）人口迁移

移入湖南的外省人，五代以前大都来自北方，五代以后多来自东方；南宋以前，几尽是江西人，南宋以后，始多苏、豫、闽、皖等他省之人；清代以前，以江西移民为主，至清代，湖北、福建移民崛起有与江西并驾齐驱之势[1]。

移民有流徙移民、军事移民、政治移民等多种形式。历史上规模较大的流徙移民入湘有多次。如：南北朝时，湖南"出现了'湘州之奥，人丰土闲'的景况。黄淮人口大量逃亡江南，自汉末关中'流入荆州者十余万家'；西晋时巴蜀流民10多万人移入荆湖，永嘉以后又有山西、河南流民一万多人涌入洞庭湖区西部；东晋在澧县设南义阳侨郡，安置河南等地

① 谭其骧. 中国内地移民·湖南篇［J］. 史学年报，1931.

流民。"[1]

历史上，由于军事、政治因素大规模移民入湘发生过四次。据史料记载，第一次和第二次分别为先秦时期和秦汉时期。先秦时，湖南境内主要为濮、蛮、越等族人。春秋战国时，也有一些避世贵族进入湖南，融入苗瑶之间，如苗之宋姓、蔡姓，据传系春秋战国时宋、蔡之裔胤[2]。后来，湖南并入楚国版图，楚人成为湖南的一支重要人群。秦汉时，北方中原人涌入湖南，而原来的湖南人则大量迁往湘西、湘南地区。公元前217年至前214年，秦始皇攻打南越，大批军队来到今永州一带。后来，这批军队中的一部分人留了下来，成为永州一带最早的中原移民，也是我们现在所说的最早移居永州的汉族。西汉长沙国的建立与发展可视为此时期的政治移民。长沙国分为吴氏（吴芮）长沙国和刘氏（刘发）长沙国，吴氏长沙国五代五传，历46年（中间停置3年）；刘氏长沙国八代九传，历175年。

随后，中原的"永嘉之乱""安史之乱""靖康之难"后，大批中原移民南迁，江南成为中国社会、经济发达的区域，湖南也随着这三次移民潮，逐步被开发。五代时，吉州刺史彭瑊（江西吉水人）归服楚王马殷，其带部属及百艺工匠千余人进入湖南沅水流域，成为土家族的首领，并授溪州刺史。历经五代、宋、元、明、清到雍正五年（1727年）"改土归流"止，彭氏家族维持了八百年的土司统治。末代土司彭肇槐，因"献土有功"，被清廷优遣回原籍江西吉水[3]。

元末明初，四年的长沙之战，使长沙田园荒芜，百姓亡散，庐舍为墟，许多地方渺无人烟。明王朝为巩固统治，实行民族融柔政策，就近从江西省大量移民入长沙地区，并允许"插标占地"，而将湖广省（当时湖北和湖南是一个省份，即湖广省）原有的居民移入四川省，即是历史上有名的"扯湖广填四川，扯江西填湖广"之始。明末清初，四川地区作战频繁，人口剧减。清廷下诏，令江西南部之人大都移向湖南南部，江西北部之人大都移至湖南北部，湖南、湖北的原有居民则迁至四川。

各类移民带来了各地先进的生产技术、生产工具和社会文化，促进了民族融合和经济、文化发展，也促进了地区的文化景观建设，加之在湖南世居的民族较多，所以湖南地区的历史文化景观形态类型与风格特点多样。

（二）民族分布

根据2010年第六次全国人口普查，湖南省总人口为6570.08万人，有汉族、土家族、苗族、瑶族、侗族、白族、回族等55个民族，少数民族人口655.14万，约占湖南省总人口的10%。人口100万以上的民族有汉族、土家族、苗族；人口10万以上的民族有侗族、瑶族、白族。

经过几千年的民族迁徙和融合，清后湖南形成以汉族为主体的多民族地区，但各地分布不均：汉族主要分布在湘东、湘北、湘中等湖南大部分地区；少数民族以侗、苗、土家、瑶族为主，主要分布在湘西、湘南的武陵山、南岭等山区，以大杂居、小聚居的状态分布（图1-3-1）。湘南以苗族为主体，杂有瑶族；湘西沅水流域上游为侗族和苗族聚居区，少有瑶族，中下游以苗汉杂居为主；澧水中上游以土家族聚居为主。

（三）民族文化

早在尧舜时期，中原文化就源源不断进入湖南。舜"践帝位三十九年，南巡狩，崩于苍梧之野，葬于江

① 杨慎初. 湖南传统建筑［M］. 长沙：湖南教育出版社，1993：5.
② （明）沈瓒编撰，（清）李涌重编，陈心传补校，伍新福校点，湖湘文库编辑出版委员会. 五溪蛮图志［M］. 长沙：岳麓书社，2012：250.
③ 李怀荪. 古代移民与湘西开发［J］. 民族研究，1995（1）：60-63.

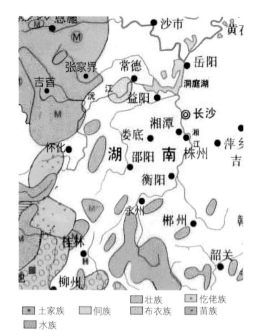

图1-3-2 宁远县玉琯岩秦汉至宋元舜庙遗址（来源：《九嶷山发现舜帝陵庙遗址》）

图1-3-1 湖南主要民族分布示意图

■土家族　□侗族　▨壮族　▧仡佬族　▨布衣族　▩苗族　▦水族

南九疑，是为零陵。"（《史记·五帝本纪》）夏、商、周三代在九嶷山即建有"大庙"祭祀舜帝①。目前经考古发掘证实，位于永州市宁远县城东南约34公里处九嶷山核心区北部玉琯岩的舜帝陵庙遗址②，为全国发现时代最早的舜帝陵庙遗址，遗址占地超过32000平方米（图1-3-2）。

商周时期，周宣王"乃命方叔南伐蛮方"。战国时期，楚国武力拓边，占领洞庭、苍梧③等地。战国晚期，为了吞并楚国，秦大将司马错发陇西之兵因蜀攻取黔中郡，带来了大量的汉民和巴民④，中原文化开始以强势的姿态进入湖南地区。

秦后，中央王朝开始在此区域建立行政管辖，汉文化作为官方文化开始进入湖南。一方面通过执行羁縻制度、土司制度，影响土著上层社会；另一方面通过贬逐朝臣，对当地进行"王化"。如沅水流域，自屈原流放之后，很长的历史时期里是流放逐臣之所——"楚骚幽怨地，沅水多逐臣"：唐代有刘景先（贬辰州刺史）、王昌龄（贬龙标尉）、张镐、戎昱、畅璀、郑炼师，五代后唐有显庐革，宋代有邵宏渊、王庭珪、程子山，南宋有魏了翁，明代有宋昌裔、王襄毅、汪汝成、沈朝焕、邵元善等。另宋代李纲言："湖湘间多古骚人逐客，才士之所居。"⑤周敦颐所创立的理学与他的书院教育实践开辟了湖南书院发展的新时期⑥。元代吴澄《鳌溪书院记》中认为：北宋中叶以前，地方教育很多是

① （清）吴祖传撰《九嶷山志》云："舜庙在太阳溪白鹤观前，盖三代时祀于此，土人呼为大庙，土坑犹存。秦时迁于九嶷山中，立于玉官岩前百步。洪武四年（1371年），翰林院编修雷燨奉旨祭祀，迁于舜源峰下。"

② 经专家们推断，整个舜庙遗址正殿在不同时代总是在同一个地方，正殿建筑基址与后殿建筑基址呈"吕"字状，面积5142平方米。但不同时代的面积和方位都不太一样，两晋到三国期间，正殿坐南朝北；唐宋时期，正殿是坐东朝西。目前初步勘测发现，在舜帝陵庙遗址中，唐宋时期的正殿现存面积最广，达到了1500平方米，现存部分长43.8米，宽29.8米，规模可与北京故宫太和殿相媲美。

③ 苍梧即苍梧山，又称九嶷山，位于今湖南南部宁远县。

④ 杨志勇. 沅水中上游商周考古学文化特点与民族格局 [J]. 怀化学院学报，2006，25（12）：1-5.

⑤ 尹海江. 楚骚幽怨地，沅水多逐臣 [J]. 船山学刊，2010（1）：37-40.

⑥ 李才栋. 周敦颐在书院史上的地位 [J]. 江西教育学院学报，1993，14（03）：64-65.

由私家书院承担；北宋中叶以后，由于书院与理学结合，地方官学（州学、县学）兴起；宋室南迁之后，书院逐渐增多，是时人"讲求为己有用之学"，以表异于当时郡邑之学，有补于官学之不足[①]。

这些逐客骚臣游贤对湖南汉文化的传播起了很大的促进作用，但汉文化主要影响其上层文化，偏重于物质文化层面和制度文化层面，此类文化特征往往集中体现在人口密集、经济活跃的政治文化中心——城镇，而土著文化则潜在风俗文化和精神文化层面，广布于乡土聚落。

1. 土家族文化

土家族是湖南省少数民族中人口最多的民族，根据2010年第六次全国人口普查统计，土家族人口约占湖南省少数民族人口的40.18%，主要分布在西北部湘西土家族苗族自治州的龙山、永顺、保靖、吉首、古丈等县，张家界市的慈利、桑植，常德市的石门等地。土家族原属古代"蛮"人或"夷"人，与古代巴人有渊源关系。秦汉时期仍过着火耕水耨、渔猎山伐，种姓血缘关系的部落生活。宋代以前，居住在武陵地区的土家族与其他少数民族一起，被称为"武陵蛮"或"五溪蛮"；宋代以后，土家族就单独被称为"土丁""土人""土民"或"土蛮"等。

秦统一中国后在今湖南西部及毗连的川、黔区域设黔中郡，郡治黔城（今怀化市沅陵县城西的黔城），中央政权派驻官吏。但元代以前，这里控制松弛，时断时续，且战争频繁，其内部势力发展亦变化不定，社会处于不稳定状态。北宋天圣年间（1023～1031年），中央政权先后在辰州、澧州等土汉杂居地区实行土兵屯田制

图1-3-3 老司城遗址（来源：梁昭 摄）

度，土民活动逐渐稳定。元代在此建立土司制度，明代更臻完备，实行军政合一，寓兵于农，土民活动更加稳定。南宋绍兴五年（1135年），彭福石宠（彭福石冲）土司在今永顺县灵溪镇老司城村太平山南麓，灵溪河北岸筑"福石城"，今称老司城（图1-3-3）。老司城是南宋绍兴五年（1135年）至清雍正六年（1728年）永顺彭氏土司的政治、经济、军事、文化中心。

土司统治时期，等级制度森严。土家族房屋建筑方面严禁土民盖瓦，《永顺县志·杂事》云："原旧土官衙署绮柱雕梁，砖瓦鳞次。百姓则又木架屋，编竹为墙。舍把头目许竖梁柱，周以板壁。皆不准盖瓦。违者即治僭越之罪，俗云：只许买马，不许盖瓦。"

清雍正八年（1730年），中央政府实行"改土归流"政策，废除土司制度，解散土兵，设立府州厅县制，委派有一定任期的流官进行管理，并派兵驻防。从此领主经济解体，地主经济迅速发展，打破了蛮不出境、汉不入峒的限制，大批汉民及工匠迁入，带来先进的生产技术，农业、手工业和商业迅速发展，集市贸易兴盛，行会组织出现。学宫、书院、义学随之得到建设发

---

① （元）吴澄《鳌溪书院记》载："宋至中叶，文治浸盛，学校大修。远郡偏邑，莫不建学。士既各有群居肄业之所，似不赖乎私家之书院矣。宋南迁而书院日多，何也？盖自春陵之周，共城之邵，关西之张，河南之程，数大儒相继特起，得孔圣不传之道于千五百年之后。有志之士获闻其说，始知记诵词章之学为末学，科举之坏人心。而郡邑之间，设官养士，所习不出乎此。于是新安之朱、广汉之张、东莱之吕、临川之陆，暨夫志同道合之人，讲求为己有用之学，则又立书院，以表异于当时郡邑之学专习科举之业者。此宋以后之书院也。"

展，推广汉文、汉语。同时强制改革生活习俗，实行民族同化政策，以致一些原住的民族特色逐渐消失，建筑方面也接受汉族传统的影响，二者差别逐渐缩小。

土家族有自己的语言，属汉藏语系藏缅语族，接近彝语支，没有本民族文字，由于长期与汉族杂居很早就开始使用汉语、汉文。湖南的永顺、龙山、古丈等地土家族聚居地区还完整地保留着土家语，属于土家语北系、土家语南系、土家族通用土家语和汉语相融合后形成的土语。有学者认为土家话只是汉族的一个方言。

土家族祖先信仰多神，较早接受了汉文化和道教、佛教的影响，表现为自然崇拜、图腾崇拜、祖先崇拜、土王崇拜、白帝崇拜等，敬灶神、土地神、五谷神、豕官神等，巫风巫俗尤烈。土家族在土司制度以前实行火葬，土司制度以后实行土葬。

土家族村寨过去常建有土王庙或土主庙、土王祠（图1-3-4），或设像于摆手堂（又称土王祠），供奉彭公爵主、向老官人和田好汉三尊神像。《永顺县志》卷八载："土王祠，阖县皆有，以祭历代土司，俗称土王庙，每岁正旦后、元宵前，土司后裔或土民后裔鸣锣击鼓，舞蹈长歌，名曰摆手。"还有八部神庙，奉祀土王的八大将。原土家族民居堂屋正中亦设坛供祀土王，而自家祖先只能供于屋角门后，或不供祀。清初实行"改土归流"以后，才设祖先神位于家宅堂中，或修建宗祠供奉家祖神位。土家族村寨到处设有土地神庙，分为山神土地、家先土地、梅山土地、冷坛土地、灵坊土地等，各司其职。其他如四官神（财神）、阿密妈妈（育儿女神）、梅山神（狩猎神）等，虽不建神庙，但多立神位于家宅[1]。

土家族主要从事农业，在民族服饰、工艺美术、歌舞等方面的特色明显。土家族的传统工艺有织绣、雕刻、绘画、剪纸、蜡染等。古代先民的"溪布""峒锦"

图1-3-4 永顺县双凤村的土王祠（来源：伍国正 摄）

等成为贡品，后来发展为"西兰卡普"（土花铺盖），是中国三大名锦之一。土家族能歌善舞。传统山歌有情歌、哭嫁歌、摆手歌、劳动歌、盘歌等，乐器有唢呐、木叶、"咚咚喹"、"打家伙"等。旧时土家族在迎神赛会、驱逐疫鬼时唱傩戏。傩戏被称为"中国戏剧的活化石"，又称地戏、傩堂戏、傩愿戏、还傩愿。土家族传统舞蹈有"摆手舞""八宝铜铃舞""花鼓子""跳丧舞"及歌舞"茅古斯"。摆手舞是土家族比较流行的一种古老舞蹈，包括狩猎舞、农事舞、生活舞、军事舞等，它节奏鲜明，形象优美，舞姿朴素，有着显著的民族特点和浓厚的生活气息。每逢传统节日，村民集聚在村前广场或田间空地上跳摆手舞。永顺县灵溪镇的双凤村和老司城村至今都还保留有古老的摆手堂，是土家人跳摆手舞的场所。

土家族多聚族而居，民居自成群落。传统民居建筑多为木板房，结构简洁粗犷，梁坊比例沉重；屋檐出挑深远，以利遮阳避雨，保护木墙柱，盖小青瓦，青瓦摆砌正脊及脊饰，整体风格朴素淡雅。土家民居最具特色的是正屋两头偏屋，叫"耍子屋"。在耍子屋中分别安碓磨，设猪牛栏圈。正屋前配一个或两个厢房（俗称"转角楼""马屁股""吊脚楼"）。该楼楼檐与正屋檐同

① 湖南省建设厅. 湘西历史城镇、村寨与建筑［M］. 北京：中国建筑工业出版社，2008：10.

高，楼角用弯木向上挑起成歇山。楼廊吊脚悬空，廊柱下头镂金瓜形。楼栏环绕三面，作观景用。楼上房间为姑娘织锦、绣花房，楼下多设谷仓及农具储藏室（图1-3-5）。土家族民居房屋四周种竹木，多用土板墙或石墙围成单院，院中留晒谷坪，谷坪前择卜吉向立一"八"字形朝门。这种封闭式的房院，亦是土家族民居宅院的特点（图1-3-6）。山区或地形不平整时，民居建筑多建吊脚楼（图1-3-7）。村寨前的溪河上多建风雨桥，民族特色浓郁（图1-3-8）。

土家族民居建筑正中堂屋专作祭祀或节庆事务用。堂屋后有倒兜房。堂间左右次间多从中柱分隔成前后两

小间。其中卜主人生辰，择选一小间作"火床"用，称"火床房"。火床房是在地板上留出一长宽约1米四方形空间，用长4块条石围成炉，炉中架铁铸三脚。火床上的天楼作板条楼，作烘炕玉米棒用，火炕上挂一木架，作烟熏腊肉用（图1-3-9）。

2. 苗族文化

苗族是湖南省第二大少数民族，根据2010年第六次全国人口普查统计，苗族人口约占湖南省少数民族人口的31.45%，在全国苗族人口地区分布中仅次于贵州省，主要分布在湘西土家族苗族自治州的泸溪、凤凰、

图1-3-5 永顺县灵溪镇双凤村土家族民居组图（来源：伍国正 摄）

图1-3-6 芙蓉镇列夕村土家族民居（来源：伍国正 摄）

图1-3-7 永顺县司城村土家族民居（来源：伍国正 摄）

图1-3-8 张家界市关水坪村土家族民居与村前风雨桥（来源：伍国正 摄）

图1-3-9 芙蓉镇列夕村土家族民居中"火床"空间组图（来源：伍国正 摄）

古丈、花垣、保靖、吉首等县市、城步苗族自治县、靖州苗族侗族自治县和麻阳苗族自治县等地。

商周时期，生活在今湘西和洞庭湖一带的"三苗"部落尚处于游耕游居、火耕水耨、渔猎山伐的不稳定状态，周代三苗被称为"荆蛮"。秦汉时期，三苗定居湘西，开始从事农业生产，中央政权在此设黔中郡、武陵郡，实行"附则受而不逆，叛则弃而不追"的羁縻政策。魏晋南北朝时期，三苗逐渐由血缘关系组成的氏族公社发展为以地缘关系为主导的农村公社，产生了"椰""款"制度。唐宋时期，三苗逐步进入阶级社会，

农村公社的首领"蛮酋""蛮帅"成为世袭的"土官"，领有大量的土地，封建社会领主经济形成。宋代以后，"苗"从若干混称的"蛮"中脱离出来，称为单一的民族名称。元明时期，土司制度的建立和实行，促进了苗族封建领主经济的发展。明弘治十五年（1502年），城步苗区开始实行"改土归流"政策，其他地区开始派遣流官，土司制度走向衰落，地主经济兴起。明末清初，苗族地区普遍实行"改土归流"政策，封建领主经济逐渐解体，地主经济顺利发展。

历史上，苗、侗、土家等民族不满封建统治和压

迫，多次起义反抗，尤其是在元代以后。明洪武、宣德、正统、嘉靖年间多次爆发苗民武装斗争，抗击官兵。明嘉靖至嘉庆年间，朝廷对苗王城苗王辖区的苗族采取封锁和隔离政策，修筑"边墙"（又称为苗疆边墙，即今南长城），将湘西苗疆南北隔离起来——筑墙屯兵，分割统治，规定"东苗（熟苗）不能西进，西苗（生苗）不能东入"。苗疆边墙北起湘西古丈县的喜鹊营，南到贵州铜仁县的黄会营，主体位于湘西土家族苗族自治州，全长430余里，多修建在陡峭的山脊上。沿边墙建碉设卡、筑台组厢，以此孤立和征服苗族。现存凤凰县黄丝桥城堡作为历史的见证，是在明代边墙城堡基础上扩建，经清同治时期加固建设而成。

苗族的信仰主要是宗教信仰和图腾崇拜。旧时，苗族人们相信万物有灵，崇拜自然，祀奉祖先，迷信鬼神，盛行巫术。苗族先民有自己崇拜的图腾，祖宗牌位供奉于堂屋正中。由于苗族支系繁多、分布广，他们崇拜的图腾有多种，如凤凰、枫木、蝴蝶、神犬（盘瓠）、龙、鸟、鹰、竹等。川南、黔西北等地区苗族长期以来尊蚩尤为其始祖，建有蚩尤庙奉祀蚩尤。黔东南、湘西北地区的苗族先民认为他们的始祖姜央起源于枫木树心，枫木为蚩尤所弃之桎梏，因而将与蚩尤有直接关系的枫木作为始祖看待。如湖南城步的苗族有祭"枫神"为病人驱除"鬼疫"的风俗。这位令人敬畏的"枫神"就是蚩尤，与《山海经·大荒南经》所载的"蚩尤所弃其桎梏是为枫木"的传说有关①。湘、鄂、川、黔交界地区的苗族先民与瑶族共同崇拜盘瓠（龙犬），视盘瓠为民族的始祖，至今这一带还保留了不少盘瓠庙、辛女宫。湘西有的苗族先民崇拜的始祖是"傩公""傩母"，因而先民的"巫傩文化"很盛行。贵州西部苗族则以鸟为图腾对象。

旧时，苗族群众定期或不定期地举行祭祖盛典，祭典时或椎牛（俗称吃牛、吃牯脏）或椎猪（俗称吃猪）。不定期的规模较小，程序也较简单；定期的规模盛大，历时数天，家族邻里亲友参加，歌乐达旦。苗族崇龙，因有接龙活动，规模仅次于椎牛、椎猪，按家户或村寨举行。苗居正堂通常设有尺许的地穴，即为安龙的"龙室"。苗族村寨少有庙宇，立庙者，曾有天王庙，供祀天王神。苗族人崇拜人造物，如土地菩萨、土地奶、家神、祭桥、水井等。土地菩萨苗语叫土地鬼，苗家视土地神为村寨的主宰。苗族村寨都设有土地庙一所，一般由几块石头或岩板垒成，或为木屋，极为简陋，设于寨旁路口处或大路边行人休息处。丰富多样的民俗祭拜活动，对于苗居内外空间场地产生了一定的影响。

苗族主要从事农业，湖南地区的苗族主食为大米，也有玉米、红薯、小米等杂粮。苗族语言属汉藏语系苗瑶语族苗语支，没有本民族文字，书写汉字。语言学家根据语音不同的特点，将各地苗语划分为三大方言、七个次方言、十八种土语。三大方言为湘西方言（东部方言）、黔东方言（中部方言）和川黔滇方言（西部方言）。此外，还有几十万苗族人操汉语、侗语、瑶语、布依语、壮语和其他民族语言②。

苗族人民能歌善舞，极为普遍多样，且历史悠久。苗族的乐器通常有芦笙、唢呐、萧笛、胡琴、月琴等，声乐一般都是真人声歌唱，不用器乐伴奏。舞蹈有芦笙舞、板凳舞、铜鼓舞等，以芦笙舞最为普遍。苗族的工艺美术特色明显，其织锦、刺绣、蜡染、挑花、剪纸、银饰等工艺，图案丰富，瑰丽多彩。刺绣是苗族源远流长的手工艺术，是苗族服饰主要的装饰手段，是苗族女性文化的代表。

苗族有同姓聚居的习惯，存在一个地区大多由一个姓氏或几个主要的姓氏组成的情况，所以苗族民居也多为群落（图1-3-10～图1-3-12）。

---

① 《苗族简史》编写组. 苗族简史［M］. 贵阳：贵州民族出版社，1985：3.
② 《苗族简史》编写组. 苗族简史［M］. 贵阳：贵州民族出版社，1985：2-3.

（a）吕洞村格重组

（b）吕洞村新田村

图1-3-10 保靖县吕洞山镇吕洞村苗族居住环境（来源：保靖县住建局 提供）

图1-3-11 保靖县夯沙村排拔组苗族民居（来源：伍国正 摄）

图1-3-12 绥宁县潭泥水村民居（来源：绥宁县住建局 提供）

　　苗族民居建筑形态与土家族民居相似，多为木板房，结构简洁粗犷，屋后多栽竹木，正房前左右也常常建吊脚厢房，供女儿、外姓异族、亲朋居住。青瓦摆砌正脊及脊饰，有的苗族民居正脊两端用形态逼真的凤鸟装饰，如保靖县吕洞山镇（夯沙乡）夯沙村苗族民居。与"椎牛"习俗相应，有的民居在大门外上方悬挂牛头骨。苗族过去大多居住在山区，山高坡陡，开挖地基极不容易，加上天气阴雨多变，潮湿多雾，因而，苗族常依地形建造吊脚楼。苗族人的家族关系比较简单，实行小家族制，很少有三代同堂的情况，子女成人结婚即分家，搬出去独立居住。独栋式苗居一般是面阔三开间，

正中一间向内退进，在入口处形成凹口，称为"虎口"或"吞口"。大门在吞口正中，两侧各有一扇侧门（图1-3-13、图1-3-14）。

　　苗族民居不仅是日常生活的地方，同时也是一个民族文化集中表现的场所。因很多祭祀活动是在室内进行，故民居室内隔断少。村寨中常常设有芦笙场、铜鼓堂、跳花坡、游方坪等文娱活动空间。村寨前的溪河上多建风雨桥，民族特色浓郁。黔东南和湘西南的苗族与侗族文化交流多，村寨中也有苗族鼓楼（图1-3-15、图1-3-16）。

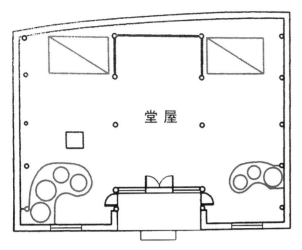

图1-3-13 苗族"吞口屋"平面形式（来源：余翰武 绘）

图1-3-14 苗族"吞口屋"正面形式（来源：余翰武 摄）

图1-3-15 会同县西楼村及村前花鼓楼文化广场（来源：会同县住建局 提供）

图1-3-16 靖州县岩寨村村口鼓楼（来源：靖州县住建局 提供）

3. 侗族文化

侗族是湖南省第三大少数民族，根据2010年第六次全国人口普查统计，侗族人口约占湖南省少数民族人口的13.05%，主要分布在新晃侗族自治县、会同县、通道侗族自治县、芷江侗族自治县、靖州苗族侗族自治县。

侗族先民在先秦以前的文献中被称为"黔首"，一般认为侗族是从古代百越的一支发展而来。湖南省侗族现在居住的这些地方，春秋战国时期属于楚国商於（越）地，秦时属于黔中郡，汉代属于武陵郡，魏晋南北朝至隋代被称为"五溪之地"，唐宋时期被称为"溪峒"。从古至今，这些地方历代以来都是少数民族活动的地区。从历代的文献看，春秋到秦汉，在这里活动的有"越人""黔中蛮""武陵蛮"；魏晋南北朝至唐宋时，这里的少数民族被侮称为"五溪蛮"或"蛮僚"，唐宋时又被侮称为"溪峒州蛮"。古代的越人是一个庞大的族群，其内部分为若干个支系，这个族群在南北朝时期都被称为"僚"。到唐宋时期，僚人进一步分化出包括侗族在内的许多少数民族。南宋理学家朱熹在《记"三苗"》中描述："顷在湖南时，见说溪峒蛮猺略有四种：曰僚、曰仡、曰伶，而其最捷者曰苗。"明清以来，侗族被称为"僚人""侗僚""峒人""洞蛮""峒苗"或泛称为"苗"或"夷人"。民国时期称为"侗家"，新中国成立以后称为侗族。

侗族形成为单一的民族，大概在隋唐时期。唐王朝在"峒区"开始设立州郡，建立羁縻政权，任命当地的大姓首领为刺史。唐至元，中央政权对侗族地区的统治实行"羁縻"政策。明至清初，中央政权对侗族地区的统治实行"土流并治"的政策。清雍正年间，中央王朝对侗族地区的部分卫、所进行调整，加强了流官的控制。"改土归流"后，侗族基本上被纳入了流官的统治范围。

侗族有自己的民族语言：侗语，属汉藏语系壮侗语族侗水语支，没有本民族文字，在长期民族交融过程中，受汉语影响的印记明显。侗族主要从事农业，农业以种植水稻为主，旧时习俗古雅淳朴，奇异独特。侗族地区被人们称为"诗的家乡，歌的海洋"，侗乡一向被誉为"歌舞之乡"，歌舞在侗族人民的社会生活中具有崇高的地位。侗族大歌、琵琶歌、拦路歌，均是侗族音乐的优代表；侗族芦笙舞、"多耶"舞、耍龙舞、侗戏等深受人们的赞扬和喜爱（图1-3-17）。侗族在驱逐灾疫、酬神还愿时也唱傩戏，流行于湖南省新晃侗族自治县贡溪乡四路村天井寨的傩戏"咚咚推"，因演出时在"咚咚"（鼓声）、"推"（一种中间有凸出的小锣声）的

图1-3-17 通道县横岭村芦笙舞（来源：通道县住建局 提供）

锣鼓声中跳跃进行而得名。

侗族的工艺美术特色明显，手工艺制品种类繁多，其刺绣、挑花、编织、彩绘、雕刻、剪纸等实用美观；其侗锦、侗帕、侗带工艺精细，民族特色浓郁。被称为"民族体育之乡"的通道侗族自治县境内纯侗族居住的乡镇有甘溪、坪阳、陇城、坪坦、黄土、独坡等6个，构成了以皇都侗文化村为中心，含黄土、芋头、坪坦、陇城、坪阳、甘溪等侗族村落的百里侗文化长廊，是我国侗民族宝贵的文化遗产。

侗族信仰多神，信奉佛教和道教。山神、土地神、水神、井神、树神、石神、火神、雷神均是崇拜的主要对象。侗族丧葬实行土葬，认为人死以后，灵魂就离开躯体回到祖先住的地方，因此虔诚地崇拜祖先。在侗乡，普遍崇拜女性神，称为"萨"，意为始祖母，建"萨"坛祭祀。女性神中有镇守桥头的女神，有传播天花的女神，坐守山坳的女神等。在众多的女性保护神中有一位至高无上的尊神"萨岁"，侗族人认为她神通广大，主宰人间的一切，是最高的保护神。湖南通道侗族自治县至今还有许多侗族村寨在举行祭祀或庆典纪念活动中，保留有祭萨的习俗。

侗族村寨一般具有依山傍水的特点。侗寨一般坐落在群山环抱之中，寨边梯田层层，寨脚溪河长流，寨头

村尾树木参天。侗寨的房屋建筑，一般是用杉树建造木楼房。近河或陡坡的寨子，依地形建造吊脚楼。一般是楼上住人，楼下圈养牲畜或堆放草料杂物。侗寨一般由民居、鼓楼、寨门、寨墙、戏台、禾仓、禾晾、水井、石板路、池塘、排水沟等不同功能的建筑和设施组成。鼓楼是侗寨中最具特色的建筑物，一般的村寨建有一座到两座，较大的寨子四到五座。相传，侗族祖公建村立寨，首先要择地建立鼓楼和"萨"坛，然后才规划道路、布局民房。在侗族聚居的地方，有河必有桥。桥梁大都建筑在村前寨尾的交通要道上，有木桥、石拱桥、石板桥、竹筏桥等。其中名为"风雨桥"或"花桥"的长廊式木桥，以独特的艺术结构和高超的建筑技巧闻名中外。鼓楼、寨门、风雨桥被称为侗族建筑的"三宝"（图1-3-18～图1-3-25）。

图1-3-18　靖州县寨牙乡岩脚村（来源：靖州县住建局 提供）

图1-3-19　通道县横岭村鼓楼（来源：李爱民 摄）

图1-3-20　通道县皇都村鼓楼（来源：李爱民 摄）

图1-3-21 通道县陇城镇中步村风雨桥（来源：通道县住建局 提供）

图1-3-22 通道县坪坦村寨门（来源：李爱民 摄）

图1-3-23 通道县横岭村寨门（来源：李爱民 摄）

图1-3-24 通道县坪坦村风雨桥（来源：李爱民 摄）

图1-3-25 通道县高步村风雨桥（来源：李爱民 摄）

4. 瑶族文化

瑶族主要分布在永州市的江华、江永、蓝山、宁远、道县、新田，郴州市的汝城、北湖、资兴、桂阳、宜章等县，邵阳市的隆回、洞口、新宁，怀化市的通道、辰溪、洪江、中方，衡阳市的塔山以及株洲市的炎陵等县。根据2010年第六次全国人口普查统计，瑶族人口约占湖南省少数民族人口的10.89%，在全国瑶族人口地区分布中仅次于广西壮族自治区。

瑶族的先人传说是古代东方"九黎"中的一支，后往湖北、湖南方向迁徙。湖南瑶族在秦汉时期，先民以长沙、武陵或五溪等地为居住中心，在汉文史料中，瑶族与其他少数民族合称"武陵蛮""五溪蛮"。在魏晋南北朝时期，以零陵、衡阳等郡为居住中心，部分瑶族被称为"莫徭蛮""莫徭"。隋唐时期，瑶族主要分布在今天的湖南南部、广西东北部和广东北部山区。所谓"南岭无山不有瑶"的俗语大体上概括了瑶民当时山居的特点。瑶族的名称，最早见于唐初姚思廉的《梁书·张缵传》："零陵、衡阳等郡有莫徭蛮者，依山险为居，历政不宾服"。唐长孙无忌的《隋书·地理志》说："长沙郡又杂有夷蜒、名曰莫徭，自云其先祖有功，常免徭役，故以为名。"《宋史·蛮夷列传》说："蛮徭者，居山谷间……不事赋役，谓之徭人。"宋元时期，迫于战争的压力，湘南瑶族向两广南迁，不断地深入两广腹地。到了明代，两广成为瑶族的主要分布区。到了清代，永州各县都有瑶民居住，聚居地称为"峒"，清道光年间，永州境内有瑶峒120处，分布状况大致与现在相同。

由于日常用语的差异，瑶族支系有28种不同的自称，30多种不同的他称。其中以自称"勉""金门"的居多。今天的永州地区是湖南省瑶族主要聚居地之一，江华瑶族自治县是全国瑶族人口最多、面积最大的瑶族自治县。永州境内的瑶族，因其起源传说、居住环境、生产方式、日常用语，以及服饰的差异，有多种自称或他称，多数自称为"勉""尤勉""谷岗尤"等。永州境内的瑶族，有"清溪瑶""古调瑶""扶灵瑶""勾兰瑶""盘瑶""高山瑶"（也称"过山瑶"）"平地瑶""顶板瑶""平板瑶"（也称"平头瑶"）"伍堡瑶""七都人""平地瑶"（也称"民瑶""土瑶"）等不同称谓。其中，前四个为永州地区四大民瑶。尽管瑶族的自称或他称不同，甚至语言也不一样，但由于在长期的历史发展过程中，他们有着共同的命运和心理素质，因而"瑶"始终是其民族的共称[1]。

瑶族语言分属汉藏语系苗瑶语族瑶语支、汉藏语系苗瑶语族苗语支、汉藏语系壮侗语族侗水语支。早期的学术界认为，历史上瑶族没有本民族文字。但经过专家的不断考究，发现在江华瑶族地区人民的日常生活用品诸如八宝被、织带、手袋、围裙带、背带等纯手工织品中存在有瑶族古文字图案。

瑶族宗教文化也具有多神崇拜的特点。其中，对先祖盘瓠（龙犬）的图腾崇拜是瑶族人民家庭生活、社会活动的重要内容。瑶族视盘古和盘瓠（龙犬）为同一远祖神而加以崇拜，总称为"盘古瑶"或"盘瑶"[2]。瑶族尊奉盘古和盘瓠为盘王，至今还可以看到民间建筑上的"龙犬"雕塑（图1-3-26）。大型瑶寨中一般都有祭祀盘王的场所盘王庙（图1-3-27、图1-3-28）。

湘南瑶族村寨中的文学艺术遗产丰富，既有大量的民间口头文学，如著名的创世史诗《密洛陀》《水淹天》和《盘王大歌》等，也有大量的民族历史文献，如记叙民族起源、历史迁徙等重要信息的《过山榜》《祖图来历》《千家峒源流记》等，它们是瑶族文化发展重要的

① 张泽槐. 永州史话 [M]. 桂林：漓江出版社，1997.
② 李筱文. 盘古、盘瓠信仰与瑶族 [J]. 清远职业技术学院学报，2014，07（02）：20-25.

图1-3-26 江永县千家峒瑶族集市门楼上"龙犬"雕塑（来源：伍国正 摄）

图1-3-27 江永县兰溪村入口处盘王庙（来源：伍国正 摄）

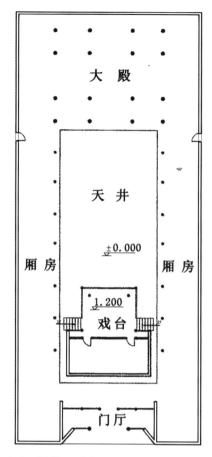

图1-3-28 江永县兰溪村入口处盘王庙平面图（来源：永州市文物管理处 提供）

历史见证[①]。瑶族音乐曲调有20余种，富有民族色彩和地方色彩。瑶族舞蹈多与宗教祭祀有关，其中最著名的是长鼓舞和铜鼓舞。

瑶族以农业为主，清初的"改土归流"之后，瑶族汉化的程度不断提高。虽然瑶族在日常生活、生产、语言以及服饰等方面与汉族存在诸多差异，但在长期的交流过程中，瑶族文化在社会价值、观念体系、宗教信仰、建筑特点等方面也表现出与汉族文化有诸多的相似性，如建筑形态、建筑空间、建筑材料、施工做法、装饰图案、讲究风水等，与当地汉族民居都有许多相同之处。

瑶族习俗规定，男子娶妻生活独立，都要分居，择地另建新屋，因而住宅多以一家一户为单元，左邻右舍，互不搭垛。住宅多为三、五开间，名曰"三间堂""五间堂"。屋顶形式多样，悬山、歇山、硬山都有，以悬山居多。瑶族民居主要包括堂屋、卧室、厨房、火堂、粮仓、洗浴等空间。单体建筑典型形制为三开间的"一明两暗"的平面形式。中间轴线上为堂屋，两侧正房（卧室）对称布置。堂屋较两侧正房宽大，通高到顶，正房多为两层。梁柱结构房屋多为五柱进深，可以是五柱七瓜、五柱九瓜或五柱十一瓜，主要根

---

① 黄大维，卢健. 瑶族村寨文化景观遗产的历史文化价值［N］. 中国旅游报，2012-09-14，第11版.

据用地的多少和经济情况而定[①]。

　　根据平面形式和建造方式的不同，瑶族民居单体可分为四大基本类型："凹"字式、"四"字式、"回"字式和吊脚楼式。"凹"字式的特点是矩形平面首层正中的堂屋向内凹进，堂屋大门的墙体与左右的正房墙体不在同一条直线上，首层户门外无柱。二层向外出挑，设通长的吊脚柱外廊（图1-3-29）。"四"字式的首层平面也为矩形，与"凹"字式相比较，其首层堂屋大门的墙体与左右正房墙体在同一条直线上，且房前立通高柱廊（檐柱），左右正房在二层向外出挑为阳台（图1-3-30）。"回"字式又称"四合水式"，有人称其为汉式瑶宅。特点是在正屋两侧正房前伸出厢房，正屋前设门屋或门墙式大门，形成一个四合院（天井）。厅堂主要靠内院（天井）采光通风，窗户很小，主要的居室较暗，但是冬暖夏凉。正屋和厢房在二层均设吊脚柱外廊，形成跑马廊或"门"字形走廊。首层室内地坪标高和建筑立面均为前低后高，层次分明，如江华瑶族自治县河路口镇牛路村李宅（图1-3-31）。瑶族吊脚楼式民居与侗族、土家族、苗族等少数民族民居一样，正屋前的厢房有单吊式（一侧厢房起吊）和双吊式（二侧厢房起吊）两种。有的瑶居在平地上将整座建筑底部用木柱架空形成干阑式，底部架空层为牲畜栏或堆放杂物，上面为民居生活空间，设木楼梯上下（图1-3-32）。

　　与汉族民居相似，瑶族民居正房沿进深方向多分为前后两间，楼梯设在堂屋后面的退堂内或者正房后面的小间内。瑶居厨房一般都设在正房后部，灶前地上挖"地火塘"，也有的火塘单独成一间。火塘是家庭生活的中心之一，也是冬天一家人取暖的地方，不容踏越。地火塘在做饭时产生的烟用来熏制腊肉，以便长期存放。瑶族民居二层一般不住人，主要用于堆放杂物。与汉族民居一样，堂屋是家中的神圣空间，一般在

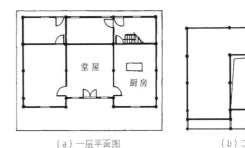

（a）一层平面图　　　　　（b）二层平面图

图1-3-29　湘南"凹"字式瑶族民居平面图（来源：《湘南瑶族民居初探》）

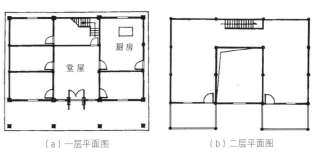

（a）一层平面图　　　　　（b）二层平面图

图1-3-30　湘南"四"字式瑶族民居平面图（来源：《湘南瑶族民居初探》）

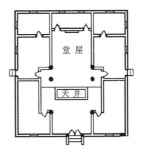

图1-3-31　江华县河牛路村李宅平面图
（来源：《江华瑶族民居环境特征研究》）

图1-3-32　宁远县瑶族乡牛亚岭村干阑式木板房（来源：伍国正 摄）

---

① 黄善言. 湖南江华瑶族民居［C］//陆元鼎主编. 民居史论与文化：中国传统民居国际学术研讨会论文集. 广州：华南理工大学出版社，1995：128-131.

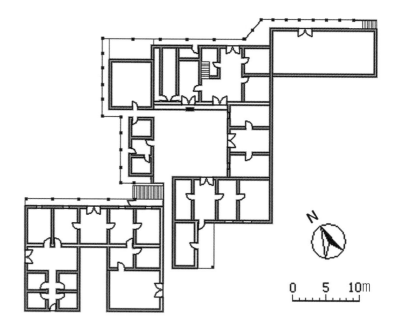

图1-3-33 宁远县牛亚岭村瑶寨平面图
（来源：永州市文物管理处 提供）

图1-3-34 宁远县牛亚岭村瑶寨远景（来源：伍国正 摄）

后墙上设祖先坛和神位，列天地君亲师诸神位。

过去，山地瑶族民居一般是沿着山谷，依山临水或临路而建，通常是单家独屋居住，户与户之间相距较远，单体建筑的朝向不受限制，多为吊脚楼式或干阑式。山地瑶民居大多数是就地取材，除地基和柱础部分用石料外，四壁多用小木条扎成，俗称"四个柱头下地"[1]。亦有的墙体全用木板，称作木板房。屋面和屋脊有用秋后的杉树皮（常称为"树皮屋"）或茅草覆盖的，呈"人"字形。为了防止风将屋面吹起，树皮用竹皮绳捆于檩条上，再在上面隔一定的距离用两根原木分别压住。这两根原木随坡顶在屋脊处交叉，交叉处用竹皮绳绑牢，俗称"叉叉房"。后期居住固定以后，有的瑶寨民居为土墙灰瓦，如宁远县九疑山瑶族乡牛亚岭瑶寨（图1-3-33、图1-3-34）。有的瑶民在山区挖洞，洞外架茅屋，洞内为居室，洞外作厨房，俗称"半边居"[2]。平地瑶族总体上"大分散，小集中"，与当地其他民族交错杂居，民居多为院落式，但大规模且排列有规律的村落很少。

江永县的兰溪瑶族乡兰溪村、粗石江镇清溪村、源口瑶族乡小河边村（图1-3-35）、汝城县文明镇沙洲瑶族村、江华瑶族自治县的大圩镇宝镜村、沱江城大石桥乡井头湾村、绥宁县联民苗族瑶族乡田螺旋村（图1-3-36）、辰溪县的罗子山瑶族乡刘家垅村和五岔水村（图1-3-37）、上蒲溪瑶族乡五宝田村（图1-3-38），等等，是湖南省瑶族集中居住的典型村落。

图1-3-35　江永县小河边村

（来源：永州市文物管理处　提供）

① 零陵地区地方志编纂委员会编. 零陵地区志［M］. 长沙：湖南人民出版社，2001：1567.

② 同上.

图1-3-36 绥宁县田螺旋村（来源：绥宁县住建局 提供）

图1-3-37 辰溪县五岔水村（来源：辰溪县住建局 提供）

图1-3-38　辰溪县五宝田村（来源：《中国传统建筑解析与传承 湖南卷》）

第一节　地理环境及气候

自然地理环境要素始终是制约人类聚居和营建活动的重要因素[1]，也是传统聚落及其地域文化产生的基础条件。湖南地处我国云贵高原向江南丘陵和南岭山脉向江汉平原的过渡地带。东、南、西三面为高耸的山地环绕：东以罗霄山脉的幕阜山、武功山与江西交界，西以云贵高原东缘连贵州，西北以武陵山脉与重庆为邻，南枕南岭与广东、广西相接；中部丘岗分布，北部为洞庭湖平原，形成向北开口的马蹄形丘陵盆地。中部雪峰山脉是湖南省东西两部分的自然和经济的重要界线。省内最高处是位于湖南炎陵县的"酃峰"，海拔2115.2米；最低点为岳阳临湘市的黄盖镇，海拔21米。境内山地占全省土地面积的51.22%，丘陵约占29.27%，平原面积相对较少，约占19.51%。复杂多样的地形地貌造就了湖南山地、丘陵、平坝、盆地、河谷、平原皆有的自然景观。

一、山情水势

地貌作为主导自然环境的重要因素，影响自然环境要素的空间分布，也一定程度左右着人类社会经济的发展。山川河流不仅孕育着生命，也促进或制约着聚落发展及形态的形成。

（一）四大山脉

武陵山脉——盘踞于湖南省的西部，属云雾山的北延部分，海拔在1000米左右，山体形态呈现顶平、坡陡、谷深的特点。最高峰壶瓶山，海拔2098.7米。武陵山脉纵贯湖南省西部，成为东西交通的屏障，有酉水、澧水、武水、辰水自西向东蜿蜒冲出武陵山脉，构成东西交通的通道（图2-1-1）。

雪峰山脉——主体位于湖南中部和西南部，我国地势二、三级阶梯的最南段界线，为资江与沅水的分水岭，是湖南东西的天然屏障，山脉呈东北西南走向，中段海拔高达1000米以上，主峰苏宝顶海拔1934米，东北段降低到500~1000米，东坡陡，西坡缓。北段被资水穿切后，渐降为丘陵。中间在烟溪附近海拔仅300~400米，形成新化至烟溪间的峡谷，湘黔铁路由此通过，也是湘中通往湘西的重要通道。

南岭山脉——中国南部最大山脉和重要自然地理界

图2-1-1　武陵山脉自然景观（来源：余翰武　摄）

---

① 杨宇振. 中国西南地域建筑文化研究［D］. 重庆：重庆大学，2002：22.

线，横亘在湘桂、湘粤、赣粤之间，向东延伸至闽南。东西长约600公里，南北宽约200公里。因南岭由越城岭、都庞岭、萌渚岭、骑田岭和大庾岭5条主要山岭所组成，故又称五岭。广义的南岭还包括苗儿山、海洋山、九嶷山、香花岭、瑶山、九连山等。

罗霄山脉——罗霄山脉是万洋山、诸广山和武功山的统称，位于湖南和江西的交界，是两省的自然界线，也是湘江和赣江的分水岭。罗霄山脉长400公里，主要山峰海拔多在1000米以上，笠麻顶为最高峰，海拔2120.4米，其周围海拔2000米以上的姐妹峰有神农峰、湖洋顶、封官顶、猴头岗、火烧溪等。罗霄山脉中段，包括江西的井冈山、宁冈、永新、遂川、莲花和湖南的茶陵、酃县等县的相邻山区。井冈山最南端的南风屏是江西省西部最高峰，海拔2120米。炎陵县的酃峰是湖南省最高峰，海拔2115.2米。

（二）四大水系

湖南省境内发育有湘、资、沅、澧四大水系，支流遍布全省，5公里以上大小河流达5341条，除个别河流属于珠江和赣江水系外，其他河流基本上呈扇形向北注入洞庭湖，构成完整的向心网状水系。沿江地带土地具有光照、水分、土壤、交通等众多便利条件，成为理想的居住地。密集的河流水系作为人类赖以生活和生产的物质基础，不仅为人们提供了必要的栖息条件，也成为因地处山区、陆路不便地区的经济文化传播和交流的联系纽带。

湘水——湘江水系地处长江之南，南岭以北，东以罗霄山脉与赣江水系分界，西隔衡山山脉与资水毗邻。湘江主要支流潇水、春陵水、耒水、洣水、渌水和浏阳河由东岸汇入干流，支流祁水、蒸水、涓水、涟水、沩水从西岸汇入。长江中游南岸重要支流、干流全长856公里，流域面积9.46万平方公里，沿途接纳大小支流1300多条。湘江流域大都为起伏不平的丘陵与河谷平

原和盆地。下游地区长沙以下的冲积平原范围较大，与资江、沅江、澧水的河口平原连成一片，成为全省最大的滨湖平原。

资水——资江水系，位于湖南省中部，西南以雪峰山脉和沅水交界，东隔衡山山脉与湘水毗邻，南以五岭山脉和广西资水桂水流域相接。流域形状南北长而东西窄，全长653公里，流域面积28142平方公里。上游为高山峡谷区，坡陡急流；进入武冈只有局部峡谷，大部河谷平缓，经下游河谷开阔，地形平坦，多近代冲积台地和丘陵，益阳市以下为洞庭湖冲积平原。流域内丘陵、盆地约占40%，大部分分布在上游和下游，山丘区约占50%，主要分布在中游，其余为平原湖区。

沅水——沅水有南北两源，南源龙头江发源于贵州省都匀的云雾山鸡冠岭，北源重安江发源于贵州省麻江县平越山中，两源汇合于河口后称清水江，向东流经贵州的剑河、锦屏至金紫进入湖南境内，流至黔阳与渠水汇合后始称沅水，全长1033公里（贵州境内452公里，湖南境内581公里），流域面积89163平方公里，流域涉及湘、黔、渝、鄂4省市，是洞庭湖水系中仅次于湘江的第二大河流。沅水自黔阳以上为上游，主要支流有渠水、潕水。清水江河谷曲窄，群山紧逼，落差较大，滩多流激；潕水相对河面宽阔，水流较为平缓，为我国东部与西南的主要交通孔道。黔阳至沅陵为中游，支流众多，该河段多河谷平原和山间盆地，河床展宽，落差较小，为沅水流域的重心地区，多丘陵河谷平原，主要有沅麻、芷怀、安洪等几个较大盆地。沅陵以下为下游，主要支流有酉水，在桃源进入缓丘和洞庭湖平原区，水势平缓，河面宽阔，水网交错，呈现平原水乡特色，是人口稠密、经济发达的地区[①]（图2-1-2）。

---

① 张衢. 湘西沅水流域城市起源与发展研究［D］. 长沙：湖南师范大学，2003：2.

（a）沅水上倚山的丹山寺　　　　　　　　　　（b）沅水大江口河岸

图2-1-2　沅水流域自然景观（来源：余翰武 摄）

澧水——澧水，因其上游"绿水六十里，水成靛澧色"而得名，又因屈原"沅芷澧兰"诗名曰"兰江"。澧水位于湖南省西北部，流域跨越湘鄂两省边境，径流模数居全省之冠，并以洪水涨落迅速而闻名。澧水干流分北、中、南三源，以北源为主，三源于桑植县打谷泉与桥子湾的小茅岩汇合后东流，至澧县小渡口注入洞庭湖，流域面积18496平方公里，其中湖南境内15736平方公里。干流全长407公里，流域内大部分地区年降水量1600毫米。澧水有河长5公里以上的支流325条，其中面积较大的支流如溇水、溧水、道水等有8条支流，合称九澧。

二、气候及自然资源

（一）自然资源

湖南省自然资源较为丰富，较为突出的是矿产资源和水利资源。

矿产资源：湖南省素有"有色金属之乡"和"非金属之乡"之称，早在春秋战国沅水流域就有采矿的记载。《周书·王会解》的"卜（濮）人以丹砂"指的就是辰州（沅陵）的丹砂（汞），又称"辰砂"，为历代贡品。另在辰水流域的麻阳县内的九曲湾，有一处规模相当大的古铜矿井，为东周战国时期的铜矿开采区[①]。

根据2012年9月湖南省国土资源厅编制的《湖南省矿产资源年报》，已发现各类矿产143种。37种矿产保有资源储量居中国前5位，62种矿产保有资源储量居中国前10位。锑的储量居世界首位，钨、铋、铷、锰、钒、铅、锌以及非金属雄黄、萤石、海泡石、独居石、金刚石等居中国前列，水泥用灰岩、高岭土等矿种也在中国具有重要地位。

水利资源：湖南省内河网密布，水系发达，面积达1.35万平方公里。湘北有洞庭湖，为中国第二大淡水湖。有湘江、资水、沅水和澧水等四大水系，河流可通航里程1.5万公里，内河航线贯通95%的县市和30%以上的乡镇。多年平均降水量1450毫米，湖南省水资源总量1689亿立方米，人均占有水资源量2500立方米，水资源相对较丰富。

生物资源：湖南省植物种类多样，群种丰富，是中国植物资源丰富的省份之一。主要树种有马尾松、杉、樟、檫、栲、青山栎、枫香以及竹类，此外有银杏、水杉、珙桐、黄杉、杜仲、伯乐树等60多种珍贵树种。野生动物主要有华南虎、金钱豹、穿山甲、羚

---

① 熊传新. 麻阳县发现东周时期古铜矿井，楚文化考古大事记［M］. 北京：文物出版社，1984：117-118.

羊、白鳍豚、花面狸等。

（二）气候条件

湖南位于长江中游，洞庭湖以南，北纬25°～30°之间，东西宽约667公里、南北约为774公里，面积约为21万平方公里，属亚热带季风气候，气候特征为四季分明，光热充足，降雨充沛，雨热同期，无霜期长。全年平均气温为16℃～18℃，日照时数1300～1800小时，无霜期长达260～310天，降水量1200～1700毫米，雨量充沛，为我国雨水较多的省区之一。

第二节　传统聚落空间分布与特征

成就于农耕社会的传统聚落，在选址及营建过程中非常尊重自然环境，强调与山水地形、生产生活巧妙结合。聚落布局"顺其自然"，沿河溪则顺河道，傍山丘则依山势；有平地则聚之，无平地则散之，传统聚落的形态特征和空间模式因而可以通过研究其空间分布来进行区分。

一、传统聚落基本情况及分布

湖南历史悠久，地形多样，传统聚落数量众多。截止到2018年年底，经收集整理得到湖南省传统聚落共755个，主要来源于四个官方公布的权威数据。一是由国务院公布的国家历史文化名城，湖南省共有4个；二是由国家住房和城乡建设部、文化和旅游部以及财政部等先后公布的五批中国传统村落名录，其中湖南省共有658个被列入；三是由国家住房和城乡建设部以及国家文物局公布的中国历史文化名镇名村名单（共七批），其中湖南省共有国家级历史文化名镇10个、名村22个；四是湖南省官方公布的省级历史文化名城、名镇和名村，其中省级历史文化名城15个、名镇31个、名村156个。将以上重复村落进行合并整理，得到湖南省传统聚落共755个（表2-2-1），其中城镇数量为57个，村庄数量为698个。借助百度地图、谷歌地图对以上传统聚落的地理坐标进行标定，得到湖南省传统聚落空间分布图（详见附录）。

湖南省传统聚落统计表（单位：个）　　　　　　　　　　　　　　　　　　表2-2-1

类别＼级别	国家级	省级	小计（不重复）
名城	4	15	19
名镇	10	28	38
名村/传统村落	22（中国历史文化名村，同时也是中国传统村落）、658（中国传统村落）	155（其中有115项与中国传统村落为完全重复项）	698
合计（不重复）	672	83	755

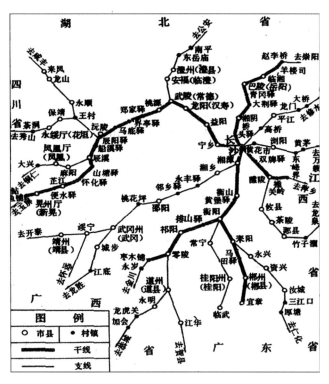

图2-2-1 湖南省清代驿道示意图（来源：据《湖南古驿道》改绘）

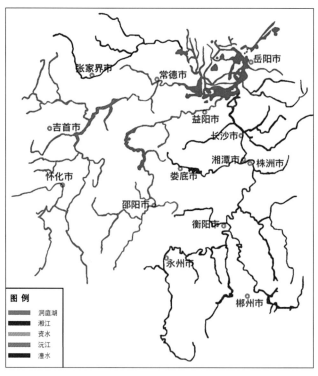

图2-2-2 湖南省水系示意图

历史上，湖南传统聚落多沿河流、古道生长发展，分布较松散。现今整体来看，湖南传统聚落分布接近于集聚分布，西部和南部地区聚落分布相对较集中，尤其是湘西州山区一带；北部以及东部地区的传统聚落分布较稀疏。同时把湖南省传统聚落空间分布图与道路图层（图2-2-1）和水系图层（图2-2-2）进行叠加，可以发现聚落空间分布仍然具有较为明显的河流与道路指向性，尤其是城镇聚落。

二、传统聚落空间分布特征

（一）区域分布特征

根据省域内自然地理特征的差异，可以将湖南省划分为湘东、湘南、湘西、湘北和湘中五个片区（图2-2-3）。湘东主要在罗霄山脉，大致包括株洲以及长沙、岳阳的部分地区；湘南主要在南岭山脉，湘江、资江、沅水等河流

的上游流域，大致包括郴州和永州区域；湘西主要在武陵山脉，澧水和沅水流域，包括湘西土家族苗族自治州、张家界、怀化以及常德、邵阳的部分地区；湘北为环洞庭湖平原区，包括岳阳以及常德、益阳的部分地区；湘中盆地主要在雪峰山脉以东，罗霄山脉以西，南岭山脉以北，大致包括湘潭、娄底、衡阳以及长沙、益阳和邵阳的部分地区。

现存传统聚落分布有两处显著的集聚区，分别是湘西和湘南山区地带，湘西传统聚落数占总量的51.3%，湘南占比约为26.9%。从目前考古来看，湘西、湘南地区历史上开发较早，同时由于这里环境相对较封闭、社会经济相对较落后，传统聚落相对保存较好，没有遭到太多破坏，也是省内少数民族的主要聚居区；次要集聚区在湘中丘陵盆地一带，占比约为15.6%，这里人口集中，经济文化发达；湘北平原和湘东山地一带现存传统聚落数量较少，两地区仅占比为6.2%。传统聚落总体呈西南多、东北少的空间分布特征，湘西和湘南地区的

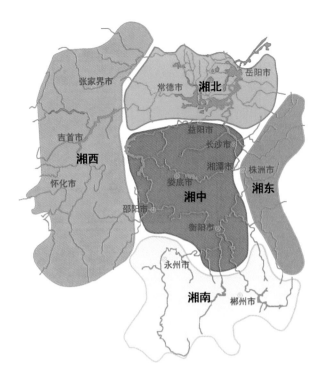

图2-2-3 湖南省域分区示意图（来源：李夏阳 绘）

中，但不平衡（图2-2-4）。湖南省传统聚落分布主要集中在湘西州、怀化市、永州市和郴州市，这四个地区的传统聚落数共有560个，占全省传统聚落的74.2%。其中，传统聚落分布最多的是湘西州和怀化市，这两个地区的传统聚落数共有357个，占全省传统聚落的47.2%；而常德、长沙、株洲、湘潭、岳阳五个地区的传统聚落仅41个，所占比重仅为5.4%。

同时，从各地市州内部空间分布类型来看，可分为两类：一为集聚型分布，主要包括怀化市、益阳市、邵阳市、衡阳市和永州市。怀化市主要集中分布在市南部地区，主要在靖州苗族侗族自治县、通道侗族自治县；益阳市主要集中分布在市西部地区的安化县；邵阳市主要分布在市西部地区的绥宁县；衡阳市主要集中分布在市南部地区，主要在耒阳市和常宁市；永州市主要分布在市东北部的祁阳县。二为散点分布，以湘西州和郴州市为典型代表，传统聚落在市域内分布较为散落。

传统村落分布相对集中，湘中地区次之，西南与东北地带差异明显。

（二）市域分布特征

从各地市州来看，全省传统聚落空间分布较为集

（三）县域分布特征

从县域分布情况来看，传统聚落分布广泛，共有76个县市区有传统聚落入选省级以上（含省级）传统聚落相关名录。在76个县市区中湖南传统聚落主要分布在凤凰县（23个）、祁阳县（38个）、永顺县（22个）、

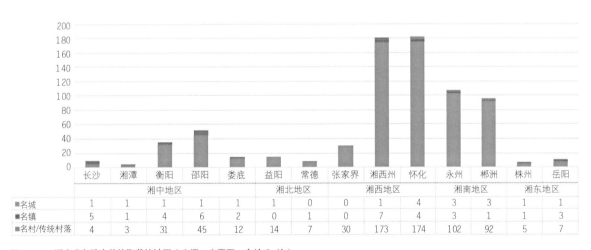

	长沙	湘潭	衡阳	邵阳	娄底	益阳	常德	张家界	湘西州	怀化	永州	郴洲	株洲	岳阳
	湘中地区					湘北地区			湘西地区		湘南地区		湘东地区	
■名城	1	1	1	1	1	1	0	0	1	4	3	3	1	1
■名镇	5	1	4	6	2	0	1	0	7	4	3	1	1	3
■名村/传统村落	4	3	31	45	12	14	7	30	173	174	102	92	5	7

图2-2-4 湖南省各地市传统聚落统计图（来源：李夏阳、余翰武 绘）

保靖县（25个）、龙山县（30个）、花垣县（36个）、古丈县（25个）、通道县（29个）、洪江市（23个）、靖州县（24个）、张家界永定区（25个），共计300个，占湖南省传统聚落总数量的39.7%。

湖南传统聚落整体分布受地理环境因素影响较大，西南与东北差异明显。根据前面的统计分析，湖南省传统聚落在五大片区中的分布不均衡，主要集中在湘西和湘南山区；在全省14个市州中的分布也较为集中，主要集中在湘西州、郴州、永州、怀化四市；县域分布情况也是呈现分布面广但又集聚度高的特征（附录），数量前十的11个县均为湘西和湘南地区的山区县城。从上可以看出，湖南省传统聚落的分布西南、东北差异明显，大多都是分布在西南山区与市县交界处，这些地带一般地形较为险峻、地理环境相对闭塞、交通不便、经济相对落后，也反映出相对封闭的地理环境为传统聚落的保存提供了重要条件，这同时也为传统聚落的可持续发展提出了思考和挑战。

第三节　传统聚落模式及特点

不同的聚落会因其所处自然地理环境的不同呈现不一样的聚落模式，根据聚落所处的位置与周边山、水等自然地理环境的关系进行分类，可以将传统聚落模式分为平原、丘陵、山区三种类型（表2-3-1）。

传统聚落模式分类及其特点　　　　　　　　　　　　　　　　　表2-3-1

特点 ＼ 类型	平原聚落	丘陵聚落	山区聚落
地形特征	以平原为主，地势较平坦	以丘陵为主，沟壑纵横	以山地为主，地形起伏大
聚落规模	较大	较小	小
聚落形态	带状、团状分布	带状分布	散点、沿山坡错落分布
生产方式	现代农业为主	传统农耕与现代农业并存	传统农耕为主
生活条件	条件较好、交通方便	条件较好、交通较方便	条件艰苦、交通不便

一、平原模式

平原聚落主要分布在以洞庭湖为中心的河湖冲积平原区。洞庭湖平原是外围高、中部低平的碟形盆地，盆缘山地突起，环湖、滨湖岗地平缓，很多聚落就坐落在这水网密布、地势平坦的平原当中或其边缘。一般而言，由于平原地区地形广阔，聚落布局较少受到限制，平原聚落选址和营建首要考虑的问题是如何避免水患灾害。因而，在平原当中的聚落一般建在地势较高处，稻田环绕其四周；建在平原边缘的一般选在低缓的山丘上。这一区域由于现代农业发展水平较高，区域经济相对发达，传统聚落保留数量相对较少。

平原聚落的一个显著特点就是聚落与聚落之间挨得很近，在沿河的一片狭长的平地上，挨挨挤挤地分布着大大小小的聚落（图2-3-1）。平原聚落一般街巷平直，多呈"一"字形或"十"字形布局，大型

图2-3-1 平原聚落典型图谱（来源：Google Earth）

图2-3-2 张古英村聚落形态（来源：Google Earth）

聚落街巷也呈鱼骨状或网络状展开①。其中典型代表是具有"天下第一村""民间故宫"之称的张谷英村（图2-3-2）。

二、丘陵模式

湖南中部地形以低山丘陵为主，其间河流穿过，散布着小块平原和一些水库坑塘。这里的聚落空间规模由于受到丘陵山区破碎地形的限制，往往规模较小，分布广泛。丘陵聚落选址及布局需要充分考虑生产生活用地规模和用水供给方便等问题，因而丘陵聚落大部分分布在离水源较近的地区，或是沿河流分布，抑或是背靠山坡，环山而筑，形成"门前良田屋后树，村头小溪村后山"的聚落空间格局（图2-3-3）。

丘陵聚落会随着人口增多加密，耕地变少而迁移分化，往往沿河流、顺沟谷、依公路呈带形分布，娄底涟源市的三甲乡古村落群便是丘陵地区传统聚落的典型（图2-3-4），也是百余年中国农耕社会变迁的缩影。

三、山区模式

湖南多山，超过一半的面积为山地。"山地聚落"也是湖南省传统聚落中保存最好的、最主要的一种聚落模式，湘西和湘南的山区传统聚落数量之和占总量比例将近80%。这类聚落周边往往都是绵延的群山，山多田少，进出要翻山越岭，交通极为不便，经济发展相对滞后。也由于大山的阻隔，山区聚落往往呈现出"大分散、小集聚"的分布特征，聚落小而分散（图2-3-5、图2-3-6）。

山区不仅要面临用水问题，还有更为突出的人地矛盾，为了尽可能少占用耕地，聚落几乎都是背靠山坡，从山脚向上延展，尽可能地留出更多朝阳面的谷间耕地。因而山区聚落的房屋建筑挨得很近，少见大的院落组合，常见吊脚楼形式。木楼高高低低、层层叠叠，青石板路曲折蜿蜒而上，古朴自然（图2-3-7）。

---

① 李晓峰，谭刚毅. 两湖民居［M］. 北京：中国建筑工业出版社，2009：48.

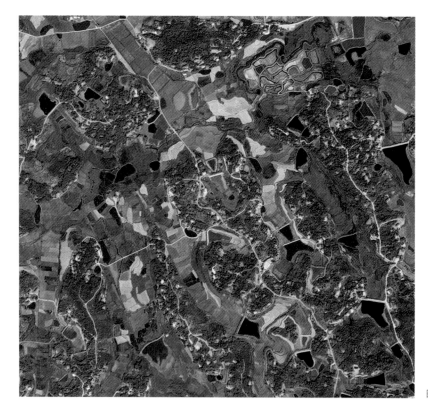

图2-3-3　丘陵聚落典型图谱（来源：Google Earth）

图2-3-4　三甲乡古村落群聚落形态（来源：Google Earth）

图2-3-5 山区聚落典型图谱（来源：Google Earth）

图2-3-6 湘西花垣县十八洞村聚落形态（来源：Google Earth）

图2-3-7 保靖县首八峒村（来源：余翰武 摄）

第一节　府城格局

纵观中国古代城市发展史，可以认为城市总体发展基础主要有三种功能，即政治功能、防御功能和经济功能。对应于这三种主要功能，城市形态演变也有三种主要模式，即仪典模式、防御模式、市场模式[①]。政治功能——仪典模式主要体现在都城和郡州府城中的内城结构布局中；防御功能——防御模式主要体现在各类城市的外城结构布局中；经济功能——市场模式主要体现在商品经济相对发达的地方城市结构布局中。

仪典模式和防御模式的城市是以政治与防御功能为主，布局形态突出表现为相当规整的城市街道规划、轴线的建筑布局和封闭的坊市空间。唐宋以后，由于商品经济的发展，社会经济因素在城市发展中地位的提高，中国城市尤其是地方城市建设，因地制宜，表现为灵活的城市空间形态，从总体上打破了以前的封闭空间格局，突出表现为里坊制的取消和城市商业街道空间的发展。古代湖南远离政治中心且许多城镇处于水陆交通节点，明显突出了城市的经济功能，许多城镇空间结构形态表现为以"市"为主体的市场模式特征，即开放的市场街道模式。

湖南有纵贯南北的四大水系，因水路交通与市场发展而兴盛起来的市镇很多，城市利用江河的"行舟楫之便"，发展了"一种或许可称为'梳式'系统的街道体系"，即主要市场街道（一条或数条）平行于江河堤岸，次街和众多的巷道垂直于主要市场街道，直接与堤岸边的码头联系，担当商品运输功能。明清时期，湖南的岳州城、长沙城、衡州城在体现府城建设特点的同时，同样体现了水路交通与市场发展对于城市空间形态发展的促进作用，城市的经济功能明显，"城、市"功能分区和市场街道体系明确。其他府州城市，如永州（永州府）、邵阳（宝庆府）、常德（常德府）、沅陵（辰州府）、永顺（永顺府）等，虽然其水路交通发达，但其城市形态和空间结构未能得到进一步扩展，城市还明显体现了以政治和防御为其主要功能。地区经济发展的一个突出表现就是人口的增长，尤其是清中叶以后，湖南的经济和人口增长较快，城镇发展较快，有的因地处交通要道以商业繁荣而兴盛；有的以开发矿业而发展；有的因行政中心变迁，人口聚集而成（表3-1-1）。

1578～1917年湖南人口区域分布　　　　　　　　　　　　　表3-1-1

府州名称	明万历六年（1578年）			清嘉庆二十一年（1816年）			民国6年（1917年）		
	面积（平方公里）	人口总数	人口密度（人/平方公里）	面积（平方公里）	人口总数	人口密度（人/平方公里）	面积（平方公里）	人口总数	人口密度（人/平方公里）
长沙府	41,894.9	427,164	10.20	41,837.4	4,290,086	102.54	41,837.4	7,047,510	168.45
衡州府	22,397.6	358,916	16.02	17,167.2	2,321,431	135.22	17,167.2	3,916,310	228.71
岳州府[②]	28,848.95	275,142	9.54	12,605.3	1,709,497	135.62	12,605.3	2,173,028	172.39
宝庆府	21,559.7	221,207	10.26	22,329.3	1,624,155	72.74	22,329.3	4,127,759	180.38
永州府	22,907.3	141,633	6.13	23,409.8	1,629,946	69.63	23,409.8	3,262,623	139.37

[①]（德）阿尔弗雷德·申茨. 幻方：中国古代的城市［M］. 梅青，译. 北京：中国建筑工业出版社，2009：455-468.

[②] 当时岳州府包括澧州在内。

府州名称	明万历六年（1578年）			清嘉庆二十一年（1816年）			民国6年（1917年）		
	面积（平方公里）	人口总数	人口密度（人/平方公里）	面积（平方公里）	人口总数	人口密度（人/平方公里）	面积（平方公里）	人口总数	人口密度（人/平方公里）
常德府	9,180.5	144,540	15.74	11,945.0	1,219,755	102.11	11,945.0	2,225,831	186.34
辰州府	23,863.1	156,724	6.56	12,845.3	898,954	69.98	12,845.3	2,117,841	164.87
郴州	13,695.7	94,390	6.89	13,445.6	997,021	74.15	13,445.6	1,677,876	124.79
靖州	9,904.1	81,066	8.18	9,904.1	608,463	61.44	9,904.1	934,353	94.34
桂阳州	—①	—	—	6,902.9	773,353	112.03	6,902.9	753,590	109.17
沅州府	—	—	—	7,623.2	537,396	70.49	7,623.2	813,167	106.67
永顺府	—	—	—	13,565.5	643,095	47.41	13,565.5	893,966	65.90
澧州	—	—	—	15,606.5	1,033,980	66.25	15,606.5	2,036,648	130.50
四厅②	—	—	—	5,902.4	192,722	32.65	5,902.4	327,583	55.50
合计				215,089.5	18,479,854	85.91	215,089.5	32,308,085	150.21

（注：表中1578年、1816年数据来自《中国人口·湖南分册》；1917年数据来自《湖南近百年大事纪述》）

一、长沙府

（一）地理位置与城建历史

长沙位于湖南省东部偏北，湘江下游，洞庭湖平原的南端向湘中丘陵盆地过渡地带。地貌北、西、南缘为山地，东南以丘陵为主，东北以岗地为主。湘江为市区内主要河流，境内长度约75公里。据《逸周书·王会》记载，周公营雒告成，成王大会诸侯，各方贡物中有"长沙鳖"，这是"长沙"一名见于史籍的最早记载，可见周初已有长沙之名。两千多年以来，长沙城址、城名一直未变，一直是郡、州、府、路、省治所在地。1982年长沙成为国务院公布的首批国家历史文化名城之一。

长沙地理位置优越，建城历史较早，战国时即建有城邑，素有"楚汉名城"之称。据考古发掘及相关研究资料，战国时长沙城范围东西长约680米，南北宽约580米，大约东在今黄兴路和蔡锷路之间，西临今下河街，南起今坡子街一带，北至今五一路与中山路之间③（图3-1-1）。西汉长沙国都城为临湘，后人称之为"临湘故城"。《水经注·湘水》："汉高祖五年以封吴芮为长沙王，是城即芮所筑也。""临湘故城，在府城南，今善化县界……汉高祖以封吴芮，是城即芮筑。"④ 汉长沙城略呈方形，东至今落星田、东庆街一带，西至今福胜街，南在今樊西巷稍南，北在今五一路与中山路之间⑤。

隋、唐、五代时长沙城规模基本一致，东城垣约在今小吴门、浏阳门一带，西城垣约至今小西门、大西门附近，南城垣约在今碧湘街南门口处，北城垣约至潮宗街与营盘街一带，青少年宫的六堆子处。城市形状呈东西窄、南北长的方形。唐五代时长沙有城门六座：东有浏阳门、醴陵门，西有济川门（今大西门），南有碧

---

① 未统计。
② 凤凰厅、乾州厅、永绥厅、古丈坪厅。
③ 温福钰. 中国历史文化名城丛书 长沙 [M]. 北京：中国建筑工业出版社，1989：36.
④ （清）刘采邦，张延坷，等. 长沙县志. 疆域志. 同治十年（1871年）刊.
⑤ 尹长林. 长沙市城市空间形态演变及动态模拟研究 [D]. 长沙：中南大学，2008：20.

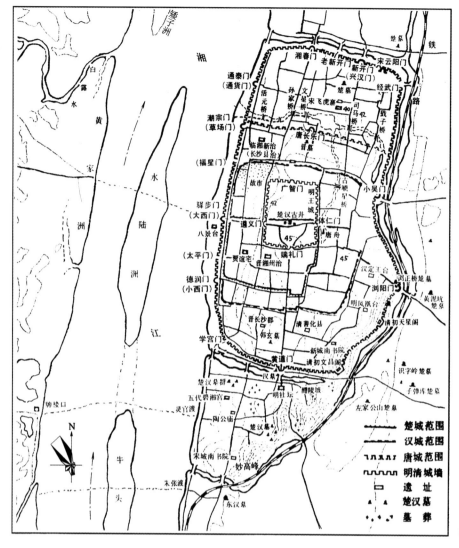

图3-1-1 长沙城历代空间形态变化示意图
（来源:《中国历史文化名城丛书 长沙》）

湘门（今南门口），北有长乐门（约今六堆子）、清泰门。东城墙外有护城河桥一座：顺星桥。北城墙外有活源桥、文星桥、司马桥、戥子桥、孙家桥五座护城河桥，这五座桥名至今仍为长沙市开福区街名①。

经唐五代的开发建设，至宋代，长沙城规模已扩大数倍，历经明清直到民国初年拆除城墙时，虽屡经兴废，但城池范围基本没有改变，只是不断地加固和完善。宋元明清时期，长沙城范围为：东在龙伏山脊（今建湘路），西临湘江（今沿江大道），南起城南路、西湖路，北至湘春路，整个城市负山面江②。

自宋元符元年（1098年）起，长沙城出现了郡、县（两县）二级三套官衙建制，即城中有长沙郡治、善化县治和长沙县治。到清康熙三年（1664年），城中又有湖南省治，于是长沙城中省、府、县（两县）三级四

① 陈小恒. 从长沙地名看长沙城市文化的变迁［D］. 长沙：湖南师范大学，2006：28.
② 尹长林. 长沙市城市空间形态演变及动态模拟研究［D］. 长沙：中南大学，2008：20.

套官衙共存①。从清同治十年（1871年）《长沙县志》和清光绪三年（1877年）《善化县志》中的"省城图"上可以明确地看出，明清长沙府治位于城中央偏北的汉时临湘县城址，善化县治位于城之东南隅，长沙县治位于城之西北隅②（图3-1-2）。两县的界线大致为今五一大道，即驿步门（大西门）往东，以北属长沙县，以南属善化县（同治十年《长沙县志》和清光绪三年《善化县志》中都有明确记载）。长沙城内两县分治的情况延续了823年，直到1912年才合而为一。

元代以前，长沙城"筑以土墼，覆以瓷"。"讫宋元俱仍旧址。明洪武初，守御指挥邱广垒址以石，寻以上至女墙巅以瓷。址广三丈，巅四（分）之一，高二丈四尺，周二千六百三十九丈五尺，计一十四里有奇，女墙四千六百七十九堞，堞崇二尺。池深一丈九尺，广亦如之。"明清长沙城有城门九座，各门建有城楼，并于东南西北四门建月城，城西以湘江为堑，其他三向环以深池③④。

（二）明清城市空间形态演变特点

明清时期，长沙城在体现府城建设特点的同时，同样体现了水路交通与市场发展对于城市空间形态发展的促进作用，其城市空间形态演变特点突出体现在如下两个方面。

1. 方城直街，城外延厢

长沙古城西临湘江，东依龙伏山，受地形地势的影响和限制，城池的主要扩展方向只能为南北方向。历代城池均呈东西窄、南北长的不规则方形。发展到宋代，城墙的占地大小和形状格局已完全确定。明清时期城市主要街巷走向和名称、主要建筑布局等也基本一致。

明代长沙城为王府城，设有城门九座。明崇祯十二年（1639年）《长沙府志》记载：长沙府城西临湘江，略呈方形，设九门。明代长沙城先后建有潭王府（明洪武三年，1370年建）、谷王府（明永乐二年，1404年建）、襄王府、吉王府。明宪宗成化十四年（1478年），英宗第七子见浚就藩长沙，将潭王府旧址改建为吉王府。吉王凡四传（定王、端王、宣王和宣王孙由栋），吉王府（后改为万寿宫）在长沙存在的时间最久，所以占地最大（图3-1-3）。吉王府位居城中央，周以城垣，四方各一门，南为端礼门，北为广智门，东为体仁门，西为遵义门。《湘城访古录》（清人陈运溶在1893年辑录）说，考明藩邸制，五殿三宫，设山川社稷庙于城内，城垣周以四门，堂库等室在焉。总宫殿房屋八百间有奇，故全城几为藩府占其七八。"⑤明清时期，长沙城内大小街巷150余条，方正成网，构成了整个城市的骨架。街道多呈"十"字形、"井"字形、"丁"字形。主街直接与城门联系，"城内有正东街、浏正街、南正街、北正街、西正街等正街通向各城门。城门外有金鸡桥、灯笼桥、浏城桥、螃蟹桥、北门吊桥等。清末，在城墙之东北、西南向增开经武门、学宫门，在太平街、西长街外增开太平门、福星门，全城共有13门。"⑥

作为郡、王府城，明清时期长沙城的建筑布局具

① 清乾隆四十年（1775年）钦定的文渊阁四库全书《湖广通志·城池志》曰："长沙府城，汉长沙王吴芮筑，讫宋元俱仍旧址。"同治十年（1871年）《长沙县志·疆域》曰："隋书·地理志：'长沙县旧曰临湘，隋平陈大业三年改名长沙'。一统志：'汉时临湘县城为长沙郡（临湘故城），治者在今城之南'。而今之长沙县治即水经所谓临湘新治（魏晋新治），南北朝、宋所徙，本在城外，隋唐时包入城中，宋又移县治于城东定王台，明洪武初移建北门内西偏，十一年改建于内门外，万历二十四年复今所（北门内西偏）。"
② 郑佳明主编. 陈先枢著. 长沙老街［M］. 长沙：湖南文艺出版社，1999：254.
③ 清乾隆四十年（1775年）钦定的文渊阁四库全书《湖广通志·城池志》.
④ （清）刘采邦，张延珂，等. 长沙县志. 疆域志. 同治十年（1871年）刊.
⑤ 王果，陈士溉，陈士镜. 长沙史话［M］. 长沙：湖南人民出版社，1980：84.
⑥ 沈绍尧. 访古问今走长沙［M］. 北京：气象出版社，1993：135.

图3-1-2 清光绪三年（1877年）《善化县志》中的湖南省城图（来源：《长沙老街》）

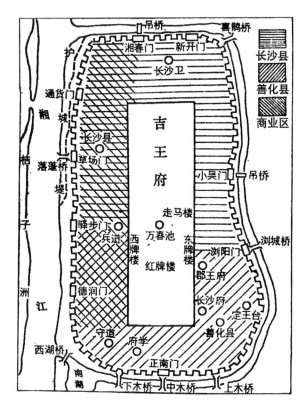

图3-1-3 明长沙城布局示意图（来源：《中国历史名城》）

有中国皇城和郡州府城权力空间结构形态的基本模式，即"政治功能——仪典模式"。"方城直街、城外延厢"，空间方正，城内部空间布局整体感较强。城中街巷名称基本上是南北称街，东西称巷。郡、王府居城中偏北，善化县署和长沙县署分别位于城中东南隅和西北隅。自王府前到黄道门（南门）是一条约2公里御街千步廊，突出了郡、王府治在城中的位置。省、府、县（两县）的衙署，以及藩司、臬司、学政等政治、文教、祀典类建筑的空间布局具有明显的轴线对称关系。

明清时期，地方城市为保一方平安，多在城外设社稷坛、山川坛和厉坛，在城内设城隍庙等祀典建筑。清初谷应泰（1620~1690年）编撰的《明史纪事本

末·更定祀典》曰："至尊莫大于天地，至亲莫大于祖宗，……尊天地，故有郊社。郊坛于南，社坛于北，本其气也。日月风雷、山海岳渎随焉，从其类也。"而长沙府城的祀典建筑位置与此有些不同。据清乾隆四十年（1775年）编的文渊阁四库全书《湖广通志·祀典志》记载："长沙府，社稷坛在府城北，风云雷雨山川坛在府城内，先农坛在北门外。……城隍庙在府城北，郡厉坛在府城内，里社乡厉二坛在府城内。"对此，笔者认为，原因之一可能与长沙自古为王国之城有关。西汉吴氏（吴芮）长沙国五代五传，刘氏（刘发）长沙国八代九传，共历231年。西晋武帝封六子司马乂为长沙王，因参加"八王之乱"，最后被杀，追谥厉王。南宋武帝封弟道邻为长沙王，谥号景王。南齐高帝封子晃为长沙王，谥号威王。五代十国时，楚踞湖南，以长沙府为国都，历23年（马殷在位35年）。明代长沙诸王前后共历273年。为了保证祀典时诸王的安全，故"设山川社稷庙于城内（王府内），城垣周以四门"（《湘城访古录》）。原因之二可能与长沙城的地形环境有关。长沙城西临湘江，东枕龙伏山，受地形地势的限制，城池只能向南北发展，自然地将祀典建筑圈入城内。清末，在南门（黄道门）外增有社稷坛。

2. 街巷"梳式"发展，商业聚类成街

至唐代，长沙成为南方农副产品重要的集散地和交换中心，沿湘江一带已有了一些集市，已呈现出商业城市的雏形[①]。明清时期，随着地区经济和商业进一步发展，长沙城市空间的城市经济功能街道取代了部分政治、仪典功能街道，城西靠湘江一侧（包括城内和城外）发展了"梳式"商业街道系统，商业按类聚集成区，形成了许多繁华的商业街区，城市空间结构形态的经济功能——市场模式的特点明显。

---

① 陈先枢，黄启昌. 长沙经贸史记 [M]. 长沙：湖南文艺出版社，1997：54.

图3-1-4 长沙太平街历史街区现状鸟瞰
（来源：《长沙历史街区自组织再更新研究》）

城市的交通条件、经济形态影响其空间结构布局。长沙地貌北、西、南缘为山地，东南以丘陵为主，东北以岗地为主，城区处于湘江和浏阳河交汇的河谷台地，周围为地势较高的山丘，对外联络大多"拥舟楫之便"[1]，取水道出长江——"东通江淮，西接巴蜀，南极粤桂，北达中原"[2][3]。20世纪70年代马王堆出土物中也有稻麦黍粟等数以百计的食物，其中稻谷就有籼粘粳糯等众多品种。《史记》载："长沙，楚之粟也。"东汉时长沙推广铁制农具和牛耕技术，北宋时开始种双季水稻。清雍正四年（1726年），由藩司发帖，长沙共开设各类牙行35户，其中粮行占了24户，长沙米市正式形成，成为中国"四大米市"之首，以致清乾隆皇帝欲将"湖广熟，天下足"改为"湖南熟，天下足"[4]。清代中叶以后，长沙成为湖南粮食的主要集散市场之一，曾出现有"仓库俾比，米袋塞途"[5] 现象。西汉以后，长沙手工业发展较快，如陶器、铜器、瓷器、刺绣、鞭炮等都在全国久负盛名。唐代，长沙窑生产的瓷器曾随当时的丝绸、茶叶一起畅销海内外。农业、手工业和商业的发展，带来了长沙经济的繁荣和城市的繁华。明代，长沙已成为人口密集、工商业繁荣、全省主要商品集散之地。明崇祯十二年《长沙府志·风俗志》载：长沙"民物丰盈，百货鳞集，商贾并联，亦繁盛矣。"和唐宋时代一样，明清时期长沙城内主要的街市仍集中在沿江的西半城，特别是集中在德润门（小西门）、驿步门（大西门）和潮宗门（草场门）附近的南北二街：福星街—西长街—太平街—福胜街、接贵街—三泰街—三兴街—三王街—衣铺街，东西三街：潮宗街、永丰街—万寿街—万福街、下坡子街—上坡子街，以及诸多巷道。这一带西邻湘江，是唐宋以来的老商贸区，商业区选择这里，正是因为"行舟楫之便"。如今长沙太平街历史街区内的古城格局与历史建筑风采依存（图3-1-4～图3-1-6）。

① 长沙市志编纂委员会. 长沙市志第十卷：商贸志 [M]. 长沙：湖南人民出版社，1999：387.
② 长沙市志编纂委员会. 长沙市志第九卷：交通邮电卷 [M]. 长沙：湖南人民出版社，1998：243.
③ 张文绪. 澧县梦溪乡八十垱出土稻谷的研究 [J]. 文物. 1997（01）：36-41.
④ 沈绍尧. 访古问今走长沙 [M]. 北京：气象出版社，1993：13-14.
⑤ 张人价. 湖南省经济调查所丛刊——湖南之谷米 [M]. 长沙：湖南省经济调查所，1936：39.

图3-1-5 长沙太平街内的建筑立面(来源:伍国正 摄)

图3-1-6 长沙太平街内的古戏台(来源:伍国正 摄)

明清时期,长沙城内的"梳式"市场街道系统以上面的南北二街为主要商业街道,众多东西街巷与其垂直分布。城外是一条沿湘江堤岸的主要商业街道,众多的巷道垂直于主要商业街道,直接与堤岸边的码头联系。清末,在城墙之东北、西南向增开经武门、学宫门,在太平街、西长街外增开太平门、福星门,正是为了方便城中的商品运输(图3-1-7、图3-1-8)。

"城市中,在长期的生产生活中自然形成了不同区域。……各区当中,长期以来各行各铺依行业比户而居,构成了街巷。有的一街一行,街名就是行名。"[1]长沙城自清雍正四年(1726年)开设牙行以后,城内的商业和手工业同样出现了按行业类别或商品类型聚集成区的现象,并逐渐形成了许多繁华的商业街区,街巷以行业类型或商品名称命名。如"香铺巷、线铺巷、书铺巷、衣铺巷、当铺巷、肉铺巷、油铺街、钟表巷、灯笼街、扇子巷、鞋铺巷、面馆巷、茶馆巷、铜铺巷、草药铺巷、炮竹铺巷等。"[2]清代中叶以后,长沙成为中国"四大米市"之首,成为湖南省粮食的主要集散市场之

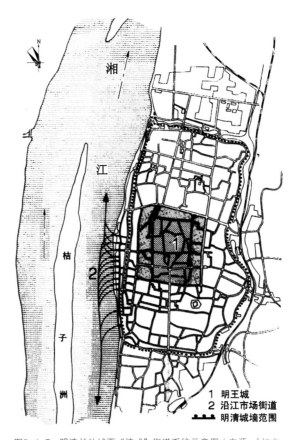

1 明王城
2 沿江市场街道
明清城墙范围

图3-1-7 明清长沙城西"梳式"街道系统示意图(来源:《幻方:中国古代的城市》)

---

① 张研. 试论清代的社区 [J]. 清史研究, 1997 (02): 1-11.
② 沈绍尧. 访古问今走长沙 [M]. 北京: 气象出版社, 1993: 139.

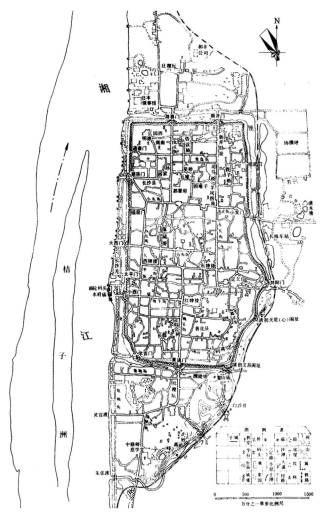

图3-1-8 民国二年（1913年）的湖南省城图（来源：《中国历史文化名城丛书 长沙》）

一。长沙城的米市主要分布在黄道门（南门）至潮宗门（草场门）一带，尤以潮宗门内的潮宗街最多，所以潮宗街也被称为"米街"。

明清时期的长沙，"城""市"功能明显，行政中心与市场区域结合发展，既是政治意义上的"城"，又是经济意义上的"市"，政治功能——仪典模式和经济功能——市场模式两种空间结构形态共存。城市空间布局体现了对自然地形环境的重视和利用；体现了"王权"的严肃性和"礼乐"的和谐性；体现了交通条件、经济形态及其发展状况对城市空间发展的要求。

二、岳州府（岳阳）

（一）地理位置与城建历史

岳阳古称巴丘、巴陵、岳州，民国年间更名为岳阳，位于湖南省东北部，湘江下游，与湖北、江西两省相邻，东倚幕阜山，西抱洞庭湖，北枕长江，为历代州府县治所在地。1988年，岳阳成为湖南省首批公布的四大历史文化名城之一，1994年成为国务院第三批公布的国家历史文化名城之一。

夏商时期，岳阳属荆州之域，土著三苗族出现分化，其中的一支古越族在此繁衍生息。商周时期在距今市中心西南30多公里的铜鼓山建立起了具有军事战略意义的要塞城堡——"大彭城"①。东周时期在今岳阳县龙湾、筻口一带先后筑有东、西糜城②。东汉时期三国东吴鲁肃镇守巴丘，筑巴丘城。西晋武帝太康元年（公元280年），分下隽县西部始设巴陵县，属长沙郡，从此确立了巴丘城作为区域政治经济中心的地位，此后，岳阳城市一直是郡（府、州）和县治所在地。

宋代以前岳阳城修城情况和城市的形态，史书记载不多，目前发现最早记载岳阳城址环境和城市形态的为北宋时期范致明《岳阳风土记》引北魏郦道元的《水经注》中关于古巴陵县（郡）城的记述③。从《岳阳风土记》

① 一说"大彭城"在距今岳阳市东北15公里的城陵矶，但多数学者认同铜鼓山说。见：陈湘源. 岳阳三千四百年前古城——彭城探微［J］. 岳阳职业技术学院学报，2005，20（01）：33-35.

② 徐镇元. 岳阳发展简史［M］. 北京：华文出版社，2004：15.

③《岳阳风土记》引北魏郦道元的《水经注》云："巴陵山有湖水，岸上有巴陵，本吴之邸阁城也。城郭殊隘迫，所客不过数万人，而官舍民居在其内。州地客山高，主山隐伏，不甚利土人，而侨居多兴葺者，俗谓之扁担州。""晋太康元年，立巴陵县于此，后置建昌郡。宋元嘉十六年（公元439年），立巴陵郡，城跨冈岭，滨阳三江。"

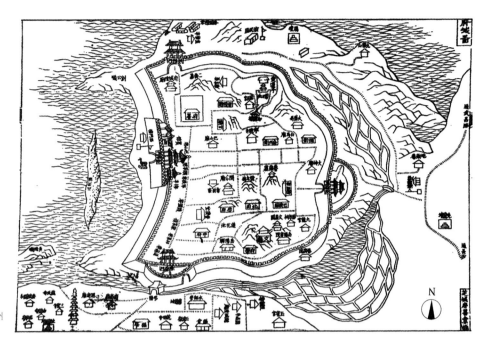

图3-1-9 清乾隆十一年（1746年）《岳州府志》（卷一）中的岳州府城图

记述中，我们可以看出，古巴陵县（郡）城选址在"三江"① 交汇处的高地上，城中有山："城跨冈岭，滨阻三江"，城池因地制宜，沿江湖堤岸灵活布局，为不规则的"扁担"形态。

随着交通地位的确立和地区经济的发展，岳阳城市规模不断扩大，城池形态不断完善。明代以前，岳阳城为版筑的土城，城西临洞庭湖，其他三面并无城壕。明洪武四年（1371年），拓城基用砖石筑之。到明洪武"二十五年指挥音亮重加甃砌，周七里，高二丈六尺有奇，雉堞千三百六十有五，高四尺。为门六。"并于六个城门外建"子城"，形成瓮城格局，又在城外东南北三向开凿便河，"蓄水卫城"。到清乾隆五年（1740年）重修城池后，成周计六里三分，较明初时，城池规

模缩小了②。城壕的开凿，说明岳阳城加强了政治与军事功能。历史上，由于洪涝灾害和战争等原因，岳阳城多次重修。"岳阳地处军事要塞，历史上战火不息，城市屡遭破坏。"③ 明清时期岳阳城有具体文字记载的城池重修有20余次，足以说明岳阳城在地区政治、军事和经济发展中的地位。明清时期，岳阳城内空间结构、建筑布局严谨，如郡（府、州、县）署、试院以及文庙等，均处于城市的中心位置，且都有要道相连，干道与次街呈"丁"字形相交于府署等重要建筑前，形成了仪典所需要的城市空间，体现着封建礼制等级体系④（图3-1-9）。

（二）明清城市空间形态演变特点

明代以前，岳州府城南门外已经有了街衢、学

① 《地志》："巴陵城对三江口"是也。大江（长江）自蜀东流，入荆州界出三峡，至枝江分为诸洲，凡数十处，盘布川中，至江津戍而后合为一，故江津为荆南之要会。又东过石首县北，通谓之荆江。又东入岳州府界至城陵矶，而洞庭之水会于大江，水势益盛，谓之荆江口，亦谓之西江口，亦谓之三江口。三江者，岷江为西江，澧江谓中江，湘江为南江，俱至岳州城而回合也。见：（清）顾祖禹. 读史方舆纪要（卷七十五·湖广一）[M]. 贺次君，施和金点校. 北京：中华书局出版社，2005：3515.
② （清）姚诗德，郑桂星修. 杜桂墀编纂. 巴陵县志·建置志·城池. 清光绪十七年刊.
③ 岳阳市地方志编纂委员会. 岳阳市志·第八册·城乡建设卷 [M]. 北京：中央文献出版社，2004：252.
④ 张河清. 湘江沿岸城市发展与社会变迁研究（17世纪中期～20世纪初期）[D]. 成都：四川大学，2007：86-87.

校、祠庙、仓廒等建筑。明弘治中期，为了保护南关一带的县治、市井、庙学、仓廒、寺观等建筑，在南门外环巴陵县治加筑土城，设土门多处，至此，岳阳城形成了城郭相依的"子母城"格局。内城主要为官家署衙与士绅居所、庙学卫所等建筑，外城为市井、庙学、作坊、仓廒、寺观等建筑。在光绪十七年（1891年）《巴陵县志》的岳州府城街道图上，清晰可见城南梅溪桥处的南关门楼，府城与南厢郭城隔于绕府城之便河，由迎薰门（南门）处吊桥联系（图3-1-10）。

可见，中唐以后，随着水路交通的开发，岳阳城的政治军事战略地位凸显。明清时期，岳阳"城""市"功能分区明确，城市的政治功能与经济功能在空间格局上基本分开，内城空间结构形态的政治功能——仪典模式特征明显，城南关厢地区发展为府城守御所资之商业重镇。

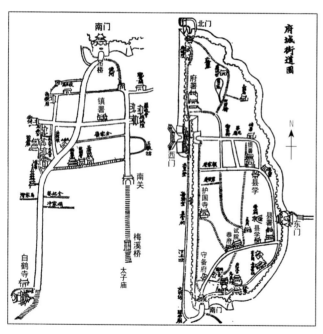

图3-1-10　清光绪十七年（1891年）《巴陵县志》中岳州府城街道图

① 衡阳市建设志编纂委员会. 衡阳市建设志［M］. 长沙：湖南出版社，1995：29.

三、衡州府（衡阳）

（一）地理位置与城建历史

衡阳，位于湖南省中南部，湘江中游，东邻江西省，西南界永州市。因地处南岳衡山之南而得名，相传"北雁南飞，至此歇翅停回"，栖息于市区回雁峰，故雅称"雁城"。衡阳古城位于衡阳盆地中部，四周山、丘环绕，为古老宕层形成断续环带的岭脊山地。湘江由南向北穿城而过，耒水、蒸水在古城北与湘江交汇。古城山水形胜，风景秀丽，素有"寰中佳丽"之称。

汉高祖五年（公元前202年），在衡阳境内湘江东岸置酃县和承阳县，为衡阳境内首次设县。酃县县城在今市郊江（湘江）东酃湖东岸，承阳县城在今衡阳县金兰寺，属长沙国。"考古发现，江（湘江）东酃湖附近有古酃县县城遗址。城址呈椭圆形，城墙用黄土夯筑，城垣残址高4米，宽5米。东西两面正中有城门遗迹，城北角有一大型建筑遗址，并发现大量汉瓦及战国时期印纹陶器残片，城址周围山上出土墓葬有战国时期器物。"① 公元220年，孙吴于长沙郡东南置湘东郡，郡治设在今酃县；于长沙郡西部置衡阳郡，郡治设在今湘乡。东晋孝武帝太元二十年（公元395年），划酃县入临蒸县，移临蒸县治于湘江东岸原址，属湘东郡，以临蒸县城为湘东郡治。隋大业年间，改郡为州，废湘东、衡阳郡，设衡州，将临蒸改为衡阳县，这是历史上第一次出现衡阳县。州城、县城均在湘江东岸。唐武德七年（公元624年），衡州州治及临蒸县城移至湘江西岸。唐天宝年间（公元742～755年）改称衡阳郡，唐乾元元年（公元758年）复称衡州。宋朝复为衡阳郡。元朝改为衡州路。明洪武二年（1369年）改为衡州府。清康熙三年（1664年）置衡永郴道，驻衡州府。清雍正十年（1732年）增领桂阳州，更名衡永郴桂道。清乾隆二十一年（1756年），以"路当要冲事繁难治"为由析衡阳县东南境置清泉县，与衡阳县治同城，属衡州（据清编《湖南通志·卷一百二十三·职官十四》）①。1988年衡阳市成为湖南省首批公布的四大历史文化名城之一。

衡阳，"扼两广，锁荆吴"，战略地位十分重要，历来是兵家必争之地。（清）顾祖禹《读史方舆纪要》载："（衡州）府襟带荆湖，控引交、广，衡山蟠其后，潇、湘遶其前，湖右奥区也。且自岭而北，取道湖南者，必以衡州为冲要，由宜春而取道粤西，衡州又其要膂也。南服有事，绸缪可不蚤欤？"今衡阳城所在地自古为交通枢纽、物资集散中心和湖南重镇，经济发展较早。随着水陆交通的开发、地区经济的发展和人口的增长，以及唐代中叶以后南方社会战乱局面的加剧，衡阳在湘南的战略地位逐渐提升。唐至德二年（公元757年）在此设衡州防御史，领衡州、郴州、永州等8州军事。宋代以后，衡阳城已成为湘南政治、经济、文化中心和军事重镇。明洪武初年，在衡州城设衡州卫。由于衡阳城地理位置优越，军事地位重要，清康熙十七年（1678年），吴三桂在衡阳称帝，国号"大周"，年号"昭武"，设六部，改衡州府为"定天府"，以衡州州署为皇宫，改鼓楼为五凤楼，回雁门为正阳门，大街为棋盘街，后复清制。

（二）明清城市空间形态演变特点

虽然自唐武德七年（公元624年）后，今湘江西岸的城区一直为衡阳辖区的政治、经济和文化中心，但据史料记载，北宋咸平年之前，湘江西岸城区还无土筑城墙。五代后周显德二年（公元955年），湘江西岸城区才开始修建木栅，为城区第一代"城墙"。北宋

咸平年间（公元998～1003年）拆除木栅，改为版筑城墙。南宋绍兴年间（1131～1162年）又加以版筑，但未完工。南宋末，版筑城墙年久失修，大部分被毁。宋景定年间（1260～1264年），知州赵兴说采石筑城，衡州城墙始具规模。元泰定年间（1324～1327年），环城修建石郭②。清《（乾隆）衡州府志·城池》载："衡州府城，唐以前无考，周显德间，始立木栅。宋咸平、绍兴版筑，工未毕。景定中，知州赵兴说始成之。"③ 清乾隆四十年（1775年）编文渊阁四库全书《湖广通志·城池志》载："明洪武初，指挥庞虎大缮修；成化年间，知府何珣增饰。"这一记载也印证了成一农先生的研究观点："唐代不重视地方城市城墙修筑""明初地方城市城墙修筑的重点在于那些设置卫所的城市"。同时也说明，衡州府在宋代以前，还只是湘南地区的政治、经济和文化中心，军事地位还不是十分突出。

明成化年间（1465～1487年），衡州城采用砖石砌筑拓城。城墙高2丈5尺，周长1270丈8尺，设城门7座，合7里30步。城墙上"荫以串屋"，城门上各建城楼。到明末崇祯十五年（1642年），复兴城工，增高5尺，培厚6尺，又在城外自南门向西至北门加修护城壕，长826丈，深4尺，宽13丈。但这次修城，未完工，第二年即被张献忠领导的农民起义攻陷，城楼俱毁。到清顺治十八年（1661年），衡州府巡抚、知府和通判相继修城，其后，又有清康熙八年至二十年（1669～1681年）、雍正七年（1729年）、乾隆二十六年（1761年）、道光末年、咸丰二年（1852年）和六年（1856年）重修城池。志书记载，清咸丰二年（1852年）以前的历次重修，城池规模与明代相同，周长1270丈8尺；城内自南门东至北门，计670丈，属清

---

① （清）饶栓修. 旷敏本纂.（乾隆二十八年）衡州府志［M］. 清光绪元年补刻重印. 长沙：岳麓书社，2008；前言.
② 衡阳市建设志编纂委员会. 衡阳市建设志［M］. 长沙：湖南出版社，1995；30.
③ （清）饶栓修. 旷敏本纂.（乾隆二十八年）衡州府志［M］. 清光绪元年补刻重印. 长沙：岳麓书社，2008；72.

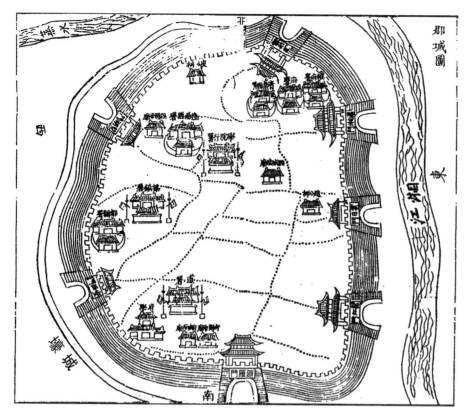

图3-1-11 衡州郡城图（来源：《（乾隆）衡州府志·卷三·舆图》）

泉县经管；自南门西至北门，计663丈8尺，属衡阳县经管①②③。

清咸丰二年（1852年）修城时又增高垣雉3尺。咸丰六年（1856年）修城时增建炮台14座，并在南门外增筑外城，将南门外的花药山、接龙山、回雁峰等制高点圈入城中，形成明显的城郭结构。外城周长720余丈，建炮台15座。咸丰九年（1859年）疏通并加深城壕至近1丈，在内城西北向又开三门，并于门前城壕上各建桥以满足城内外交通。至清同治十一年（1872年）修城，外城与内城等高，高2丈5尺，厚1丈6尺，下基3丈，周长2255步，东西最远者400步，南北850步，垛口938个。内外城共有城门17座，其中，内城对外有6座，外城对外有10座，内外城之间以回雁门相通，凸

显了衡州府在明清时期的政治、军事地位，以及经济发展情况（图3-1-11、图3-1-12）。明清时期，衡阳城市空间形态演变特点主要体现在如下两个方面。

1. "城、郭"结构明显，"城、市"分区明确

自五代后周显德二年（公元955年）在湘江西岸首次筑城后，历经宋、元两朝的改建和扩建，衡阳城池规模逐渐扩大。加之优越的地理条件，衡阳城的军事地位逐渐受到重视，以致明清时期多次修城和加筑。明清时期，衡阳城池空间形态变化有两大特点：一是用砖石拓建城墙，加高城墙，开挖护城壕；二是在城南加建与内城等高的外城，形成明显的"城—郭"结构，且外城面积较大，超过内城面积一半。

① （清）饶桂修. 旷敏本纂. （乾隆二十八年）衡州府志 [M]. 清光绪元年补刻重印. 长沙：岳麓书社，2008：72.
② （清）乾隆四十年（1775年）编文渊阁四库全书《湖广通志·城池志》.
③ （清）彭玉麟修. 殷家俊，罗庆芗纂. （同治十一年）衡阳县图志 [M]. 长沙：岳麓书社，2010：99.

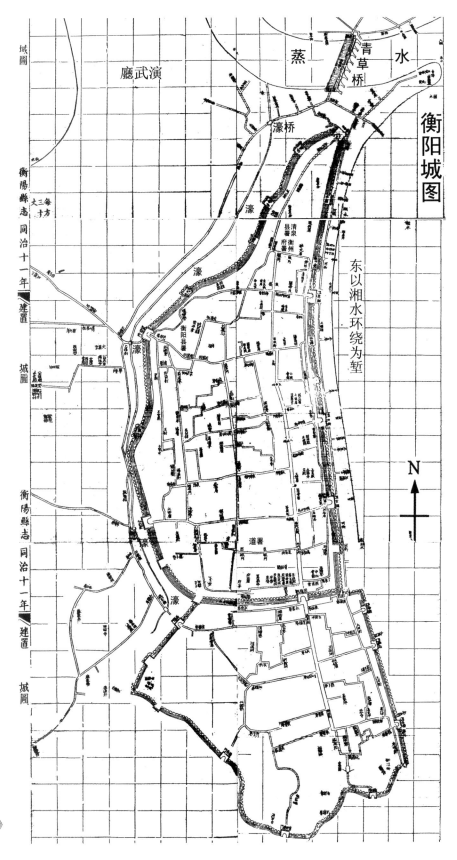

衡阳城图

廳武演

蒸　青草桥　水

濠桥

濠

濠

濠

濠

濠

東以湘水環繞為塹

衡陽縣志同治十一年　建置　城圖

清泉縣署　衡州府署

衡阳县署

道署

衡陽縣志同治十一年　建置　城圖

N

图3-1-12　同治十一年（1872年）《衡阳县图志》
中的衡阳城图

清咸丰六年（1856年）增筑外城后，衡阳城的功能分区更加明确，表现为"城"与"市"明显分开，城墙的防御功能更加突出。内城道路相对规整，主要为府署、县署、道署、庙学、城守、会馆等建筑，外城道路因地制宜，主要为普通市民的聚居地和贸易场所。据1995年编的《衡阳市建设志》考察清同治十一年（1872年）《清泉县治·衡阳建置图》载：清咸丰六年（1856年），衡阳城墙在历史上进行最后一次修葺。此时全城有街26条，巷33条，人口6万余人。城区面积为4.2平方公里（内城2.2平方公里，外城1.2平方公里，江东河边0.8平方公里），分为3个商业区、2个行政区、2个文化区等7个功能区，大致是南北正街为中心商业区，北门为中心行政区，石鼓书院、船山书院为文化区。街道布局为4纵7横方格形网络。街道长度一般为0.7～2.5公里，宽度为1.5～6.5米[①]。

2. 城内空间体现"礼制"思想，城外街巷"梳式"发展

中国古代城市规划主要受三种思想体系影响：体现"礼制"的思想体系；以《管子》为代表的"重环境求实用"的思想体系；追求"天地人和谐合一"的哲学思想体系[②]。这三个思想体系基本概括了中国古代城市选址和规划建设的指导思想。地方城市受《管子》为代表的体现因地制宜、重环境求实用的城市规划建设思想影响最大。历史上，衡阳城的规划建设在体现因地制宜、重环境求实用和天人合一思想的同时，城市空间结构也突出体现了"礼制"的营建思想。从清乾隆二十八年（1763年）刊印的"衡州郡城图"上，我们可以清楚地看出，衡州城内街道布局因地制宜，为3纵7横方格形道路系统，在3条南北向道路的北段分别为府署、

县署和学院行署，即3条纵向的主道在城内主要建筑前形成"丁"字形相交。府署前的道路，直通回雁门（南门）。这种"丁"字形街道创造了城市仪典时所需要的空间环境，是规划建设体现"礼制"思想的具体表现。在宣统元年（1909年）"衡阳城区图"上，街道系统更加具体直观，为4纵7横方格形。府署、县署等重要建筑同样位于前期3条纵向的主道的北端，府署前的大街为全城的主要大道，最宽，通过南门一直延伸到外城的南部。内城道路相对规整，外城道路因地制宜，多为不规则的曲线形。城中主要街道多以周边建筑命名，如布政街、司前街、司后街、道前街、道后街、文运街、福星街、书院街等，同样体现了政治统治与礼制教化的功能。

明清时期，衡阳城市发展的一大特色是在沿水地段发展了"梳式"市场街道。"市场街道是乡村商业化的产物"，为持续增长的人口提供了生计。清中叶以后，由于地区经济和人口的持续发展，加上衡阳城历来就为交通枢纽和物资集散中心，所以城市周边的商业繁荣更快。至咸丰六年（1856年）加筑外城时，一方面根据地形特点，将南门外的花药山、接龙山、回雁峰等制高点圈入城中，并于内城增建炮台14座，外城建炮台15座，以加强城池的防御能力；另一方面将内城中本为中心商业区的府署至回雁门（南门）的南北正街延伸至外城南部，并将南门外湘江沿岸的大河街（上河街）圈入城中加以保护，所以外城在内城南部东边突出一段。在大河街两端的城墙上开城门，北端为康衢门，南端为向阳门，并于沿江一段城墙上开城门3座，加强了外城与江边码头联系。此次筑城不仅突出了城池的防御能力建设，而且体现了经济建设在城市发展中的作用，是衡阳城市发展的一大特色。

① 衡阳市建设志编纂委员会. 衡阳市建设志 [M]. 长沙：湖南出版社，1995：30，34，61.
② 吴庆洲. 中国古代哲学与古城规划 [J]. 建筑学报，1995（08）：45-47.

与长沙城的"梳式"市场街道系统不同的是，衡阳城的"梳式"市场街道只是位于城外湘江和蒸水两岸，城内市场通过沿江的9道城门与城外市场街道和码头联系（图3-1-13、图3-1-14）。清末以前，"市民代步工具，陆地坐轿骑马，水路乘船行舟"。衡阳城位于湘江、蒸水和耒水的交汇处，水路交通自古发达，所以城区湘江和蒸水两岸码头较多。"清末，衡阳城区的湘江西岸，就有五码头、泰梓、大码头、铁炉门、柴埠门、潇湘门、北门、杨泗等码头，东岸有粟家、丁家、王家、盐店、唐家、廖家等码头，均为石阶简易民用码头。"① 发达的水路交通和乡村商业化的发展，促进了衡阳城沿水"梳式"市场街道的发育。在清同治十一年（1872年）的"衡阳城图"和清宣统元年（1909年）的"衡阳城区图"上，都清楚地标明了湘江西岸的街巷走向和名称：以城外平行于湘江的河街为主街，众多的巷道垂直于河街，直接通往江边的码头。清末民初，衡阳城周边乡村商业化发展较快，在宣统元年的"衡阳城区图"上，外城以南又发展了多条"城南新街"。

总之，明清时期的衡阳城，已成为湘南政治、经济、文化中心和军事重镇，城市主要沿湘江扩展，不仅突出了城池的防御能力建设，而且也体现了经济建设在城市发展中的作用。城市建设城壕并重、城郭共存；"城""市"功能分区明确，城市的政治功能与经济功能在空间格局上基本分开。内城道路相对规整，空间结构形态体现了"礼制"的营建思想，体现着政治功能——仪典模式特征；外城道路和城门因地制宜，适应了商贸活动需要，空间结构形态体现着经济功能——市场模式特征。

四、永州府（永州）

（一）地理位置与城建历史

永州位于湖南省西南湘粤桂三省接合部，五岭北麓，自古为楚粤要冲，水陆交通发达，素有"南山通衢""湘西南门户"的美称。永州古城大西门外的黄叶古渡（即大西门外浮桥），是向西进入"湘桂走廊"的必经之处（图3-1-15）。永州古代雅称"潇湘"，永州城自古乃楚南一大都会②，建城史在湖南省仅次于长沙，素有"潇湘第一城"之称。永州城是湖南省首批公布的四大历史文化名城之一，城内外现存零陵文庙、零陵武庙、高山寺（法华寺）、绿天庵、碧云庵、张俊故居、廻龙塔、柳子庙、寓贤祠等均为市级以上文物保护单位。

"零陵"是我国夏以前就已出现的全国34处重要古地名之一③。公元前221年秦始皇在今广西全州县与兴安县交界处设零陵县治①⑤⑥。西汉武帝元朔五年（公元前124年），封长沙王刘发之子刘贤为侯，建立县级泉陵侯国于今零陵，即后期的永州府所在地。东汉光武帝建武年间（公元25～55年），零陵郡治由广西零陵县移至泉陵县，但零陵县治所仍然在全州县西南的咸水。隋开皇九年（公元589年），将泉陵、永昌、祁阳、应阳4县合并，更名零陵县，在此设永州总管府，同时废广西地的零陵、洮阳、观阳3县，置湘源县，从此，永州之名始称于世，并一直沿用至今。自汉武帝元朔五年（公元前124年）置县级泉陵侯国于零陵，直到中华人民共和国成立前，今零陵作为县治、郡治、府治、州治所在地，一直没有间断。

① 衡阳市建设志编纂委员会. 衡阳市建设志［M］. 长沙：湖南出版社，1995：111.
② 清光绪二年（1876年）《零陵县志·地舆·形胜》："太史公曰：楚粤之交，零陵一大都会也，不信然哉。"
③ 张传玺，杨济安. 中国古代史教学参考地图集［M］. 北京：北京大学出版社，1984.
④ 湖南省永州市，冷水滩市地方志联合编纂委员会编. 零陵县志［M］. 北京：中国社会出版社，1992：8.
⑤ 李珍，覃玉东. 广西汉代城址初探［M］//广西博物馆编. 西博物馆文集第二辑. 南宁：广西人民出版社，2005：50-56.
⑥ 李珍. 汉零陵县治考［J］. 广西民族研究，2004（02）：108-110.

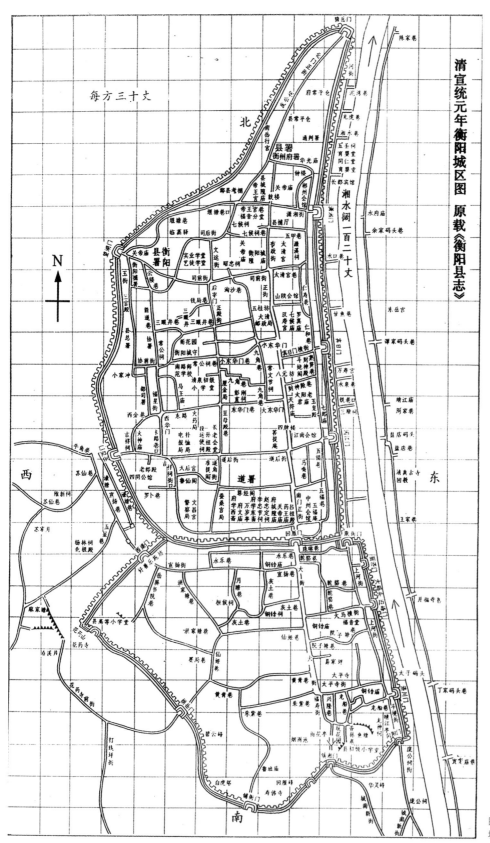

图3-1-13 清宣统元年（1909年）衡阳
城区图（来源:《衡阳市建设志》）

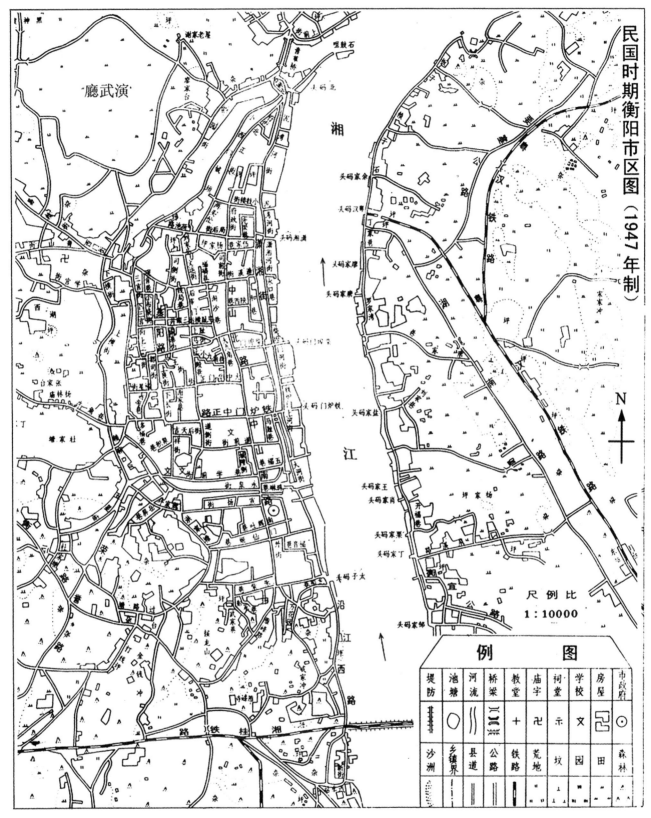

图3-1-14　民国时期衡阳市区图（来源：《衡阳市建设志》）

图3-1-15 永州城大西门外黄叶古渡浮桥（来源：伍国正 摄）

历史上，永州城发展经历了五个主要阶段，即：西汉武帝元朔五年至东汉光武帝建武年间的县级泉陵侯国城；东汉光武帝建武年间至隋开皇九年（公元589年）的零陵郡城、零陵县城；隋开皇九年至南宋景定元年（1260年）的永州府（零陵郡）、零陵县城；南宋景定元年（1260年）至明洪武六年（1373年）的永州府城、零陵县城；明洪武六年以后的永州府城、零陵县城。

永州古城山环水抱，因山为城，是中国古代典型的山水城市。古城依临东山和万石山，潇水从南、西、北三面环城缓行，倚山为城，因水为池，负阴抱阳，周围群山叠翠，可谓"山环水抱"，地势优越（图3-1-16）。城址既有"形"的阴阳山水形态，也有"质"的环境文化内涵，体现了中国传统城市建设的山水环境思想和审美情趣，是阴阳五行学说与风水学说在具体环境中的具体体现，是中国古代城市选址山水学说的又一例证。

（二）明清城市空间形态演变特点

1. 永州城市空间形态演变

关于永州城市建设的志书，目前能见到的时间最早

的为明代《（洪武）永州府志》，但此志未曾描述前朝的零陵古城概况。明代以前的永州城市建设，只能从明隆庆五年（1571年）及以后的《永州府志》中有所查观，此书辑录了南宋末年，吴之道在《永州内谯外城记》中对于永州城修筑的记述，未曾描述前朝的零陵古城概况，但可从记述中辨析，南宋嘉定年前，零陵古城只是单城，"绍兴间（1131～1162年），曹成诸寇，棹鞅径入，至嘉定而又有李元砺之濒洞，赵侯善谧始增修其里城焉，外城犹未暇。及开庆己未（1259年），轺从南来，永当上流门户，受害尤毒。强民无知，怙乱焚劫，公廨民庐，荡为一烬。提刑黄公梦桂于庚申（景定元年，1260年）秋拥节兼郡，议筑外城，周围一千六百三十五丈，储费均役，规模井如也。……鸠工于癸亥之秋，而讫工于甲子之夏。"[①]

南宋景定元年开始的这次大规模筑城，历时五年之久，于景定五年（1264年）结束。比较明清时期与南宋末年的永州城规模、形态，南宋景定年的这次筑城基本上奠定了明清永州城的规模与形态格局。元明清时期，虽有几次重修，城郭有所拓展，终未能从整体上突破宋代城池的主体规模。

据《永州内谯外城记》载，宋末零陵郡拓城后，城墙为土筑的内外双城格局：内城增修于南宋嘉定元年（1208年），外城修筑于南宋末景定元年至五年（1260～1264年），城墙埏土为甓，风石为灰，为杵筑土墙；内城卫君，外郭护民；外城周围1635丈，城门四座，正东为和丰门（明清曰东门）、正西为肃清门（明曰西门，清曰大西门）、正南为镇南门（明清曰南门）、正北为朝京门（明清曰北门），开有五道便门，以利交通及取水；外城"女墙云矗，雉堞天峻"；里城楼观翚飞，严严翼翼，视外有加，俨然南国都会气象，所谓"宋有天下三百余年，而后方有斯城"。

① （南宋）吴之道《永州内谯外城记》，见：（明）史朝富，陈良珍修. 永州府志·创设下. 明隆庆五年（1571年）.

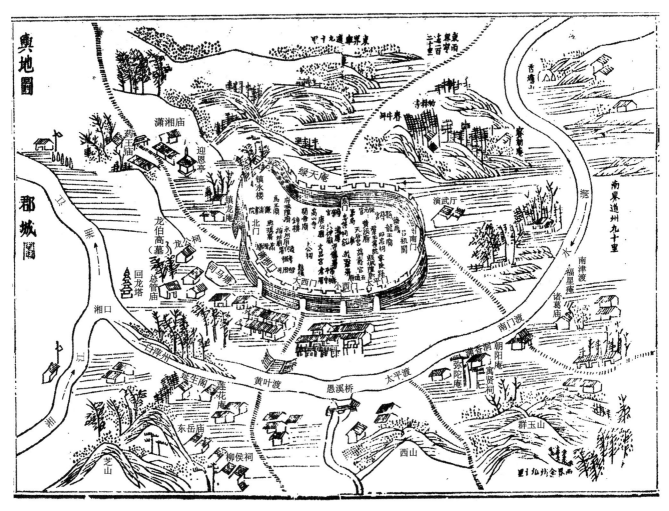

图3-1-16 永州郡城舆地图、郡城图（来源：清道光八年《永州府志》卷一中·舆地图）

考察明清以来的历次《永州府志》《零陵县志》和《宋会要辑稿》对于永州城池修筑的记载及其城郭图，其七门七楼的形制、位置、城厢范围与民国35年（1946年）绘制的零陵县城厢图是基本一致的，只是楼名前后有些更改（图3-1-17）。明洪武六年（1373年）更新城池后有城门七座，门上各建重楼，门外建半月形子城，形成瓮城格局，"乃若子城无事，可以御水火，其有事则又屯军伍防卫突击，礓石所繋尤重。"①；围9里27步，高3丈，阔1丈4尺，计1644丈5尺，城墙外包

砖石。明嘉靖四十一年（1562年）重修城池，"城凡七门，门各有楼，有子城。"明崇祯年间（1628～1644年）修城为"城计1670丈，高旧制4尺"，门七。清康熙九年（1670年）和康熙三十三年（1694年）的《永州府志·建置志·城池》载："今之城池，即汉零陵郡城，创于武帝元鼎六年，至宋咸淳始扩而增之，元因其旧。洪武六年永州卫指挥更新之，围9里27步，高3丈，阔1丈4尺5寸。"清人徐松（1781～1848年）辑录的《宋会要辑稿·方域九》载："府城始创于宋咸淳癸

---

① （明）史朝富，陈良珍修. 永州府志·创设上. 明隆庆五年（1571年）.

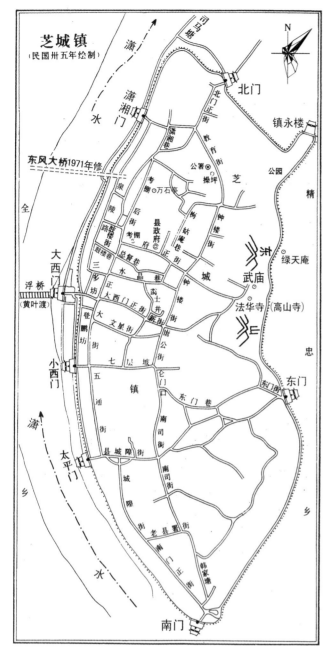

图3-1-17 民国35年（1946年）零陵县城厢略图（来源：《零陵县志》）

（a）宋代东城门

（b）明代东城门

图3-1-18 永州现存的宋、明两代东城门（来源：伍国正 摄）

亥，历元因之。明洪武元年（1368年）恢复以来，屡加修葺。洪武六年（1373年），本卫官撤旧而更新之，周围9里27步，计1644丈5尺，高3丈。"说明明初永州城的城壕加瓮城的防御体系一直延续到清末。

现在永州城还保留有东门的宋、明两代城门（图3-1-18）。内城门为宋代所建，坐西朝东，砖石结构，

离地面1米用青石条砌筑，1米以上是宋代典型的纸薄小青砖砌就，两侧用长方形青石条砌筑以加固城门，城门拱券顶高4米，门洞宽4.3米，进深5.3米。外城门为明代增建，坐西北朝东南，与内城门不在同一条轴线上，内外城门朝向夹角约为80°，两者相距约为21米。外城门全部用长方形青石条砌筑，又分内外两段，总进深为11.5米。内侧拱券顶高3.5米，宽3.5米，进深5米；外侧拱券顶高2.6米，宽2.9米，进深5.5米。如今在外城门两侧还可见当年城墙外砌的砖石。它们浓缩了永州古城池建筑沿革历史，又形成了比照，是极其珍贵的古城

门建筑的实物例证，对于研究和展示永州古城的历史风貌有着十分重要的价值。2003年其被公布为永州市文物保护单位。

2. 明清时期城市规划布局特点

明清时期，永州城继承了前期的规划布局，府署在城中近北倚万石山，县署设府城南门内，沿用南宋绍兴年间县令吕行中建的零陵县治所。永州城空间布局也符合中国古代郡州府城中的政府机构的建筑布局特征，府治和县治均为对称布局，空间结构严谨。这种规划布局正是中国古代城郭分工规划、"以中为尊"思想的体现。从明隆庆五年（1571年）和清道光八年（1828年）《永州府志》的"府城图"、清光绪二年（1876年）《零陵县志》中"零陵县城厢略图"和民国35年（1946年）绘制的"零陵县城厢略图"上都可以明确地看出，全城重要的东西向轴线（自东山之巅至大西门）以北地段为"城"，以南地段为"郭"，府署位于全城南北轴线以北居中，左钟右鼓。城中道路较为规整，布局较为方正，重要街道依地形呈"两纵八横"布局，八横轴与两纵轴呈"丁"字形相交，街巷式布局特点明显。纵向有正大街—城隍庙街—南街（即前街，今正大街位置）、北门正街—钟楼街—南司街（即后街，今为中山路）；横向有府正街（府前街）、新街、观前街（文星街）、县城隍庙街（十字街）、县前街等，至今大致格局犹存。

同时，永州城的规划布局也体现了中国古代重视风水环境的传统。自东山之巅至大西门，涉河至西山南麓为全城重要的东西向轴线。自西汉至明清，泉陵县城、零陵郡署、府署都位于这条重要轴线的北侧，东凭东山，北倚万石山，西临潇水。建筑坐北朝南，南向相对开阔，潇水自南向蜿蜒而来，左东山（青龙）邻城高峻，右西山（白虎）远城矮秀，符合传统风水学观点。可以说，古城既有"形"的阴阳山水形态，也有"质"的环境文化内涵，形意契合。

对比湘江流域其他府州城中明清时期衙署建筑的景观空间，永州府城中的"礼制"建筑空间——衙署建筑的景观空间发展是缓慢的。明清时期，湘江流域其他府州城市（岳阳城、长沙城和衡阳城）的空间布局都明显加强了府署（或王府）在城中的位置，如：府署（或王府）前都有一条"通长"的南北主干道，其他次街多为"丁"字形相交于府署（或王府）前的主干道，城中道路空间结构突出体现了"礼制"的营建思想，满足了城市政治功能——仪典模式的需要。但是，明清时期永州城的道路空间格局并没有突出府署在城中的位置。永州城重要街道依地形按"两纵八横"布局，八横轴与两纵轴呈"丁"字形相交。城中除沿潇水的潇湘门、大西门、小西门和太平门四座城门前的道路相对较直外，其余三座城门前的道路都不是直通城门。府署建筑虽坐北朝南布局，但府署前并没有一条"通长"的南北主干道与其联系。新官上任或其他仪典活动时，只能通过北门进入府署两侧的纵向道路，再进入府正街，即府署前的横街。而且，明清时期，永州城内布局除官府建筑有严格的形制和规定外，其他公舍、秩祀、商肆、作坊、居住等皆混杂相处。由此可见，明清时期永州城的道路空间格局虽然顺应了地形和地势，但是并没有突出府署在城中的位置，没有突出府城仪典时所体现的空间特点，中国传统城市的"礼制"秩序空间在永州府城中的发展是缓慢的。

对比湘江流域岳阳城、长沙城、衡阳城的明确的"城""市"功能分区，明清时期，永州城的商贸建筑景观空间发展则相对较慢。到清末民初，永州城已是商业中心，是外籍商贾云集之地，由城西的潇水实现了与全国各地的商品往来。城内主要街道——正大街，由鼓楼至太平门2华里，宽丈余，路面铺以青石板。正大街与连同其间的十字街和鼓楼街为商业中心区，以大西门地段最为繁华。但1949年以前，永州城内集市无固定贸易场地，多集中在县城灵官庙、十字街和大西门一带的店前港口席地摊卖。

明清时期永州城发展滞后，是与永州城在全国区域地位的下降，以及城市自然地形地貌环境有关。秦汉时期，长沙与永州处在南北交通要塞上，战略地位重要，所以建城较早。北宋末叶之后，中国的文化中心和政治中心则是转移到了江南地区，经济发展格局发生重大调整，地方传统的政治性城市逐渐向商业化城市发展。在这种形势下，随着中唐以后楚粤通衢重心的东移至江西、福建等地，以及国家宏观政策和经济结构的调整、国家文化中心和政治中心的转移、城市职能的转变、对外贸易和航海事业的发展，地处楚粤门户的永州的交通优势逐渐丧失，加之元明之交和清初，境内拉锯式战争、天灾等因素影响，生产力遭到了极大的破坏，所以，虽然明朝中叶以后，永州地区的人口增长较快，但地区的社会经济、文化发展放慢，逐步拉开了与其他地区的距离，以致明清时期永州府城的城市形态和空间结构也未能得到进一步扩展。

五、常德府（常德）

（一）地理位置与空间格局演变

常德，古称"武陵"，别名"柳城"，位于湖南省北部，地处长江中游洞庭湖水系沅江下游和澧水中下游以及武陵山脉、雪峰山脉的东北端，史称"川黔咽喉，云贵门户"，是一座拥有二千年历史的文化名城。"常德"一词最早见于《老子》，"为天下溪，常德不离"；又见于西汉毛氏《诗·常武》序，"有常德以立武事，因以为戒焉。"北宋徽宗政和七年（1117年），在鼎州设常德军，后升州为常德府，意为上行德政，下安本分，是谓常德。

常德（今常德市）在历史上有过临沅县、武陵县、常德县等名称，先后隶属于武陵郡、建平郡、武州、沅州、朗州、嵩州、鼎州、常德路、常德府、武陵道、常德专区等县以上行政机构，城镇体系空间格局变化较大。

1. 先秦至汉代：单中心格局的形成

在夏商西周时期，常德市域隶属荆州之域，东周时期隶属于楚国，到了春秋战国时期，其地域经济得到开发，一些具有行政和经济意义的区域中心逐步形成。而今天的常德市域内许多春秋战国时期的城址大多是当时的地区性中心城市，如桃源县采菱城，石门县古城，澧县鸡叫城、古城岗，临澧县申鸣城、宋玉城等[1]。但在当时，这些城镇不论政治还是经济的辐射力都有限，因此统一的区域中心城市尚未形成。

秦代开始施行郡县制，据《史记·秦本纪》载，秦昭襄王三十年（公元前277年），"蜀守若伐楚，取巫郡及江南为黔中郡"，常德始隶属于黔中郡。秦统一后，黔中郡成为天下36郡之一，郡治在今沅陵县，其辖境包括今湖南沅江流域与澧水流域、湖北清江流域、贵州东北及重庆一部分。西汉初，划黔中郡南部为武陵郡，治义陵（今溆浦县南），其辖境主要包括沅江流域、澧水流域。武陵郡下辖13县，其中属今常德市域的有索县、临沅县、孱陵县和零阳县[2]。

东汉建武二十六年（公元前50年），武陵郡治移驻临沅县（县境包括今武陵区、鼎城区大部分及桃源县，故城在今常德市区），此为常德郡治之始[3]。常德（临沅）位于沅江流域下游，地势险要，为历代兵家必争之地，顾祖禹称其为"左包洞庭之险，右控五溪之要"，自东汉作为武陵郡治后，确立了其重要的战略地位。东

---

① 国家文物局. 中国文物地图集·湖南分册 [M]. 长沙：湖南地图出版社, 1997.
② 谭其骧. 中国历史地图集·卷二·秦汉 [M]. 北京：中国地图出版社, 1982：49-50.
③ 应国斌. 常德市志 [M]. 长沙：湖南人民出版社, 2002.

汉武陵郡属县中，属今常德市域的有6县，即沅江流域的临沅、沅南、汉寿和澧水流域的作唐、零阳、孱陵。至此，今常德市域的沅江流域和澧水流域已初步形成以临沅为中心的单中心格局。

2. 魏晋至清代：沅、澧流域双中心格局的形成

三国时期，武陵郡初隶属于蜀，后隶属于吴。据《三国志·吴书·孙休传》载，吴景帝永安六年（公元263年），分武陵郡的澧水流域置天门郡，开常德地区沅、澧流域分治的局面。天门郡治溇中（今慈利县西），辖零阳、充县、溇中3县，今澧县、津市、石门隶属于零阳县。武陵郡治临沅，辖县属今常德市域的有临沅、吴寿（三国时期，吴改汉寿为吴寿）、龙阳（分东汉汉寿县地置，辖今汉寿县东部）、沅南。今安乡县在三国时期属南郡的作唐县，南朝时属南义阳郡，隋代以后属澧阳郡（澧州）。

从三国时期到清代，沅江、澧水流域基本处于分治的局面，存在南、北两个政治中心。在沅江流域，先后建置武陵郡（三国、两晋、南朝、隋、唐）、朗州（隋、唐、五代）、鼎州（宋）、常德路（元）、常德府（宋、明、清），而常德（曾名武陵、鼎州、朗州）一直是沅江流域郡、州、府治所在；在澧水流域，则先后建置天门郡（三国、两晋、南朝）、澧阳郡（隋、唐）、澧州（隋、唐、五代、宋、明、清）、澧州路（元），三国、两晋其治所分别位于溇中（今慈利）、天门（今石门），隋朝以后稳定在澧州（今澧县）。

东汉初期，常德作为沅江流域政治中心的地位已确立，而澧县作为澧水流域政治中心的地位至隋唐初始才确立，随着历史的迁移，澧水流域的政治中心逐渐往流域下游移动。

三国时期，澧水流域属天门郡，流域中心溇中位于今慈利县；晋太康四年（公元283年），于天门郡内置澧阳县，为天门郡治，位于今石门县[1]；隋朝开皇九年（公元589年），废南义阳郡置松州，寻改澧州、澧阳郡，下辖澧水流域的安乡、孱陵、澧阳、石门、慈利、崇义6县。因州在澧水之北，故名澧阳，筑城州河南，时称州河城[2]，此为澧县建县之始，也是澧县作为州（郡）治之始，从隋代到清代，澧县一直是澧水流域的中心城市。澧水流域的政治中心从今慈利县到石门县，最终定格在澧县。一方面是由于水运的发达，河流下游城市的门户地位逐渐凸显；另一方面则源于洞庭湖西岸围垦经济的发展，巴蜀流民大量涌入荆湘地区，从而促进了澧水下游经济发展的结果[3]。从唐代至清代，澧水流域以澧州为中心设置郡、州、府，辖县为安乡、澧（阳）县、石门、慈利、桑植。清雍正七年（1728年），裁九溪卫、永定卫和澧县部分地设安福县（后改临澧县），亦隶属于澧州[4]。

3. 近代以来：单中心格局再次形成

近代以来，沅澧流域的城镇空间格局再次改变，撤销直隶澧州，原澧州下辖各县改隶常德，形成以常德为单中心的城镇空间格局。据《澧县县志》载，"孙总理于民（国）元年……改澧州直隶州为澧县"。据《常德地区志》载，1914年，湖南省废府、厅、州，岳常澧道改称武陵道，治常德，原常德府、直隶澧州各县由武陵道直辖；1922年，撤销道制，仅存省县两级，各县直隶于省；1937年，湖南省将全省划为9个行政监察区，

---

① 石门县地方志编纂委员会办公室. 石门县志［M］. 北京：中国文史出版社，1993.

② 据《常德地区志》，1928～1935年间，澧县东岳庙至常德、澧县至津市、石门至张公庙、牛鼻铺至德山、常德至陬市、德山大桥至太平铺等公路建成并通车。

③ 董力三. 历史时期洞庭湖地区城镇职能的演变［J］. 经济地理，2006（3）：500-503.

④ 临澧县史志编纂委员会. 临澧县志［M］. 北京：中国社会出版社，1992.

第二区辖常德、华容、南县、安乡、沅江、汉寿、澧县、临澧、石门、慈利、桃源11县；1940年，原第二区划出沅江、汉寿二县后改称第四区；1948年，第四区专署由常德迁往澧县。新中国成立后，常澧区行政专员公署成立，驻常德，下辖常德、华容、南县、安乡、澧县、临澧、石门、慈利、桃源9县。至此，今常德市域以常德为单中心的市域行政格局最终确立。

（二）明清城市空间形态特点

元代以前，常德的街巷、建筑、城市建设相关史料极少，难以考究。明洪武时期，常德府设立专职人员管理城市建设，武陵县亦设立专门的建设机构——工

房。砖砌城墙，设六个城门，墙外建环形护城河，旧称"濠池"。明嘉靖年间，常德城区被划分为十四坊，城区道路系统已具雏形。明崇祯年间，曾任内阁首辅的杨嗣昌修缮常德城，"城加三尺，桥修七里，街修半边，撤旧易新，三年而完工"。至清代，常德城区格局较完整，十四坊合并为四坊，街巷纵横交错，码头林立，漕运发达，城中有花行、油行、木行、米行、盐号等商贸行号140余家，商贾云集。

1. 因地制宜，融入礼制

从清嘉庆十八年（1813年）的常德府城示意图来看（图3-1-19），由于受中国古代城市规划思想——

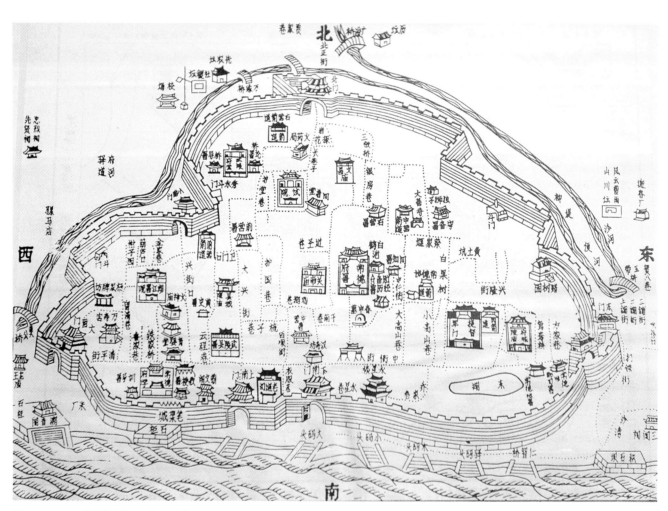

图3-1-19　1813年常德城舆图（来源：常德市城建档案馆 提供）

《管子》因地制宜、重环境求实用思想的影响，护城河沙河、都堤便河环形与沅水相连，包围着常德城，形成天然的保护屏障。城墙在护城河内呈环形，设有东门、北门、上南门、下南门、大西门和小西门，并通过玉带桥、万缘桥等桥与城外相连。清朝常德府城的格局亦深受"礼制"思想的影响，城市空间结构是以常德府署为城中心，北有文昌庙、试院、武陵府堂，南有水星楼、汉寿坊，东有提督军门、府城隍庙，西有朗江署院、常德府学、武陵县署等。城中道路纵横交错，形成多个"丁"字形相交，如常德府署前的道路，直通中山路，道路相交处设立牌坊，朗江署院和常德府学前的道路，均垂直通于中山路，这种"丁"字形街道也是规划建设中"礼制"思想的具体表现，创造了城市仪典所需的空间环境。常德府设有社稷坛、先农坛，也体现了礼制思想，与"匠人营国"不同的是，两坛位于城西北门护城河外，是因常德城西北高、东南低，将两坛因地制宜置于高处以防水患，是对其重视与保护的体现。

2. 水运之利，商业繁盛

清康乾年间，由于常德地理位置优势突出，拥有便利的水路交通湘西、鄂西南和洞庭湖周边的货物都需要经常德中转至全国各地，棉花、药材、桐油、谷米等行业发展迅速。常德城内店铺众多，商贾云集，牙行盛行。到了19世纪中叶，常德已经发展成为全国著名的米市和粮食产区，成为湖南地区的商业中心和富饶之地。清道光三十年（1850年）左右，湖南每年运往江浙的绝大多数大米都是常德地区所产。常德是湖南棉花的主产区。道光年间，往来常德的棉花贸易增多，常德一度成为湖南省主要的棉花集散地。《武陵县志》记载："同治初，常德年进商货值银3000万两以上，百货、盐、茶厘税超过10万两"，"大舟小艇聚城旁，上溯黔阳下武昌"，足见常德这座历史悠久的古城曾经的繁荣

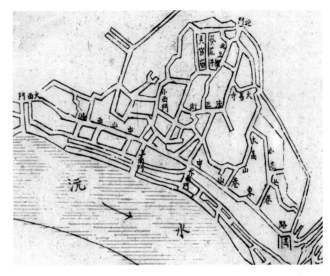

图3-1-20　1921年常德历史城区示意图（来源：常德市城建档案馆 提供）

富足和历史的发展进程。清末，常德实行对外开埠。英、日、美、法、德等国商人在常德修建栈房码头，设立洋行，常德进出口贸易增加，手工业、商业蓬勃发展，成为全国闻名的桐油、猪鬃、木材集散地，最终让常德成为对外货物运输的"寄货港"，时有"金常德"之称。

常德老城区包括笔架城至兴街口、上南门至大兴街一带。元明清时期，笔架城附近是常德老城的文化中心，官府衙门、书院等都汇聚于此。文昌阁、天庆观、小关庙都设在兴街口南端。1907年熊希龄在兴街口与中衙街西北侧的育婴堂创办家养园；丁玲的母亲余曼贞在杨家牌坊创办女子工读互助团。常德府学、训导署、鼎文阁都设在笔架城附近。从1921年常德历史城区地图上可以明显看出，上南门、下南门处码头众多（图3-1-20、图3-1-21）。民国27年（1938年）常德拆掉从西门经北门到东门的大部分城墙，仅仅完整留下笔架城一段城墙（图3-1-22）。民国32年（1943年）常德会战，城市毁损程度更甚于长沙，据统计当时完好房屋数量不足100。

图3-1-21　下南门老照片组图（来源：常德市城建档案馆 提供）

图3-1-22　笔架城老照片（来源：常德市城建档案馆 提供）

3. 常德市重要历史街巷格局演变

1）北正街

北正街包括荣王府及其周边区域。作为常德有名的传统古街道之一，北正街由于地处原来常德城的北门之内，又是常德城北与郊区村镇的主要干道，因此得名"北门内正街"，简称"北正街"（图3-1-23）。

明朝时期，在北正街旁有著名的绣衣坊，据明嘉靖《常德府志》记载："绣衣坊：府北大街，出北门街"。在绣衣坊的西北角就是荣王府。1491年，明宪宗册封

图3-1-23　北正街老照片（来源：常德市城建档案馆 提供）

他的第12个儿子为荣定王，赐地"常德府之西北一里"建王府。王府内，中为王宫，左为宗庙，前为"社稷山川风云雷雨等坛并列如制"，"外设承运门，有承运殿、存心殿、圆殿"。又设东南西北四门："东曰体仁、西曰遵义、南曰端礼、北曰广智。"并建有典仪、典宝、典膳、典服、奉祀等局所。从《明史》、明嘉靖《常德府志》等史志记载可知，荣王府的建设结构大体遵循了藩王府的格局，在整体一致的情况下进行了个别调整，因此有了自身的韵味。1643年，张献忠带领义军进攻常德城，在战火中荣王府被大火烧毁。

青阳阁坐落在北正街的东侧靠南位置，这里本是荣王府中那些宫娥才女梳洗打扮的地方。到了清朝，同治年间当地政府在这里建设了青阳阁，青阳阁是当时常德城的标志性建筑。1902年，当时的朱其懿、熊希龄两人在这里创办了湖南西路公立师范讲习所，后来更名为学堂，宋教仁、林伯渠、粟裕、滕代远、廖汉生、翦伯赞等均毕业于此。

2）高山街

高山街位于常德市武陵区城区中部、沅江北岸，南起人民中路，北至建设东路。明嘉靖《常德府志》有大高山巷、小高山巷，沿袭至今。高山街区域包括古时大高山街、小高山街、横高山街。在清《常德府志》中这样记载："高三巷，府东。"这里地势高，远观好像是一座山岗，因此而得名。昔有关帝庙，官至军机大臣的湘军将领左宗棠题有庙联，联曰：

史策几千年未有，上继文宣大圣，下开武穆孤忠，浩气长存，是终古彝伦师表；

地方数千里之间，西连汉寿旧封，东接益阳故垒，英风宛在，想当年戎马关山。

清末时期国门被西方列强打开。1905年，清廷把常德确立为外商的"寄货港"，这里的对外贸易开始发达起来。那时的高山街一带塞满了太凌轩、蝶园、天乐居、醉仙楼等茶楼酒肆（图3-1-24）。"常德城内一条长街，铺子门面都很高大（与长沙铺子大同小异，近于夸张），木料不值钱，与当地建筑大有关系。"沈从文的名著《常德的船》里，详细记述了抗战前高山街的繁荣和热闹景象。

六、乾州府（吉首）

（一）地理位置与城建历史

乾州古城地处湖南省湘西山区，万溶江河畔以北，

图3-1-24　高山街老照片（来源：常德市城建档案馆 提供）

是湘、鄂、渝、黔四省边境地区的传统物质集散重地，现是湘西自治州州府所在地。《乾州厅志·山川》载："乾州地虽蕞尔，武山之为主，环以麻、庐、永之高山于三面，拱峙如垣，以武溪之为经，汇凤凰、永顺、保靖众水于一区，交流如织，山多秀特，水尽漾洞，亦岩僵之有可观者。"

明代在吉首设立千户所，因当地苗族会在称呼地名之时，在若干位置较凶险之处加上"吉"声作为词头，于是当时的吉首被称为"吉首（所）"。吉首在秦代受黔中郡管辖，从西汉到南北朝的齐代，均处于武陵郡当中的沅陵县辖区。在南朝梁设置夜郎县。隋时为静人县。唐朝时为泸溪县地。北宋时期（1070年）设镇溪砦。明代（1397年）置镇溪军民千户所（民间俗称"所里"），清嘉庆年间升为直隶厅。历史上，乾州是以苗族为主的少数民族聚居地，在相当长的时间里被称作是"武陵五溪蛮地"。乾州经历了郡、府、碧、所、哨、厅的发展历程：明嘉靖三十一年（1552年）改设乾州哨，为湘西苗疆重镇；清康熙四十三年（1704年）建设乾州厅，是当地的政治、经济、文化、军事中心。

1. 防"苗叛"，初建城池

据《乾州厅志》记载："乾州古蛮夷彝地，居楚西南，界连黔蜀，山川险阻，历为红苗负固之区。退稽史册，兵戎征伐无世无之盖久矣，弃为不臣之土也。[1]"可以推断，乾州之地距今大概拥有4200多年的发展历史。在古代隶属武溪之蛮地，帝喾时期先民就已于此生活繁衍。因地处边陲，山多田少，地瘠民贫，四境村落历历可数，后被历代封建王朝以羁縻制度管理，使得原有的经济生产方式得以维持。至宋代，以设置城砦的方式来管辖乾州，取镇溪为砦名；明代历经所、哨的建

制，出于隔离生苗与熟苗的目的，于明万历年间修建小石城，以青石砌城垣，前有炮台竿子之难，后有吕洞喜鹊之峻，左处清江镇溪之奇，右倚天门高岩之险[2]，成为"南方长城"的重要支点（图3-1-25）。可见，乾州城始建城池即以青石为墙，且依山畔水，据险建之，主要出于军事目的，以御"苗叛"。

2. 便屯守，完善格局

在清朝时期（1704~1797年），于此设立散厅，之后改为乾州直隶厅，并将原来的小石城扩张修建为大青石城，同时在城池中建造炮台，并且通过设置营盘、筑造碉楼的方式与乾州北面的喜鹊营，南面的镇竿城（今凤凰）形成牢固的军事防御体系，并与地处贵州的铜仁、镇远等古城遥相呼应，使乾州古城成为中国南方长城防御线上极其重要的政治军事指挥中心。为维持军事屯堡的运转，需要大量的军需支撑，而军需的转运在一定程度上给乾州经济带来了发展：一方面采用屯田的方式提供基本生存问题，大量汉族士兵及其家属从江西等地迁移至乾州，带过来先进的生产技术与工具；另一方面则进行边贸，以弥补军费开支和方便屯军的日常生活。在贸易来往当中，水道便利是乾州城贸易得以迅猛发展的优势条件。军屯所在地也成了该流域最早的商品贸易和流转的集中地，乾州城也从单一的军事屯堡发展成为区域商贸中心，城市功能布局逐步明晰，格局不断完善（图3-1-26）。

3. 昌商贸，拓展延伸

在平定乾嘉期间的苗民起义之后，城内修筑了"南方长城"第一座浩大雄奇的青石城墙，将司马、镇溪、武溪三大水系相连通，商队可通过便利的水系交通抵达洞庭、汉口，进入长江；陆地上铺设官道与周边郡县相

① （清）蒋琦溥等纂修. 乾州厅志. 清光绪三年（1877年）.
② 杨良华主编. 乾州风韵［M］. 长沙：湖南文艺出版社，2008.

074

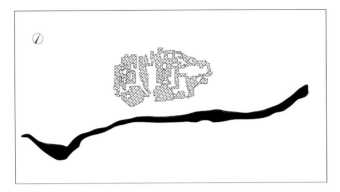

图3-1-25 古城始建形成（来源：《吉首文史》（第一辑），梁昭 改绘）

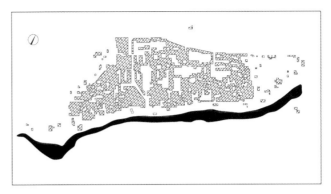

图3-1-26 古城格局完善（来源：《吉首文史》（第一辑），梁昭 改绘）

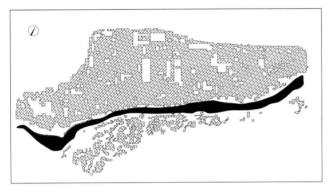

图3-1-27 古城发展成熟（来源：《吉首文史》（第一辑），梁昭 改绘）

连，种种条件创造了乾州商贸的不断繁荣。至清末民国初期，随着商品经济的发展，乾州城发挥了它区域商贸中心的作用，把湘西的桐油、土碱、草药、青蔗及各类土特产品用搭篷小船通过万溶江边的埠头运往外地，从外地把布帛、食粮、食盐、火油、金属、纸料及日常生活所用的杂货运回古城，分销至乡村，与码头紧联的河街因此成为乾州城最繁荣的街道。河街发展形成了诸多商铺与银器、皮革加工，亦有纸扎、印染等手工作坊的聚集地。随着经济的进一步繁荣，城市也不断往东西两侧沿河道延伸，甚至在万溶江南岸也逐步形成了街道和市场（图3-1-27）。

（二）明清城市空间形态特点

"有水则兴，无水则衰"。古城一般都选址在毗邻水源之处，既可以满足城内住民对于生活用水的日常需求，又能够通过便利的水运实现古城内外的物资交换。中国自古最理想的居住模式就是依山面水，附临平原，左右护山环抱，眼前朝山、案山拱手相迎[1]。乾州古城背靠仙镇山，左依金龙山，右恃挂榜山，面朝革腊坡，以龙神坡为龙脉，前绕万溶江、天星河，势据泸溪上游，处永绥关隘，城池形如水中浮蚌，西高东低，南陡北斜，适建城、宜养民。据说当初命名之时，当地民众根据地理方位及周边样貌，认为该地区两水之间隆起的三块地势平坦的陆地，有八卦中的三横乾卦之象，于是将该地区唤作乾州（图3-1-28），《乾州厅志》当中亦有记载："乾州命名之初，村民度地形象，谓其地巽向潕溪，自离方曲曲朝抱离之，先天乾也，当名曰乾村，后小河其来，自兑会乾艮，水由后绕之，地在诸水中，而土高有州之意，名其村曰乾州。[2]"

1. 山水形胜，水陆兼运

乾州城整体空间格局可以用"山—水—城"来概

---

① 金东来. 传统聚落外部空间美学［M］. 南京：江苏凤凰科学技术出版社，2016：29.
② （清）蒋琦溥等纂修. 乾州厅志. 清光绪三年（1877年）.

图3-1-28　古城乾卦意象图（来源：梁昭 绘）

括，总体上呈现出山水相映、江城相依、两水环绕的形态（图3-1-29）。在城池选型上，乾州古城因地就势、依水而建，南紧临万溶江，东、西、北三面均修有护城河。整体平面沿江方向呈不规则长方形。两水成为古城重要的天然屏障，加之武山余脉环抱，古城与自然环境融为一体。形胜的山水环境格局为城镇安全提供了"天然屏障"，使城市的军事、生产与生活，以及对胁迫（如自然灾害）的恢复力得以维持[①]。

从地理空间上来看，乾州城位于凤凰、辰溪、永绥（花垣）的几何中心，顺武水通沅江，可下洞庭抵武汉，踏

图3-1-29　古城鸟瞰（来源：梁昭 摄）

---

① 伍国正. 永州古城营建与景观发展特点研究［M］. 北京：中国建筑工业出版社，2018：48.

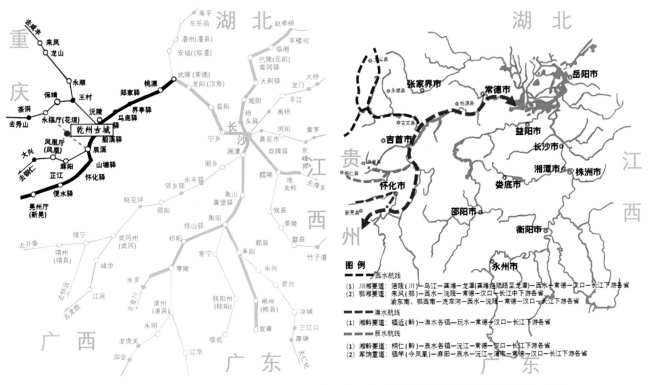

图3-1-30 乾州古城在明清时期沅水流域古驿道（左）、航运流线（右）中的位置（来源：据《湖南沅水流域传统集镇空间结构研究》改绘）

官道通巴蜀，达云贵的水陆交通线。自元开通"通京大道"后，特别是明清时期，投入了大量人力、物力和财力改善交通设施，不但疏通了多处险滩暗礁，使水路通达；还修建了大量陆路交通，使该地区交通大为改善，大大提高了物资的中转能力。[①]清代乾州商业得到了迅猛发展，成为黔湘渝重要边贸中心之一。民国26年（1937年），湘川公路通车之后，乾州水陆兼运的优势得以显现，至此货畅其运，物畅其流。乾州逐步成为湘、鄂、渝、黔四省边境商业往来和货物流通的集散地（图3-1-30）。

2. 城外有城，新老并置

乾州始建城是由于军事防御的需要，基于防守的特点，利用自然地理环境构建出古城基本框架。后借助便利的水系交通，沿万溶江畔及其所连通的武溪发

展出了繁盛的水上贸易，因河流走势而兴起的街道也应运而生，将城外点状的商业码头沿江串连成了带状的商业街区，城镇沿河向东西拓展，规模逐步扩大，又以城墙围之（图3-1-31），形成了"城外有城"布局样貌。清末至民国战乱不断，大量的民众涌入乾州以逃避战火波及，城镇的范围逐渐向万溶江南岸扩展，大量兴建建筑以满足需要。另外，民国时期，拆除原仪门，将署衙前大街改建成街道，成为"正街"。至此乾州城形成了两条重要的商业街，一条是城外万溶江畔边的"河街"，另一条是城内中心地区的"正街"（图3-1-32），成为乾州城内的商业中心街，不少大商巨贾多在此开店设铺、兴家置业，大量建筑新老并置，形式各异。

---

① 余翰武. "沿沅水去看看"——传统集镇商贸空间形态及活力探寻［M］. 南京：东南大学出版社，2018：116.

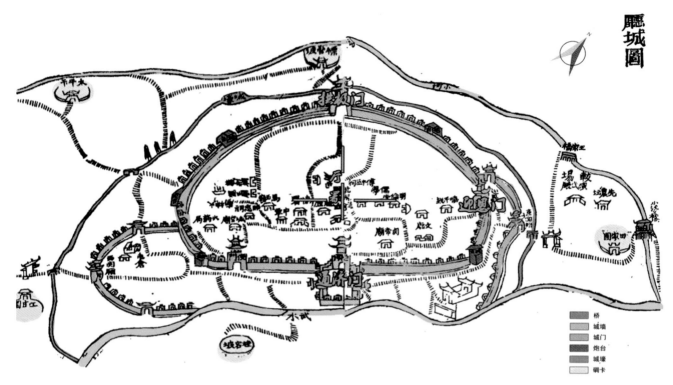

图3-1-31　乾州古城厅城图（来源：据1877年《乾州厅志》改绘）

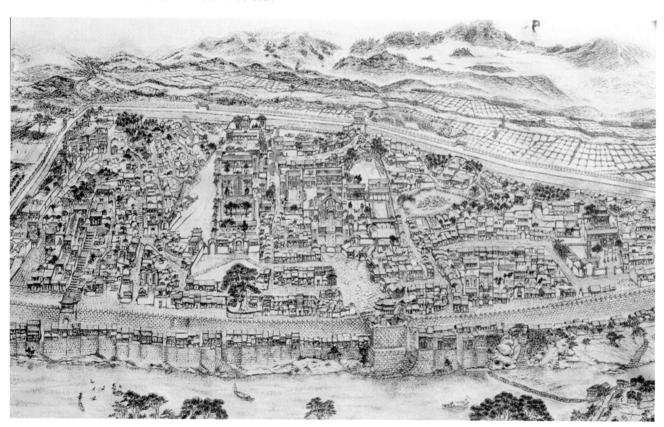

图3-1-32　乾州古城古景壁画（来源：梁昭 摄）

3.“一环一心多支路”的城镇空间结构

乾州古城总体呈现出“一环一中心多支路”的空间结构。“一环”即古城墙，作为抵挡外敌入侵的第一道防御建筑，极为坚固。古城共设城门四座，南门临万溶江，设有码头，入城后直通城内厅衙“一中心”即厅衙。乾州古城以厅衙为核心，厅衙位于城的中心且面南而坐，四周围墙高筑，与外相隔，后墙设有便门，可通北城门，俨然一座“城中城”。其他各级公共建筑与寺庙呈散点状分布，目前现存文庙、九福堂、城隍庙、关帝庙、观音阁、立诚书院、节孝祠、太虚祠，另还有胡家塘古建筑群、罗荣光（抗击八国联军以身殉职的天津

总兵）故居、杨岳斌（驱法护台的民族英雄）故居、双眼井等名胜几十余处。“多支路”即古城的街巷，因军事防御的需求，街巷格局以“丁”字形街巷为主导，曲曲折折，因地制宜。

4.“八阵图”式的街巷布局

乾州城内街巷众多且错综复杂，当地人称为“八阵图”（图3-1-33）。厅署位于城中心，城内没有十字路，也无几纵几横贯通的街道，而是七弯八拐九连环，入城十步就拐弯，无序岔道到处有，长短曲折不规范。敌军即使进入城内，实为进了迷宫，不需前进十

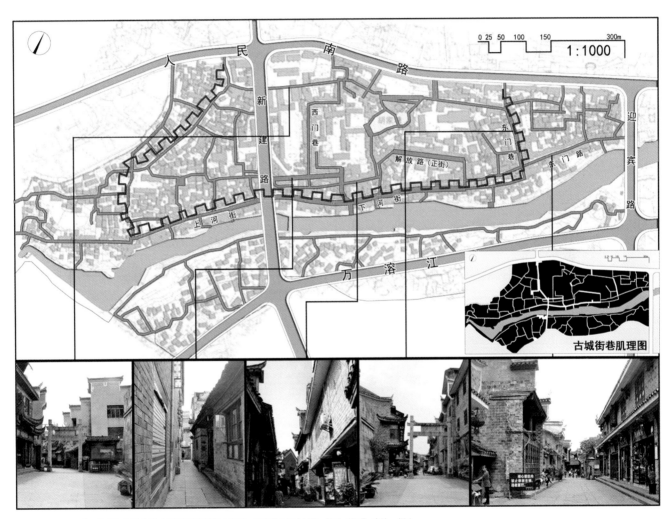

图3-1-33 “八阵图”式街巷结构示意图及现状街景（来源：《吉首文史》（第一辑），梁昭 改绘、摄）

米，就会遭到左右岔道弄口守兵夹击，腹背受挫，寸步难行。

（三）古城特色空间

乾州古城四周层峦叠嶂，山色翠微，中间十里盆地，万溶江穿城而过。古城内纵横交错的青石街巷，古香古色的传统民居，江南意境的胡家塘、九福塘，倍感神圣的文庙，富有灵气的观音阁等名胜古迹、自然风光和民俗文化，使得乾州城古典质朴、古韵丰存。

1. "三门开"城楼

中国古城修建月城，一般为两座城楼及直通相对的两道城门。而乾州的月城则是三座城楼，三个城门，即中间一座主楼，两边各一耳楼，布局成"品"字形，称为"三门开"（图3-1-34）。月城约30米长，进深10余米，主楼为重檐歇山顶，耳楼为歇山顶，高低搭配错落有致。月楼外为南门大码头，南侧紧贴万溶江，耳楼城门外有较开敞的码头，便于交通（图3-1-35）。"三门开"城楼布局得当、造型壮观、用材讲究、工艺精湛、坚固雄伟，是居民生活、商贸交通、军事防御的需要与特定地形完美结合的营建典范。

2. 胡家塘建筑群

胡家塘（图3-1-36、图3-1-37），唐宋时期就已存在，分为大小二塘，占地面积2800平方米。小塘里有一口古井，叫安澜井，井深不可测，相传是与万溶江相通，是荷塘的水源之所在。两塘之间弯弯的石拱桥为清风桥。从桥上走过右手边是土地堂，供奉的是土地

图3-1-34 "三门开"城楼实景图（来源：梁昭 摄）

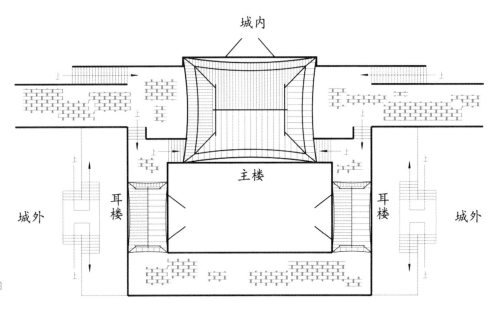

图3-1-35 "三门开"城楼平面示意图
（来源：梁昭 绘）

图3-1-36 胡家塘俯视图（来源：余翰武 摄）

图3-1-37　胡家塘实景图（来源：梁昭　摄）

爷。一般五至七家人都会一起供奉一个土地堂，因此分布比较多。旁有继兰楼，建于清光绪年间，是古城历史文化街区中当时少有、至今犹存的百余年名楼。楼主庄仲熙的父庄立诚是清末监生，授课之余喜种兰花，为继承其父爱兰之意，他特将此楼命名为"继兰楼"。由于胡家塘左靠文庙，出了许多人才，有武举人（高巡一、高辅清）、文县丞（高福章）、民国政府陆军次长（上将付良佐）、陆军少将（高昆麓）、金石书法家杨味蔬、著名哲学家（周礼全）等30多人。

胡家塘建筑群在功能上属于典型的生活性建筑群，构成元素包括井、民居、小桥及池塘，池塘具有防火、洗涤、种莲、畜禽、养鱼等实际功能。这几类元素足以勾勒出一幅"小桥流水，荷塘月色"的江南情景。平面布局是以一大一小两眼圆塘为中心，由若干幢民居建筑组合而成的有机整体，从空间围合方式上来看，它属于向心围合兼自由组合，形散而神聚。建筑群围绕着中心两块荷塘错落林立着，各个单体建筑以独栋或院落通过线形与块状的方式互相联系，既相互独立，又在山墙与门面的有机排列当中。相邻建筑之间借着山墙的遮挡若隐若现，山墙之间也以不同的角度与房屋进深的宽窄、

或正或斜，或疏或密，形成了丰富的层次感，加上树木的点缀，将自然生态的神韵融入其中，在保证自身建筑群连续、完整的同时，实现了与自然生态的和谐共处。

胡家塘建筑群共有三个出入口，分别通往北门巷、古城外与正街（解放路），流线整体成风车状，以中心荷塘为环，等分为三段，同时也将整个街区划分成三个部分。总长度为236米，净宽1.5～3米，在保证交通便利的同时，也形成了胡家塘的内边界，将整个街区串联成一个整体。

3. 乾州文庙

乾州文庙修建于清雍正七年（1729年），位于乾州古城的中部，南临万溶江，北至古城墙，建筑采用歇山和硬山屋顶。文庙内的建筑大都以砖木结构为主，四周以青砖砌墙环绕（图3-1-38）。文庙内主要建筑有明伦堂、文昌宫、大成殿、大成门、状元桥、棂星门、崇圣词等，占地面积约4887平方米。

文庙临街有一道约18米长的影壁，影壁中间用瓦砌成菱形四瓣花窗，处街可窥其内。窗两边各有一

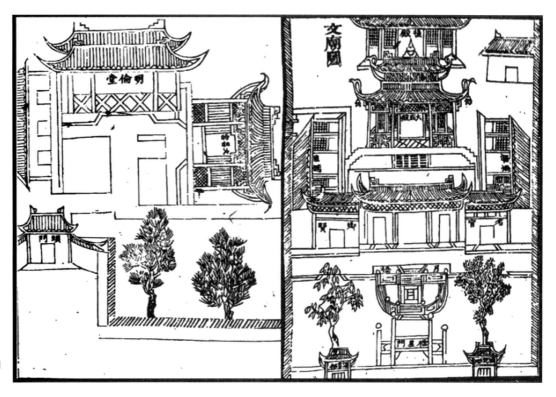

图3-1-38 文庙布局图
（来源：清光绪三年《乾州厅志》）

道门，左门上题"德配天地"，意为厅校学官，右门上题"道冠古今"。文庙按左庙右学布局，因用地狭长，将学官的部分置于前部。进门，首先映入眼帘的是用红砂页岩制成的四柱石坊，用莲苞作顶，横刻"棂星门"三个大字，意为"得士""进贤"。跨过石坊门，有一半圆形月池，深约4米，月池上有石拱桥，称月宫桥，又名状元桥。桥的两边还有两棵高大的桂花树，取登月折桂之意。池桥后有一排一层青瓦砖木结构建筑，留有中门，原来是供奉乾州历代行政长官牌位的地方，曰"名宦祠"，右边供奉本土名人志士之牌位，曰"乡贤祠"，如杨岳斌、罗荣光、杨味蔬等人牌位。穿过中门，左右两边依次排布着钟鼓、鼓楼，而后是东庑跟西庑，供奉着孔子七十二弟子牌位。正前方就是大成殿，殿前设"御道"，上雕

盘龙图案，此道只能皇上走，其他群臣或有功名者只能从左右进拜①。大成殿后分别是崇圣祠、文昌宫与明伦堂，其中崇圣祠位于文庙建筑群中轴线末端。文昌宫与明伦堂分别以南北向、东西向相互垂直排布，与建筑群主要轴线偏离而形成一个单独的小院落（图3-1-39）。

文庙内主要建筑的砖木排布皆为三开间两进深的形式，但各具特色：大成门是马头墙兼硬山坡屋顶的立面形制，中间高两头低；钟鼓双楼皆为六角攒尖顶；东西两庑是硬山屋顶；大成殿是重檐歇山并以基座抬高镇于建筑群中央，四周绕以回廊，东、西、北三面是朱红色墙面，南侧正立面以隔扇门设置，飞檐翘角；崇圣祠是单檐歇山顶，但屋顶较低、檐口整体较平，外观小巧；文昌宫是单檐歇山顶，但屋顶较高，兼有外廊；明

---

① 彭伟. 古城改造中的民族传统文化传承研究——以乾州古城为例［D］. 吉首：吉首大学，2017.

图3-1-39 乾州文庙建筑实景组图
（来源：梁昭 摄）

伦堂是硬山顶，安于建筑群最深处一角。整个乾州文庙，中轴对称布局形态明显，中原礼制思想得以充分展现。该建筑群以围墙与外界隔离，领域内的相关建筑对内自成一域，整体相对独立，给人一种庄严肃穆之感（图3-1-40）。

4. 杨家祠堂（九福堂）

九福堂建筑群位于吉首市乾州建新路与人民南路的交叉口，占地面积1069平方米。堂前设有一处八卦形广场（图3-1-41）。九福堂系清代湘西籍著名苗族爱国将领杨岳斌于清光绪十二年（1886年）荣归故里时所修建的家祠，亦称杨家祠堂。九福堂坐南朝北，砖木结构马头墙式大四合院。杨岳斌骁勇善战，屡建奇功，1885年击退法寇收复台湾，备受清王朝赏识。相传，杨岳斌每打一次胜仗，慈禧太后即赐他一个"福"字，先后亲笔赐他10个"福"字，意为福将多福，福禄寿喜皆全。杨岳斌受宠若惊，自谦仅敢接受9个"福"字，并修建"九福堂"家祠，内挂慈禧太后所赐九福匾，故名"九福堂"。

九福堂（图3-1-42）包括门厅、两间廊房、内外两天井、一栋戏台（祠堂主体）及边角一处用房，基本都是三开间布局。九福堂的平面形制并非传统中轴对称式布局，除祠堂主体——戏台之外，建筑形制皆不规整：门厅为八字形；南侧廊房呈叶片状，内部柱网亦呈

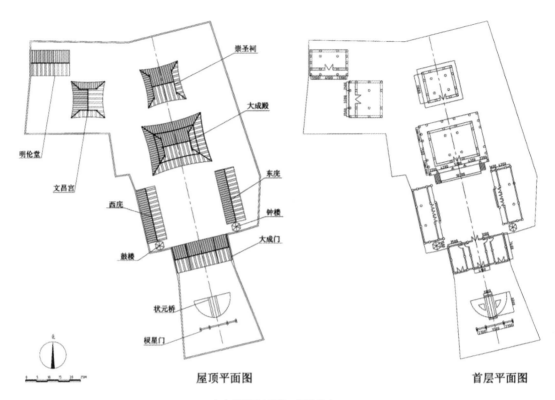

崇圣祠

大成殿

明伦堂

文昌宫

西庑

东庑

钟楼

鼓楼

大成门

状元桥

棂星门

北

0 5 10 15 20 25M

屋顶平面图

首层平面图

（a）平面图（来源：梁昭 绘）

图3-1-40 乾州文庙组图

（b）模型效果图

图3-1-41 九福堂实景图（来源：梁昭 摄）

菱形排布；北侧廊房呈镰刀状，由一长段规整柱列，加之以三根斜列式柱子与门厅契合，共用一堵山墙。从外观上九福堂虽然看似一栋建筑，但究其柱网排布却有诸

多生拉硬接之处，可见一开始并非以一整栋建筑统一规制，而是根据需求，适应地形，相继建成，后来再通过增添柱网、共用山墙的形式将其整合。

九福堂的唯一出入口就是戟门，流线除祠堂主体——戏台为环状以外，其他建筑均为尽端式，各处建筑衔接之处均为台阶。九福堂的景观主要集中在祠堂主体——戏台当中（图3-1-43）。外天井不规则，两侧廊房，以五级台阶连通戏台，戏台门前以屏风相御，引导人流向两侧分散开来；内天井方正，绕屏风向内天井两侧步行而上，各经5级台阶，在戏台处汇合。空间感受也是分离上升后，在末端融合，极富韵律感。主体建筑进深约30米，整个建筑群朝向是坐南朝北的，杨家祖先牌位恰恰置于戏台后侧，戏台上层及内天井两侧上层空间均设座席，以供人们观赏戏曲。

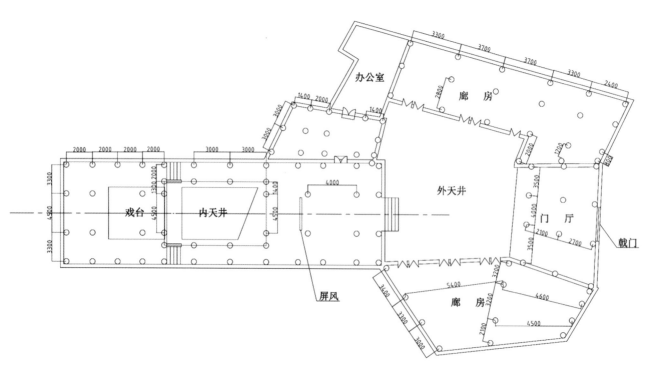

图3-1-42 九福堂平面图（来源：梁昭 绘）

图3-1-43　九福堂戏台实景图（来源：梁昭 摄）

第二节　县城格局

县城一般是所在区域的节点中心，其形成和发展受很多因素影响，各因素之间必然以某种关联而结合在一起，产生这种关联的因素有自然条件（如地形地貌等）和社会历史条件（如政治制度、文化意识等）。但在湖南地区主要是政治军事需要和商贸发展，归纳起来有两种典型形态：受控型和自发型。

一、凤凰古城（凤凰）

凤凰古称镇竿，凤凰古城位于凤凰县沱江镇，坐落在沱江河畔，四周群山环抱，沱江水穿城而过，至今仍保留完好的明末清初城市建设格局。古城因西南有山酷似展翅而飞的凤凰而得名（图3-2-1）。古城占地面积

图3-2-1　凤凰古城鸟瞰（来源：《中国历史文化名城·凤凰》）

约为10平方公里，海拔高度在170～300米之间。

凤凰古城历史悠久，据记载，商周以前，凤凰为"苗蛮"之地；战国时，属楚；秦昭王三十年（公元前277年）建黔中郡，为36郡之一；汉高祖五年（公元前202年）更黔中郡为武陵郡；至元，设五寨司，五寨长官司驻镇竿（今凤凰县城）；明隆庆三年（1569年），在凤凰山设凤凰营，明嘉靖三十三年（1554年）移麻阳参将驻镇竿城；清顺治三年（1646年）设镇竿协副将，康熙三十九年（1700年）升协为镇，康熙四十三年（1704年）废土司，置凤凰营于今县城，移辰沅靖道驻镇竿；嘉庆二年（1797年）升为直隶厅；民国2年（1913年）改厅为县，称凤凰县，相沿至今。[①]古城历来为边防镇守要地，是"六千居民八千兵"的屯兵要塞，后随着边贸，商业逐渐繁华，规模逐步扩大[②]，成为武陵山脉腹地、湘黔边境的交通要塞和商镇。

（一）古城选址

古城选址于形胜而有险可守之地，充分利用山水环境设置了多重防御屏障。古城的北面有擂草坡、喜鹊坡、桐坡等形成的一线群峰，绵延千里至东面的山体；东面的奇峰山和青龙山两大主山峰与北面群峰相接壤，与观景山对望；北面和东面的山体形成古城最外围防御的天然屏障。观景山连接起南面的南华山、虎尾峰以及白杨坡，古城西面稳靠笔架山（钩箕坡、大坳坡）和北园。古城四周群山环抱，利用周围的山体将古城团团围住，使古城安坐其中。古城外设水环绕，利用水体作为古城外部设防的一道关隘。古城坐南朝北，一方面缘于沱江南岸的地势相对北岸开阔且平坦，另一方面利于军事防御，因为主要威胁来自西北方向的"生苗"，故建城于沱江以南，利用沱江天然形成护城河。沱江是武水的支流年，沿古城东北一带山地走势从北往东穿流于城外；围绕古城的护城河，经西、南、东三门于水门口处汇入北面沱江，沱江与护城河也成包围之势将古城安然护于其中（图3-2-2）。

北面"南方长城"和环绕古城的山水形成了古城外围防卫的三道防线。另外，而辰沅水系上几个大码

① 黄应培. 凤凰厅志（乾隆、道光、光绪合订本）[M]. 香港：天马图书有限公司，2003.
② 姜猛. 凤凰古城的文化遗产保护与旅游发展研究 [D]. 长沙：国防科学技术大学，2010.

图3-2-2 凤凰古城选址示意图（来源：根据凤凰县测绘图 绘制）

头，如辰水高村（今麻阳县城）、沅水浦市等呈弧形排列其后，可保障粮饷、兵员的供应，可攻可守，正所谓"扼西南苗疆之咽喉，为辰浦泸麻之屏障[1]"。

（二）城镇空间特征

1. 城镇空间的历史演进

凤凰古城历经了一千多年发展历程，几经改制，在元朝时期开始了土司统治，凤凰地区也逐渐成为战乱之地，为此朝廷加强此地的军事力度，奠定了其成为军事

要地的基础。后因军事的带动，凤凰地区形成了颇具规模的商业中心，从此，成为四省交界的军事、经济、政治以及文化中心。[2]

1）初为据点。元朝起，苗疆开始实行土司制。据《苗防备览·述往》载："是年（宁宗，嘉泰四年，1204年）择田氏处以五寨民官司，管辖上下各五峒土民。又处以竿子坪长官司，羁縻四十八寨苗獠。"另有记载称："明洪武七年（1374年）置五寨长官司，长官为思州田氏。"五寨长官司与草子坪长官司均为设在如今凤凰县境的两个土司据点。五寨长官司在选择衙门地

① 刘一友. 凤凰厅城的崛起和楚巫文化的张扬（上篇）——《沈从文与湘西》之二 [J]. 吉首大学学报（社会科学版），1999（03）：5-14.
② 凤凰县建设志编纂委员会. 凤凰县建设志 [M]. 北京：中国建筑工业出版社，1993.

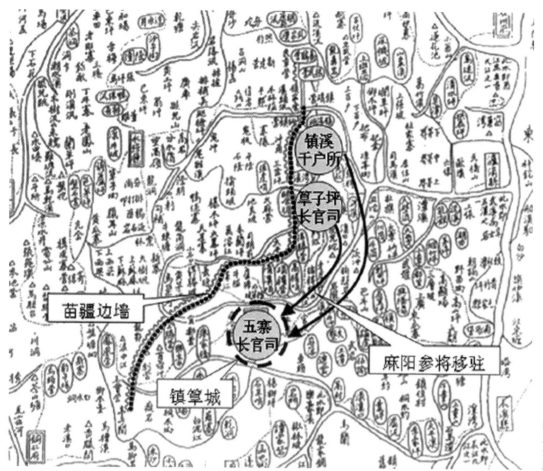

图3-2-3 凤凰古城初始据点（来源：《西南山地典型古城人居环境研究：湘西凤凰古城》）

时，定居在凤凰县境东南面的属地，即今之古城所在地[①]（图3-2-3）。《辰州府志》记载："（凤凰）厅城自元明为五寨司土官，旧有土城。"[②]可见，凤凰古城之初应为土城，其规模应小于今城墙范围，与许多初建军政据点一样，呈团状向心格局。

2）始建砖城。明朝时，腊尔山一带苗民突然活跃起来，引起明朝廷的重点关注。在苗汉战争中，五寨司城的军事区位得到凸显，麻阳参将于明嘉靖三十三年（1554年）移驻五寨司城，可见凤凰已是苗疆沿边的驻军核心。政治地位提升带来城市建设的发展，明嘉

靖三十五年（1556年）开始改土城为砖城，从此称镇竿城。《辰州府志》记载："……嘉靖甲寅年（1534年）冯岳开府沅州，移麻阳参将孙贤驻防。丙辰（1556年）始建砖城，开四门各覆以楼。凡十五月而工成。[③]"至此五寨司城在沱江南岸依河靠山从一座土围子发展到镇竿城。

3）建成石城。清康熙三十九年（1700年）凤凰开始设厅，初为散厅，属辰州府管辖。康熙四十三年（1704年）辰沅靖道由沅州移驻厅城，统属湘西三府。雍正七年（1729年）永顺开府之后，朝廷随之将原辰

---

① 廖璐琼. 西南山地典型古城人居环境研究——湘西凤凰古城 [D]. 重庆：重庆大学，2010.

② （清）席绍葆，谢鸣谦等修. 湖湘文库编辑出版委员会. 辰州府志（乾隆）（一）[M]. 长沙：岳麓书社，2010：140.

③ 同上.

沅靖道改为辰永沅靖道，道台仍驻凤凰城。凤凰逐步成为大湘西的首都，衙署、坛庙、试院等大量公共建筑兴起。改土归流后边贸宽松，带来了商业繁荣，商业行会开始萌芽。同时，为防苗叛，加强了军事防御。"清康熙四十八年改为厅，议建石城"[①]。随即康熙五十四年（1715年）将砖城改筑为石城，修建城墙城门，后于乾隆五十一年（1786年）又在笔架山扩建城墙一段，作为制高点。

4）古城定形。平定乾嘉苗民起义后，清嘉庆二年（1797年）凤凰厅由散厅升为直隶厅，同时改通判为同知属湖南布政使司，驻镇道大员。同知傅鼐实施苗疆改革，调整了军政政策，重构了民族关系：立庙修祠、办义学、开书院学堂，传播儒汉文化；建古井修道路，改善民生；兴集市建码头，发展商业，带来了古城发展的一个高潮。其间，在凤凰厅境内修复边墙屯堡，嘉庆二年（1797年）在古城西南修筑"月城"，增开西门，并向北岸发展，以利屯兵屯民。石城周长约2.5公里。城墙将4座高耸的城楼相连，形成古城御敌的坚固屏障。

从古城空间演进来看，主要有三个特征：一是主体形态保持稳定，以城墙为边界的团状主体形态明确稳定，直至后期大部分城墙拆除，主体团状形态与周边逐渐融合；二是受军事部署影响较大，作为戍边重城，古城分别向西拓展了月城，跨沱江向北拓展了屯堡，用于军事防御与屯兵练勇，军事功能布局引起了聚居形态的突变；三是古城生长受交通方式和形式影响，水系为古城发展提供了交通运输之便与生产生活用水，道路是古城内部的骨架，古城建设依附其生长，有的道路是进出城门的交通线，水系和道路成为空间演进的发展轴（图3-2-4）。

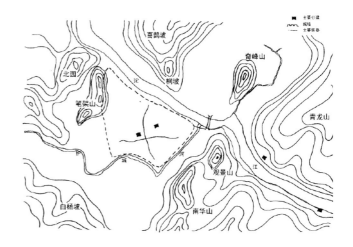

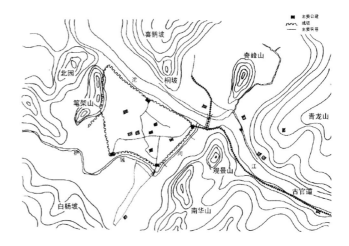

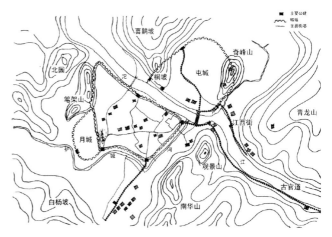

图3-2-4 凤凰古城城镇空间发展推演图（来源：《西南山地典型古城人居环境研究：湘西凤凰古城》）

---

① （清）席绍葆，谢鸣谦等修. 湖湘文库编辑出版委员会. 辰州府志（乾隆）（一）[M]. 长沙：岳麓书社，2010：140.

2. 城镇格局

《周礼》营城思想与《管子》营城思想是中国古代城市规划建设中最具指导意义的两大重要思想，凤凰古城在两种营城思想的指导下，受地理环境、军事政治、经济文化等因素的综合影响，城市格局表现出以下几个特点：

1）衙署居中，等级明确

衙署作为政权权力机关，占据了城市中心，与"皇城居中"的等级秩序观念一致。凤凰古城的文员衙署、武员公署基本上都位于城市中心。其中以道署作为最高军政机关，位于正中位置，镇、厅两署分立东西两侧，儒学署、经历署、中军署环绕而设，体现了严格的等级制度。

2）功能分区，多元肌理

古代地图通常只标出重要公共建筑所在，一般居住部分作为基底常留白，从凤凰厅城图可以清晰地看到古城各功能分区的布置。大体可划分为衙署区、文化区、军事区、仓储区、商业区。衙署区居中；文化区以文庙为中心，试院、考棚、敬修书院等成簇群分布于城北隅；军事区分城内外设置：城内位于南城，以中军署为主体，设监狱等军事设施，城外屯兵于沱江北岸，设校场、屯守衙署等；仓储区东西各一处：西为道屯仓设于月城，东为常平仓设于东门，以保障供给；商业区以东正街、南正街为中心，临街设商铺。性质需求各异的功能区必然形成不同的城市肌理，一般来说衙署区多官式建筑群，布置宏伟庞大；军事区兵营布置整齐划一；商业区商铺林立，密度高，紧凑布局。

3）街巷分级，灵活布局

街道分街、巷、弄三级，主要街道呈"十"字形，由道署中心通向各个城门。受地形影响，"因天材，就地利，城郭不必中规矩，道路不必中准绳"，街道布局因山就势，灵活布置，呈不规则状，城市空间形态也因此表现出自由灵活的特点。

4）坛庙环绕，向心格局

古城坛庙众多，多建于清代，尤以嘉庆年间居多。凤凰厅同知傅鼐把立寺建庙作为"绥靖苗疆"的重要手段之一，在他任期内修建的寺庙达28座之多。这些坛庙大多分布于古城外围山麓间，以虎尾峰、观景山、回龙阁、奇峰山等处较为集中，并呈环状围绕古城，与所处的自然环境共同构成凤凰古城标志性景观。城墙包围、堡垒重重加上坛庙环绕，使这一时期的古城格局呈现出明显的向心性。

5）多重军事防御

凤凰的城市安全关系到整个苗疆的局势，因此古城的军事防御功能尤为重要，城市格局也全方位地显示出强烈的防卫意识，形成多重圈层式防御系统。从大区域视角出发，"凤凰厅境内，设堡卡碉台八百四十八座，各处相其地形，棋布星罗[1]"，呈众星拱月状包围厅城。城池凭借沱江天险，据山设防，固若金汤。城墙城高墙厚，加建有月城，设重门保障（图3-2-5）。

3. 街巷特征

街巷是凤凰城镇空间的重要组成部分，是古城形体的骨架。街巷结合地形，构成了主次分明、纵横有序的交通体系，同时构建了古城独特的结构肌理。

1）层次分明、主次有序

凤凰古城现有街道12条，全长3500米，巷弄12条，长2728米[2]，大致可分为三个等级[3]：一级道路是呈环形的南华路、建设路、江北东路、江北中路以及虹桥路围合而成，主要解决古城的车行交通，在界定古城区

① 黄应培. 凤凰厅志（乾隆、道光、光绪合订本）[M]. 香港：天马图书有限公司，2003.
② 叶坤. 基于空间句法的凤凰古城街巷空间形态研究 [D]. 武汉：华中农业大学，2013.
③ 吴旭艳. 凤凰古城景观意象研究 [D]. 长沙：中南林业科技大学，2010.

图3-2-5　凤凰厅城图（来源:《凤凰厅志（道光）》）

的同时，又起到了连接古城与新城的枢纽作用；二级道路大体呈不规则网状分布，如道门口、东正街、十字街、老哨营街、文星街等，这些街巷常在转角以及交叉口等地方形成一些放大空间，为当地居民的日常交往以及游客提供了聚集处；三级道路是建筑与建筑之间的巷弄，巷弄狭窄弯曲，通往各家各户，如城隍巷、朝阳巷、史家弄、吴家弄。

2）形态自由，起伏多变

街道形态呈"叶脉"形、"之"字形、"非"字形布局，主街自人民广场（原莲花池）发散开去，最终形成自由式的不规则网络，并逐渐向沱江畔发展，具有强烈的依山傍水之发展脉络。次要街巷沿主要街道的两侧，向四周扩展延伸至每幢建筑或院落的门口处[①]。地形陡峭的地段用踏步相连，把狭长的街巷划分成明显的段落，组成了层层叠叠、变幻有序的多层次街巷空间。

3）尺度宜人，界面丰富

芦原义信曾指出当宽高比为1时，两者之间存在

---

① 徐波. "长河漂泊古朴意，边城泛化凤凰魂"——湘西凤凰古城有机保护原则的建立与实施［D］. 天津：天津大学，2004.

均称之感[1]；当比值在1与2之间时，比例关系合理，空间尺度也比较亲切。传统商业街道的宽高比大多在2：1~1：2之间。这种尺度关系，无疑是从人体的"亲切感"去感受和体验生活，以人体的"舒适度"去判断街道的尺度，达到活动与空间的融合（图3-2-6）。古城内的主要街道一般宽在3米左右，窄小曲折，用青、红石板铺设路面，其中东正街（图3-2-7）和十字街为最主要的商业街，沿街两侧集中了凤凰古城最完整的传统商业建筑与民居群[2]。

图3-2-6　东正街两侧鳞次栉比的店铺（来源：余翰武 摄）

（三）典型建筑特色

凤凰古城内现存的历史建构筑物多为明清时期的祠庙会馆、名人故里、古塔古桥等，被明确的文物保护单位有39处之多（表3-2-1）。建筑以单栋和合院式结构、单层或双层建筑为主。

凤凰古城保护单位及级别一览表　　　　　　　　　　　　　　　　　　　　　表3-2-1

名称	始建时间	级别	规模	建构筑物保护级别	
			（公顷）	国家级	省级
凤凰（沱江镇）	元代	国家级	90	凤凰清代古堡群与古城楼、沈从文故居	朝阳宫、熊希龄故居、天王庙、凤凰文庙、陈氏宗祠、田氏宗祠、天后宫、虹桥、杨氏宗祠

注：以已公布的中国历史文化名城名镇目录[3]和国家级、省级重点文物保护单位[4]为依据。

1. 祠庙会馆建筑

凤凰在明清时为大湘西的政治、经济、文化中心，在两平方公里都不足的县城内，建造了50座之多的祠堂庙宇。现存的分布在古城内外的大小祠堂寺庙，在沱江沙湾处和城南的虎尾峰下较为集中，大多数为全木结构，造型美观、技艺精良，为庭院式群体布局[5]，体现出浓厚的地方特色和传统风格。

1）万寿宫

万寿宫（图3-2-8）坐落在东门外沙湾，始建于清乾隆二十年（1755年），咸丰四年（1854年）在西侧建遇昌阁，民国17年（1928年）在大门北侧筑建阳楼，共建殿宇、房舍20余间，占地4000多平方米。建筑群北靠东岭，南临沱江，坐东北，朝西南，前有开阔的坪坝。沿轴线自西向东依次有山门、戏楼、万寿宫

① （日）芦原义信. 街道的美学［M］. 尹培桐，译. 武汉：华中理工大学出版社，1988：35.
② 张兰，阮仪三. 历史文化名城凤凰县及其保护规划［J］. 城市规划学刊，2001（3）：61-63.
③ http://www.cchmi.com. 中国文化遗产网.
④ 同上.
⑤ 龙曦. 凤凰古城景观特质探析［D］. 重庆：重庆大学，2006.

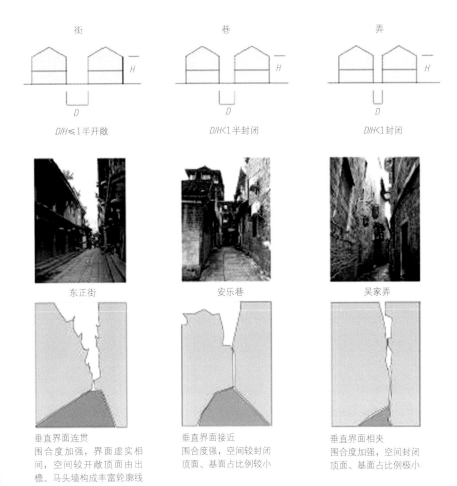

街　　　　　　巷　　　　　　弄

D/H≤1半开敞　　　D/H<1半封闭　　　D/H<1封闭

东正街　　　　　安乐巷　　　　　吴家弄

垂直界面连贯　　　　垂直界面接近　　　　垂直界面相夹
围合度加强，界面虚实相　围合度强，空间较封闭　围合度加强，空间封闭
间，空间较开敞顶面由出　顶面、基面占比例较小　顶面、基面占比例极小
檐、马头墙构成丰富轮廓线

图3-2-7　街巷尺度示意图（来源：《西南山地典型古城人居环境研究：湘西凤凰古城》）

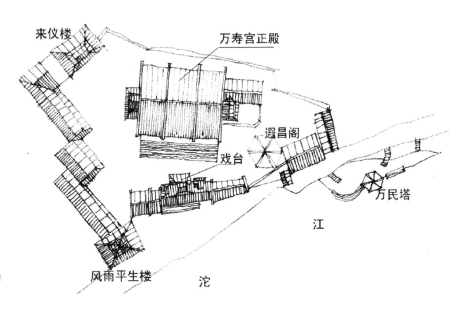

图3-2-8　万寿宫平面示意图（来源：《西南山地典型古城人居环境研究：湘西凤凰古城》）

（a）戏台　　　　　　　　　　　（b）遐昌阁　　　　　　　　　　　（c）门楼

图3-2-9　万寿宫组图（来源：余翰武 摄）

（图3-2-9）。门楼为三拱门，与虹桥三拱遥遥相对，入
门为三组建筑：戏台——正厅——后殿，从戏台下穿
过，进入院落。正殿、正厅对面是戏台，以20根大木
柱支撑，采用歇山屋顶，两侧为高耸马头墙，抬梁式构
架；正殿22根支柱，辅以梁额枋连接，殿前横标上高
悬一匾——"铁柱功崇"①，右侧有肖公殿、晏公殿、财
神殿以及厨房、斋房；左侧有梅廊、天符、雷祖殿、
轩辕、韦陀、观音殿及客厅②。后山花园为历代寄葬之
地，环境幽雅，松柏古木、墨石、异草皆有。

　　2）文庙

　　据记载，文庙原有较完整的规制，为一组中轴对称
的建筑群（图3-2-10、图3-2-11）。现存一座宏伟的
大成殿，位于古城登赢街，规模宏大，气势壮观，占地
面积273平方米，大殿台基高1.7米，中柱粗0.5米，廊
柱12根，殿宇宽14.4米，高近17米。殿前有双龙抱柱，
多级石阶，殿内绘有孔子圣像，为凤凰保存较好的古建
筑之一③。文庙大成殿建于清康熙四十九年（1710年），
道光十九年（1839年）改建，文庙屋顶、亭台、楼阁
保存完好，雕梁画栋、飞檐翘角也已修饰一新。大成殿
前为露台，以红砂石砌筑。总体形态呈正方形，抬梁式

图3-2-10　文庙大殿（来源：余翰武 摄）

木结构，殿宇周围为回廊。殿宇歇山重檐，屋顶巍然屹
立，其檐部翼角反翘，有如鲲鹏展翅，既庄严肃穆，又
雄伟壮观。

　　2. 典型民居

　　民居在任何时代都是最大量的建筑，是由能工巧匠
或居民自己运用当地乡土材料、结合气候条件及地形
环境创造出来的，是最接近于当地居民生活的景观元

① 黄建胜. 湘西地区江西会馆功能研究——以浦市、凤凰万寿宫为例 [D]. 吉首：吉首大学，2012：18-20.
② 陈晶琪. 凤凰古城建筑景观研究 [D]. 重庆：重庆大学，2012.
③ 刘凤玖. 湖南凤凰 [M]. 北京：中国旅游出版社，2006.

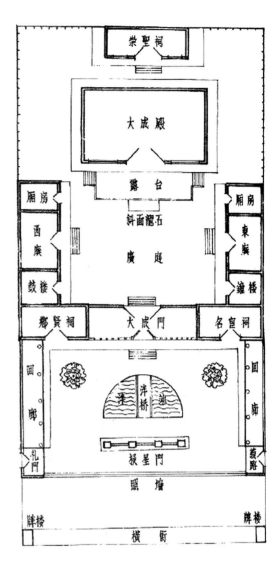

图3-2-11　文庙（来源：1993年《凤凰县建设志》）

素，每个细处都充满浓厚的市井生活气息。凤凰古城内自然生成了大量自在悠然、古朴淳厚的一般性民居建筑，大多是以四合院和吊脚楼形式修建。

1）临江吊脚楼

由于平地难得，临河筑屋只能采用滨水高脚吊脚楼形式立于堤岸上，"面江市肆，皆危楼悬柱"[1]。密密麻麻的支脚（也称"千脚落地"），其大小不一，纤细修

长，如同杂技艺人的高跷；有的甚至还弯弯曲曲，看似凌乱不堪，却显得轻盈灵巧（图3-2-12、图3-2-13）。

2）陈斗南宅

陈斗南宅（图3-2-14）位于吴家弄1号。由其父陈博权于清光绪二十八年（1902年）修建，至今原有建筑风貌仍保存完整。宅院是典型的"窨子屋"形制，四周由8米高的青砖封火墙围护。坐西北朝东南，两进

---

① 周宁. 传统场镇的肌理分析与整合思考［D］. 重庆：重庆大学，2003：33－35.

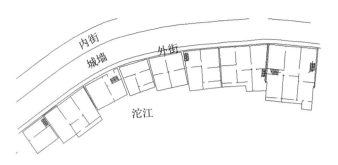

图3-2-12　依江吊脚楼平面示意图（来源：据《湘西风土建筑》改绘）

图3-2-13　凤凰北门至东门沿街河畔的吊脚楼（来源：余翰武 摄）

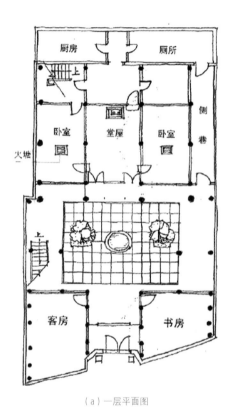

（a）一层平面图

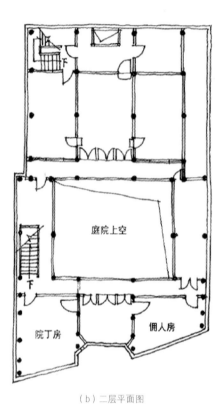

（b）二层平面图

图3-2-14　陈斗南宅一、二层平面图
（来源：《西南山地典型古城人居环境研究：湘西
凤凰古城》）

两层，由门厅、正房、天井、回廊、后院组成，占地面积360平方米。大门内凹呈"八"字形，由岩石砌筑，门嵋高悬"文光射斗"匾额。门厅三间，穿斗式五柱六挂。下层明间作过厅，上下五间房作客房、书房及院丁佣人房。院丁房在上层暗间，靠巷道的外墙设枪洞，防御性质明显。正房三间，穿斗式五柱八挂，后面金柱用板壁间隔分为前后两进，后为过道及楼梯位置。下层明间作堂屋，其他房间作卧室。正房右侧设侧巷，可直达后院的厨房厕所，功能布局方便、合理。正房两暗间设有火塘，具有苗族特色。地楼离地高约0.25米，并在基石之上镶嵌有岩石雕凿的古钱式通气孔多处。

前后房舍在临天井一面，楼上楼下全部采用半腰花格通窗以解决采光问题；跑马楼以车挡花瓶式木栏杆环绕，正屋檐柱之上雕刻有蝙蝠形雀替。天井面宽10米，进深7米，由长方形红砂块石砌筑，中间置一雕花太平缸，四周植栽花草，古朴雅致。左右两侧配以偏厦，使两栋相连，构成四合院，下为回廊，上为跑马楼，一侧设直跑楼梯上楼。

3）崇德堂

崇德堂（图3-2-15）位于史家弄，由裴守禄于1884年修建。裴守禄为江西丰城人，16岁来凤凰经商，凭着聪明与努力在整个大湘西建立了自己的商号，

成了凤凰首富。古宅是典型的南方四合院，高墙围护，建筑装饰艺术精美。宅院占地622平方米，四周以两层楼高的院墙围合。大门连外墙内凹成"八"字形，两侧革命标语仍依稀可见。大门覆以腰檐，门楣高悬"崇德堂"牌匾。宅院两栋两进，前厅五间，单层设阁楼；正房五间，上下两层。内庭院下层环绕回廊，上层则不

（a）崇德堂内庭院　　　　　　　　　　　　　　　（b）崇德堂正厅

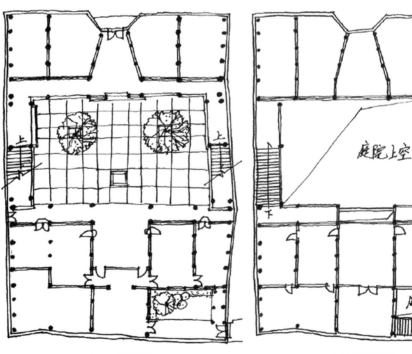

图3-2-15　崇德堂（来源：《西南山地典型古城人居环境研究：湘西凤凰古城》）

（c）一层平面图　　　　　　　　　　　　（d）二层平面图

完全连通，两侧设直跑楼梯通向正房二层，使上层居住空间与下层会客空间分离，前厅与正房分离，功能设置巧妙。楼梯上覆以人字顶，采用跌落式手法衔接前后两栋建筑的屋檐，消化高差的同时又形成了"一脚干"的空间，给庭院空间增加了丰富造型。正房下层堂屋后为厨房，左侧设天井，内置水井一座，方寸天地间摆放着石凳石桌及各式盆景，静谧逍遥。宅内陈设繁多，主要分为石雕与木雕，石碑、木匾、樟木桌、灵芝椅、狮头石斜撑、透雕花板、金丝楠木挂落等。宅内门、窗、撑拱、雀替、驼峰、横梁、柱础等构件精雕细琢，代表了凤凰古城商业繁荣时期商贾大宅的繁华气势。

4）其他公共建构物

（1）虹桥

凤凰虹桥位于沱江的中游凤凰城东门外（图3-2-16），始建于明洪武初年，因恰似一条雨后彩虹横卧在沱江河上，故原名"卧虹桥"，为凤凰八景之一"溪桥夜月"（图3-2-17）。原桥没有屋盖，为三孔拱桥，民国3年（1914年），湘西镇守使田应诏主持修复，建为石拱亭桥，桥面两头各立拱牌坊门一座，并书"虹桥"二字于拱牌坊门上。桥型为2台2墩共3孔，每孔跨13米，拱券全宽9.5米，桥面宽8.4米，桥高11米，桥长79米，为红砂岩砌筑。桥墩两端超过桥面宽度4米，呈菱形，是为了减缓和分解水流的冲击力。桥面两侧为商铺，中间

走廊4米，现在所见的虹桥为清康熙九年（1670年）重建。传说沈从文干爹的"滕回生堂"药店，就开设在这桥上。

重新饰就的虹桥风雨楼外部造型大体不变，但比原来的风格更加清新雅致、古色古香，装饰上采用木质套"灯笼"式的门窗，两侧是飞檐挂瓦的大殿造型。一层买卖纪念品，二层是民俗文化楼。在楼内凭窗外望，从高原台地奔泻而出缓缓流淌的沱江、两岸鳞次栉比的吊脚楼、著名画家黄永玉的夺翠楼等景致都尽收眼底。

（2）北门（图3-2-18）

凤凰前后共建六座城门楼，如今保留下来的是东门城楼和北门城楼。北门城楼始建于康熙五十四年（1715年），距今三百多年历史了，现为湖南省省级文物保护单位。

城门以红砂石砌筑，砖券拱门，两扇铁皮包裹的大门用圆头大铁打密钉。门上刻"壁辉门"三个大字，其上还有三国演义题材的浮雕，工艺精美。城楼式样仿北京前门，歇山顶，上层三面设廊，围以栏杆，下层覆以腰檐。穿斗式木结构，外墙以青砖砌筑，开大小枪眼炮口数个。北面对外防御敌人，开洞最多，上下三层，每层4个，设八孔炮台。

北门外侧还建有一堵半圆形围墙，开一小拱门面向西。围墙与城门间形成狭小的瓮城，有利防守。围墙外约设有40个石级，采用红砂石砌筑而成；石级呈扇

图3-2-16 凤凰虹桥（来源：余翰武 摄）

图3-2-17 凤凰古城的八景之一"溪桥夜月"（来源：《凤凰厅志（道光）》）　　　　　图3-2-18 北门（来源：余翰武 摄）

形延伸至沱江岸边水码头。码头除货物装卸、客运集散、往来运输等功能外，早晚有妇女在此洗衣物、拉家常，传递着信息，在夏日夕阳西下时，更是市民消暑、孩童嬉戏的场所。

二、黔阳古城（洪江市）

　　黔阳古城（黔城）地处潕水与沅水交汇处，以龙标山为中心修建，其境内山体众多，山势连绵起伏，享有"滇黔门户"和"湘西第一古镇"之称。古城始建于汉高帝五年（公元前202年），距今已有2000余年历史。各朝均在此设立县治，始称镡成县，唐贞观八年（公元634年）改称龙标县，宋元丰三年（1080年）为黔阳县，1997年洪江市（县级）与黔阳县合并，市治置于黔阳（图3-2-19）。①

―――――――――――
① 黔阳县地方志编撰委员会. 黔阳县志［M］. 北京：中国文史出版社，1994.

（一）古城选址

1. 便于军事防御

　　黔城自古为兵家必争之地，其选址从军事上考虑主要是两个方面：一是地理交通区位重要，是通往滇黔必经的水陆码头，也是苗岭地区进入长江水系区域的重要码头。据清代《黔阳县志》（康熙版）记载："黔城上扼滇黔，下控荆襄，南临交广，北塞溪峒。"已有两千余年历史的黔阳古城，为历代王朝深入"蛮地"军事堡垒，扼守着东西主要航道——潕阳河入沅水的入口。两千多年来，郡、州、府、路均以黔城为治地，其作为湘黔地区的政权中心长盛不衰。二是黔城三面环水，一面依山，自然地势险要，军事上易守难攻。沅水上游自西而东，潕水由北向南，环于古城西南，整个古城犹如半岛伸入水道；东面依山，形成天然防御屏

图3-2-19 黔阳山水鸟瞰（来源：《黔阳风水·古城选址》）

障。通过选择利用山水形式，构成了古城外围天然防御圈。

2. 便于城池营建

管子云："凡立国都，非于大山之下，必于广川之上，高毋近旱而水用足，下毋近水而沟防省①。"从城市营建角度来说，黔城选于丘陵地带滨河的平坦地带，便于进行城池的营建，有利于排水和取水。城外的蟠龙山、金鳌山和明山上也不乏建筑材料，木材丰富，石材多取自当地的赤砂石，图3-2-20为现存的城墙。上述条件对于城池的建设和市政工程的实施十分有利，且节省建设费用。

图3-2-20 残留的城墙（来源：余翰武 摄）

① 李克和，刘柯. 管子译注·乘马第五［M］. 哈尔滨：黑龙江人民出版社，2003：29.

3. 便于农业生产

发源于农耕文化的中国文明，城镇的发展与农业耕作紧密联系。在中国古代很早就有"农战"思想，如：伍子胥建议"立城郭、设守备、实仓廪、治兵库[1]"；管仲主张"地之守在城，城之守在兵，兵之守在人，人之守在粟[2]"。明清时期，沅水流域采取大规模的军屯来保障通往西南的交通命脉，并对该区域加以控制。黔城周边有大量的农田，具备农业发展的有利条件，便于军士进行屯垦，良好的农业基础是黔城选址的一个重要方面，也是军屯的重要保障。据统计，明万历年间（1573~1620年）黔阳县有耕地面积173.87平方公里，到清康熙年间（1662~1722年）其耕地面积就增加到187.72平方公里。

4. 便于商业发展

美国人类学家施坚雅认为"集市促进了中国传统城镇的生长，形成了具有社会广泛性的经济[3]"，经济发展离不开商业，《管子·乘马》有"五部[4]命之曰聚，聚者有市，无市则民乏[5]"。"市"是用来进行商品交易的地方，是众多城镇活动的源泉，也是城镇经济发展的重要条件。中国古代水路是主要的交通方式，古代人马背驮，陆运艰辛，自不如一叶之舟方便和有效。黔城具有得天独厚的水运之便，为发展商业贸易提供了先决条件。优越的地理区位、良好的通航能力和港口条件使得黔城成为湘黔边境物质集散中转的最大港口。黔城码头商船往来、百航云集，城内店铺林立、人烟凑集、商客熙熙、百工俱见。这座沅水河畔的军事重镇成为"通京大道[6]"上的商贸名城。历史上的文人骚客记载了"鄂君启节通沅水，庄豪船队代夜郎[7]"的历史辉煌。

（二）城镇空间特点

黔城整体空间结构成"一环、两轴、两心"形态。一环：即黔阳古城城墙，墙身曲直相接。两轴：即古城内南北向和东西向的两条通向城门的主要大街，形成了古城的十字轴线，但东西向的东正街和西正街并不直通。两心：即黔阳古城的政权中心和空间结构中心。由于黔阳古城衙署位于南正街，因此黔阳古城的政权中心集中在了古城西南部。而黔阳古城的空间结构中心位于古城的十字轴线相交处，四条主街在此相汇，是最重要的集散空间。[8]

1. 格局特点

（1）因地制宜，不拘规矩

黔城依山环水，据山脊筑城，把制高点龙标山头作为城基（图3-2-21）。古城整体形状平面上大致为方形，西、南两边随潕水、沅水之势而筑城墙呈不规则状，没有直墙，东南段城墙向里凹进，东北段则向北倾斜，西墙也向北斜，呈不规则弧形。

（2）礼制思维，灵活布局

"十字街"的空间布局形态是我国早期州县城镇的典型格局，也是"营国制度"体现。礼制思维还体现在重要建筑的布局上：文庙是巩固政权的重要手段之

---

① 赵晔. 吴越春秋. 东汉.
② 管仲. 管子·七法. 先秦.
③ 范文艺. 非物质文化遗产视角下的传统商贸空间及其管理策略 [J]. 西南民族大学学报（人文社会科学版），2013（2）：161-165.
④ 部为面积单位，一部约为现在的7.5平方公里。
⑤ 李克和，刘柯. 管子译注·乘马第五 [M]. 哈尔滨：黑龙江人民出版社，2003：29.
⑥ 通京大道——元朝修建的北京至西南的交通驿道，其在湖南的走向为沿长江水系至洞庭，由岳阳、常德沿水可至辰州（今湖南沅陵），经辰阳（今湖南辰溪）、安江、洪江、黔阳、芷江、晃州（今湖南新晃），至贵州镇远。
⑦ 黔阳县志. 同治十三年重修. 学署藏版.
⑧ 高琦. 湖南洪江黔阳古城研究 [D]. 武汉：武汉理工大学，2008.

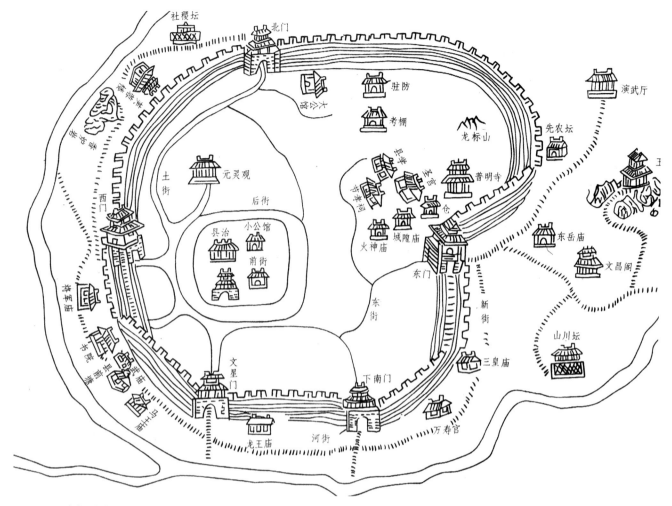

图3-2-21　清黔阳镇格局（来源:《黔阳县志》, 1994年）

一, 因而被历朝统治者所重视, 成为中国古代特有的一种建筑类型。黔城文庙原系学宫, 北宋元丰三年（1080年）建于黔城龙标山西侧, 位于古城的核心位置。清乾隆十二年（1747年）后, 大兴土木, 文庙形成规模, 大殿高两丈有余, 殿堂内设置先师孔子牌位。殿前雕有盘龙石阶, 中间有浮池、状元桥, 前有照壁, 左右有石栏、戟门, 庙的两旁是厢房、教泽堂, 外围有宫墙, 宫墙左右门外, 各立一块石碑"文武官员军民人等至此下马"。现在文庙已毁, 仅剩石碑。

但总体来说, "礼"制的约束在黔城大为减弱, 是在符合"礼"制的基本原则上, 结合自然环境经过人为规划发展而来的, 其空间形态上一部分合规合矩, 遵循礼制; 一部分则根据自然力自由生成, 可以看成是礼制空间和自发空间的叠加混合, 是对"礼"制的尊崇和对自然环境的反映, 即对自然和社会的双重适应。[1]

2. 街巷空间

古城区重心倾向沅江边, 是古代城镇依赖水路交通客

---

① 余翰武. "沿沅水去看看"——传统集镇商贸空间形态及活力探寻［M］. 南京: 东南大学出版社, 2018.

货运输、商贸交易的典型体现。主要街道有东正街、西正街、南正街、北正街、永红街、红旗街（图3-2-22）等，呈南北向和东西向交叉形成"十"字轴线；其他次要街巷依屋成形，"丁"字布局较多，连通全镇（图3-2-23）。

主要南北向街道永红街横贯古城，连通沅潕二水。与之相交的西江街直通西门（中正门）（图3-2-24）。红旗街是另一条重要南北向干道，通向码头广场。

南正街呈"丁"字形，延伸至街区内部，又向南拐至文星门。东西向南正街又名中山街。此街是清道光二十一年（1841年），黔阳县知县龙光甸奉旨，为表彰状元龙启瑞而建，所以又名状元路。由于标志政权中心的衙署位于此街，此街又称府前街，是古城的政治中心。街道道路笔直，方向感清晰，路面均为青石板铺地。街道两旁的建筑多为街屋，均为清式木构架。南北

（a）南正街

（b）永红街

（c）红旗街

图3-2-22 黔阳街道（来源：余翰武 摄）

图3-2-23 黔阳古城街区肌理图（来源：余翰武 绘）

图3-2-24 黔阳西门（中正门）（来源：余翰武 摄）

向南正街原名长街，在"文化大革命"时被改名为旗胜街。此街各个时代的房屋比邻而建，既有清式街屋，保留有"文革"标语墙，还有现代新建的仿清式的赵王宫和今月楼。界面木质外墙与砖墙交替，栗色的木质立面与白色或灰色的砖墙立面形成鲜明对比。西正街和北正街多为传统居住区。西正街因位于衙府之后，又名府后街，为青石板铺地；北正街又名北街。两条街道均有弯曲，且路面略有起伏。东正街经过改造后现为水泥路面，街面宽广、平坦、笔直，方向感强。

新街和河街位于城墙以外。新街东至东门外，南至河街三王宫，基本平行于市区主干道人民路，曾经是古城内的一条手工业作坊街。河街分为上河街和下河街，多为清式木建筑，建筑类型多为会馆类建筑，也是古城内一条主要的商业街。河街由西至东，地势高敞，空间开放，距离60~70米就有一段长长的石阶直下江边码头。明清盛世，城墙外的水边木排相连数里，环绕了大半古城，独特而壮观。临河筑屋只能立于堤岸上，从黔阳砖雕上所反映的该镇的原貌中，可以清晰辨认出沿河一线建造的吊脚楼（图3-2-25）。

黔城现存巷子较多，主要有老爷巷、火神巷、育婴巷、城墙巷等。黔城巷子平面形式各异，形态多随其主街。老爷巷南与府前街接，北与府后街接，白色石墙与栗色木墙相互生辉，是黔城内保存最为完好的巷子。另还有城墙巷、育婴巷、火神巷等。

图3-2-25　黔阳砖雕上的沿河滨水吊脚楼（来源：余翰武 摄）

---

① 黔阳县地方志编撰委员会编. 黔阳县志［M］. 北京：中国文史出版社，1991.

总体来看，街巷一般宽2~5米，两旁的建筑多1~2层，高4~6米，空间尺度亲切。街道D/H值大多小于1，比例紧凑。这种尺度关系，无疑是从人体的"亲切感"去感受和体验生活的，以人体的"舒适度"去判断街道的尺度，达到活动与空间的融合。"均称"的尺度，使人们心情放松，也增强了交流与交往的机会；"亲切"的空间，使人们"日常生活"的感受增强，消费欲望得到释放，也增加了认同感和归属感。

（三）典型建筑特色

目前，黔城城内保存着十分丰富的古建筑群，其中有省级文物保护单位2处：芙蓉楼（图3-2-26）和南正街；怀化市重点文物保护单位3处：赤峰塔、万寿宫、王家大屋。

1. 芙蓉楼

芙蓉楼位于黔城城西城墙外，正对潕水入沅水交汇口，被誉为"楚南上游第一胜迹"。据传唐天宝七年（公元748年），王昌龄被贬龙标（即今黔阳县）尉后，曾建芙蓉楼，为饮酒赋诗、宴宾送客之地，因年久失修，旧址荒芜。清嘉庆二十年（1815年）重修，当地为纪念王昌龄，在城西香炉岩辟地作园，依名修建芙蓉楼。现存芙蓉楼为清道光十九年（1839年）重修。①芙蓉楼主楼背廊临江，纯木结构，正面三间，重檐歇山顶，二层有明轩可供远眺。芙蓉楼前的石牌坊——"龙标胜迹"门（图3-2-27），门楣正中有王昌龄送客图，称"三绝图"，此门向河岸倾斜两尺多而不倒，其倾斜度超过了意大利比萨斜塔。芙蓉楼南侧游廊立有80多块历代题诗作赋的镌刻、碑石，其中有《王昌龄宦楚诗》15首，以及颜真卿、岳飞、米芾等人的手迹。周围有冰心玉壶亭、耸翠楼、半月亭、送客亭（图3-2-28）

图3-2-26 芙蓉楼（来源：余翰武 摄）

图3-2-27 芙蓉楼前的石牌坊（来源：余翰武 摄）

等古迹，与自然的山石、江水、林木巧成布局，构成了"登眺则群山拱翠，俯视则万木交阴，沅水自北来环其下"的壮丽景象。

2. 万寿宫

江右商的足迹遍布全国，远达海外，湖南是江西人主要移民地，而江西会馆作为在异地经商者立足点，是由江西籍商人在各地所设立的机构，以供同乡同行集会、寄寓之用。江西会馆一般称"万寿宫"，黔阳的万寿宫（图3-2-29）位于黔阳沅江北岸，对面是大坳

界。万寿宫始建于清同治十二年（1873年），重建于光绪元年（1875年）秋。总占地面积约1500平方米，建筑面积1000平方米，分为主殿与偏殿两部分建筑，左偏殿为观音殿，供人祈求平安，右偏殿为财神殿，供人祈求发财。万寿宫设计精巧独特，正面为高大的青石牌楼，进入大门，就是戏楼，戏楼两侧为厢房。屋顶瓦面极陡，呈钝角三角形，或飞檐翘角，或回廊游转，或卧龙啸空，或奇兽驰地，蔚为壮观。正对戏楼是大殿，间有长大的天井，大殿后有过厅和内殿。

图3-2-28　临江的送客亭（来源：余翰武 摄）

图3-2-29　万寿宫正门牌坊（来源：余翰武 摄）

3. 王家大屋

王家大屋（图3-2-30）是一座典型的湖南传统民居建筑，是黔城内仅有的两座明代居住建筑之一。王家大屋位于黔城西正街内侧，建于明嘉靖四十四年（1565年），为明代进士王有为的故居。建筑面积480平方米，坐北朝南，平面布局为两进院布局，主体部分采用中轴对称，两边为厢房，中间为堂屋，堂屋前为院落，院落由三围房屋和一围墙照壁组成，后院为一些现代所搭的简陋库房。其结构形式完全采用抬梁式，这种结构形式在湖南传统民居中很少有，历史和学术价值较高。栏杆和木窗的做法多样，窗、格、栅之间镶以各种花卉、鸟兽或吉祥雕刻图案，十分精致。

三、洪江古城（洪江区）

洪江古城地处怀化地区中部，位于沅、巫两水交汇处，一面背山，三面临水。历史上洪江水运非常发达，可四季通航，船只越洞庭可直达武汉。

早在新石器时代洪江地域已有人类活动。春秋、战国时，属楚黔中地。此后基本处于中央政权的控制边缘，间或为地方少数民族占

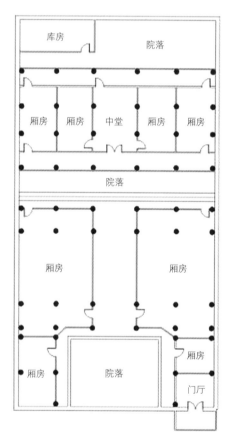

图3-2-30　王家大屋（来源：《湖南洪江黔城古城研究》）

108

据。到清康熙年间，洪江已发展成为集聚五方商贾，烟火万家的湘西南巨镇。民国初，称洪江镇。抗战时期，成为湘西的军政中心。新中国成立后，其行政级别和归属几经更改，现在为怀化市直属辖区。①

唐代，洪江为"草市"，宋熙宁八年（1075年）设为"铺"，后置洪江砦（寨），设洪江驿等，元末已成为湘黔边境的大墟场。明万历年间（1573~1620年）犁头嘴一带已形成初具规模的物资交易市场。至清康熙年间，洪江已成为湘、滇、黔、桂、鄂物资集散的重要通道，号称"五省通衢"。②清康熙二十六年（1687年），文人王炯在《滇行日记》中记载了洪江"百工毕集、商贾辐辏""烟火万家，称为巨镇"的繁华。清光绪年间，洪江已有"五府十八帮"的商人来此经营商市，带动了汇兑（钱庄）、百货、南杂、药材、造船、运输、手工和服务等各行各业的兴起，成为万商云集、舟樯林立的重要商埠③。

古城以集散转运物资为主，其中以"桐油、木材、特商（鸦片）"三业最为发达。桐油商号十几家，占洪江商业资本的三分之一。"洪江成为湘西南和湘黔边境的桐油集散中心，……省内极少销售，几全数经常德、岳州（今岳阳）出口。""洪江也是湘西黔北的木材总汇。"④历史上洪江是特商业（鸦片）的主要集散市场，鸦片贸易的中心地区。清咸丰五年（1855年），洪江设立"厘金局"，专事鸦片税的征收。沈从文在《沅江上游的几个县份》中开篇便写道："由辰溪大河上行，便到洪江，洪江是湘西的中心……通常有'小重庆'的称呼。"⑤

（一）古城空间格局

古镇较好地保存了明、清、民国时期的寺院、古庙、商行、报社、钱庄、学堂、戏台、青楼、烟馆、客栈、手工作坊、镖局、洋行、会馆、店铺等建筑380余栋，总建筑面积近20万平方米。其中，明代建筑36栋，17060平方米；清代建筑218栋，109000平方米；民国时期建筑128栋，69040平方米，明清建筑数量占总数的64%。⑥

1. 基本空间格局

清代及民国初期，古城以犁头嘴为轴心，沿沅水、巫水河岸两侧和老鸦坡山麓扩展延伸，逐渐形成"七冲、八巷、九条街"的格局（"七冲"为打船冲、俞家冲、龙船冲、木粟冲、季家冲、牛头冲、塘冲；"八巷"为育婴巷、财神巷、一甲巷、宋家巷、油篓巷、洪盛巷、三甲巷、太素巷；"九条街"为小河正街、老街、荷叶街、新街、皮匠街、高坡宫街、土桥坑、煤灰坡、堡子坳）。相对平直宽阔，有一定长度的称为"街"；沿山沟形成的叫"冲"；冲街之间因地势而形成的走道为"巷"。大一点的街必通向水边码头。街巷密集交错，沿街建筑凹凸不定，街道空间收放有致（图3-2-31）。道路网络自由布置，石阶遍布，狭窄弯曲，长度最长的500余米，一般在200~300米之间，宽2~4米，路面均用青石板铺筑。⑦

基本格局为城镇从河边依次排列，呈扇状向山腰布置。码头和主要街市集中在沅水和巫水岸边，中间为会馆和商铺集中地，龙船冲、塘冲一带为钱庄、官署所在

① 洪江市志编撰委员会. 洪江市志［M］. 北京：生活·读书·新知三联书店，1994.
② 余翰武，隆万容. 洪江古商镇发展动因探析［J］. 建筑科学，2008，24（3）：114–117.
③ 湖南省地方志编撰委员会编. 湖南省志·贸易志·商业［M］. 长沙：湖南人民出版社，1992.
④ 刘泱泱. 近代湖南社会变迁［M］. 长沙：湖南人民出版社，1998.
⑤ 刘芝凤. 发现明清古商城［M］. 广州：南方日报出版社，2002.
⑥ 数据来自洪江区旅游局.
⑦ 刘芝凤. 发现明清古商城［M］. 广州：南方日报出版社，2002.

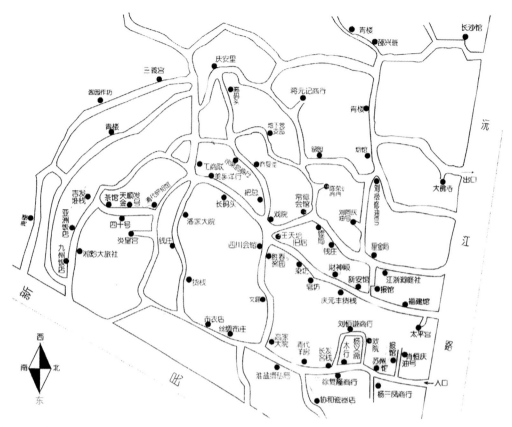

图3-2-31 洪江商业街区示意图（来源：洪江区旅游局 提供）

地，再往后为服务、游乐建筑集中地，而民居、作坊散布在古城外围。

2. 行业空间格局

洪江以犁头嘴为核心，逐渐沿江及向老鸦坡呈台阶式扇形发展，各行业的经营场所有固定的街道或区域（图3-2-32）。如木行设于沅水河畔的犁头嘴，以便接待木客，管理木排；米行、米店集中在宋家码头至廖家码头的米厂街（今已毁）；纸行位于巫水河边的姜鱼街至三甲巷河街一段；瓷铁业主要开设在三甲巷至一甲巷码头的正街，宋家码头和三甲巷码头成为主要装卸瓷铁的码头；绸布、百货、南杂等商店集中在今沅江路、巫水路的犁头嘴至廖家码头一带；手工作坊则主要集中在堡子坳、老街；一甲巷为油号、木行

等富贾的豪宅和商号所在地；而龙船冲、塘冲一带则聚集了钱庄、报社、镖局、衙门等金融、公共服务的行业；木粟冲和余家巷主要是烟馆、妓院聚集之所，是富贾巨商挥金如土的奢靡之所和往来客商的"温柔之乡"。

（二）空间形态特征

古城建设巧借岗、谷、脊、坎、坡壁等坡地条件，顺坡而建，呈台阶式。整体布局灵活，空间组织自由，道路蜿蜒曲折，建筑层层跌落。

1. 自然生成——从混沌到有序

古城空间结构随着城镇发展自然形成。以老鸦坡山麓为骨架，以河岸为边界，按居住和商贸交通与航运需

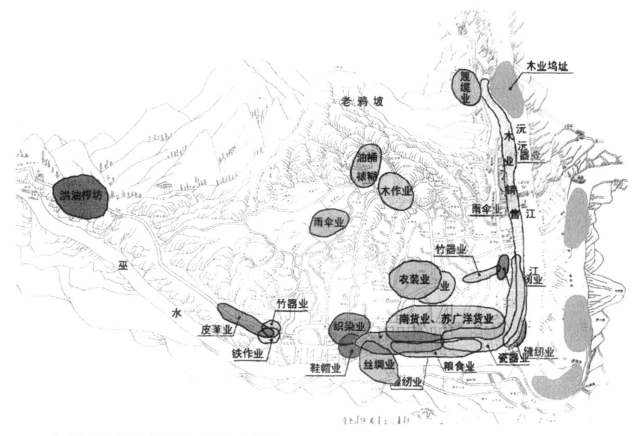

图3-2-32　洪江行业分布图（来源：据《洪江古镇形态研究》改绘）

要，沿山体和河岸等条件自然生长起来，或吊脚于河岸边，或坐落于深巷，或构筑于高坡，高墙连高墙，屋檐连屋檐（图3-2-33），形成独特的空间格局。古城很难找到笔直的街道，建筑比邻曲折幽深巷道而建；至沿河段，交错的巷道直冲河岸，与相应的码头相对接。这种方式能使人流、物流自码头以最便捷的路径出入集镇。如一甲巷——一甲码头、三甲巷——三甲码头、吉庆街——吉庆码头、宋家巷——宋家码头、洪盛街——洪盛码头、清平街——松林码头、太素巷——太素巷码头（图3-2-34）。整个城镇如同细胞般自然生长，城镇空间从混沌逐渐演变成有序的整体。

2. 散点布局——基于商业动力

洪江历史上没有出现衙署、文庙等政治性很强的建筑，没有进驻过行政机构，仅有厘金局这一派出机构，封建统治极为薄弱，所以没有出现其他古城的中心或中轴的形态，而呈现散点紧凑的城镇格局。作为沅水流域著名的商品转口贸易城市，其有着显著的外在表征。

1）码头星罗棋布

至清康熙十五年（1676年），沿沅水南岸和巫水西岸一带就建有万寿宫、司门口、一甲巷、贵州馆、塘坨、犁头嘴、长郡馆、松林、洪盛、火神巷、赵家和廖码头12个码头。民国初至1938年，陆续增加了飞山宫、炮铺桥、大佛寺、太平宫、关对殿、宋家、三甲巷、湘乡馆、鼓楼脚、麻阳馆、陆家、申家、左家、和岩码头14处，连同辖区内的柳溪、横岩、岩门等在内共有码头40多处；另有回龙寺、青山脚等供木材停靠、编扎和起航的坞址数十处，均用于沅水流域所产的

图3-2-33 古城毗脊的屋檐（来源：余翰武 摄）

木材、桐油、药材、土纸、特商（鸦片）等农林土特产品及山区人民所需食盐、布匹和百货等物资集散。

2）会馆商行遍布

商客们为联络族谊之情，维护同乡利益，各成一帮。洪江相继成立了以"十大会馆"为代表的商业会馆（表3-2-2）。清代中期，又以同业相聚成立了如粮食业的炎皇宫，药材业的药王宫，屠宰业的三义宫，木作业的鲁班宫和随后发展成大行业的油号、盐业、木业、布业、烟业、酒业、首饰、钱庄、金号、瓷铁等"五府十八帮"行会组织，有坐商店铺246家。至民国的鼎盛

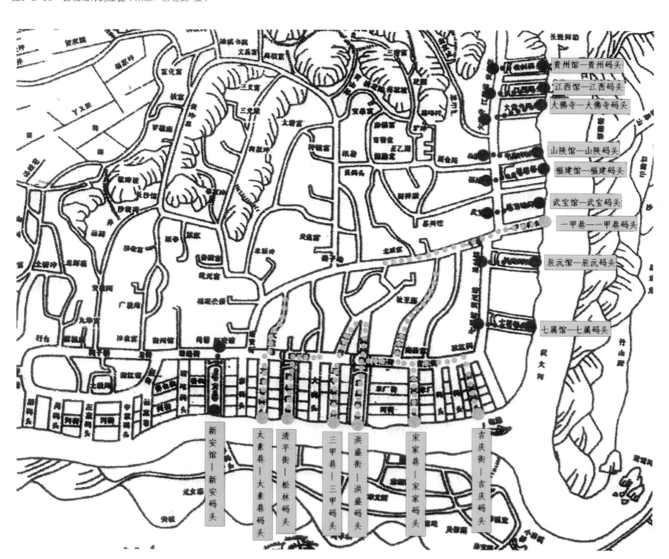

图3-2-34 洪江码头分布图（来源：据《洪江古镇形态研究》改绘）

序号	行业	奉祀祖师	会馆	馆址	庙会时间（阴历）
1	商业	赵公明	财神殿	财神巷	七月二十二日
2	米业	炎皇	炎皇宫	堡子坳	六月初六
3	药材业	孙思邈	药王宫	土桥坑	四月二十八日
4	造纸业	蔡伦	蔡伦宫	塘坨街	
5	屠宰业	张飞	三义宫	季家冲	二月初八，八月十三日
6	泥木业	鲁班	鲁班宫	贵州馆正街	五月初七，十二月二十日
7	缝纫业	轩辕帝	轩辕宫	高坡街	清明节
8	理发业	罗祖	罗祖庙	牛头冲	七月十三日
9	酿酒豆作业	杜康	—	—	九月初九
10	航运业	杨公	杨公庙	萝卜湾	
11	排运业	洞庭王爷	洞庭宫	鹅形	六月初六
12	油桶业	天王爷	沱江会馆	筲箕湾	八月初

时期，洪江接纳了来自全国20多个省县的商贾游客、流寓之人，行商流动、来往返复，坐商久住、子孙繁衍。商业行会会馆也发展为29座[1]，这些会馆行宫成为联络族谊和维护行业利益的活动场所。

3）商业业态多样

近代，洪江"城乡商贸往来，有自下路装运来者，如棉花、布匹、丝、扣等类，曰杂货铺；如香纸、烟、茶、粮食等类，曰烟铺；亦有专伺本地货物涨跃以为贸易者，如上下装运盐、米、油、布之类，则曰水客。至于本地出产，如桐油、五倍、硪水、药材各项，则视下路之时价为低昂"[3]。可见当时形形色色的商品和络绎不绝的商人奔走于其间，古城因业缘得以发展。木材、桐油、鸦片曾是洪江的支柱产业，伴随其迅速发展，上下游产业链得以延伸，如桐油炸坊、油桶裱糊业、篾缆业、木器制作业等；以及相关衍生产业、服务产业和机构，如银行和钱庄、酒馆和客栈、店铺、

烟馆（图3-2-35）、青楼（图3-2-36）、会馆、寺庙等。由于该流域匪患严重，商品及货款在转运途中存在被劫持的现象，于是便有了镖局以保障安全。最后，洪江形成了有以"十三帮"为主的商业业态，即钱帮、木帮、绸布帮、盐帮、药帮、苏广货帮、南货帮、瓷帮、粮食帮、纸帮、烟酒帮；另还有桐油炸坊、油桶裱糊业、篾缆业、木器制作业、酱坊、酒坊、织染业、铁作业、皮革业、缝纫业、竹器业、雨伞业、鞋帽业、鞭炮业等手工行业；此外，还创办了报社、学堂、镖局等。可见，洪江既有异地贸易的行业，也有服务本地的行业；既有营利性行业，也有公益性行业，商业业态丰富多样，才得以支撑着这"弹丸之地"成为湘西明珠。

培根曾说过："城市是生成的而不是建成的"。[4]从历史的角度来看待城镇的发展过程，可以视其为行为主体（事实上，集镇本身不可能产生行为，但可以看作

---

① 刘芝凤. 发现明清古商城——湘西洪江探幽 [M]. 广州：南方日报出版社，2002.
② 蒋学志. 从洪江古商城看中国近代商业管理模式的变迁 [J]. 湘潭师范学院学报（社会科学版），2006，28（5）：123-126.
③ 李思宏. 湘西山地村落形态特征研究 [D]. 长沙：湖南大学，2009：13.
④ （美）埃德蒙·N. 培根. 城市设计 [M]. 黄富厢，译. 北京：中国建筑工业出版社，2000：2.

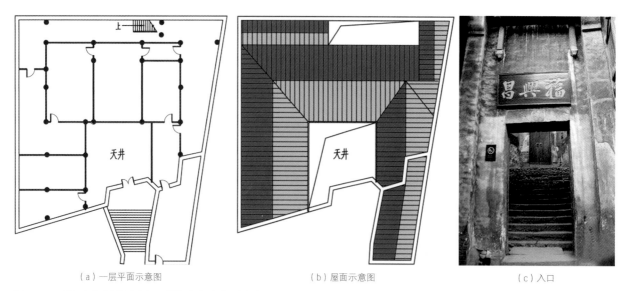

（a）一层平面示意图　　　　　　　　　（b）屋面示意图　　　　　　　　　　（c）入口

图3-2-35　洪江余家巷烟馆（来源：平面图根据《洪江古商城明清会馆建筑研究》改绘；实景为余翰武 摄）

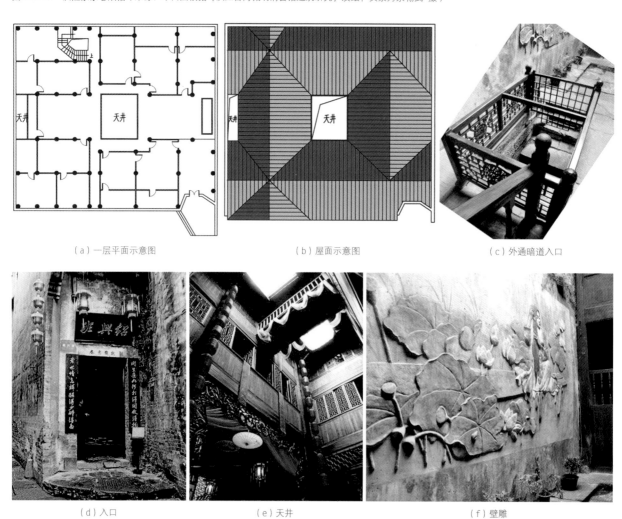

（a）一层平面示意图　　　　　　　　　（b）屋面示意图　　　　　　　　　（c）外通暗道入口

（d）入口　　　　　　　　　　　　（e）天井　　　　　　　　　　　　（f）壁雕

图3-2-36　洪江青楼（绍兴帮）（来源：平面图根据《洪江古商城明清会馆建筑研究》改绘；实景为余翰武 摄）

是集镇中所有人行为产生结果的总和）。洪江从唐之草市，到宋代定居人口渐多，至元末明初的湘黔边境的大墟场，后到明末清初的湘西名镇，再到民国（特别是抗战时期）的小都会，它伴随着商品经济的发展，自发形成灵活自由的布局形式，各街区的自然发展几乎都呈自发状态，没有"城"的界限，街区发展是在自发力的作用下发展形成的，往往手工作坊、商业店铺、物流仓储、批发贸易等商业功能中掺杂着书院、报馆、税馆、庙宇等其他社会文化功能，居民的许多社会交往活动也在其中发生。洪江随着商贸的产生和发展而自发兴起与营建扩张，没有自上而下的总体控制和规划，缺乏强有力的整体控制，一直处于一种自发的建设当中，整体格局呈现出有机生长的自发形态，成为城市形成模式的典型案例。

（三）现代商业社区的雏形

明清时期商帮聚居是城镇社区形成的显著特点[①]。街道的行业化促进了商品经济的进一步发展，使得商业的集聚效应和商贸的影响力进一步加强，这为其后商业社区的形成与发展奠定了物质基础，也为古城资本主义商品经济的萌芽提供了生存的土壤。社会事务均由"十大会馆"出面调停，这给予了洪江商业自由蓬勃发展的时机，成为资本主义萌芽的温床。商人们由"业缘"相识并逐渐形成"地缘"的归属感和认同感，渐变成带有地域移民特征的商帮，并聚居成带有地域背景的商业社区。在洪江古城保存的380多栋明清式古建筑中，有宫、殿、祠、寺、庙、院、堂、庵60多座和串联在一起的报社17家、钱庄23个、学堂34所、戏台48个半，另有50几家妓院、60多个烟馆、70多家酒店、80多家客栈、上百个作坊、近千家店铺[②]，充分展示其以商业

贸易为主体兼具其他多项功能的综合性社区的特征。

1. 主体人群——"商帮"的市民化

清代末期至民国的鼎盛时期，洪江汇集20多个省县的商客。据记载，民国22年（1933年）洪江有3700余户，人口37600余人。其中宝庆籍（邵阳）8300余人，湘乡籍5300余人，江西籍5000余人，辰沅籍4200余人，长沙、衡阳、贵州及本地籍均在2000～3000人之间，福建、安徽、常德等籍各1000余人，湖北籍500余人，江苏籍甚少[③]。可见，洪江居民当时大都为外来移民，由此而结成的商帮既表现出有组织性，又显现出其组织的松散性。他们为共同利益结成团体，而又为各自利益互相攀比、争斗。各商帮为了扩大其地域社团的功能和社会影响，又会从事一些超越本会馆利益的公共建设和福利事业。尽管这些有出于其自身利益的目的，但却是城镇社会结构和功能进化的一个重要趋势，给社会以全面深刻的影响。商帮之间不存在隶属关系，重大事务是通过民主协商的方式解决，他们的关系是平行的，且各自具有相对封闭性，其社区视野往往为地域背景所限，社会管理和公益事业也多为本帮聚居范围。

所以，以会馆为中心建立起来的社区，其关系既是平等，也是相互竞争、相互制约的。每个社区都有高度的独立性和自治性，很多社会功能都能在这一小范围内解决，出于自觉的商帮群体对社会作用的发挥是有限的，对城市的责任感也还处在自发的过渡阶段。从中可以清晰地看出洪江的社会结构为商帮社区所分割，缺乏内部的有机整合，家乡的痕迹依然存在，明显带有脱胎于中国传统乡土社会的烙印。但可以认为洪江在清末民初已经逐步进入了市民社会。

① 余翰武，杨毅. 走马洪江古商城 [J]. 小城镇建设，2008（3）：68-70.
② 刘芝凤. 发现明清古商城——湘西洪江探幽 [M]. 广州：南方日报出版社，2002.
③ 洪江市志编撰委员会. 洪江市志 [M]. 北京：生活·读书·新知三联书店，1994：81，89，92，174，246.

2. 主体责任——"商帮"的社会化

在洪江的建设发展和日常社会事务的管理中，"商帮"发挥着不可替代的作用。历代统治阶段都没有在洪江设置过政权组织，仅设厘金局，具体税收事务为各商帮代收代缴。更没有如城墙类的防御设施，仅设了一隘口。按《洪江育婴小识》记载："汪侯就恻隐堂内创设保甲局，属之十馆，通禀示谕有案，昔之团防，首尾连十余稔，廛间尝别练一军助防备剿；专糈饷不廪于官，至光绪六年始奉停止。"① 甚至"胥吏往拿案犯，非同去不能得手"。可见当时商帮会馆的管理作用之全，涉及事务之深；不但要承担大量社会责任和公益，还要兼负着一定的国家政府职能，如团防、保甲、税收、警务等。

卡罗尔曾提出"企业社会责任金字塔"模型②，指出现代企业应具备四种责任：经济责任、法律责任、伦理责任和企业自愿执行的责任，并认为经济是基础，法律是标准，伦理是道德，慈善是境界。

明清时期的洪江商帮虽然算不上真正意义的现代企业，但从其所承担的责任来看却基本符合：①经济责任不容置疑，商帮控制着洪江的经济命脉，于公于私都承担着洪江经济发展的重任；②法律责任，商帮自行商定的行规、帮规有一定的规范行为和市场的作用；③伦理责任，商帮脱胎于乡土，其社会伦理依然根深蒂固；④企业自愿执行的责任，洪江的教育、民政、建设、民事、经济纠纷全由"十大会馆"出面办理，诸如"及逐

年凿险滩，修纤道，縻费实不下数万"，"恻隐堂掩骼胔，创自道光十八年，自何候论归十馆经理，遂与育婴并行，义渡义山，恻隐之条目"③。

洪江的戏台共48个，分属各大商帮，分散在各个会馆中，唱的是各自的地方戏，是非营利的，面向市民公开演出。民国20年（1931年）后，在各宫观、宗庙内先后创立了银宫影院等3家无声影院和1家有声影剧院。看戏者熙熙攘攘，出入自由，大有普天同庆、惠及乡里的意味，显示其社会性的一面。但同时很多会馆都有两个戏台，富人设有包间，在里面看戏，男女分开，其有一定的限制性，一般为本商帮的绅士服务，显示其自利性的一面。又兴办学堂，清乾隆十八年（1753年），创建有雄溪书院；清光绪三十三年（1907年），洪江油商集资创办了私立初高两等小学堂。④ 至民国24年（1935年），由地方绅士和会馆等创办私立小学12所，后来发展到34所。这些都显示了商人以经济能力为基础，出资出力，惠及社会的模式，实践了"慈善"的最高境界。

这种商业社区是明清时期社会政治、经济结构变迁的必然产物，同时又不断地与社会变迁相适应，作为实物形态的建筑物和集镇布局必然反映当时社会演进的趋向⑤。洪江古城所形成的商业社区雏形，对社会组织结构和城镇空间形态产生了重要的影响，被罗哲文先生誉为"中国资本主义萌芽时期的活化石"。其意义⑥在于：

1）标志着"乡民"向市民的转化和自治秩序的建

① 转引自：欧阳虹彬. 洪江古镇形态研究［D］. 长沙：湖南大学，2004：37-38.
② 卡罗尔在其"企业社会责任金字塔"中，描述到"企业社会包含了在特定时期内，社会对经济组织经济上的、法律上的、伦理上的和慈善上的期望"四个不同层次：①经济责任。对于企业而言，经济责任是最基本也是最重要的社会责任，但并不是唯一责任；②法律责任。作为社会的一个组成部分，社会赋予并支持企业承担生产性任务、为社会提供产品和服务的权力，同时也要求企业在法律框架内实现经济目标。因此，企业肩负着必要的法律责任；③伦理责任。虽然社会的经济和法律责任中都隐含着一定的伦理规范，公众社会仍期望企业遵循那些尚未成为法律的社会公众的伦理规范；④企业自愿执行的责任。社会通常还对企业寄予了一些没有或无法明确表达的期望，是否承担或应承担什么样的责任完全由个人或企业自行判断和选择，这是一类完全自愿的行为。（多丹华，李景山. 卡罗尔企业社会责任金字塔模型分析与借鉴［J］. 经济师，2012（2）：25-26.）
③ 转引自：欧阳虹彬. 洪江古镇形态研究［D］. 长沙：湖南大学，2004：37-38.
④ 刘芝凤. 发现明清古商城［M］. 广州：南方日报出版社，2002：51.
⑤ 王日根. 明清民间社会的秩序［M］. 长沙：岳麓书院，2003：268.
⑥ 余翰武. "沿沅水去看看"——传统集镇商贸空间形态及活力探寻［M］. 南京：东南大学出版社，2018.

立。商帮连同会馆建筑功能由早期的"地缘"到后来的"业缘"标志着"移民"或"移民概念"的消失，标志着商人从"外来人"自觉承担起"本地人"的义务与责任；也包含了封建官绅、商人及其他各阶层对社会变迁的适应，意味着封建行政体系之外的自立自治精神与有序社会秩序的建立，标志着乡民向市民的转化。

2）标志着小农经济向商品经济的转变。如桐油、木材等大宗商品及远途运输的交易方式的出现，改变了小农经济社会自给自足的缚足思想，而是以赚取价差为经济手段的跨地域贩卖，其伴随的是大量的物流、人流和资金流的快速流通和人们"崇商"思想的改变。

3）改变了城镇空间形态和构成要素的权重。商帮和会馆建筑的兴起，成为城镇聚居结构的重要节点，署衙作为政治中心被淡化，不再是城镇唯一的结构中心，商贸空间成为城镇的中心。这种结构中心分化的特点在远离政治中心的地理条件的影响下，又显得更为突出，也使得人们生活更加日常化和商业化。到了近代，会馆的经济职能明显加强，成为行业帮会结社的场所，然后进一步发展为比较规范、约束力更强的同业行会，而商贸活动已渗透到人们日常生活的方方面面，成为日常生活的重要组成部分。

第三节　乡镇格局

早在北魏时，我国就有"设镇"之说："设官将禁防者谓之镇"；宋代高承在《事物纪原·第七卷·库务职局》中说："民聚不成县而有税课者，则为镇，或以官监之"[1]；宋以后，镇是指县以下的以商业、聚居为主的小都市；"镇"则主要指由于"业缘"定居，并逐步形成认同感的稳定的聚居形态，镇内有较为固定的交易区域和长期经营的商铺，它们大都处于交通要道，内销外运较为便利。乡镇是较低一级的中心地，职能主要为供应乡村所需的生产生活资料，收购农产品以及满足其服务范围内居民对教育、医疗、娱乐等的需求，是连接城市与乡村的纽带。

从地理学角度来看，集镇通常指乡村中拥有少量非农业人口，并进行一定商业贸易活动的聚居点，既无行政意义，亦无确定的人口标准，一般是对地方农副产品集散和服务中心的统称[2]。从社会发展史来看，在农业与村落统一的社会区域里，由于商品交换需要，社会分工发展及剩余劳动力从农业转向非农业的转移等，使得星罗棋布的乡镇以大小集市为基础逐步形成。具体说来，那些或处于农村社区中心，或处于交通要道之上，或处于物产和工艺中心的村落，往往因市而聚，物资集散由少到多、由零售到批量、由间歇到日常，加上其他商业、手工业等人力物力的集聚、流动，使之逐步演替为"镇"。另根据1993年国务院颁布的《村庄和集镇规划建设管理条例》第三条内容显示："集镇是指乡、民族乡人民政府所在地和经县级人民政府确认由集市发展而成的作为农村一定区域经济、文化和生活服务中心的非建制镇。"可见，在我国的城乡村镇体系中，集镇是指县城以下的区、乡行政中心，具有一定的乡村

① 顾朝林. 中国城镇体系——历史·现状·展望 [M]. 北京：商务印书馆，1992：82-89.
② 章睿. 湖南沅水流域传统集镇空间结构研究 [D]. 长沙：湖南大学. 2012：1.

腹地，通过集市和商品交换逐步发展并建立一些经常性的具有较低层次的商业服务、文教卫生等公共服务设施的人口聚居地。其是国家的基层经济中心，是国家基层经济网络中的基本节点，是城市与乡村之间的中间环节和过渡地带，其形态和经济职能兼有但并不完全有乡村与城市的双向特点。

基于上述不同领域的多重含义，本书定义乡镇为由于商品交换需要，社会分工的发展及农业剩余劳动力的转移，而形成的物资集散、人口聚集的聚落。一般有三个等级层次：城关镇、建制镇、一般集镇。城关镇是各州县党政机关所在地，一般处于全县中心位置或交通枢纽，是地域经济、政治、文化中心，商业、文教事业发达，建设具有相当规模；建制镇是国家规定的经由政府批准设立的小城镇，聚居人口中有一定量非农业人口比重；一般集镇是指非建制镇的乡镇机关所在地，是当地农副产品集散地和日常用品交换的主要墟场。本节主要讨论的是建制镇和一般集镇。

湖南域内乡镇分布密、数量多，每隔3～20公里就有一处，明清时期，随着商品经济的发展，处于江河沿岸和交通干道上的城镇逐渐增多，乡镇的数量空前壮大，湖南至今还保留有多处这样的历史城镇，如湘江流域的靖港古镇、铜官镇、文家市镇、白沙古镇、聂市镇、长乐镇、朱亭镇、南岳镇、新市镇、潇湘镇、芦洪市镇等；资水流域的荷叶镇、杨市镇、高沙镇、寨市镇等；沅水流域的芙蓉镇、里耶镇、浦市镇、边城镇（茶峒）等；澧水流域的苦竹河镇、溪口镇等，至今还保留有部分民国以前的街道和建筑格局，是研究传统城镇与建筑空间的典型实例，从中可以发现其所承载的多种地域文化信息，为我们当代区域人居文化研究和地区城市规划与建筑设计提供了可贵的实物资料。

一、乡镇空间构成及特点

乡镇空间可以用"点、线、块、面"来归纳其空间形态。"点"是指节点空间；"线"是指街道空间、水岸线空间等；"块"主要指建筑空间；"面"是指由点、线、块组成的乡镇整体空间形态。"点、线、块"商贸空间在物质形态上有着其具体的内容和空间形态，有着较为明晰的边缘界限，它们之间相对独立又联系紧密，互为依存，相互作用，并以内在联系结成了整体，这种联系除了物质层面的，更多的在于社会和文化的纽带作用，它们共同构成了乡镇空间系统。

（一）节点空间

相对于街道连续的线性空间相比，点状空间更具有驻留感。传统的街道通常表达的是共性化的连续意象，给人平缓舒适的感受，而节点则提供了丰富的个性化意象，加强人的感官印象，也成为判断自身位置的标志物。凯文·林奇认为其是"线"上的"一个突变"。所以，对于线形的空间来说，节点具有重要意义。一般节点有：码头（水埠）、井台、亭、桥等。

1. 码头（水埠）空间

湖南最常见的是邻水的乡镇，河道是乡镇的主要运输线。码头本质上是水陆交通形式上的一个换乘点，是乡镇内外联系的主要道口，是运输路线枢纽节点。码头形式从平面来看可分为"丁"字形、"八"字形（图3-3-1）、"一"字形（图3-3-2）和扇形。"一"字形根据台阶与河道的关系有平行于河道和垂直于河道两种形态，也是最常见的码头形式。

从码头与其他空间元素的关联性来看，主要有以下两种类型。

图3-3-1 "八"字形码头

图3-3-2 茶峒镇"一"字形码头（来源：余翰武 摄）

（1）巷接码头。乡镇的主要街巷对应码头，是最为常见的形式。由于河岸线落差较大，一般都有较长的青石板台阶与街巷对接。这种方式能使人流、物流自码头以最便捷的路径出入集镇。此类码头一般为公共码头，整个乡镇的货流、人流均可从此出入。如托口古镇（图3-3-3）有丰家巷——丰家码头、火烧巷——万寿宫码头、暗巷——财码头、郭家巷——郭家码头、竹子巷——新街码头、赵家巷——敖家码头、杨家巷——杨公庙码头、郑家巷——郑家码头。

民国15年（1926年）时，托口形成了"九街十八巷，一巷一码头"的城镇布局，街巷分布从西向东依次有大桥街、龙盘街、棋盘街、新街、半边街等，十八巷有丰家巷、火烧巷、大桥巷、暗巷子、蒋家巷、郭家巷、竹子巷、赵家巷、杨家巷、郑家巷、里仁巷等，每条巷子都对应一个码头。

（2）建筑对接码头。临水建筑有如江南水乡般独户私家小码头（图3-3-4），也有公共建筑对接码头的，主要为会馆、祠堂、寺庙等。

一般乡镇的码头本质是陆地延伸至水面的踏步石梯，其一般用青石或麻石砌筑而成，也有凿石而成

的。码头的平面形式取决于码头的性质和其与集镇其他空间元素的关系，如当街道是岸街时，码头梯段平行于街道；当街道是河街和天街时，码头梯段垂直于街道。码头不可能单独存在于集镇中，其必然与集镇的街道空间产生关联，与其一起构成集镇的交通系统。同时，也可以看出，码头空间是一个开放的空间，是集镇中的公共开敞空间，大量以水运营生人群和以水运为命脉的个体和团体活跃于此，产生生动的生产和生活场景，这些场景反映了人们在此活动的轨迹——挑、抬、歇、打、吊、运，而这些活动决定了码头石梯的尺度、走向和规模，同时也反映出码头的性质和与河道、街道的运输关系。有些码头还是货物交易的场所，如木材的当江交易都是在码头完成的。可以说有了码头，才有了商贾如云的城镇市街，才有了三教九流与行帮会馆，经过漫长的岁月，沉淀出丰富的历史底蕴。

2. 井台空间

"处商必就市井"，可见古时交易与井台的紧密关系，它们的出现与市民的日常生活密切相关。井台成为街道的一个特殊节点，是在开放的街巷取代封闭的里坊

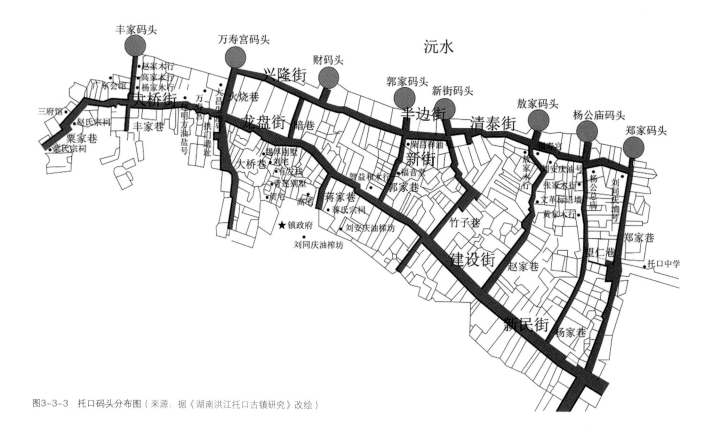

图3-3-3 托口码头分布图（来源：据《湖南洪江托口古镇研究》改绘）

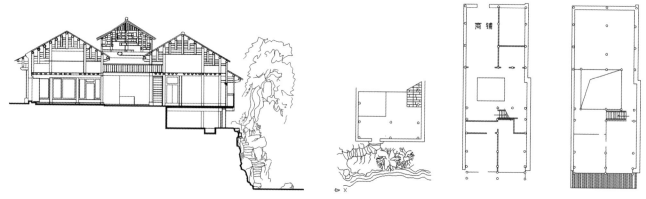

图3-3-4 私家小码头（来源：《湘西风土建筑》）

后产生的。"这些空间或凹入街巷的一侧，或镶嵌在街巷的转角处"，从图3-3-5可以看出这种井台空间形成一种"二围"或"三围"空间，即"阴角"①。"这种使人感到温暖的阴角空间"②所产生的"角落效应"，引发人的"积极"行为，加上水井本身具有的生活性功能，人们在此顿足、停歇，从而提供了潜在的商机。但多数

① （日）芦原义信. 街道美学［M］. 尹培桐，译. 武汉：华中理工大学出版社，1989：44.
② （日）芦原义信. 街道美学［M］. 尹培桐，译. 武汉：华中理工大学出版社，1989：46.

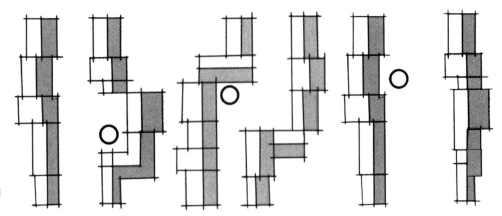

图3-3-5 三种常见井台空间的平面
形式（来源：余翰武 绘）

图3-3-6 茶峒镇的井台（来源：余翰武 摄）

水井是依于街道一侧（图3-3-6），对于线性均质的街道而言，无疑是加入了异质，突出了其节点的作用，对街市贸易提供地点性指示，提供了可辨别和描述的对

象，增加了街道空间的意象。但要说明的是明清后的井台空间提供的是潜在的交易机会，而并不能直接导致交易活动，相对来说其生活的功能性更强。

街道旁的水井一般是公用水井，是人们日常生活必不可少的去处，人们洗衣、淘米等生活劳作大多在井边完成，由于这些工作主要由妇女承担，所以有学者也称之为"女性空间"，它们一般位于以零售日常用品为主的商业街道中。对于去乡镇赶集的"乡下人"来说，井台是他们休息停留的好去处。为方便居民，许多井台还有石槽、石盆等器物。有的井边还有污水池，污水在污水池初次沉淀后排出（图3-3-7）。值得说明的是水井在古代是城镇生活中必不可少的公共设施，人们对水井的重视已近乎神灵的祭崇，被认为有灵气的井还在墙壁上砌筑神龛甚至建有龙王庙以供奉香火[1]。

3. 亭桥空间

亭桥也有学者称之为"雨街"[2]，意为可遮风挡雨的街道。桥头与岸街衔接，是人们活动频繁的地点，亭桥起到联系两条平行街道的作用，其交通性带来了其商业价值。有的亭桥内部，索性建起商铺，俨然一条商业

---

① 梁雪. 传统城镇实体环境设计［M］. 天津：天津科学技术出版社，2001：134.
② 张良皋. 乡土中国——武陵土家［M］. 上海：三联书店出版社，2001：48.

街，甚至成为集镇的中心。

新晃龙溪口镇的龙溪桥，又名三拱桥（图3-3-8），为石拱亭桥，建于清代乾隆年间，因四墩三拱而得名。桥长50米、高7米、宽5米。桥墩、桥面以及两旁的拦马石，均是青石料岩砌成，两端为整齐的青石台阶。清代同治十年（1871年）纂修的《沅州府志》记载："龙溪口在㵲水之北，临水架楼而肆者为新街，又踕次而上俗呼老街。市上五谷俱集，饭豆尤多，凡产自贵州境内

图3-3-7 王村镇的井台（来源：余翰武 摄）

马鞍山、平崖场诸处者，由玉屏朱家场肩货于此……至于江、浙、闽、粤之货亦毕集于此。盖西来郦闿之盛区也。"[1]可见，该桥是贵州客商进入龙溪口的咽喉要道。桥两头连着老街和新街，桥头比邻开有二十来间店铺，每当夜幕降临，家家门前的斗篷灯、纸糊灯，次第闪亮，照得桥面如同白昼。

另外，在乡镇中还有一些凉亭（图3-3-9、图3-3-10），有的位于街巷中间，有的位于道路一侧。凉亭供人歇脚、打尖、纳凉。人们常在此停留、小憩、交谈，凉亭成为乡镇意象标志和交流场所。

（二）线性空间

线性空间主要为乡镇空间的外部轮廓与内部骨架，将空间中的点和面有机地组合在一起，形成一个完整的空间形态。从空间形态的角度分析，线性空间的长度远大于宽度，具有强烈的导向性和连续的延伸感。从空间使用的角度分析，同等面积下的线性空间比点和面的空间都具有更长的边界，这为人的行为活动提供了更大的接触面，是人们进行生活、交流、生产等必不可少的活动载体。从空间感受的角度分析，线性空间通过清晰的边界围合的空间尺度更容易使人感到亲密。

图3-3-8 新晃龙溪口镇龙溪桥组图（来源：余翰武 摄）

① 张官五，吴嗣仲. 沅州府志（同治）[M]. 长沙：岳麓书社，2011：129.

图3-3-9 王村镇路边凉亭（来源：余翰武 摄）　　　　　图3-3-10 里耶镇路边凉亭（来源：代嘉欣 摄）

1. 街道空间

"当我们想到一个城市时，首先出现在脑海里的就是街道。街道有生气，城市也就有生气；街道沉闷，城市也就沉闷。"[1] 可见街道于集镇的重要性，而商业街道更是地方特色的体现，更容易留于人们脑海之中。传统乡镇的街道一般尺度较小，两侧的建筑物距离较近，体量不大，有很强的亲和力。同时，自发性较强，顺势而为，街道时宽时窄，或直或弯，也能顺应地形，有高有低。这种形态为人提供了适宜的活动空间，人在街道中具有充分的自由和很高的灵活性。传统商业街道之所以富有活力，是因为它同时肩负了三重功能：交通、公共空间和建筑前场地。总的来说，乡镇街道具有以下几个特点。

（1）与水道的依存性

由于古时水运的关系，乡镇一般临水，由于落差较大，河道与街道构成三种关联：河街、岸街、天街。平行于河道的街道形成河街和岸街（半边街），垂直于河道因为要处理高差，通常形成台阶式的天街[2]。河街临河段一般为吊脚楼建筑，街道在内侧，人们背水而居，建筑临街而建，为河—屋—街—屋的空间形态；岸街则临河为街道，通常有较大的码头，形成河—街—屋的空间形态；而天街与河道一般以码头连接，形成点—线的空间形态（图3-3-11）。这种街、河、屋的多样组合始终贯穿在一般乡镇的商贸空间的营建当中，并将街道的交通性与商贸活动的流动性有效地融合在一起，让它们彼此构建、彼此关联。

（2）街巷界面的虚实性

乡镇的主要街道一般具有商业性，商业街道两侧由于大都是商铺，开放性决定了其临街的界面是"虚"的，开敞的，即临街商铺的门窗洞口等。"虚"界面较

---

① （日）芦原义信. 街道的美学 [M]. 尹培桐，译. 武汉：华中理工大学出版社，1989.
② 张良皋. 乡土中国——武陵土家 [M]. 上海：三联书店出版社，2001：37-47.

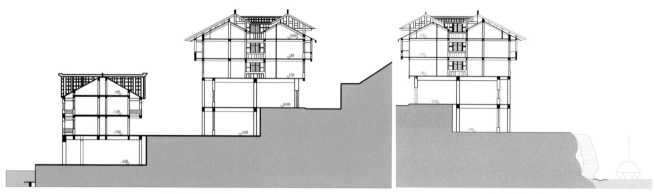

（a）河街示意图　　　　　　　　　　　　　　　　　　（b）岸街示意图

（c）天街示意图

图3-3-11　商业街道空间形态示意图（来源：余翰武　绘）

易引起空间的流动，引导人们在不同空间中穿行，从而引起人们的兴趣，延长驻留时间。这种流动与驻留无疑加强了交往，增加了交易的机会。

　　街道两侧众多突出的实墙既划定了"虚"空间的范围，也增强了感官上的韵律感。尤其是向上的马头墙鳞次栉比，在天际线的掩护下，这种虚实关系构成了具有空间流动的商业街道界面，也强调了其连续性（图3-3-12），这也是商业聚集的外在表征，体现了

商品流通和荟萃的特点。凯文·林奇在《城市意象》中指出，街道"只要可识别，就一定具有连续性"，包括流线的通畅、宽度的连续和景观的连续①。乡镇的巷弄封闭性较强，体现"实"的一面，连续感极强（图3-3-13）。

　　（3）宜人的尺度

　　芦原义信认为街道宽高比为1时，两者存在均称之感②；当比值在1与2之间时，比例关系合理，空间尺度

① 凯文·林奇. 城市意象 [M]. 何晓军，方益萍，译. 北京：华夏出版社，2001：92-94.
② （日）芦原义信. 街道的美学 [M]. 尹培桐，译. 武汉：华中理工大学出版社，1989：35.

（a）安江镇下河街

（b）托口镇大桥街

图3-3-12　街道两侧鳞次栉比的店铺（来源：余翰武　摄）

（a）锦和下河街

（b）龙溪口镇福寿街

（c）洪江镇一伞巷

图3-3-13　封闭感较强的街巷（来源：余翰武　摄）

也比较亲切。湖南传统乡镇街道的宽高比大多在2∶1至1∶2之间。这种尺度关系，无疑是从人体的"亲切感"去感受和体验生活，以人体的"舒适度"去判断街道的尺度。"均称"的尺度，使人们心情放松，人们"日常生活"的感受增强，也增加了交流与交往的机会（表3-3-1）。

地点	街巷肌理	典型商业街道	街巷名及尺度
安江镇			下河街 1.6：1～1：1
浦市镇			太平街 1：1～1：1.5
托口镇			大桥街 1：1～1：1.3

地点	街巷肌理	典型商业街道	街巷名及尺度
龙溪口	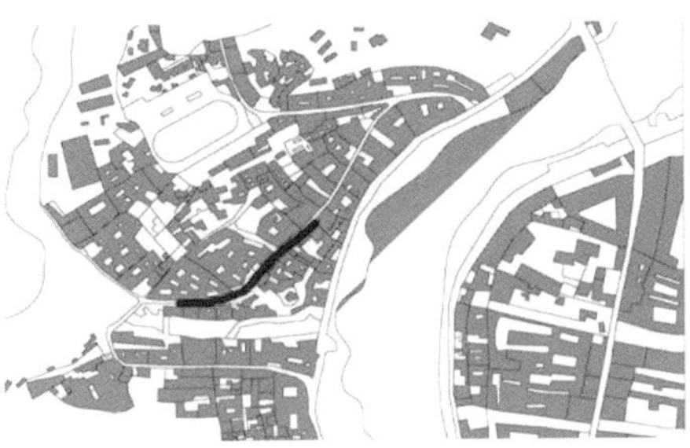		下正街 1:1~1:1.2
王村镇	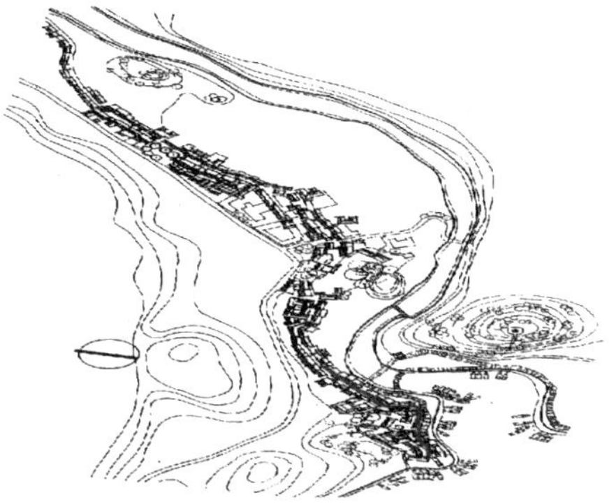		下街 1:1~1:1.2

注：1. 本表中托口镇平面肌理根据涂荣荣《湖南洪江托口古镇研究》第34页图3-7改绘；王村镇平面图来源于魏挹澧《湘西风土建筑》。
2. 其余均为余翰武绘制和拍摄。
3. 尺度为：宽/高（D/H），其比值存在变化是因为沿街道建筑有高矮不一，或街道宽度有变化的情况。

2. 水岸空间

传统乡镇对于水的依存度是较高的，可以说，很多乡镇是因水而生、因水而兴。水不但提供于生产生活，还可以带来交通的便利和商贸的发展。可见，水岸线空间是临水乡镇重要线性空间形态，成为乡镇的重要边界和轮廓（图3-3-14）。

（1）亲水性

水岸在集镇的日常生活中扮演了很重要的角色。如早晚妇女在此洗洗衣物、拉拉家常，传递信息，也有到水岸线边休闲散步和垂钓；在夏日夕阳西下时，河岸是市民消暑、孩童嬉戏的场所。这些都无不散发出浓郁的生活气息（图3-3-15）。在一些用地紧张而地势较高的乡镇，许多建筑临水而建。有的采用吊脚楼形式以高脚或斜撑的方式飞临河道之上，有的则利用硬质岸线筑高而建（图3-3-16）。交差毗邻的建筑与弯曲的水岸线构成了各乡镇独特的景观意境。

（2）自然性

湖南许多传统乡镇的滨水驳岸除了有码头的几处进行了人工修筑，大部分岸线仍以自然驳岸（图3-3-17）为主，往往利用自然地势高差来防洪。驳岸上铺满高低不同的各类植物，既能牢固水土，减轻水流对驳岸的冲刷，又与乡镇的白墙灰瓦融为一体，形成天然和谐的景观氛围。

图3-3-14　茶峒镇的水岸空间（来源：余翰武　摄）

（三）块状空间

根据图底理论，建筑为实底，构成大小不一的斑块。根据功能不同又有公共建筑和居住建筑之分，本书主要探讨具有乡镇特征的商贸建筑。

商贸建筑不仅是功能空间的实体，还承载了多样化的历史信息，是社会文化与经济实力的反映。因功能需求不同，商贸建筑产生多样化、差异化和复合化的特点。商贸建筑是与商人、商贸活动相适应的，手工业、销售业、服务业，包括后期的金融业都与商贸活动产生了密切关系。手工业是通过制作、销售具有使用价值货物——商品来获利，其销售与制作的空间反映在建筑空间上往往是混杂的；而服务业如餐饮、旅店等，其提供的商品更为多元化，对建筑的选址、形式、功能等都提出了更为复杂、多样的要求；销售业和金融业除了柜台式的经营方式，不容忽视的是它们所需要的安全的储藏空间。从建筑总体功能出发，商贸建筑可分为商铺、商行和会馆等。

1. 街市型——商铺
一般而言，中国封建时代经济的主体是小农经济，

128

（a）河中嬉戏场景

（b）家务场景

（c）河边劳作场景

图3-3-15 充满生活气息的水岸空间（来源：余翰武 摄）

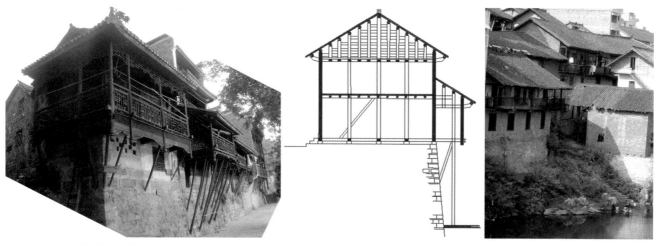

（a）茶峒镇临水吊脚楼（来源：余翰武 摄）　（b）滨水高脚式吊脚楼示意图（来源：余翰武 摄）　（c）桥头河镇滨水建筑（来源：引自《湘西风土建筑》）

图3-3-16　滨水建筑形式

图3-3-17　杨家滩镇自然驳岸（来源：余翰武 摄）

图3-3-18　浦市某店铺（来源：余翰武 摄、绘）

小农经济自给自足的特性直接限制了商品交换的频繁程度，从而抑制了商业的发展规模。因为大多一般乡镇主要是周边农村农副产品的物资集散地，经营范围亦不出日常所需，缺少大宗商品的流通，所以当地的商铺作坊普遍规模不大，商贸建筑也主要以临街设铺为主。这种小规模商贸活动对空间的需求也比较简单（图3-3-18），

有的甚至只需在门外支一小摊即可完成交易。

（1）商铺功能形式——店宅合一

最常见的还是店宅合一的形式。《辰州府志》记载："□居近市者多构层楼，上为居室下为贮货物，为贸易之所。[①]"这种要求恰好与合院整体围合、多进分割的空间形态暗合，为合院住宅用于商铺提供了方便。因合

———————————

[①]（清）席绍葆，谢鸣谦等修. 湖湘文库编辑出版委员会. 辰州府志（乾隆）（一）[M]. 长沙：岳麓书社，2010：274.

院外墙封闭的空间特征与开放的商业个性不符，于是商人将临街的外墙打通，仅留结构柱，形成对外开敞的门面。同时，利用天井将前面的商铺空间与后面的住宅分开，形成前店后宅的空间形态。这种商业民宅，布局紧凑，功能齐全，形式酷似里弄住宅，面窄进深大，前店后宅，是街市型商业建筑的典型例作。而"中开门，柜台侧立"的商铺形态为多数商铺所采用；也有面街开间全敞开的，以增加面街的营业面积，经天井后是住房；有的因用地、用房紧张，就在店铺楼上设生活用房，形成下店上宅的形式；或者两者相结合的布局方式。这种方式街店空间较为通透，流通性好，更能吸引顾客，街即店，店就是街的一部分，店与街融为一体，给零售商贸带来极大好处。

（2）商铺沿街形式

一般乡镇的沿街店铺通常为三开间（图3-3-19），还有多开间。这主要是因为居住建筑主要以"一明两暗"的形制为主，同时受到了"礼制"的挟制。《明会典》卷三、六十一部载："庶民所居房舍，不过三间五架"。位于"士农工商"之末的"商"，自然要严守"礼制"。然而到了封建社会晚期，商品经济的蓬勃发展，

商人地位不断提高，在商贸发达、离政治权利中心较远的集镇，已出现了"违制"，多开间现象已较为常见。

商贸建筑主要为木结构，房屋之间有封火墙相隔，其立面形式有三种：①封闭式，仅留交易窗口；②半开敞式，仅留门洞进出；③开敞式，沿街门户大开，可自由出入。影响其立面形式的因素还有檐下形态（图3-3-20）：①卷棚式；②挑廊式，二层悬挑一层或挑廊；③挑檐式；④檐廊式。这些都便于利用

图3-3-19　里耶镇某店铺（来源：余翰武　摄）

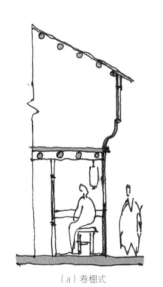 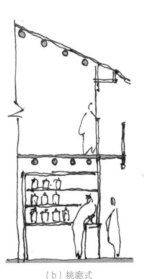 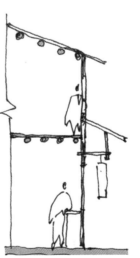 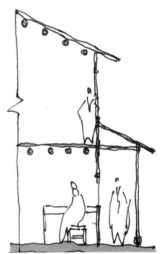

（a）卷棚式　　　　　　　　（b）挑廊式　　　　　　　　（c）挑檐式　　　　　　　　（d）檐廊式

图3-3-20　檐下处理（来源：余翰武　绘）

檐下的空间和加强商铺的属性界定，同时也丰富了建筑的外立面。

（3）商铺的经营形式

随着生产力的发展，明清后沿街店铺成为传统集镇中最为主要的商贸空间形式，并由于马太效应使商号铺面比邻紧连，形成相对稳定的商贸空间。柜台是除了板门外室内外沟通的重要建筑构件，一般在铺面一侧或两侧对称设置。根据柜台在建筑空间所处位置和交易方式形成两种不同的商贸空间形态：窗口式和内堂式。

①窗口式商铺

商铺极力向外拓展，通过深挑檐、宽松棚（图3-3-21）等方式占用街道交易空间，其柜台直接对外，柜台后为可拆卸木板，经营时间透过柜台即可看见店铺内的商品，柜台是买卖双方交换的台面，通过窗口，交易主要在街道空间完成。柜台又分内置和外置两种（图3-3-22），内置柜台台面大部分在室内，仅留有少许宽的台缘于室外。

柜台做成可放置商品的货架，所以外侧一般用木板封闭形成建筑外围护，柜台与建筑形成整体，实用性更强。外置柜台伸出建筑，在结构上为建筑的附加物，

图3-3-21　桥头河镇沿街松棚（来源：余翰武　摄）

所以柜台一般为空架。为了美观，柜台通常设置一些图案，以直棂和"卍"字图案居多，并多用木板封闭（图3-3-23）。就材料而言，柜台材料有木作和砖砌两种，以及有以土坯包砖（图3-3-24）的做法。也有一些简易方法（图3-3-25），临街木板墙上开个窗口，支块简易木板，交易活动便产生了。

②内堂式商铺

此类商铺（图3-3-26）则是精心布置商业铺面内部空间，将室外空间引入建筑内部，其柜台内置，兼有货架等商品陈列展示，交易在室内完成。

店铺目前仍是一般乡镇最为常见和普遍的交易场所，而鳞次栉比的商铺反构成了商业街道，较容易形成开放的线形商贸空间形态，也成为一般乡镇最基本也是最有特色和活力的地带。

2. 货贸型——商行（商号）

商业贸易除了以零售为主的商铺，还有以大宗商品贸易为主的商行。这些商行有的沿商业主街布置，兼有零售，这些店铺往往底层是对外经营，留有货钱交易的柜台和会客洽谈的空间，也有部分住房，仓库一般移至二层。有的则深入街巷，以远距离货贸为主，街道主要用于解决交通问题。但不管哪一类，建筑都需要解决大量储存货物的功能。前者在一般乡镇广有分布；而商行主要集中在贸易昌盛的城镇。

新晃县龙溪口镇刘同庆油号（图3-3-27）建于清光绪初年（1875年），是洪江刘同庆油号在该地设的分庄。建筑面朝东南，为三进窨子屋，第一进天井低于建筑平面约2米，取消一侧厢房设台阶而上，厅由木板隔开，两侧设有过道，主要为对外功能；第二进天井与建筑平面齐平，是主要生活区，两侧均为卧房；第三进天井紧临后墙，略低于建筑平面，厨房、厕所等功能布置在此处。三座天井均为旱天井，天井上屋盖铺有明瓦用于增强采光。在第一进设楼梯上二层，楼梯宽1.5

（a）柜台外置（王村镇）　　　　　　　　　（b）柜台内置（托口镇）

图3-3-22　柜台设置方式（来源：余翰武 摄）

图3-3-23　柜台装饰图案（来源：余翰武 摄）

图3-3-24　砖砌柜台（来源：余翰武 摄）　　　　　图3-3-25　简易柜台（来源：余翰武 摄）

（a）锦和某店铺

（b）浦市某店铺

图3-3-26 摆满商品的内堂式商铺（来源：余翰武 摄）

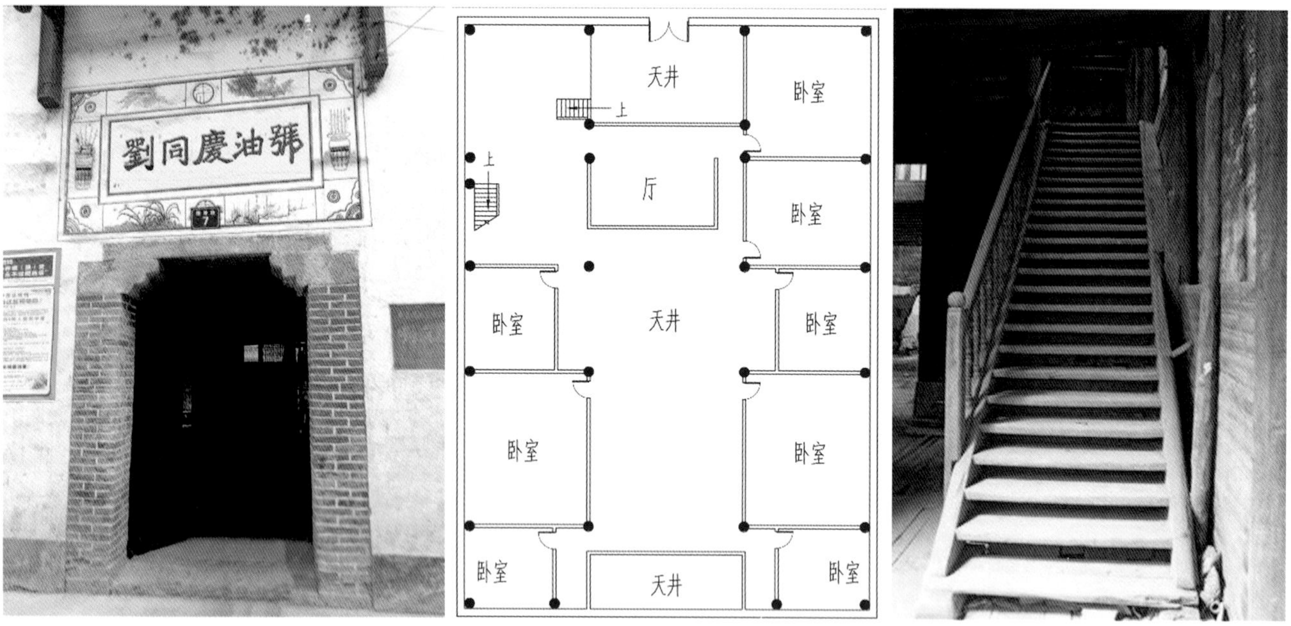

（a）大门口

（b）平面图

（c）平缓的楼梯

图3-3-27 新晃龙溪口刘同庆油号（来源：余翰武 摄、绘）

米，是一般以居住为主的楼梯宽的1.5倍；踏步较为平缓，在160～170毫米之间，较一般以居住为主的楼梯（200～230毫米）低下许多；二层于楼梯对面一侧设有房间，与一层大体相同，其余为开敞大空间，主要为储存桐油的功能。一层较高大，约5.4米，二层约3.5米。

整栋建筑由高墙围合，只在二层开了少量的小窗。从平面布局和建筑构件的设计来看，刘同庆油号较多考虑了桐油的运输和储存的功能，如设计宽大平缓的楼梯，便于上下搬运；天井加设天斗，保持屋内干燥，以防日晒雨淋；外墙厚实封闭有利于防火、防盗，也能保持室内阴凉、干燥,利于桐油储藏。另外,利用第一进天井解决高差的同时,厅堂前移,便于会客洽谈。可见这都是为了适应桐油贸易、商业往来而对建筑设计和功能的更改,形成了前商后宅、下住上储的形式。既满足了商贸往来,又保证居住的私密性要求,同时增强了建筑的安全防卫,符合当时当地动荡的历史环境。

对于服务行业的商贸建筑,其平面布局更为灵活,往往脱离了平面形制的约束,而根据场地形势和自身功能需求作出较大的调整,在较小的空间范围内解决了居、储、议(商)的功能。商贸活动与日常生活杂糅在一起,在同一个"屋檐"下相生相伴,相互依存,直接反映了当时真实的商业形态与市民生活,也是商行建筑空间的突出特点。

又如托口徐荣昌油号(图3-3-28)呈前院后庭、两进三间两廊式布局,前院为进深约6米的庭院,两层穿斗式建筑,楼梯在建筑后部,宽大平缓。一般一层为居住,二层为居、储混合。此类货铺形态在较大的集镇也极为常见。

而新晃龙溪口的大生堂,现为龙溪书院,又名潕阳书院(图3-3-29),清至民国期间以经营药材为主,该商行的特点是前店后宅,宅店分离,前店完全以经营为主,尽管入口较小且较为封闭(这应与龙溪口所处地匪患丛生,出于自保,以及药材以近购远销的经营模式有关),但店铺内宽敞明亮,店铺后端有宽大平缓的楼梯供货物上下。由于进深较大,除在楼梯处设有旱天井采光,还在店铺与后院的连接处设有侧天井采光。

店与宅之间设有一个进深约5.5米,宽度约6.3米,

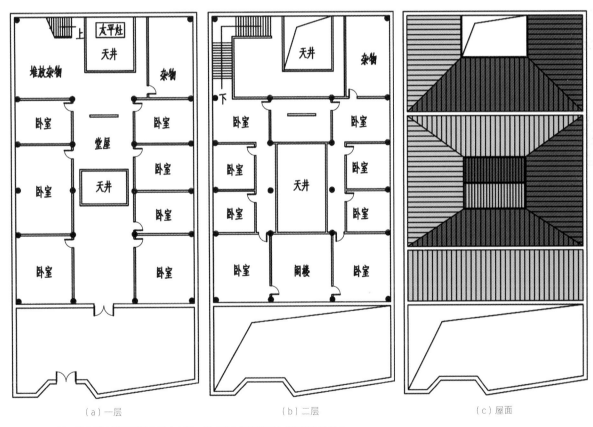

(a)一层　　　　　　　　　　(b)二层　　　　　　　　　　(c)屋面

图3-3-28　托口徐荣昌油号平面示意图（来源：据《湖南洪江托口古镇研究》改绘）

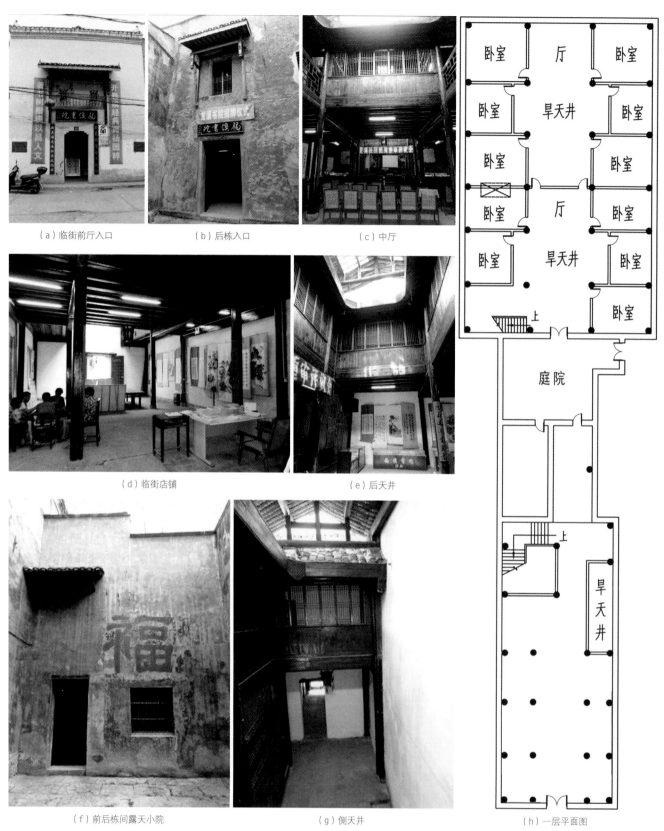

（a）临街前厅入口　　　　　（b）后栋入口　　　　　（c）中厅

（d）临街店铺　　　　　　　　（e）后天井

（f）前后栋间露天小院　　　　（g）侧天井　　　　　（h）一层平面图

图3-3-29　新晃龙溪口大生堂商号（来源：余翰武　摄）

面积约35平方米的小庭院，与店铺连接处有杂屋一间。后宅为两进四合天井式，楼梯在入口左侧，全部采用旱天井形式。

由上可知，商行的经营特点是货物产地、加工和销售均不在本地，依赖更多是商业本身的规模效应，并利用当地良好的交通区位和运输条件，远途运输，异地交易，所以其对街道更注重的是交通性，依赖更多的是码头。

商行建筑的显著特点是：①由于主要功能是储存货物和洽谈业务，因此更注重安全性。商贸空间形态较为封闭（图3-3-30），外墙高耸封闭，少开窗，便于防火、防盗、防匪；②为便于货物的存储和运输，楼梯平缓，便于上下搬运；③内部天井施以屋盖，提高空间的使用率；④商行一般沿街道毗邻而建，平面布局特色总体表现为窄面宽、大进深，多数的平面布置是前店后宅，或下店上宅；⑤平面形制与东南系民居基本雷同，但功能随使用目的和使用者的不同而不同。这些特点客观地反映了商行建筑功能和所处的历史环境与建筑空间形态的互动关系。

湖南现存民国以前的城镇商业街道的建筑空间有很大的相似性。由于用地紧张，城镇商业街道两侧的建筑因地制宜，基本为联排式，纵深发展。商业门面多是一家一户为一单元，取前店后宅或下店上宅形式，而且店宅入口基本合一。左邻右舍，多以砖墙分隔，保持内宅的安静，一般不共墙、共柱，便于在失火时阻止火灾殃及邻家。每户多为2~3个开间，开间相对较小，进深根据地形和家庭经济状况而定。乡镇商铺住宅进深一般较小，城市商铺住宅进深一般较大。进深较大的在内部以天井过渡，满足采光要求，天井四周设外廊联系楼上各房间，与湘南地区一些临街商铺的平面形式较为相似（图3-3-31），满足了居住者生产与生活需要；或采用天斗采光（图3-3-32）。入口商铺多为可拆卸的木板门，日卸夜装。有的商铺

柜台和大门结合，柜台一般高1米左右。

湖南传统城镇商铺住宅木结构以穿斗式木构架为主，临街的第一进房屋多采用抬梁与穿斗混合式构架，室内空间较大。适应地区炎热多雨的气候特点，屋基一般较高，外墙多为石墙基砖墙；门前设台阶上下；小青瓦屋面出檐深远，沿街多设阳台（有的沿街做吊脚阳台）便于晾晒衣物。室内地面多用碎砖石、三合土等夯实，有的用砖铺成席纹图案。土坯墙下用条石或砖墙基。墙角常用1米左右高的条石竖砌做护角。柱子底端的石柱础造型多样。

二、典型乡镇城镇特色

（一）浦市镇

浦市镇位于泸溪县南端，沅水中游西岸，水陆交通便利，沿江而下可达常德、岳阳、武汉等大中城市，溯江而上可达辰溪县城。宋元时期，浦市被称为浦口，位置在今浦市镇河对岸的八家弄。后迁至沅水之西的浦溪，因经济繁荣，商业发达，至明洪武年间始称浦市。明洪武初（1368年），泸溪在浦市建立溪洞巡检司。民国20年（1931年）设浦市为特别镇。在浦市还曾设立过司爷衙门、三府衙门、总爷衙门等各类行政军事机构，证明了浦市镇特殊的地理区位和战略地位。尽管浦市镇的建制是镇，但历史上作为沅水流域的重要口岸和商业中心，其镇区的规模已经远远超过了一般集镇。

自唐宋以来，浦市就是湘西地区的重要码头。尤其到明清时期，浦市以其物产丰富、地势平坦以及特殊的水运优势，成为沅水流域的重要商业中心，并有古驿道与周边西南地区联系成为重要物资集散中心。街市两侧百业兴旺，客商云集，历史上盛产桐油、生铁、芝麻、鞭炮、朱砂等远销海内外的土特产。伴随着外来商人和移民的涌入，为浦市带来了先进的生产

（a）龙溪口镇福寿街 　　　　　　　　　　　　　　　　（b）锦和镇某街道

图3-3-30　街巷两侧的商号（来源：余翰武　摄）

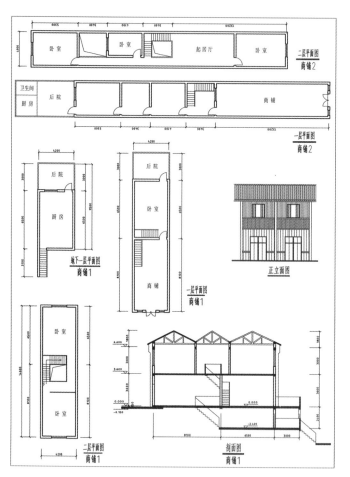

图3-3-31　新市镇某商铺住宅（来源：耒阳市住建局　提供）

图3-3-32　天斗（来源：余翰武　摄）

力和文化，成为人文荟萃之地。清初有"翟唐廖杨"四大家族，民国有"十二大商家"，沈从文在《湘行散记》描写浦市时说："沿河七个用青石作成的码头，有一半皆停泊了结实高大四橹五舱运油船。此处船只多从下游运来淮盐，布匹，花纱，以及川黔所需的洋广杂货。川黔边境由干旱路来的朱砂，水银，苎麻，五倍子，莫不在此交货转载。木材浮江而下时，常常半个河面皆是那种木筏。本地市面则出炮仗，出印花布……"。所以近代浦市有"湘西四大名镇之首""小南京"的美誉①。而产生于浦市的辰河高腔堪称"东方戏曲瑰宝"，浦市宗教文化丰富独特，有"湖南庙乡"之称。

1. 空间格局

沅江在浦市段的河道变宽，走势曲折。浦市镇整个呈梭形，犹如木船停靠于河道西岸。浦市镇商业、航运发展于明代，盛行于清代。商船东出江浙，西达川黔，南下两广，北抵关中。江淮盐船运至浦市，再拆零散销；江西帮瓷器在浦市设屯庄批销。浦市作为沟通西南山地与东南平原的重要关口的地位日益显著，以物资集散和贸易为经济原动力的浦市镇体现出对交通的极大依赖性。历史上镇区面积近2平方公里，有三大主街、24座码头、45条巷弄、13省会馆、72座庙、99座坊。环镇修有坚固城墙，设有多座城门。后经泸溪县政府统计，浦市镇现残存有3条商贸街道、6座古戏楼、13省（地）会馆、20余座货运码头、45条巷弄、50多家幸存的封火墙"窨子屋"、72座寺庙道观、90座土地堂等建筑群②，浦市昔日的辉煌可想而知。

（1）空间形态

浦市镇的整体形态为两头小中间大的"梭"形（图3-3-33）：中间最宽的部分是货船靠岸停留的关口，是人流、货物、商铺最为集中的地方。离中心大码头较远的南北两端，只有少量公共码头或渔业码头，商铺减少，东西街巷变短。浦市镇主街长2.5公里，贯通南北，与之平行的河街、后街各长1.5公里，3条平行的大街之间还有45条垂直交错的横向小巷与沿江24个水运码头相连。

（2）空间结构

浦市镇总体呈现出"一环一心一轴多支"的空间结构（图3-3-34）。"一环"即古城墙：明清时期，考虑安全防御的作用，绕镇建筑有一道城墙，墙总长10里，设有12座城门③。"一中心"即大码头：大码头作为浦市人流、货流最为集中的场所，与正街、太平街两条主要商业街相连，成为浦市最为繁华的场所。"一轴"即沿太平街——正街形成的两条主要商业街。"多支"即沿浦市主街伸出来45条传统巷弄，这些巷弄与主街相连，两侧主要分布大量民用建筑。

2. 街巷形态

浦市的街巷以正街、太平街（图3-3-35）为主脊，多条支巷从主街两侧拓展。巷道向两侧拓展，一端向沅水延伸，一端向地势平坦处延伸。正街、太平街与正街交汇后延向河边，端点为一个大的集散大码头。

街道主要为南北走向，基本与河道平行，长度在300~2000米之间，宽度约4米。河街最长，约2000米，主要功能为居住与办公；十字街最短，仅230米，也是唯一的东西走向的街道。浦市镇的上正街、中正

① 屈万新，赵玲. 历史文化名镇保护与旅游利用探讨——以浦市古镇为例［J］. 湖南工业职业技术学院学报，2013，12（1）：61-64.
② 孔觅. 清代浦市城镇商业研究［D］. 吉首：吉首大学，2013.
③ 同上.

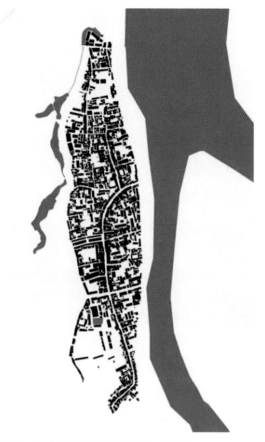

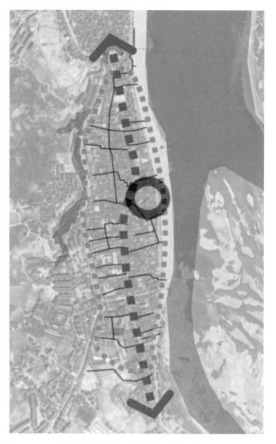

图3-3-33　浦市镇空间肌理图（来源：李婷 绘）　　　　　图3-3-34　浦市镇空间结构图（来源：李婷 绘）

图3-3-35　浦市镇太平街（来源：余翰武 摄）

街、太平街、十字街两侧分布着大量的商铺、会馆和手工作坊，是集商业、居住、交通功能于一体的区域，承担着主要的商贸职能。

浦市镇的巷弄尺度较小，多数宽为2~3米，长度在100~500米之间，功能上起连接主、次街的作用。主要有唐家巷、吉家巷、康家巷、李家巷、烟坊巷、余家弄等，两旁以居住建筑为主，兼有一些商住两用建筑。大量的明清建筑保留在这些巷弄中，最为典型的是余家弄，总长约180米，路宽约为2米，巷内分布着明清时期的民宅、镖局、油行、绣楼等建筑。

3. 码头林立

沅水流域自古是沟通西南各省的重要通道，由于陆路不便，水运是主要的交通运输方式。在清乾隆至咸丰百余年的繁盛时期，浦市镇共建有 23 座船舶停靠码头（图3-3-36），昼夜灯火通明，物流涌溢，万商麇集，其中以大码头最为壮观。码头按照功能主要分为公共码头和私家码头。

（1）公共码头

公共码头有客运码头、货运码头、会馆码头、寺庙码头之分。其中客运码头、货运码头一般与主要街巷相连接，这种方式能使人流、物流自码头以最便捷的路径出入集镇，如大码头、渔船码头、纸厂码头、司码头、吉庆码头、文昌码头、庙街寺码头等；会馆码头分属各会馆，如有江西码头、浙江码头等。

①大码头。"浦市大码头"系明代天启七年（1627年），姚陈氏捐资修建。用石1000块，共有三层。每隔十级台阶设有一块长方形坪台作为搬运工和上下行人临时歇脚之用，码头两侧修砌了两座长岩坪，作为上下货物临时存放的场地。码头总用石999块，余1块立碑于码头。碑文如下："泸溪有浦，水路要津也，舟揖蚁拥，商贩鳞集，上街下河，往来络绎不绝。当春洪泛涨，波涛荡析，土崩路纪，行者苦之。……不数月台竣，往来称便，固垂之百世不朽……"

②江西码头。浦市的各大商家或独资或联合，先后修建了自己商号装卸货物的专用码头，以便本商号的货船能及时装卸货物。如江西人联合修建的江西码头，又名万寿宫码头，两旁每隔十级石阶，建有堆货平台，连续三层，码头口有两列存放货物的长廊，码头设计合理，装卸货物无需考虑水位影响。

（2）私家码头

浦市一些大家族有独户的私家小码头，通常设于河街的街屋的底层，仅供自家使用。如杨家码头、唐家码头、陈家码头、聂家码头、姚家码头、谢家码头、瞿家码头、方家码头、汤家码头等。

4. 建筑特色

明清时期，沅水是西南通往江浙的主要运输航

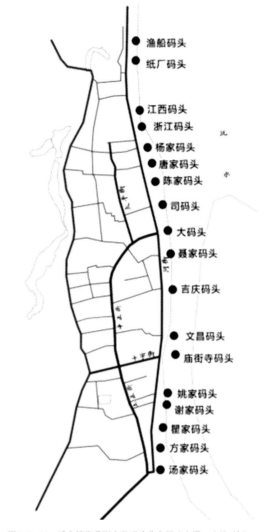

图3-3-36　浦市镇街巷形态及码头分布图〔来源：李婷　绘〕

道，浦市是这一航道的重要物资集散地，各地商贾云集，建有江西、江苏、福建、浙江、安徽、山西、陕西、湖北、四川等省会馆和本省常德、宝庆、溆浦等十三省21处会馆[①]，现仅存江西会馆的一小部分。从商者数以千计，并逐渐涌现出吉、李、梅、曾、文、聂、龚、姚、福、苏、瞿、潘等多家富商，他们不惜重金建造宅院。据考证，浦市仅三进窨子屋就有124

---

① 余翰武. "沿沅水去看看" ——传统集镇商贸空间形态及活力探寻〔M〕. 南京：东南大学出版社，2018.

图3-3-37　浦市镇万寿宫（来源：余翰武 摄）

幢之多。目前保存最完整的有吉家院子、蒋家院子、吴家院子、苏家院子、周家院子、杨家院子等二十多座。

（1）万寿宫

万寿宫（江西会馆，图3-3-37）始建于明代，建筑面积约365平方米，由前后两个庭院组成，牌楼、戏楼部分已毁。前院进深23米，平均宽度12.8米，建筑面积约365平方米。主殿为一层、三间、四排七柱木构架；采用硬山屋顶，屋脊以青灰塑镂空花纹装饰，东西北三面有砖墙围护，明间敞开，柱枋间有三角形雀替，但其上的木雕已毁，暗间内檐是方形网格状木格栅，下部敞开，两侧封火墙[1]。前院由厅堂、天井、廊道、殿堂四个部分组成；天井两边有两层戏台看楼。正殿两边为厢房，第二进院落为后殿，后殿分设小戏台及耳房。后院结构与前院相似。东西两侧为高耸的封火墙，在两墙间各开一门，形成过道，方便出入。后殿后面是后花园。整个建筑庄重古朴、美观典雅。后又经过清咸丰二年（1852年）和民国7年（1918年）两次维修，得以幸存至今。

（2）吉家大院

吉姓的"三座半"大院排列在镇街口的吉家头，被当地人誉为"田联大院三座半，门望三千八百担"，其意为：吉家三座雄伟高大的院屋和半座花园，均建在自己广阔的田园边，每天清晨将大门推开，一丘丘成片的千数良田尽收眼底（每年收租谷三千余担）。吉家大院为两层砖木结构，防火墙高十余丈，由"三井三堂十二房"构成。入口处双重八字门，一进天井较大，过堂也最大；三进天井最小，堂后是后花园。后花园面阔大于主体建筑，突出部位另设有一"八"字门用于单独出入。楼梯位于二进天井后堂，楼上则主要用于囤积货物、摆放杂物、晾晒衣物等（图3-3-38）。

（二）唐家观镇

唐家观位于湖南安化县县城东13公里东坪镇唐家观社区，坐落在资江中游北岸，夹于槎溪水、株溪水两水之间，为群山围绕。南接株溪口电站大坝，通S308省道。资水为湖南"四水之一"，为邵阳地区至洞庭湖区唯一航运水道，唐家观因其地势略为平坦，水流稍缓，是流域对外交往的重要停靠点。

晚唐至北宋中期，唐家观一带为梅山瑶族的聚居

① 黄建胜. 湘西地区江西会馆功能研究——以浦市、凤凰万寿宫为例［D］. 吉首：吉首大学，2012.

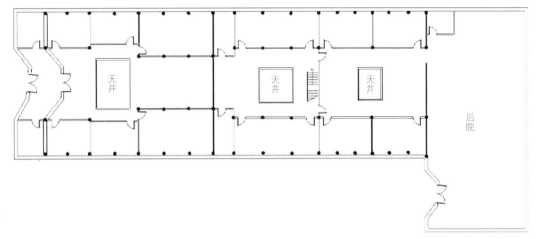

图3-3-38　吉家大院平面示
意图（来源：余翰武 绘）

图3-3-39　明嘉靖元年（1522
年）的唐家观景象图（来源：
贾杪偲 提供）

地，先后由梅王扶汉阳、瑶族首领苏氏统领[1]。据安化
龙塘黄氏族谱记载，后唐同光年间，唐、扶、鄢等姓
为避"马氏之乱"，由吴迁湘，隐居于唐家观。那时唐
家观即有烟火人家，三两个毛码头，用于船只木筏停
靠[2]。北宋熙宁五年（1072年），开梅山置县，分为四乡
五都，唐家观属三都，建居所、商埠；宋哲宗元祐三
年（1088年），资江流域开始成为商贸交易中心，出产
茶叶、桐油，是万里"茶马古道"重要的船运码头及商
贸埠地。明代以后，繁荣程度更胜。清康熙五十一年
（1712年），唐家观《万寿宫石碑》载："独是连南楚，

地接衡阳，而湖湘为最，故往来于安化唐家观，贸易者
遂络绎不绝。夫唐家观称胜地，且为商贾聚集之薮。"
（图3-3-39）

1. 空间格局

唐家观面积不大，占地约1公顷，主街平行于资江
东西走向，约500米长，全部青石铺砌，另有三条横街
伸向江面的9个码头（图3-3-40）。建筑沿主街两侧布置
（图3-3-41），均采用前店后宅形式，双层小青瓦木制结
构，临江几十间吊脚楼高悬于资江水面（图3-3-42）。

---

① 熊莹. 基于梅山非物质文化传承的乡村建筑环境研究［D］. 长沙：湖南大学，2014.
② 益阳晚报. 千年兴废唐家观. www.iywbw.com.

镇上各种商铺、饭庄、客栈、炭行鳞次栉比。惜字炉、兴隆亭、王爷庙、迴龙寺、九乡庵堂、吉氏宗祠、廖氏宗祠、湘乡公馆、邵阳公馆、花间门屋、青石板街、耶稣教会、福音堂、万寿宫、陶英小学、宝佛山庵堂等建筑间插其中（图3-3-43），街道两旁还遗存有不同时期茶叶章程、禁赌公约、商务公规、码头章程等石碑石刻十余块（图3-3-44）。

2. 典型建筑

唐家观传统建筑以木构为主，沿河多数为吊脚楼，内向沿街部分多为三开间或五开间街屋，一层沿街是商铺，后屋则为主要生活区域，顶层是储藏粮食、农用器具的地方，一般不太高，也不设立防护围栏，一般设有火塘。部分大宅和会馆也有采用合院形式的。根据平面布置形态可分为以下几种。

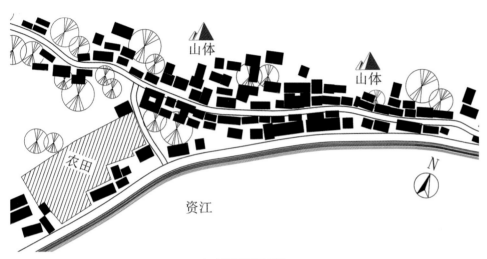

（a）平面肌理示意图

（b）鸟瞰

图3-3-40 唐家观平面肌理图、鸟瞰
（来源：贾杪偲 绘、摄）

144

图3-3-41 唐家观主街街景（来源：贾杪偲 提供）

图3-3-42 沿江的吊脚楼（来源：贾杪偲 提供）

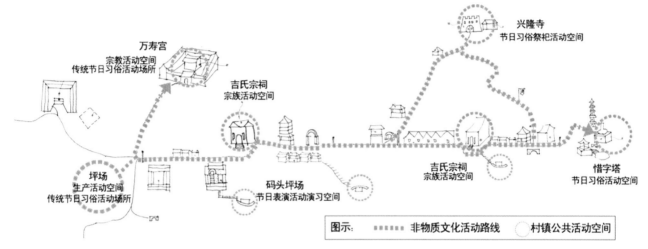

图3-3-43 唐家观人文空间概览（来源：贾杪偲 提供）

图3-3-44 现存石碑石刻（来源：贾杪偲 提供）

（1）"一"字平面

"一"字平面是最为基础的平面形式，中间以堂屋中心为对称轴线，一般右侧为火塘，也有见双火塘的。火塘旁是厨房及杂物间，后为卧室。一般为三开间，然后往两侧延伸为七开间等，有的在屋前加有檐廊（图3-3-45），也有往后延伸，或在前后加院子的。

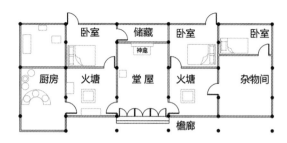

图3-3-45 "一"字平面形式（来源：贾杪偲 绘）

（2）"L"形平面

很多大宅会根据家族人口情况和用地情况，选择在正屋两侧采用串联方式增加居住空间，即厢房。也有在侧面另设堂屋，按三开间或七开间展开，即将两个"一"字形平面相互垂直连接，并加以檐廊连接，也有再加庭院围合的（图3-3-46、图3-3-47）。

（3）"回"字平面

唐家观是资水流域的商埠码头，商贾贵客家有余钱后建了不少大宅。其中有些采用合院式的平面布局形式，但往往会根据具体情况做些变化和改动。如吉家大宅（吉先觐故居），位于镇西；正面为五开间，进深五跨；宅中置天井，其他房间以天井为核心围绕其旁，宛如"回"字，而没有采用多进天井的形式。究其原因，可能有二：一是用地紧张。唐家观南临资水，四周为山，局促的用地导致要用尽可能少的用地建最多的空间；二是因为唐家观原处于少数民族故地，礼制思维不会过于严谨，而以实用作为前提采用。后，吉宅以天井为界，南北分为两户，均设有火塘。

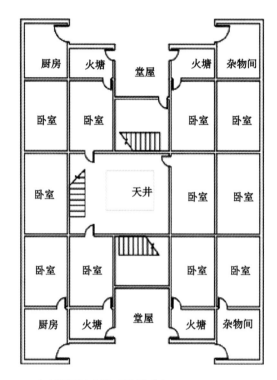

图3-3-46 吉宅平面图（来源：贾杪偲 绘）

（三）里耶镇

里耶镇位于湖南省湘西土家族苗族自治州龙山县的南部边陲，地处湘渝交界之地八面山中，山上有草原、洞穴、悬崖等自然景观，县志中《登八面山》诗云："指点西南形胜处，乱云如幕独横戈。"酉水河穿过古镇的东部和南部，形成典型的山中沿河盆地，周围地形以山地和丘陵为主，地势西北高东南低（图3-3-48）。土家语"里耶"汉意为"拖土"，相传开发之初，从渔猎

图3-3-47 廖宅庭院（来源：贾杪偲 摄）

转入农耕，以人力拖犁耕地，所以取名"里耶"。里耶是一座千年古镇，曾在里耶古井出土的"秦简"震惊全国。远在新石器时代就有人类在此劳动生息，土著先民逐渐从渔猎生活走向固定的农耕生活。里耶曾经是湘西边境的贸易中心，清朝时商品经济快速发展，康熙年间在此建街道、码头，雍正年间设里耶塘，逐渐形成集市，清末叫三甲里，民国时期改称三甲乡，后改为里耶镇。

1. 选址与格局

里耶古城作为两千多年前楚国边地的军事城邑，防御和守卫的功能特点突出。《龙山县志》记载："就湖南一省论，则龙山居边。统湖北四川三省论，则龙山为腹，纵横百余里之地。而宣恩、来凤毗于西北，酉阳、秀山错于西南，盖要害之区也。然而高峰丛杂，窄径绵延，犯其境者有时车马不得驰，长械巧技无所施。扼塞以图，不难聚而歼也。雄边屹立，险阻天成，川湘之枢纽，湖湘之屏藩交籍于是焉。[①]"可见，其在武陵山区的中心区位。里耶镇选址在酉水北岸一片的山前平坝上，犹如崇山峻岭中的一帆平舟。经考古发掘，战国、秦汉时古城遗址与现存的古街区以及居民新区基本重叠，变化不大。

里耶镇布局上充分利用山脉地势和自然环境：西面是湘渝边境的八面山，古城位于八面山东麓的平坝，里耶镇盘旋而过，酉水从南往北划过一道大"S"形，半包于城，成为天然护城河。老街区就紧邻酉水北岸，整体上平行酉水呈线形布局（图3-3-49）。古城始建于战国，现存遗址于2002年因修建碗米坡水电站进行文物抢修时被发现（图3-3-50）。遗址位于如今里耶镇的中心位置，紧邻酉水河。古遗址东西宽150米，南北长230米，占地总面积约21000平方米；遗址包括城

墙、城壕、古井、作坊、道路、官署等，从已出土的文物来看，当时的生活、军事设施已相当完备，被专家誉为"北有西安兵马俑，南有里耶秦简牍"，里耶古城亦由此被称誉为"天下秦城、中国里耶"。里耶古城遗址的发现，也为研究秦汉时期的中国历史文化及湘西地区的文化、历史和交通等提供了重要的实证资料。现已建成博物馆。

2. 街巷空间特征

街巷是支撑古镇的骨架。它承担着历史文化村镇居民的居住、社会交往、出行交通、商贸活动、守卫防御等诸多功能。里耶镇清初，街巷以皮匠街、万寿街与河沿街、中孚街交错成"十"字形为主，纵横逐渐发展成网络。中孚街、江西街、辟疆街、万寿街、稻香街、四川街、德邮巷等，是里耶镇商贸从发展到繁荣鼎盛的见证。这里的传统街区是历史上里耶商贸交易和商人聚居的主要场所，保留了生活和商贸的原真场景，是极具价值的物质文化遗产。

里耶街巷（图3-3-51）空间的路面、民居立面、建筑材料、色调色彩、细部装饰、街巷尺度反映了当地重要的人文风貌特色，渗透了浓厚的传统文化氛围。目前的里耶古街区形成于清朝初期，清初改土归流以后，里耶的农业和手工业得到进一步发展，并废除了一些限制土汉人民交往的政策，汉人大批迁入，外地客商在此定居经商，"万寿街（江西街）""四川街"等街名是这一移民特征的见证。

街道经历岁月的变迁，从清代的中孚街、万寿街（江西街）、稻香街、四川街、德邮巷等七街十巷，到20世纪50年代形成的四川街、和平街、民主街、胜利街、解放南街、解放北街、苏家巷子、姜家巷子等七街六巷。现存古街区平行于酉水河道发展，街巷沿垂直

---

① 胡荣春. 里耶非物质文化遗产报告［R］. 里耶文化站, 2008（3）.

图3-3-48　里耶镇鸟瞰（来源：胡沛玲 摄）

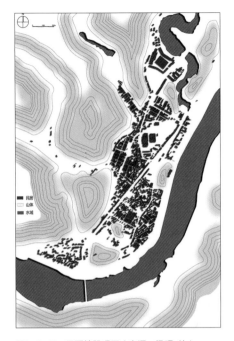

图3-3-49 里耶镇肌理图（来源：梁昭 绘）

图3-3-50 里耶古城遗址（来源：胡沛玲 摄）

图3-3-51 里耶街巷景观（来源：余翰武 摄）

于河堤方向向内部延伸，直巷、弯巷交叉纵横、互相连通，以便通往西水河码头。街巷两侧传统民居、商铺鳞次栉比，青砖灰瓦错落有致，直巷、弯巷交叉纵横，石板路面古朴平缓，街巷进深曲径通幽，这些元素共同构成了清晰完整、风貌独特的里耶古镇的历史街巷空间。

3. 特色建筑

里耶古镇的历史建筑主要建于清朝末年至民国时期，其分布区大体可以归纳为"一片一线"。"一片"指的是古镇酉水码头沿岸历史建筑较集中的地段，包括和平街、民主街、胜利街、观帝街的南端等；"一线"指的是自古镇的镇区中心至西北方扩展的中北街、观帝街沿线两侧的历史建筑。

现存的民居建筑多为有一定历史年份的木屋，一般都是两进式三开间的两层木房子，沿酉水河和街道成条形布局。户与户之间都砌有高耸的青砖封火墙，古朴而别致，俗称"马头墙"。户与户错落有致，青灰瓦坡屋顶。大户人家更有两进院或多进院的"窨子屋"。"L"形、"U"形平面中利用向前延伸的部分做成吊脚楼的形式，作为其余子女的卧室或作他用，吊脚楼下架空或作为仓库、磨房，或建猪圈、牛栏，充分体现了民居的实用性和灵活性。民国时《县志》中记载："'改土归流'后便有三柱四棋或五柱八棋的四扇三间或六扇五间的木结构房屋，正中一间较次间稍宽，叫堂屋，专作祭祀或节庆事务用，堂屋神壁装在后金柱之间"。

里耶镇大多为土家族，土家人的民族文化为古镇的主流文化。在改土归流以前，土家族的祠庙建筑有八部庙（大摆手堂）、婆婆庙、土王祠（小摆手堂）等。改土归流以后，"蛮不出峒，汉不入境"的禁令被解除，汉人涌入古镇经商，修建了众多汉文化的祠庙建筑如文昌阁、万寿宫、雅麓庵、关帝宫、青平寺、水府宫、龙吟寺等。

八部庙、土王祠分别是里耶土家族跳大、小摆手舞的"廊场"。摆手舞是土家族的传统舞蹈，集祭祀祖先、娱乐活动于一体。古镇临酉水河边的摆手堂于近代所建（图3-3-52），为五重檐建筑，多在重大活动或重要节日时用于举办摆手舞集会，平日作为旅游景点。

里耶及周边有摆手堂数十座。以着落湖摆手堂著名，它是中国土家族地区仅存的五个大摆手堂之一。着落湖摆手堂位于桥上村，庙宇恢宏。摆手堂有朝门、正殿、偏殿，中有天井坪，砖墙石门。坪坝后是正殿，神座上坐着约3米高的八部大王神像，偏殿（即下堂三开间大屋）中间供着溪州彭氏土司八百年基业始祖彭公爵主彭碱，左边供着田氏土家人的祖神田好汉，右边供着向大官人向宗彦。

（四）靖港镇

靖港古镇位于长沙市望城区西北，地处沩水入湘江的三角洲地带，东濒湘江。距离长沙城区25公里，自靖港乘船沿湘江而上至长沙只需1小时。靖港昔为天然良港，益阳、湘阴、宁乡及望城粮食及土特产都在这里集散转运，曾为湖南四大米市之一，又是省内淮盐主要经销口岸之一。靖港古镇的主街在沩水北岸，

图3-3-52　里耶镇摆手堂（来源：梁昭 摄）

至今保留较好，为中国历史文化名镇（图3-3-53、图3-3-54）。

靖港古镇的空间结构可用"八街·四巷·七码头"概括（图3-3-55）。其中保粮街、半边街、保健街、保安街的传统街道格局保留较好。古镇的商业店铺大多是一家一户为一单元，沿街线形排列，自由生长。建造较早的，沿街多为2~3个开间，建造较晚的，沿街多为一个开间，但进深多达三四进。沿街商铺住宅纵向空间主要有两种形式，一是前后进间只设天井采光，二是前后进间二层天井两侧设走廊联系（图3-3-56~图3-3-59）。由于开间小，内部天井也很小，采光差，多在屋面置采光亮瓦（或玻璃）。沿街多为两层，前店后宅形式居多。有的家庭为了出租店面，在前面另设楼梯，形成局部下店上宅形式。多数店宅入口基本合一，进深较大的住宅可从背街或巷道一侧的入口进入建筑。

靖港古镇沿街商铺住宅多为砖木混合结构，临街的第一进房屋多采用抬梁与穿斗混合式构架，满足了商业空间的需要。早期建造的房屋多数为悬山顶，左邻右舍，互不共墙和共柱。后期建造的多为硬山或马头墙，高低错落，形成了丰富的街景。

（五）聂市镇

聂市古镇位于岳阳市临湘市北部，距城区20公里，距今有1800多年的历史，明弘治《岳州府志》、清康熙《临湘县志》都有记载，为湖南省第二批历史文化名镇。聂市镇地处长安河（又称聂市河、源潭河）注入黄盖湖的入口处（图3-3-60）。黄盖湖横跨湘、鄂两省，从太平口流入长江。聂市镇"因水而兴，因

图3-3-53 靖港镇局部俯视（来源：靖港古镇宣传画册）

图3-3-54 靖港镇街景（来源：吴越 摄）

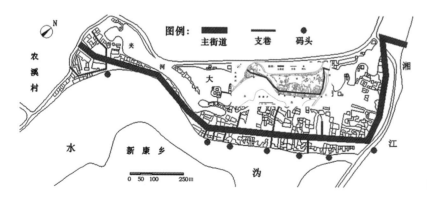

图3-3-55 靖港镇街巷空间（来源：沈盈 绘）

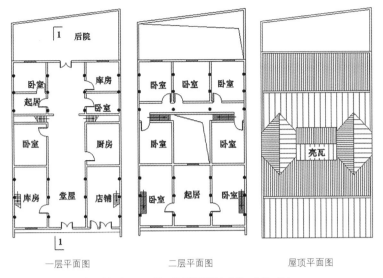

一层平面图　　　　　　二层平面图　　　　　　屋顶平面图

图3-3-56　靖港镇杨寿福堂一、二层及屋顶平面图（来源：沈盈　绘）

图3-3-57　靖港镇杨寿福堂剖面示意图（来源：沈盈　绘）

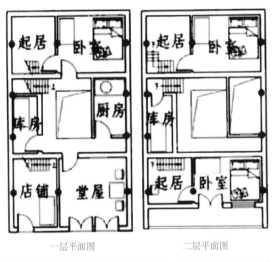

一层平面图　　　　　　二层平面图

图3-3-58　靖港镇半边街70号徐宅（来源：《湖南望城靖港古镇研究》）

图3-3-59　靖港镇宏泰坊内景（来源：沈盈　摄）

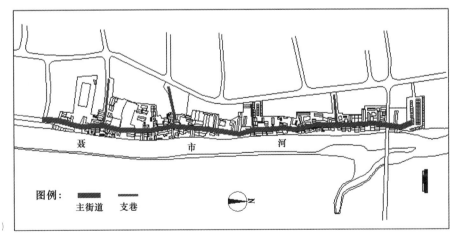

图3-3-60　聂市镇街巷空间（来源：沈盈　绘）

茶而旺，因商而名"，曾是湘北、鄂南一带的水陆交通集镇，是湖南省著名的口子镇之一。聂市古镇码头众多，商行云集。河岸的商铺绵延好几里，多达数百家，有着"小汉口"之称。聂市古镇是有名的砖茶制作场所与出口地，民国24年（1935年）刊印的《中国实业志·湖南卷》载，清同治年间以后，聂市有晋商独资茶庄5家，晋商、聂市商人合资茶庄12家，共计17家。街道沿河一侧原有方志盛、牌楼口、万寿宫、康公庙、土地巷、方九太、金福堂、聂市大桥等码头13个。

聂市镇老街沿聂市河而建，南北向。明末清初始建，分为上街、中街和下街，长约1200米，街面宽4～5米，路面宽约2米，青石铺墁。老街现存仅长约850米。老街原有巷道13条，宽1.5～2米，巷道两边为高墙，中间为石板路。现存4条古巷道。

沿街建筑基本上是三进或两进、上下两层的楼房，小青瓦屋面，每进用石铺的天井隔开。一层多为前店后宅；前进为铺面，中进、后进用于会客、住宿或堆放货物；楼上主要用于存放物品或住人。由于老屋都是紧密相连，共墙过檩，所以天井上方常设有上小下大的木质天窗（又称"亮斗"）采光①。

老街沿街建筑特色明显，不但底层多为可拆卸和移动的木门板和木窗板，而且二层一般也用木墙板；虽然老屋紧密相连，共墙过檩，但分户墙在檐口处常常突破檐口并通过叠涩向前出挑形成硬山式马头垛子（图3-3-61）。

目前，杨裕兴匹头坊、同德源茶庄（后为姚文海旧居）、姚汉成匹头坊、天主教堂（1909年建）等清代、民国年间的建筑已得到重修，保存基本完好（图3-3-62～图3-3-66）。

聂市镇旧时有"聂市八景"：金竹晴岚、高桥烟雨、双洲明月、陡石清泉、康公古渡、九如斜阳、茶歌晓唱、渔舟夜游，如今遗韵尚存。

（六）长乐镇

长乐古镇位于岳阳市汨罗市东北部，汨水江北岸，距岳阳市70公里，是一个千年古镇，在南朝梁、陈时（公元504～622年）为古岳阳郡治所在地，位于现在的长南村，后为湘阴县县衙所在地。相传古时战乱，有江西移民至此安居，取"长久安乐"之意，故称"长乐"，流传至今。古镇旧有"北门、正阳、青阳、

图3-3-61 聂市镇街景组图（来源：沈盈 摄）

图3-3-62 聂市镇姚汉成匹头坊（来源：沈盈 摄）

① 赵逵，白梅. 湖南临湘聂市古镇国家历史文化名城研究中心历史街区调研 [J]. 城市规划，2016（08）.

图3-3-63　同德源茶庄入口与内天井（来源：沈盈 摄）

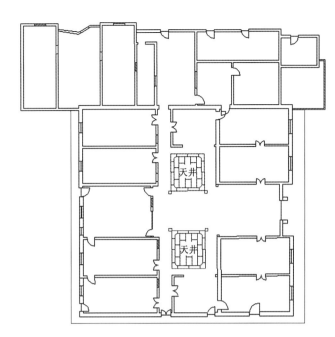

图3-3-64　同德源茶庄平面图（来源：沈盈 绘）

图3-3-65　修复前的聂市镇天主教堂（来源：《湖南临湘聂市古镇国家历史文化名城研究中心历史街区调研》）

图3-3-66　修复后的聂市镇天主教堂（来源：沈盈 摄）

启明、钟灵、毓秀、挹秀、迎秀"等10门，"普庆、同庆、吉庆、北庆、永庆"等5街，还有"鲁家、照壁、大庆"等8巷。1941年日军纵火焚烧，全镇房屋皆毁于战火。

长乐镇古时置有驿道铺递，又当汩罗江水道，交通方便，因而自古商贾云集。现存老街（上市街、下市街）为麻石铺砌，垂直于汩水河，宽约4.5米，长约

1公里，是长乐镇境内有名的一条商业步行街（图3-3-67）。支巷垂直于老街向两旁拓展，街巷两边历史建筑鳞次栉比，保存较好。沿街建筑多为下店上宅式，地区特色明显（图3-3-68）。民居建筑多为轴线式布局，进深较大者利用天井采光（图3-3-69~图3-4-71）。

长乐镇历史悠久，镇区名胜古迹与人文资源丰富。如回龙门、望京台、望京桥、故事会、福果寺、二岳

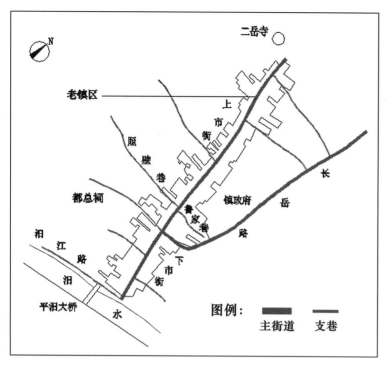

图3-3-67 长乐镇街巷空间（来源：沈盈 绘）

图3-3-68 长乐镇下店上宅式建筑（来源：沈盈 摄）

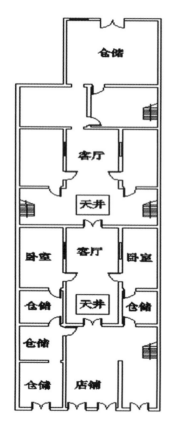

图3-3-69 长乐镇下市街33号一层平面图（来源：沈盈 绘）

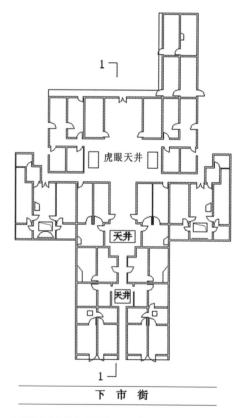

图3-3-70 长乐镇下市街郑家大屋平面图（来源：沈盈 绘）

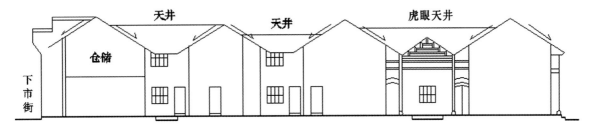

图3-3-71　长乐镇下市街郑家大屋剖面示意图（来源：沈盈 绘）

寺、都总祠、码头遗址、文昌阁、息蛙池等。回龙门是
汨罗江古航道的码头，为镇区千年古迹，历代龙舟竞
渡得胜的龙舟皆由此返航，故名"回龙门"。相传元顺
帝流居江南，被迎帝位时，曾在"望京台、望京桥"驻
节休息，登高望北京。长乐镇是著名的"群众文化艺术
之乡"，"长乐故事会"闻名三湘，老街的上、下街各有
1个故事会活动点。故事会据考证源于明代，每逢丰收年
景，人们便敲锣打鼓、踩高跷、玩故事、耍火龙，以此
欢庆丰收，祈祷来年风调雨顺。故事会内部组织严密，
故事制作精巧，具有丰富的文化内涵，所制作的故事都
源于历史或现实的典故。长乐镇火龙队曾在国际龙舟节
上获奖，耍火龙现为国家级非物质文化遗产。福果寺、
二岳寺、都总祠为长乐镇境内佛教圣地，其中二岳寺、
都总祠位于镇区。民国时期，彭德怀、杨宗胜曾在这一
带创建苏维埃政权。1945年王震、王首道首率359旅在这
一带进行革命活动。长乐镇现为湖南省历史文化名镇。

（七）潇湘镇

潇湘古镇位于永州市零陵区和冷水滩区交界处的
老埠头，距离原永州古城北门约5公里。此处扼水陆要
冲，潇湘二水会合要津，是过去"湘桂通津，永（州）
宝（庆）孔道"。

老埠头古街横跨湘江东西两岸（图3-3-72）。在此
沿湘江支流及湘桂驿道通达广西，沿潇水（湘江上游）
及湘粤古道可至广东，沿湘江而下及古驿道可抵衡阳、
长沙。老埠头自唐代兴起，五代时在此设潇湘镇，宋代
改曰津，明代改设驿丞曰湘口驿，至清代发展成延绵五
里的商旅重镇，改曰湘口关，后称为老埠头。

唐代以后，老埠头不仅是湘、粤、桂三省边境的商
旅重镇，是三省重要物资集散地和中转地，也是永州各
种社会生活和民俗活动的重要表演场所。老埠头是地理
意义上的潇湘之所，由老埠头上溯半里便是潇湘八景之
首"潇湘夜雨"所在地萍岛。

目前只有湘江西岸古街保存完好，街道空间与建筑
至今还保留了明清时期的特色，原真性强，从一个侧面
反映了永州城当时的经济文化发展特点，是研究封建社
会商贸活动、交通往来的"活化石"。街道两侧的店铺
是研究清末以前永州商贸建筑空间的典型实例。

西岸古街与通广西、东安、宝庆（邵阳）的古驿
道相连，街道长200米，宽4米，古道用宽0.5米，长约
2米的青石板铺成。古街两旁现只余17座清代至民国期
间的商贸建筑，为过去的商号、伙铺、作坊、驿栈。西
岸靠湘江一侧多为一层，砖木结构；沿街商贸建筑多为
硬山形式，一般为两开间三进深，均采用前店后铺的使
用方式；其另一侧沿街商贸建筑则多为二层的砖木结
构，多为硬山形式和两开间三进深，少数为一开间三进
深，取上店下铺与前店后铺相结合的使用方式。街道
两旁的店铺都在临街一面设柜台，高约1.1米，宽约3.5
米。柜台一般设在右侧或左右两侧，中为可拆卸和移动
的木门板，有四扇、六扇不等门扇。背街一侧民居建筑

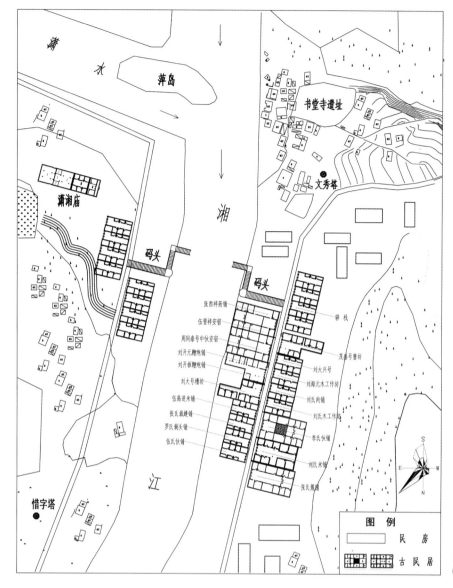

潇水

萍岛

书堂寺遗址

潇湘庙

文秀塔

码头

湘

码头

张西祥药铺
伍登祥安客
周同泰号中伙安客
刘开元鞭炮铺
刘开桂鞭炮铺
刘大号槽坊
伍高进米铺
张氏裁缝铺
罗氏剃头铺
伍氏伙铺

驿栈

茂秦号曹坊

刘大兴号
刘海元木工作坊
刘氏肉铺
刘氏木工作坊
李氏伙铺
刘氏米铺
张氏铁匠

江

惜字塔

图 例

民 房
古 民 居

图3-3-72 永州老埠头古建筑群总平面图
（来源：永州市文物管理处 提供）

多为土坯墙，小青瓦悬山屋面（图3-3-73）。

离西岸古街西南1公里处是唐代著名草圣怀素的少年出家、习文、练字之所——书堂寺遗址。寺左前方50米处为怀素笔冢，当地居民为纪念怀素于清代修建文秀塔。塔系青砖结构，底层直径2米，高7米，七级六面（图3-3-74）。

老埠头东岸古街古驿道北通祁阳、衡阳、长沙，南抵永州（零陵）古城。东岸古街古道、码头与西岸相仿。东岸古街目前只留有修建于清乾隆年间的贞节亭及

吕大兴号商铺和古街道。东岸老埠头南约五里的潇湘庙既祭潇湘二川之神，更祀舜帝二妃娥皇、女英，是弘扬舜德的重要文物载体（图3-3-75、图3-3-76）。

潇湘庙以南，潇水北岸是永州人俗称的潇湘庙下的"半边铺子"一条街，长达2.5公里。它南起潇湘庙，北抵湘江东岸老埠头古街的商业古街，过去是各种物资的集散地，今"半边铺子"已不存。2011年，湖南省人民政府公布老埠头古建筑群为省级文物保护单位。

（a）周同泰中伙安宿铺

（b）刘大号槽坊

（c）商铺

图3-3-73　老埠头西岸（来源：永州市文物管理处　提供）

图3-3-74　零陵书堂寺文秀塔（来源：永州市文
物管理处　提供）

图3-3-75　老埠头潇湘庙后殿梁架（来源：永州市文物管理处　提供）

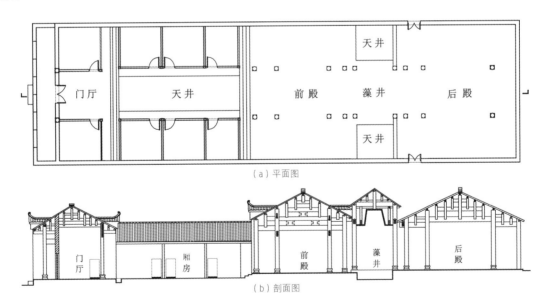

（a）平面图

（b）剖面图

图3-3-76　老埠头潇湘庙平面图与剖面图（来源：永州市文物管理处　提供）

第一节　乡村聚落选址与环境特点

乡村聚落"是长期生活、聚居、繁衍在一个边缘清楚的固定地域的农业人群所组成的空间单元，是农村政治、经济、文化生活的宽广舞台。"[1]乡村聚落包含住宅及由此而延伸的居住环境，聚落空间不仅包括有形的建筑实体空间，还包括周边的生存环境和人文环境空间。本章主要分析湖南省传统村落和大屋民居的建筑环境、空间构成特点，以及聚落民居空间特点。

一、崇尚自然，山水并生

中国传统建筑总是和环境合为一体的。民居建筑"或临河沿路，或依山傍水……可以说，民居建筑是最早的一种强调人与环境的和谐一致的建筑类型。中国传统民居所追求的环境意向以崇尚自然和追求真趣为最高目标，以得体合宜为根本原则，以巧于因借为创造手法。"[2]

中国的先民们早就注意到"天时、地利、人和"的协调统一。崇尚自然，喜爱自然，视人和天地万物紧密相联，不可分割，是中国自古以来的传统。聚落选址重视环境，注重人与自然的和谐发展，是中国传统建筑文化的独特表现。无论是儒家的"天人合一""上下与天地同流"（《孟子·尽心》），还是道家的"自然无为""人法地，地法天，天法道，道法自然"（《道德经·道经第二十五章》），"天地与我并生，而万物与我为一"（《庄子·齐物论》）等，都以人与大自然之间的亲和、协调意识作为哲学基础[3]。表现在建筑上，聚落选址背山面水，建筑布局结合自然，负阴抱阳，自然发展。

湖南省的地形丰富且山林溪流众多。受地区山地—丘陵为主的地形地貌环境影响，湖南省的传统村落或者大屋民居选址多表现为"多面环山，背山面水"的特点（图4-1-1～图4-1-14）。村落地势后高而前低，村前有水塘或小河，或者溪河贯穿全村，负阴抱阳呈围合之势明显，注重人与自然的和谐发展。不仅如此，中国传统建筑结构、建筑装饰等多方面也体现了人们对自然的崇尚。如柱头的斜撑（或雀替）多做成树梢形

图4-1-1　邵东县杨桥镇清水村居住环境（来源：邵东县住建局 提供）

图4-1-2　邵阳县塘田市芙蓉村居住环境（来源：邵阳县住建局 提供）

① 刘沛林. 古村落：和谐的人聚空间[M]. 上海：上海三联书店，1997：1.
② 陆元鼎. 中国民居建筑（上）[M]. 广州：华南理工大学出版社，2003：74.
③ 周维权. 回顾与展望[M]//顾孟潮，张在元. 中国建筑评析与展望. 天津：天津科学技术出版社，1989：213-215.

图4-1-3 邵阳县金称市石冲村居住环境
（来源：邵阳县住建局 提供）

图4-1-4 洪江市洗马乡古楼坪村居住环境
（来源：洪江市住建局 提供）

图4-1-5 洪江市茅渡乡洒溪村居住环境
（来源：洪江市住建局 提供）

图4-1-6 中方县铁坡镇江坪村居住环境（来源：中方县住建局 提供）

图4-1-7　保靖县吕洞山镇夯沙村苗寨居住环境（来源：伍国正　摄）

图4-1-8 保靖县吕洞山镇夯沙村排拔组苗寨居住环境（来源：伍国正 摄）

图4-1-9 花垣县排料乡芭茸村苗寨居住环境（来源：花垣县住建局 提供）

图4-1-10 靖州县三锹乡
地笋村苗寨居住环境（来源：
靖州县住建局 提供）

图4-1-11 靖州县藕团乡
三桥村苗寨居住环境（来源：
靖州县住建局 提供）

图4-1-12 通道侗族自治县
坪坦乡阳烂村侗寨居住环境
（来源：通道县住建局 提供）

图4-1-13 绥宁县东山侗族乡牛背岭村（侗族、苗族）居住环境（来源：绥宁县住建局 提供）

图4-1-14 通道侗族自治县甘溪乡洞雷村侗寨鸟瞰（来源：通道县住建局 提供）

状，并加以雕刻、象征；建筑装饰较多采用雕刻的自然山水、动植物图案，以及体现阴阳互动，代表天地一体、造化阴阳的太极图图案等。

二、山川形胜，形意契合

（一）中国传统建筑选址山川形胜的基本特点

中国自古就十分注重城乡与自然山水要素的亲和与共生关系，选址时多关注周围山水的自然形态特征，称山川地貌、地形地势优越，便于防御的山水环境格局为"形胜"。《荀子·强国》云："其固塞险，形势便，山林川谷美，天材之利多，是形胜也。"即将"形胜"环境特征归结为地势险要、交通便利、林水资源充沛、山川风景优美等。"形胜"在1980年版的《辞源》中解

释为："一是地势优越便利，二是风景优美"；在1980年版的《辞海》中解释为："地理形势优越"，"也指山川胜迹"；在2005年版的《现代汉语词典》中解释为："地势优越壮美"。与"相土"思想相比，"形胜"思想已将其对地理环境的考察，进一步扩大到宏观的山川形势，并强调形与意的契合境界[①]。

中国古代城乡选址多强调有形美境胜的天然山水环境作为凭恃。古人创建都邑，必取乎形胜，先论形胜而后叙山川。"天时不如地利"。《周易》说："天险，不可升也。地险，山川丘陵也。王公设险，以守其国。"《孙子兵法·计篇》云："天者，阴阳、寒暑、时制也。地者，远近、险易、广狭、生死也。"其《地形篇》又云："夫地形者，兵之助也。"形胜的山水环境格局为城乡的生态安全提供了"天然屏障"，使城乡的军事、生产与生活，以及对胁迫（如自然灾害）的恢复力得以维持。

① 单霁翔. 浅析城市类文化景观遗产保护[J]. 中国文化遗产，2010（02）：8-21.

先秦的"形胜"思想对后世影响很大。秦列名"战国七雄",东逼六国,正是其居关中形胜之地。西汉建都长安,除了考虑到关中沃野千里、物产丰富和交通便利等条件外,主要就是看中了"秦地被山带河,四塞以为固","可与守近,利以攻远"的军事地理条件。魏晋以后,"形胜"思想与从传统的堪舆、形法中独立成型的风水思想一道,影响了城市和村落的选址与建设,"枕山、环水,面屏"是中国古代城市和村落选址的基本模式。历史上,长安、洛阳与南京等城市的选址与建设,均是这一模式选择的结果。

(二)湖南传统村落选址与建筑环境列举

湖南传统民居建筑选址非常讲究风水,尤其是传统大屋民居建筑,通常"一屋"为一村。大屋民居重视山川形胜和风水环境,注重人与自然的和谐发展,生态环境优美,人居环境与自然环境共生、共存,和谐发展。以张谷英村张谷英大英屋、黄泥湾组叶家大屋、上甘棠村、干岩头村、清溪村、沙洲村、井头湾村为例。

1. 岳阳县张谷英村(张谷英大屋)

张谷英大屋建筑群位于岳阳县张谷英镇东侧,距岳阳县城52公里。古建筑群自明洪武四年(1371年),由始祖张谷英起造,经明清两代多次续建而成,至今保持着明清传统建筑的风貌(图4-1-15)。大屋由当大门、王家塅、上新屋三大群体组成。为第一批中国历史文化名村,国家重点文物保护单位。

张谷英大屋坐北朝南,四面环山,负阴抱阳,呈围合之势,形成天然屏障。地势北高而南低,山川形胜,属于"四灵地":"(左)青龙蜿蜒,(右)白虎顺伏,(前)朱雀翔舞,(后)玄武昂首。后山'龙形山',来脉远接'盘亘湘、鄂、赣周围五百里'的幕阜山,雄阔壮美,气韵悠远。站在村口,极目四望,只见:左山蜿蜒盘旋,时而视线为山丘所阻,时而隐约一鳞半爪,于树林掩映之中'神龙不见首尾';右山有一股雄性的力量之美,高大壮阔,线条圆浑简练,若以象形观之,确有猛虎蓄伏金牛下海之相;前山当文昌笔架山,挺拔俏丽,树木葱茏,晨光夕照之中,宛若孔雀开

图4-1-15 岳阳县张谷英村整体格局(来源:湖南省住建厅 提供)

屏。并且前面山脚有一条笔直的大路直通峰间，酷似一支如椽巨笔直搁在笔架山上，笔架山下有一四方湖泊（即桐木水库）象征着'砚池'。前人诗云：'山当笔架紫云开，天然湖泊作砚台。子孙挥动如椽笔，唤得文昌武运来。'"[1]四周的山峰，像四片大花瓣，簇拥着这片建筑，很适于"藏风聚气"。大屋背依"龙身"，正屋"当大门"处在"龙头"前面，门前是开阔平整的庄稼地。有渭洞河水横贯全村，俗称"金带环抱"，河上原有石桥58座。"当大门"正对的中堂朝向前面群山的开口，与"当大门"不在同一轴线上。"当大门正堂屋的大门稍稍往东侧出一个角度朝向东南方向的桐木坳"[2]。

2. 平江县黄桥村（叶家大屋）

叶家大屋位于岳阳市平江县上塔市镇黄桥村黄泥湾组，距岳阳张谷英大屋约50公里。整个黄桥村300余户全都姓叶。据《叶氏族谱》记载，明清此地已称为叶家洞，始祖于明洪武二十五年（1392年）始迁平江县，择居燕额岭，世代之创建。现存的黄泥湾大屋据说始建于清嘉庆二十二年（1817年），当时占地约5000平方米，现存主体建筑占地3000平方米左右，目前仍有近20间主卧与厢房保存基本完好（图4-1-16）。

黄泥湾叶家大屋所在黄桥村生态环境很似张谷英大屋。黄桥村坐落在冬桃山下，对望张师山，三面群山环绕，呈瓶颈状，易守难攻。村域内水源丰富，是汨罗江支流发源地之一。大屋坐东南朝西北，背山面水。《叶氏族谱》云："先祖度山川之锦绣，选风俗之纯良而卜基，故洞中胜景万千，古迹尤多。幕阜山二十五洞天圣地，红花尖即为余脉。昌江水三十里，流声不响，白沙岭是其泽源。东观山排紫气，南眺土出黄泥，右是坳背虎踞，左为游家龙盘。塝上无塝，只因屋连；洞里非洞，皆属车通。界头面邻北省（湖北省，笔者注），楼房不少，桥头地处中心，店铺尤多，大屋更大，新屋仍新，五马奔槽。羡柳金之富有，莲花活现，观巉上之风光，龟形蛇形，惟妙惟肖。拱桥松柏，古色古香。太子桥、斑鸠桥，旧痕仍在。石马

图4-1-16 叶家大屋现状俯视（来源：伍国正 摄）

① 孙伯初. 天下第一村[M]. 长沙：湖南文艺出版社，2003：10.
② 张灿中. 江南民居瑰宝——张谷英大屋[M]. 长春：吉林大学出版社，2004：86.

图4-1-17 平江县黄桥村居住环境（来源：伍国正 摄）

庙、关帝庙，遗迹可寻。公路沿溪水而上，有如银色彩带；学校伴拱桥而立，形似泼墨丹青。傅家岭松涛滚滚，国华丘稻浪滔滔。山林果盛，水库鱼肥。又竹垅仙拇，石马寒漱。古神仙之遗迹，蜈蚣折口，狮子昂头，大自然之朽成。更如燕岩若燕、狮岩如狮、马踏尖之蹄印、豪头岭之凉亭，天然合人工一色，新创与古迹相辉，盛景如画，赞前人择地之优良，景上添花，志后代创业之艰辛，乡土可爱。"由此可见，整个黄桥村和黄泥湾叶家大屋的选址山川形胜，风水格局良好（图4-1-17）。

3. 江永县上甘棠村

上甘棠村位于江永县城西南25公里的夏层铺镇，始建于唐太和二年（公元827年），是湖南省目前为止发现的年代最为久远的古村落之一。全村除少数人家是1949年后迁入该村的异姓外，其他都是周氏族人。现存古民居200多栋，其中清代民居有68栋，四百多年的古民居还有七八栋。上甘棠村为第三批中国历史文化名村、国家重点文物保护单位。

上甘棠村聚族而居，民居屋场选址依山傍水，坐东朝西，四周青山环绕，负阴抱阳呈围合之势，建筑与自然阴阳和谐。村后是逶迤远去的屏峰山脉（滑油山），村左是挺拔翠绿的将军山、造型小巧别致的步瀛桥和庄重高耸的文昌阁，村右有峻峭毓秀的昂山，村前是由东向西曲流而下的谢沐河（谢水与沐水汇合），河的对岸是大片的沃野良田（图4-1-18~图4-1-20）。周氏宗祠位于村落右侧入口处。

图4-1-18 上甘棠村地形图与村内街巷格局（来源：上甘棠村周腾云 提供）

图4-1-19 上甘棠村后俯视（来源：伍国正 摄）

图4-1-20 上甘棠村南札门、步瀛桥、文昌阁（来源：伍国正 摄）

村后滑油山下，汉武帝元鼎六年（公元前111年）至隋开皇九年（公元589年）的古苍梧郡谢沐县县衙遗址今天还清晰可见。20世纪80年代，在这里发现大量汉代砖瓦、陶瓷及其他古遗址。村左将军山脚下的月陂亭传为唐代征南大元帅周如锡读书处，亭旁石壁上刻有文天祥的行书"忠孝廉節"四个大字，共有记载历史变迁的摩崖石刻27方。文昌阁始建于宋代，重修于明万历四十八年（1620年），坐南朝北，历史上其东侧曾建有廉溪书院，左侧是前芳寺，右侧是龙凤庵，前有戏台，后有旧时湘南通往两广的驿道、凉亭。文昌阁前的步瀛桥始建于南宋靖康元年（1126年），桥现残存长30米、宽4.5米，跨度9.5米，拱净高5米，是湖南省目前发现的唯一的一座宋代石拱桥。

上甘棠村环境优美，整个村庄形状颇似一幅太极图，文昌阁与昂山正好构成了太极图中的两个"鱼眼"。

4. 零陵区干岩头村

干岩头村原名涧岩头，位于永州市零陵区富家桥镇。宋代理学鼻祖周敦颐后裔于明中期迁移至此繁衍生息，故命名周家大院。周家大院始建于明代宗景泰年间（1450~1456年），村落占地近100亩，总建筑面积达35000平方米，由"老院子""红门楼""黑门楼""新

图4-1-21 零陵区干岩头村周家大院整体格局
（来源：《湖南传统村落（第一卷）》）

院子""子岩府"（后人称"翰林府第""周崇傅故居"）和"四大家院"六大院组成，规模庞大。六个院落相隔50~100米，互不相通，自成一体（图4-1-21）。干岩头村为第三批中国历史文化名村、国家重点文物保护单位。

干岩头村山水环境典型地体现了古代建筑的风水思想：村落整体坐南朝北，依山傍水，三面环山，前景开阔。村后的龙头山，又称"锯齿岭"，岿然屹立，峰峦起伏，青翠层叠，宛若"锯齿朝天"；东边的鹰嘴岭和凤鸟岭，嵯峨抚天，状若东升之旭日，被誉为"丹凤朝阳"；西侧的青石岭，连亘起伏，自然延伸；北面开阔，为沃野良田。进水南注，贤水东来，恰如两条绿色玉带飘绕而至于村前汇合，形同"二龙相会"，尔后西流而去。村落

整体平面呈北斗形状分布，子岩府位于整体布局北斗星座的"斗勺"位置上，四大家院位于"斗柄"的尾部[1]。

5. 江永县清溪村

清溪瑶族村位于江永县城西南约50公里的粗石江镇，是四大民瑶（清溪瑶、古调瑶、扶灵瑶、勾蓝瑶）之一——清溪瑶的聚居地。唐天佑年间（公元926～930年）周、蒋、田等姓瑶民先后迁入清溪定居，是一个古老的千年古瑶村落。明洪武二十九年（1396年），清溪瑶接受招安，编入户籍、官授瑶田瑶户，承纳瑶粮，把守关隘，设立瑶长、瑶目管理地方事务。

清溪村四周山环水抱，环境领域感强。村落坐南朝北，南面背倚萌渚岭支脉石龙山（又名燕子山），北向面对都庞岭，东有清溪源，西有小古源，村前是一片开阔的旷野田畴（图4-1-22）。清澈的两源在都庞岭与桃川河交汇，转向西南，出龙虎关，注入广西西江，最后汇入珠江。

清溪村现有600余户瑶民，2000多人，传统民居、宗祠、亭台、池榭、书院以及寨墙、寨门等保存较好，村内现存50余栋较为完好的明清古民居，大多采用三合天井院式空间。现存的碑刻、史志等文字资料，以及宗教信仰和建筑特点表明，清溪瑶对汉文化的

图4-1-22　江永县清溪村后山俯视村落及文峰塔（来源：永州市文物管理处 提供）

吸收无处不在，与汉族文化有诸多的相似性。为了镇风水、旺文风、启智利学业，瑶民于清乾隆四十六年（1781年）在村旁建造了"文峰寺"和"文峰塔"。建筑群总体占地1500平方米，是清溪瑶民读书、儒教、佛教的活动中心。"文峰寺"坐北朝南，塔寺供奉孔夫子、徐夫子，是瑶族尊孔，追崇儒家、佛教的活动场所，充分体现了对儒家文化、佛教文化的借鉴和吸收，是地区族群文化互动与共生的具体实例。

6. 汝城县沙洲村

沙洲瑶族村位于汝城县城西50公里外的文明镇，村落坐东朝西，依山傍水，风景秀丽，传统风貌保存良好。村落后靠云遮雾绕的"寒山"高峰，左依雄奇伟岸的"百丈岭"，右抚险峻挺拔的"雪公寨"，前望俊美秀丽的"笔架山"，门前环流"滁水河"。沙洲村为第七批中国历史文化名村。

沙洲村现保留有41栋古民居，以朱氏宗祠为中心，整体布局呈"行列"式，巷道、沟渠为村落的基本骨架，并按照"前栋不能高于后栋，最高不能超过祠堂"的旧习布置。村落主要由祠堂、民居、古桥、古井、古庙、古巷道等构成。古民居建筑外形以"一明两暗"三开间，青砖"金包银"硬山顶一重封火墙为主。民居建筑就地取材，结构简单，装饰素雅淡秀；灰墙黛瓦，屋角高起的马头墙异彩纷呈（图4-1-23～图4-1-25）。

与汉族民居村落一样，沙洲村中的祠堂等公共建筑是村落中最重要的公共活动中心和精神中心，井台、朝门、广场是人们日常交往的活动空间，庙宇、楣杆石等是文化旌表性物质载体。沙洲村古民居建筑在建筑空间布局、建筑形态、建筑构造做法、建筑装饰图案、民俗文化等方面与汉族地区文化亦有诸多的相似性，也是地区族群文化互动与共生的具体实例。

---

① 王衡生. 周家古韵[M]. 北京：中国文史出版社，2009：5-6.

图4-1-23 汝城县沙洲瑶族村祠堂与局部民居（来源：伍国正 摄）

图4-1-24 汝城县沙洲瑶族村鸟瞰（来源：李力夫 摄）

图4-1-25 汝城县沙洲瑶族村民居（来源：伍国正 摄）

7. 江华瑶族自治县井头湾村

井头湾瑶族村位于江华瑶族自治县沱江城南约42公里的大石桥乡，始建于明末清初，由老屋地、井头湾古建筑群、现代民居、井头泉井等组成，占地260余亩，规模庞大，气势恢宏。全村1500余人，全部姓蒋，为族居村落。蒋氏先祖原住老屋地，有"十二户人家十三个顶子"之传说。清康熙年间，蒋汝新携子蒋宗文、蒋宗易在井头湾溪边落户，之后人丁兴旺，遂成规模。现存完好古民居50余栋（图4-1-26）。

井头湾村位于潇贺古道上，主要民族为瑶族。因村南面山脚有天成之井头泉井而名，此井水源清爽，水流量大，汩流不断，分三流成溪，蜿蜒流经全村，村庄因溪而布局，井溪时而伴建筑而流，时而穿建筑而过（图4-1-27）。

图4-1-26　井头湾村主体建筑鸟瞰（来源：江华县住建局　提供）

图4-1-27　井头湾村溪水两侧建筑景观（来源：江华县住建局　提供）

村中建筑以四合院格局为主，青砖灰瓦，错落有致，为湘南地区少有的建于水面之上的独体民居群。与山区的高山瑶建筑中的吊脚楼、半边楼不同，井头湾村民居风格是典型的平地瑶建筑，主体建筑与徽派建筑风格相似。整个村落依着水势比邻而居，是一个既有瑶族文化特色，又有江南水乡特点的古老村落。古建筑群是瑶族地区瑶汉杂居民居的典范，其建筑风格集江华平地瑶文化与广西梧州瑶文化于一体。

井头湾古民居分为两个部分：即宗文族部分和宗易族部分。宗文族部分由上屋顶民居及门楼组成。宗易族部分由三进天井屋和上下屋民居及八字门文昌楼组成。三进天井屋创建于1830～1832年，分上、中、下三座（图4-1-28）。上下两座民居于1843年建成，两

图4-1-28　井头湾村三进屋内景（来源：江华县住建局　提供）

大宅院比邻而建，门庭严谨，高墙耸立，青石铺地，天井相间。

第二节　乡村聚落空间形态及成因

受湖南地区自然环境、生产生活方式、社会经济状况、传统的礼制思想、风水观念、聚居伦理等因素的影响，村民往往会不由自主地选择更有利的方式进行村落营建，因此反映出不同的聚落形态。湖南地区很多大屋民居自成村落。不同的分类标准，传统村落空间结构形态的类型也不同。根据聚落空间结构形态特点，本书将湖南现存较好的传统村落与大屋民居的总体布局空间结构形态划分为"丰"字式、"王"字式、"四方印"式、

"街巷"式、"行列"式、"围寨"式、"向心"式、"散点"式等八种主要类型，旨在突出湖南地域乡村聚落空间结构类型特点和地区景观特色。

实际上，不同类型的村落空间结构形态之间往往又有交叉，有很多相同之处，如所有村落和大屋民居都以巷道地段划分聚居单位，以院落（或天井）为中心组成住宅单元；"王"字式近似"行列"式；"向心"式、"围寨"式等村落的内部结构也具有"街巷"式"行列"式的特点；"街巷"式村落内部有时也体现"行列"式特点等等。

一、"丰"字式

"丰"字式多为大屋民居，内部空间存在明显的纵横轴线。建筑群以纵轴线的一组正堂屋为主"干"，横轴线上的侧堂屋为"支"。正堂屋相对高大、空旷，为家族长辈使用，横轴上的侧堂屋由分支的各房晚辈使用，如此发展。纵轴一般由三至五进堂屋组成。每组侧堂屋即为家族的一个分支，而一组侧堂屋中的每一间堂屋及两边的厢房即为一个家庭居所。各进堂屋之间由天井和屏门隔开，回廊与巷道将数十栋房屋连成一个整体，以张谷英大屋为典型代表。

1. 岳阳县张谷英村

张谷英大屋的空间结构形态是典型的"丰"字式。聚族而居的张谷英村古建筑群由当大门、王家塅、上新屋三大群体组成，至今保持着明清传统建筑风貌。当大门是大宅的正门，正门左前方300多米处过去是张氏祠堂和文塔，均毁于20世纪60年代。大屋坐北朝南，占地5万多平方米，先后建成房屋1732间，厅堂237个，天井206个，共有巷道62条，最长的巷道有153米。砖木石混合结构，小青瓦屋面。

张谷英大屋总体布局体现了中国传统的礼乐精神和宗法伦理思想。大屋总体布局依地形采取纵横向轴

线，呈"干支式"结构，内部按长幼划分家支（"血缘关系"）用房。纵轴为主"干"，分长幼，主轴的尽端为祖堂或上堂，横轴为"支"，同一平行方向为同辈不同支的家庭用房。利用纵横交错的内部巷道联结主干和支干，巷道具有交通、防火和通风的功能，是建筑群的脉络。主堂与横堂皆以天井为中心组成单元，分则自成庭院，合则贯为一体，你中有我，我中有你，独立、完整而宁静。穿行其间，"晴不曝日，雨不湿鞋"（图4-2-1、图4-2-2）。

肖自力先生曾说，张谷英大屋"丰"字形的布局，曲折环绕的巷道，玄妙的天井，鳞次栉比的屋顶，目不

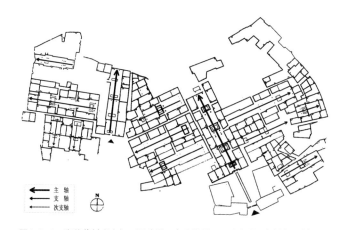

图4-2-1 张谷英村当大门、西头岸、东头岸平面图（来源：《古村风韵》，日本国鹿儿岛大学教授工学博士土田充義等绘制）

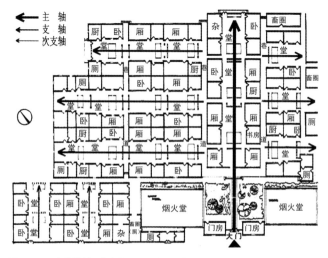

图4-2-2 张谷英村王家塅平面图（来源：《湖南传统建筑》）

暇接的雕画，雅而不奢的用材，合理通达、从不涝渍的排水系统，堪称江南古建筑"七绝"①。

张谷英村有渭洞河穿村而过，俗称"金带环抱"，河的两岸分别是建筑群和青石路街，河上原有石桥58座。傍渭洞河建有一条青石道长廊（畔溪走廊）——渭洞街，全长500余米，临河一侧设有供休息用的吊脚栏杆、美人靠等（图4-2-3）。这里不仅是古代商贾云集的街市，而且是联系江西和岳州的古驿道。青石路街和长廊古道是村中主要的外部交通，沿途可进入大屋中各个巷道和各家门户。可见，张谷英大屋的空间结构形态也具有鲜明的城市街巷式布局的特点。

张谷英大屋是典型的明清江南庄园式建筑群，建造技艺精美。如"王家塅"的入口在第二道大门的左右山墙处设置金字山墙，采用形似岳阳楼盔顶式的双曲线"弓"字形，谓之"双龙摆尾"，具有浓厚的地方色彩。内部装饰赋予情趣，题材丰富。屋场内木雕、石雕、砖雕、堆塑、彩画等装饰比比皆是，令人目不暇接。雕刻字迹、线条清晰，图纹多样，栩栩如生；彩画生动自然，反映生活场景。梁枋、门窗、隔扇、屏风、

家具及一切陈设，皆是精雕细画。题材如："鲤鱼跳龙门""八骏图""八仙图""蝴蝶戏金瓜""五子登科""鸿雁传书""松鹤遐龄""竹报平安""喜鹊衔梅""龙凤捧日""麒麟送子""四星拱照""喜同（桐）万年""花开富贵""松鹤祥云""太极八卦""禹帝耕田""菊竹梅兰""琴棋书画"以及诗词歌赋、周文王渭水访贤、俞伯牙摔琴谢知音等，雕刻精细，反映了人畜风情，绝少有权力和金钱的象征，而是洋溢着丰收、祥和、欢歌的太平景象，民族风格极浓，具有很高的艺术研究价值（图4-2-4、图4-2-5）。

"丰"字式大屋民居建筑规模大，对场地的要求较高，它的形成与地形、气候和民族文化传统有关。湘东

图4-2-4 张谷英大屋门框上的"太极八卦"及"琴棋书画"彩绘（来源：伍国正 摄）

图4-2-5 张谷英大屋内的家具雕刻（来源：伍国正 摄）

图4-2-3 张谷英村渭洞街（畔溪走廊）（来源：伍国正 摄）

---

① 肖自力. 古村风韵[M]. 长沙：湖南文艺出版社，1997.

北地区整体上为丘陵地貌，气候夏热冬冷。民居建筑整体布局，节约了用地。天井院落式布局有利于形成室内良好的气候环境。此地居民多为明清时期的江西移民，他们带来了"江南"地区的文化和营造技术。明清时期此地战乱频繁，大屋聚族而居适应了地区社会形势的发展。

2. 浏阳市新开村（沈家大屋）

沈家大屋，又称法源寺，位于浏阳市城区西北部约50公里处的龙伏镇新开村捞刀河畔西岸，距长沙60公里，距龙伏镇政府3公里，交通便利。

元末，当地人随陈友谅起义，沈氏祖先义重功高，以沈九郎最为英烈，被千秋纪念。由此，沈氏家族开始壮大、繁荣。据沈氏族谱记载，沈拯九祖孙三代有四人曾诰赠为"奉政大夫"（正五品），两人为"奉直大夫"（从五品），是当地非常有影响的一个大户人家。

沈家大屋主体建筑基本保存完好，主体建筑永庆堂始建于清同治四年（1865年），大屋槽门右墙的烟砖上有"同治四年""木匠焦以成"等字刻，至今清晰可辨。

沈家大屋四周依山傍水，环境优美，其槽门前坪北侧距捞刀河223米，四面皆是青山环绕，地势前低而后高，负阴抱阳呈围合之势（图4-2-6、图4-2-7）。沈家大屋的建造极其注重建筑的方位以及与大自然之间

的和谐关系，例如屋主在建造永庆堂槽门时，将其偏北14度朝向捞刀河上游，谓"进水槽门"，寓意招财进宝（图4-2-8、图4-2-9）。

沈家大屋坐东朝西，清光绪年间续建有三寿堂、师竹堂、德润堂、筠竹堂和崇基堂等，形成了一个有17间厅堂、20口天井天心、30多条长短巷道、20多栋楼房、200余间大小房屋，互相连通的古建筑群。据传，"屋内曾一次宴客300桌，走兵时，足足驻下一个团。"

沈家大屋占地面积超过13550平方米，建筑面积为8265平方米（包括已倒塌面积576平方米，计23间）。气势恢宏，布局严谨，屋宇相叠，廊道回环，庭院错落，"丰"字式空间结构特点明显。中轴线上的永庆堂

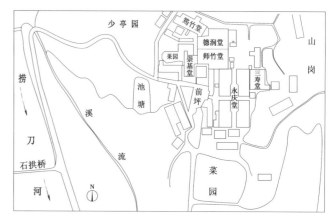

图4-2-6　沈家大屋总平面图（来源：廖静　绘）

图4-2-7　沈家大屋侧向俯视（来源：伍国正　摄）

图4-2-8　沈家大屋永庆堂平面图（来源：廖静 绘）

图4-2-9　沈家大屋的"进水槽门"及前坪条石甬道（来源：伍国正 摄）

是整个建筑群的中心，是大屋的"主堂"所在，两侧对
称地伸出一个横向分支，即"横堂"。主堂、横堂由多
个单元组成，同构同律。每个建筑单元，是家族的每个
小家庭的住所，以房廊和巷道联系。

沈家大屋为砖木石混合结构，小青瓦屋面。墙基由
当地开采的红砂石、青砖砌成，墙体为厚实的土砖。

大屋内的格栅门窗等木雕装饰精美，天井照壁上中
西结合的泥塑彩绘艺术精湛，风格浑厚。正厅高达9米
以上，其他房屋也在8米以上。屋内正厅、横厅、十字
厅、巷道、走廊等所占面积很大，而且左右对称。整体
风格集中体现了我国古代农耕社会"家大业大，源远流
长"的建筑思想，给人以空阔舒适之感。

图4-2-10　平江县平安村冠军大屋（来源：平江县住建局 提供）

"丰"字式大屋民居建筑布局主从明确、阴阳有序；
空间寄寓伦理、和谐发展；建筑群组以家为单位，以堂
屋为中心；强调"中正"与均衡。湖南现存"丰"字式
民居主要分布在湘东北和湘中丘陵地区，如浏阳市的沈
家大屋、平江县的虹桥镇平安村冠军大屋（图4-2-10）、
上塔市镇黄桥村黄泥湾叶家大屋、娄底市双峰县甘棠镇
香花村朱家大院伟训堂、涟源市杨市镇洄水村云桂堂（图
4-2-11、图4-2-12）等，都有明显的"丰"字式特点。

图4-2-11　涟源市杨市镇洄水村云桂堂外观（来源：谭绥亨 摄）

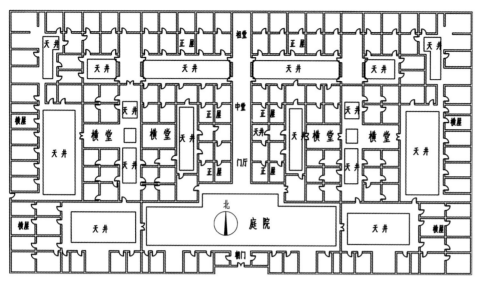

图4-2-12 涟源市杨市镇洞水村云桂堂平面图（来源：王立言 绘）

二、"王"字式

永州市祁阳县潘市镇龙溪村李家大院坐落在永州市祁阳县潘市镇象牙山脚下，始建于元末明初。明弘治十一年（1498年）至清咸丰二年（1852年）逐步扩建成现在的规模。现保存完好的房屋有36栋，游亭18座，大厅36间，粮仓3栋，花厅1栋，总占地面积50亩，建筑面积7100平方米（图4-2-13、图4-2-14），为第五批中国历史文化名村，国家重点文物保护单位。

李家大院是目前发现的典型的"王"字式院落大宅民居村落。它适应了湘南的山地丘陵环境和中亚热带季风性气候特点，随着家族的发展，新的"王"字式合院建筑在原有建筑附近生长，逐渐形成了大的院落群体。

村落内部基本组合单元为"王"字式院落空间，村落由多个呈"王"字式结构的院落组成。在"王"字式结构院落中，以中间的正堂屋空间串联各进建筑，正堂屋空间一般为三进三厅，两侧横屋为单进深，一般也为三开间。各组建筑轴线突出，空间方正。村落依地形自由生长，体现了农耕文化特点。

龙溪村原由老屋院，吊竹院，上、下院和品字书屋

图4-2-13 龙溪村现存主体建筑总平面图（来源：祁阳县农村规划办公室 提供）

组成，现存的村落仅有上、下院和李氏宗祠。因村落北面有一条自西向东蜿蜒绵长、长年不断流的龙溪，故名"龙溪村"，又因宗族血缘关系，历代相传聚居于此的皆为李姓子孙，人们又习惯地直接称之为"龙溪李家大院"。

图4-2-14 龙溪村现存主体建筑鸟瞰（来源：李力夫 摄）

李家大院由多个呈"王"字式结构的院落组成，村落按照"房份"的分支，分上、下两院。在"王"字式结构院落中，中间的正堂屋空间高大、空旷（图4-2-15）。正堂屋轴线上分布有多个游亭，联系两侧的天井（院落）。最多的"王"字式院落空间为四进四厅，三个游亭。游亭两边为木板屋，称为"木心屋"。正堂屋是家族的公共活动空间，上、下两院的祭祀及红白喜事分别在各自的正堂屋里举办。横堂屋没有祭祀供奉的功能，是与其他宗族建筑的横堂屋功能的最大区别。李家大院的祠堂位于村落左前方，是全村的核心（图4-2-16）。

李家大院主体建筑以硬山为主，飞檐翘角，层楼叠院，错落有致，装饰艺术精美（图4-2-17、图4-2-18）。

图4-2-15 龙溪村李家大院正堂屋（来源：伍国正 摄）

图4-2-16 龙溪村李家大院祠堂（来源：伍国正 摄）

图4-2-17　龙溪村李家大院窗户组图（来源：伍国正 摄）

图4-2-18　龙溪村李家大院墀头装饰组图（来源：伍国正 摄）

通过比较局部"王"字式与整体"丰"字式民居的村落空间结构，可以发现，"王"字式院落民居的村落整体轴线不够明确，而"丰"字式院落民居的村落纵横轴线都很明显；"王"字式合院两侧房屋为单进深、前后居，朝向一致，侧堂屋与每户住宅结合，没有祭祀供奉的功能，而"丰"字式两侧的横屋有明显的轴线，侧堂屋位于横轴线上，侧堂屋两侧的住户分属不同的"支"，分左右居，朝向相反。

三、"四方印"式

"四方印"即是以四合院为原型，左右前后加建，

① 王衡生. 周家古韵[M]. 北京：中国文史出版社，2009：5-6.

形成几进几横的方形庭院格局，一般为一正屋两横屋或一正屋三（或四）横屋的布局结构。建筑群轴线突出，居中的正屋为一组正厅、正堂屋，是高大的主体建筑，统帅横屋，用于长辈居住和供奉家族祖先牌位。两侧横屋稍低，与正屋垂直，用于家族中各支房居住和供奉各支房祖先牌位。每栋横屋的内部布局多为"四方三厢"式，即中间一间为"横堂屋"，左右各一间为"子房"，用作卧室、书房和厨房等。房屋四周院落有时用高大院墙，与外界隔绝。

"四方印"式整体布局以院落、天井组织空间，对外封闭，通过外廊、巷道和过亭联系；既各自独立成小家小院，又相互和谐成大家大院；向中呼应，有强烈的向心力，是传统儒家"合中"意识和世俗伦理观念的体现；建筑空间注重人与生活、人与自然的和谐关系，是传统文化中"天人合一"的审美理想与人生追求的具体体现，也是传统"四方"观念、"九宫"图式和"中和"思想的体现。

1. 零陵区干岩头村

干岩头村的历史与建筑环境在前面已有介绍，这里介绍其建筑布局及建造特点。

永州市零陵区富家桥镇干岩头村周家大院原名涧岩头村，村落始建于明代宗景泰年间，由六大院组成：老院子、红门楼、黑门楼、新院子、子岩府（即翰林府第、周崇傅故居）和四大家院。

村落整体平面呈北斗形状分布，建筑规模庞大，占地近100亩，总建筑面积达35000平方米。六个院落相隔50~100米，互不相通，自成一体。有各个时期的正、横屋180多栋，大小房间1300多间，游亭36座，天井136个，其间有回廊、巷道①。目前，六大院保存较好的有新院子、红门楼、周崇傅故居、四大家院。老院子和黑门楼基本上已经废毁。

六座大院虽不是同时期建造，但布局相似，都为"四方印"式庭院结构。建筑四周院墙高大，外侧院墙上开设有瞭望口，据说是当年的枪眼。建筑群目前保留有明清及民国时期的建筑样式，属典型的明清时期湘南民居大院风格。六大院的主体建筑为"三山式"或"五山式"封火山墙，其余横屋多数为悬山式，少数为硬山式。主轴线上的空间高大空旷，且两侧厢房多为木板墙，如四大家院中轴线厅堂两侧的厢房及其"尚书府"两侧的厢房（图4-2-19、图4-2-20）。门框、挑檐、瓜柱、驼峰、梁枋、木柱、石墩、石鼓、石凳、隔扇门

窗等构件雕刻或绘制有各类代表吉祥富贵的动植物图案，以及历史人物故事等，工艺精湛（图4-2-21）。

　　位于整体布局北斗·星座的"斗柄"尾部的四大家院中的"尚书府"是六大院中最有名的院落，为时任南京户部尚书的周希圣（1551～1635年）所建。周希圣曾官至南京户部尚书。尚书府的堂屋为重檐硬山式，两端为"五山式"封火山墙（图4-2-22）。民间居屋采用重檐式，在全国是少见的，可见主人当时不一般的地位和身份。如今的"尚书府"只保存了门楼和一进旧堂屋。

图4-2-19　四大家院主轴线上的厅堂空间（来源：伍国正 摄）

图4-2-20　四大家院中隔扇门窗（来源：伍国正 摄）

图4-2-21　四大家院厅堂屋架（来源：伍国正 摄）

图4-2-22　四大家院"尚书府"堂屋（来源：伍国正 摄）

子岩府是目前保存得最好的院落，位于整体布局北斗星座的"斗勺"位置上。现存建筑为四进正屋，西边是三排横屋四栋，东边是二排横屋三栋和菜园，东西外墙长120米，南北纵深100米。三排横屋之间用走廊和游亭连接（图4-2-23、图4-2-24）。

2. 零陵区金花村（蒋家大院）

金花村又称蒋家大院，位于距离永州市零陵城区30公里的梳子铺乡，占地面积为1700平方米，坐西北朝东南，西靠山丘，南联村落（金花村），东为一片开阔的田垌。据蒋氏家谱推测，蒋家大院始建于明代天启年间（1621～1627年）。

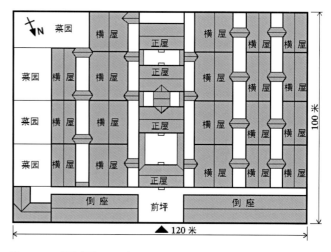

图4-2-24　子岩府平面图（来源：伍国正 绘）

图4-2-23　子岩府现状俯视（来源：伍国正 摄）

金花村整体建筑基本保存完整，由门屋（倒座）、三个天井、三排正屋及左右各一排横屋组成，属于一正屋两横屋的"四方印"式空间结构（图4-2-25）。

蒋家大院为中轴线对称布局，砖木结构，小青瓦屋面（图4-2-26）。民国3年（1914年）南侧两间后横屋改建、扩建后，建筑朝向与正屋相同。门屋和后面的三排正屋都为五开间，面阔相同，但进深不同。两侧横屋均为三栋，"四方三厢"式：三开间，中间为堂屋两侧为厢房。每栋横屋建筑格局及面积相同，为悬山屋面。三排正屋两端为"五山式"封火山墙，正屋前天井两侧均有耳房。正屋和横屋通过房前走廊和过亭联系，正屋和横屋前均设走廊，各正屋前走廊两端设券门，过券门为联系正屋和横屋的过亭。

中轴线上的建筑地基从门屋开始逐渐向后抬高，所以，后栋建筑逐一高于前一栋。门屋为三柱二进深，中间三开间在前面设门廊，大门开在中柱位置，门两侧均为木板墙。大门的石门墩和门槛较高，门槛前廊下有莲花青石凳一对，门前为青石甬道。门屋为金字山墙，且山墙在前面出耳，墀头处用青砖叠涩向上起翘。门屋中间三开间屋面高出两端屋面约0.4米（图4-2-27），此做法与零陵柳子庙前厅的屋面略高出东、西两厢屋面的做法相似。

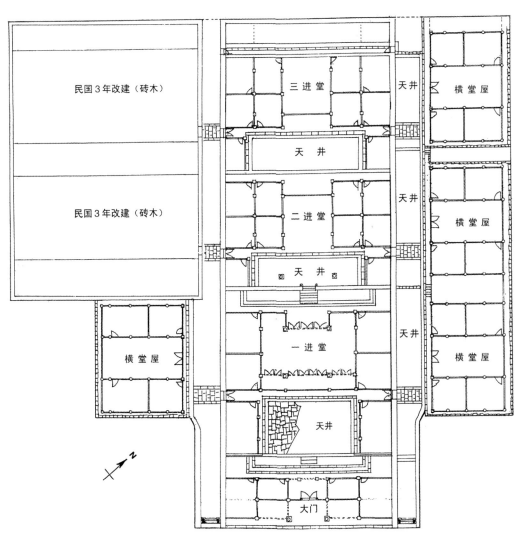

图4-2-25 金花村蒋家大院总平面图（来源：永州市文物管理处 提供）

图4-2-26 蒋家大院现状俯视（来源：永州市文物管理处 提供）

图4-2-27 蒋家大院中轴线上的门屋（来源：永州市文物管理处 提供）

　　蒋家大院中，堂屋、走廊和过亭的地面均为四方青砖铺垫，走廊和天井用青石镶边，天井亦均为青石板铺垫。柱础有青石和木头两种，青石柱础为覆盆形，素面。木柱础为四方形，底部镂空雕刻卷云纹饰。柱头有用斗栱承托梁枋的做法。

　　蒋家大院中的梁架构件，如雀替、斜撑、斗栱、檐枋等均进行艺术加工（图4-2-28）。大院中大量使用高浮雕和圆雕艺术，尽管雕刻线条简洁，但线条清晰，生动自如。蒋家大院具有典型的湘南建筑特色，其建筑格局、封火山墙、青砖地面、木板墙壁、莲花石凳、木雕斜撑、斗栱、多样的柱础等建筑构件，体现了明代的建筑风格及建筑艺术特点，具有较高的历史、艺术、科学价值。

　　另外，浏阳市金刚镇清江村桃树湾刘家大屋（图4-2-29）、大围山镇东门村锦绥堂涂家大屋（图4-2-30）、衡南县宝盖镇宝盖村廖家大屋（图4-2-31）、衡南县栗江镇上家村宁家大宅（图4-2-32）、耒阳市太义乡东坪村周家大屋、上架乡珊铒村上湾组（图4-2-33）、公平圩镇石湾村曾家大院（图4-2-34）、郴州市宜章县的玉溪镇樟涵村新屋里吴家大院（图4-2-35～图4-2-37）、资兴市的清江乡留家田村、三都镇流华湾村（图4-2-38）、程水镇石鼓村程氏大屋（图4-2-39），永州市

的蓝山县古城村与石磘村、大忠桥镇蔗塘村李家大院（图4-2-40）、祁阳县的观音滩镇八尺村的刘家大院与胡家大院（图4-2-41）、白水镇竹山村（图4-2-42）、宁远县黄家大屋（图4-2-43、图4-2-44），双峰县荷叶镇曾国藩故居富圫村富厚堂和天坪村白玉堂、邵东县杨桥镇清水村申家大院（荫家堂）（图4-2-45、图4-2-46）、怀化市洪江市湾溪乡山下陇村杨家大院（图4-2-47、图4-2-48）、涟源市杨市镇的建新村存厚堂、光远堂、师善堂（图4-2-49）、双峰县荷叶镇天坪村白玉堂（图4-2-50）、双峰县三塘铺镇的东合村柏荫堂、胜云村体仁堂（图4-2-51）、茶陵县虎踞镇乔下村陈家大屋等，也都有"四方印"式形态特点。

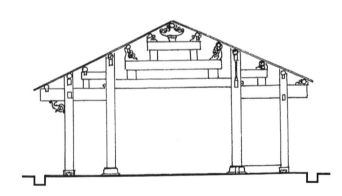

图4-2-28 蒋家大院二进厅屋明间梁架剖面图（来源：永州市文物管理处 提供）

图4-2-29 浏阳市桃树湾刘家大屋（来源：伍国正 摄）

图4-2-30 浏阳市锦绶堂涂家大屋（来源：伍国正 摄）

图4-2-31 衡南县宝盖村廖家大屋（来源：王立言 摄）

图4-2-32 衡南县上家村宁家大宅（来源：衡南县住建局 提供）

图4-2-33　耒阳市珊铜村上湾组（来源：耒阳市住建局 提供）

图4-2-34　耒阳市石湾村曾家大院（来源：耒阳市住建局 提供）

图4-2-35　樟涵村吴家大院正面（来源：宜章县住建局 提供）

图4-2-36　樟涵村吴家大院后进立面（来源：伍国正 摄）

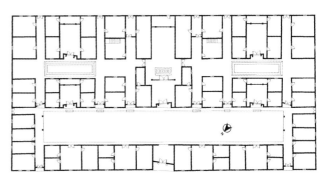

图4-2-37　樟涵村新屋里吴家大院平面图（来源：刘洋 绘）

图4-2-38 资兴市流华湾村（来源：伍国正 摄）

图4-2-39 资兴市石鼓村程氏大屋（来源：资兴市住建局 提供）

图4-2-40　祁阳县蔗塘村李家大院后方俯视（来源：祁阳县住建局 提供）

图4-2-41　祁阳县八尺村胡家大院（来源：祁阳县住建局 提供）

图4-2-42 祁阳县竹山村（来源：祁阳县住建局 提供）

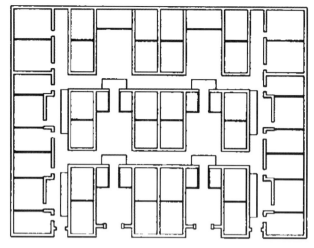

图4-2-43 宁远县黄家大屋平面图（来源：《湘南民居：传统聚落研究及其保护与开发》）

图4-2-44 宁远县黄家大屋外立面（来源：伍国正 摄）

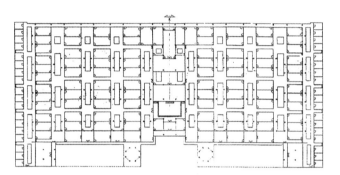

图4-2-45 邵东县清水村申家大院（荫家堂）平面图（来源：邵东县住建局 提供）

图4-2-46 邵东县清水村申家大院（荫家堂）（来源：邵东县住建局 提供）

图4-2-47 洪江市山下陇村杨家大院（来源：洪江市住建局 提供）

图4-2-50 双峰县天坪村白玉堂（来源：谭绥亨 摄）

图4-2-48 洪江市山下陇村杨家大院内院（来源：洪江市住建局 提供）

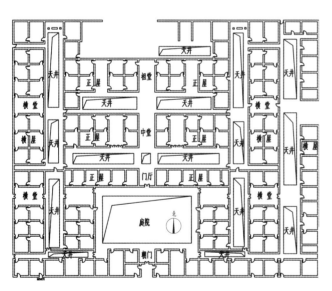

图4-2-49 涟源市建新村师善堂平面图（来源：涟源市住建局 提供）

图4-2-51 双峰县胜云村体仁堂（来源：谭绥亨 摄）

四、"街巷"式

街巷式布局是宋代以后城市聚落空间变化的一大特点，它反映了街巷从满足城市交通功能向体现居住者人文功能的转变；反映了聚居制度从以社会政治功能为基础向以社会经济功能为基础的转变[①]。共同特点是：（1）村落中有一条主街，主街一侧或两侧有市肆店铺，满足了居民文化生活需求，街坊景观丰富。（2）主街一侧或两侧有支巷（主巷道）或门楼（坊门），次巷道横

---

① 伍国正，吴越. 传统村落形态与里坊、坊巷、街巷：以湖南省传统村落为例[J]. 华中建筑，2007，25（04）：90-92.

跨主巷道，布局紧凑，节约用地。（3）内部按"血缘关系"设"坊"，以巷道地段划分聚居单位（家庭用房），分区明确。（4）主要利用天井和巷道采光、通风，以天井为中心组成单元，邻里关系良好。（5）宗祠一般位于村落之前（入口处），宗祠前有较大的广场，满足了家族祭祀、宴请等公共活动的要求。（6）村落依地形而建，向外比邻扩展，适应了发展需要。（7）村落整体上为开敞式，便于生产和生活，反映了社会经济功能的加强。

传统乡村聚落形成与发展的因子是多方面的，其"街巷"式空间结构形态的形成与发展是中国传统聚居制度与聚居形态发展的结果。村落街巷式布局，一方面体现了建筑的社会适应性，体现了当时社会政治、经济的发展特点，体现了文化的传承性和村落空间结构功能的进步性；另一方面也体现了建筑的自然适应性和人文适应性，是它们的综合表现。

1. 江永县上甘棠村

上甘棠村村落空间形态具有明显的城市坊巷制和街巷式的特点。上甘棠村街巷空间图见本章第一节。村落背山面水，街巷幽深，防御性好，外围无坊墙。沿谢沐河是建于明嘉靖十年（1531年）的石板路街道，街道在南北两端及中间位置分设南札门、北札门、中札门。街道两边过去有酒肆店铺和防洪墙，遗迹犹存（图4-2-52）。村的东西方向分成若干条主巷道，主巷道与街道连接，直通村后山山脚，众多的小巷道横跨主巷道，与主巷道一起形成棋盘格局，组成民居内的交通网，形如八卦状。每条主巷道与街道连接处都建有门楼——坊门，现在主巷道上尚存四座门楼。坊门作为族人的主要公共建筑及交通口，内架设条石凳供族人歇息或小型聚会，比较讲究，也很有特色。现保存较好的四单坊门为明代建筑，门楼的抱鼓石及梁枋均明确记载"大明弘治六年（1493年）修"（图4-2-53），五单坊门的莲花瓣状驼峰呈明代早期建筑特征，一单

坊楼于清代重修，九单坊门存有一对宋代石鼓，门楼于20世纪"文化大革命"后重修。周氏族人以"血缘关系"设"坊"，按"坊"聚族而居，全村分10族布局，曲巷幽深，最窄的小巷仅容一人通行。每个岔路口立有石碑，上书"泰山石敢当"。这样以山、河为障，以街、巷为交通，较好地解决了全村的安全防范问题。

图4-2-52 上甘棠村沿河商业大街（来源：伍国正 摄）

图4-2-53 上甘棠村四单坊门（来源：伍国正 摄）

上甘棠村现存古民居200多栋，其中清代民居68栋，有四百多年历史的古民居七、八栋。一家一户为一单元，以天井为中心纵深布置各类生活用房（图4-2-54）。建筑大都为楼房，墙体均以眠砖砌筑，配以起伏变化的白色腰带。封火山墙错落有致，檐饰彩绘或砖雕，形成对比强烈、清新明快的格调，具有很强的城镇住宅特色。门庐、隔扇门窗和漏窗等，雕刻的图案十分丰富（图4-2-55）。上甘棠村同时具有建筑、商业、书院、宗教等文化特色，专家认为，上甘棠村为我们提供了从普通自然人与社会人的角度研究历史的完整资料。

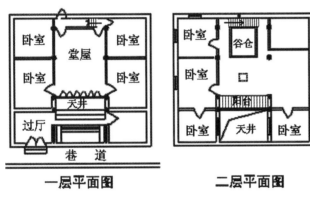

图4-2-54　上甘棠村132号住宅平面图（来源：伍国正 绘）

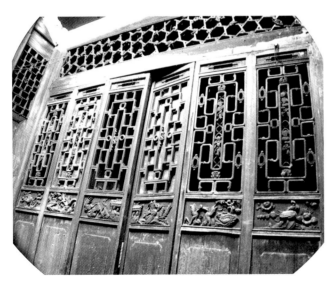

图4-2-55　上甘棠村132号住宅堂屋前的隔扇门窗（来源：伍国正 摄）

2. 道县龙村

永州市道县福堂乡龙村现有蒋、柏两姓，都是明末清初定居于此，为姻亲关系。村南蒋姓1400多人，村北柏姓400多人。村里原来还有熊姓、罗姓、邓姓，也逐渐搬出龙村另求发展。

龙村总体上坐东朝西，四周山水环绕。村落西对鸡冠寨岭，背靠天子岭（又名祝山），天子岭下溪水环绕如龙，故取名龙溪河，村子也因此依溪名叫龙村（清宣统二年《蒋氏族谱》）。龙溪河由北向南，从祝山脚下绕村后而过。村中有一条从龙溪河上游支出的小溪，也取名龙溪沟。龙溪沟东、西两边原为村中的大街及店铺，故龙溪沟又名铺沟。铺前大街是古代北通双牌、零陵、南达道州城的湘桂古道一部分（当地居民称为广西大道），为青石板路或鹅卵石路面。龙溪水贯村而过，不仅暗合了风水文化，也解决了村中的排水、防火、洗衣、洗菜、饮水等生活需要。至今，铺沟边沿还有多处旧时的生活水井。

龙村中传统建筑保存基本完好，据统计，总面积达61775平方米，50%以上为明代建筑，35%为清代建筑，15%为民国时期重修建筑。

龙村中的建筑布局和上甘棠村非常相似。村落以铺沟为中轴线，两旁房屋呈东、西对开式对称分布。村中东西方向的十几条主巷道与铺沟两侧的铺前大街连接，众多的小巷道与主巷道一起形成棋盘格局，组成村落内的交通网，网格内是各家各户的住宅，庭院深深，井然有序，但主巷道与街道连接处不见有门楼。村落中的主巷道为青石板路面，其他巷道、庭院几乎都是用卵石铺地。

村中建有青龙阁（凉亭），高两层，横跨在大街和龙溪沟上，为村落中心，建成于民国6年（1917年），比周围的住宅高得多，重点装饰，色彩醒目，是柏、蒋两姓的分界点。青龙阁南北各有一个祠堂，分别为蒋姓祠堂和柏氏祠堂，祠堂前都竖立有数对旗杆石，其中蒋姓祠堂保存更好，旗杆石前的古井清澈见底。两座祠堂均以一左一右两井构成一个整体布局（图4-2-56~图4-2-58）。

龙村传统建筑大多为砖木石混合结构，小青瓦屋面，分两大类，一类为公共建筑，如祠堂、学堂、凉亭、庙宇、门楼等；一类为私人庭院，主要有商铺、作坊、住房等。公共建筑体量都比较大，二进、三进都有，以抬梁式结构为主，各种构件雕刻精美。私人住房建筑中，一类为牲畜圈所及长工雇工住所，另一类为主家居住之所，一般体量较小，一进二层居多，少见二进，不见三进建筑。私人建筑结构和装饰都较简单，一般在门窗等部位做重点装饰（图4-2-59），从进大门开

图4-2-56　龙村前侧向俯视（来源：伍国正 摄）

图4-2-58　龙村龙溪沟边的祠堂与水井（来源：伍国正 摄）

图4-2-57　龙村中大街和龙溪沟上的休息亭（来源：伍国正 摄）

图4-2-59　龙村民居隔扇门窗（来源：伍国正 摄）

始，设照壁，照壁后多为天井（或院落），左右厢房，再后为大厅、正房。铺沟两侧的商铺一般为两层，一层为商店，二层为住房。龙村中民居建筑以金字山墙为主。因为建村久远，且大部分为明代建筑，因此虽然部分建筑为封火山墙，但少有高大者，翘角亦不明显。封火山墙上多彩绘，彩绘一般为龙、凤、"卍"字纹、喜鹊登梅等内容。

图4-2-60 下灌村的状元楼（来源：伍国正 摄）

3. 宁远县下灌村

永州市宁远县湾井镇下灌村是总称，由泠江村、下灌村、状元楼村和新屋里村四个行政村组成，位于宁远县城西南方向约30公里。

据《李氏族谱》记载：下灌村的历史起于南北朝时齐国大将军李道辨，他原是陕西临洮府狄道人，南齐永元元年（公元499年），因九嶷山瑶民起义，李道辨被封为荡寇将军，奉命提兵来九嶷山平瑶。平定之后，朝廷变迁，他于当年举家隐居于此地。下灌村历史上真正的辉煌时期是唐、宋两朝，当朝状元李郃和乐雷华皆出于此，武将开村的荣耀逐渐被书香墨韵取代，"江南第一村"的来历更多也是源于此。《中国历代状元录》载：唐代李郃（公元807～873年），延唐（今宁远县）人，唐大和元年（公元827年）状元，是今湖南境内在唐代唯一的状元，也是两湖两广地区的第一个状元[①]。今天的下灌村还保存有纪念李郃的状元楼（图4-2-60），为四方十六柱全木结构，重檐歇山顶，四檐饰卷棚，中间装方形藻井（图4-2-61）。现存的状元楼为清代风格，建于何时已无文字可考。

下灌村建在船形台地上，整个村落南高北低，沿河呈带状分布。村落东西南三面环山，村前泠江河与村后灌溪（东江）河在村下游交汇，有沐溪穿村而过。

图4-2-61 下灌村状元楼藻井（来源：伍国正 摄）

下灌村布局与上甘棠村相似，沿泠江河旧时的主街道和商铺至今犹存。主巷道与街道连接，直通村后，众多的小巷道依地势与主巷道相连，各户的大门开于小巷道上，利用巷道和天井采光、通风（图4-2-62、图4-2-63）。主次巷道前均无坊门，且整个村落外围没有围墙，反映了此地后期社会与经济发展状况。

---

① 湖北、广东、广西等地最早的状元为：湖北杜陟唐大和五年（公元831年）状元及第；广东莫宣卿唐大中五年（公元851年）钦点状元；广西赵观文唐乾宁二年（公元895年）考中状元。见：康学伟，王志刚，苏君. 中国历代状元录[M]. 沈阳：沈阳出版社，1993.

图4-2-62 下灌村沿河大街（来源：伍国正 摄）

村内现存民居建筑大部分为砖木石混合结构，小青瓦屋面，且多为"金字式"硬山顶和封火山墙。村内砖、木、石三雕艺术精湛，山水人物、飞禽走兽、神话故事、锦文图案等，无不精致细腻，栩栩如生（图4-2-64、图4-2-65）。大宅内青石铺地，木雕门窗，彩绘壁画，随处可见。

村中有李氏宗祠、诚公祠、昌公祠三个。李氏宗祠最大，为主祠堂，位于村子中心最前方的入口处。李氏宗祠始建于明弘治十年（1497年），后有多次重修，咸

图4-2-64 下灌村柱头檐枋（来源：伍国正 摄）

图4-2-63 下灌村的次巷道（来源：伍国正 摄）

图4-2-65 下灌村民居门上的横披（来源：伍国正 摄）

图4-2-66 下灌村李氏宗祠正面（来源：伍国正 摄）

图4-2-67 宁远县下灌村李氏宗祠入口后侧戏台（来源：伍国正 摄）

丰丙辰年（1856年）因火灾烧毁，同年重建，同治九年（1870年）重修。现建筑为清末所建，正面保持西洋风格（图4-2-66）。宗祠入口后侧有戏台，上座内有神龛，供奉为李氏先祖李道辨、唐状元李郃等神像（图4-2-67）。

下灌村前冷江河的下游不远处的山丘上建有文星塔。该塔原建于1766年，后倒塌。清咸丰三年（1853年）重建，为五级八面楼阁式，青石基座，二层以上为青砖砌筑，高约20米。

4. 道县田广洞村

永州市道县祥霖铺镇田广洞村始建于明洪武初年，坐东朝西，周边群山环抱。村子南面是高峻的铜山岭，南面高山及其余脉所形成座座山岭与村后、村北小山连成一线，趋环绕之势。村前是田垌，村子正对山口，山口南北相向蜿蜒的山脉，像两戏耍的巨龙。村北为一大片原始松林，四季常青，环境优美。全村保存有7栋明代建筑，200多栋清代的房屋建筑（图4-2-68）。

田广洞村古民居建筑群外围环绕有高约2米的寨

图4-2-68 田广洞村鸟瞰（来源：李力夫 摄）

墙，寨墙之外是护村壕沟。两条纵巷道环绕全村，十多条横巷道连通南北。全村有陈、郑、义、范、郭5姓，在各个不同方位的巷道口建有一族或一姓的门楼6座。街巷都按象形八卦纹排列，纵横交错，如同迷宫。民居建筑基本上是砖、石、木结构，建筑布局整体保存状况较好。民居院落布局紧凑，错落有致。建筑外墙均以青砖砌墙，多为二层楼房，小青瓦盖屋面，以金子山墙为主。外墙高处均有外窄内宽的枪眼。石材墙基、柱础、门枕和天井。泥塑、木雕、石雕、彩绘等工艺精湛，雕刻内容广泛，栩栩如生（图4-2-69、图4-2-70）。屋内地面、巷道等处一般以青砖铺墁。

道县田广洞村位于过去的湘桂古道上，村中及周边文物众多。其中位于村南1公里处的鬼崽岭近万尊形态各异石人像的来历及其功用至今尚未明确。

5. 桑植县苦竹寨

张家界市桑植县利福塔镇苦竹寨为土家族村寨（图4-2-71、图4-2-72），位于澧水河右岸，依山傍水，是澧水上游流入永定的一界境滩，上接赤溪古渡，下连茅岩河，乃桑邑之咽喉。苦竹寨村建于唐宋时期，在元末明清时期是桑植县十分繁荣的水埠商地码头，曾有3条环形路，12条青石板街，地官衙门3处，店铺30余家，青楼3家，观音寺1座。清末至民国年间，因兵匪患乱，战火连年，茅岩河由于山高林密路乱滩险，迫使

图4-2-69　田广洞村中的商铺（来源：李力夫　摄）

图4-2-71　桑植县苦竹寨码头（来源：桑植县住建局　提供）

图4-2-70　田广洞村民居檐枋组图（来源：道县住建局　提供）

图4-2-72　桑植县苦竹寨民居（来源：桑植县住建局　提供）

商旅改道，苦竹寨因而颓败下来。加上新中国成立后，交通发展、道路变迁，桑植与外界联系再不需从苦竹寨经过，苦竹寨于是逐渐萧条。

三条迂回曲折的石板街把数栋土家吊脚楼连为一体，房屋之间以风火墙隔开，现仅有45栋集中连片的土家风貌吊脚楼，共3000平方米。2010年重建倒塌房屋1栋4间，修缮20栋。现存古戏台、码头、盐铺、钱庄、布铺、米铺、青楼、烟馆、客栈、当铺等遗址，它与湘西凤凰古城、永顺芙蓉镇具有不同的建筑文化风格，是目前湘西北保存得较为完整且具有一定规模的土家族码头古寨。

另外，永州市宁远县天堂镇大阳洞张村、耒阳市新市镇新建村、衡东县荣桓镇南湾村（图4-2-73、图4-2-74）、郴州市的北湖区鲁塘镇村头村（图4-2-75）、永兴县油麻乡柏树村（图4-2-76、图4-2-77）、宜章县梅田镇樟树下村、临武县汾市镇南福村（图4-2-78）等村落的空间结构，都有"街巷"式的特点。

图4-2-73　衡东县南湾村（来源：衡东县住建局 提供）

图4-2-74　衡东县南湾村街巷入口空间（来源：衡东县住建局 提供）

图4-2-75　郴州市村头村前大街（来源：伍国正 摄）

图4-2-76 永兴县柏树村局部俯视（来源：永兴县住建局 提供）

图4-2-77 永兴县柏树村巷道（来源：永兴县住建局 提供）

图4-2-78 临武县汾市镇南福村（来源：临武县住建局 提供）

五、"行列"式

"行列"式也可称为"梳"式。湖南"行列"式布局传统村落主要集中在衡阳、永州、郴州等南部地区，其空间结构特点是民居建筑沿纵轴方向成行排列，每列建筑之间宽度较大的巷道是进入村落的主要入口，为主巷道，横向次巷道与主巷道垂直相交，巷道宽度多为1～2米。由于地形条件（如前后地形存在较大高差）

和建设年代不同，有的村落也存在横向较宽的通道。村内民居建筑空间为天井（院落）式，独立的单户，大门侧面开向主巷道。为防盗和御敌，巷道入口处往往设门庐。村前有敞坪和水塘，满足生产和生活需要。

1. 常宁市下冲村

衡阳常宁市罗桥镇下冲村新屋袁家古村落，处于大义山脉西坡，村前为潭水支流汤河，村后有三座横亘小山形如虎头上的"王"字，前与猪形岭对峙如古屏风，左右被书房岭、茶叶山诸峰环绕，形如虎爪。整个村子建设在虎形山卧虎的虎穴之中，并随大义山脉对面的自庙前金龙岩逶迤而来的龙脉山势而建。其三个正公厅屋（各房的堂屋袁氏称为公厅屋）的中厅屋正对大义山主峰牛迹（踩）石，面南的厅屋"德馨第"正对白埠岭主峰侧的笔架山坳。远观古村，三山环合，山如怀抱，村如心房，村后山峦重叠，树木参天；村前视野开阔，地势平坦，左右田垌舒展。三房公厅屋前有一半月形明塘（图4-2-79、图4-2-80）。

新屋袁家古村落始建于清康熙年间（袁氏族谱记载："后裔永权公即星缠公于康熙五十七年购汤姓地基大兴土木另建袁氏新宅"），清乾隆初年已颇具规模。整个古村为"袁氏"同姓聚居，占地面积达20800平方米。目前保存良好的有祠堂3座、民宅12栋、古书房1栋、古井1座、古巷道25条、古树、古桥等。

图4-2-80　下冲村新屋袁家主体建筑现状平面图（来源：常宁市住建局 提供）

图4-2-79　下冲村新屋袁家俯视（来源：李力夫 摄）

图4-2-81 下冲村新屋袁家边座公厅（来源：伍国正 摄）

图4-2-82 下冲村新屋袁家外观（来源：伍国正 摄）

在整体规划上，新屋袁家古村呈反"L"形，其主体建筑坐西北朝东南，民居群规划整齐。民居建筑整体依山势，地基按院落层次向后梯次升高。此设计有利于通风、防洪与排水；村前有敞坪、古井和月塘，平时用于晾晒作物、饮水和洗漱，遇火灾可就近取水。民居建筑均为砖木结构，外部青砖墙体，内部主要梁架为穿斗式，厢房、厨房与过厅多以木板相隔。

单栋建筑为两层、三开间三进天井式，由门厅、中厅、正厅，左右厢房、厨房、杂房、储存间、耳室组成（图4-2-81）。门厅为过道，左右用木板墙分为杂物间和厨房。中厅有的设有中门，为待客场所。正厅高大宽敞，均设木质神龛祖先牌位，是聚会及祭奠场所。建筑入口处为单坡顶，对内坡向天井。入口处外墙只做檐口叠涩出挑，无檐无廊（图4-2-82）；石质门框、门墩，门头上方均有砖雕门楼装饰，外形朴实大方，是其特色之一。主体建筑屋面双坡瓦顶，但檐口设计前低后高，是其特色之二。

室内多为三合土地面，装饰多体现在窗户、屏风门雕花木板、檐柱头、石柱础等部位，装饰图案如拐子龙、宝相花（又称宝仙花、宝莲花）、莲花、民间故事、瑞兽等，工艺多为明雕。建筑以直棂窗为主，但三房公厅屋轴线两侧，如梁架木屏、正厅（堂屋）两侧或

对面的阁楼处，多见有回字纹和菱格纹窗户。石柱础有六边形、八边形、圆形、腰鼓形、覆盆形等形式，侧面雕刻的动植物装饰图案丰富。

屋场内具有完整的排水系统。每进长方形天井居中，上纳四水归堂，周边设回廊。天井采用青石铺筑，纳水口均为钱字纹，寓意"纳天下之财，收天下之福"之意。古村院落之间各自独立又相互联系，巷道墙体均设有窄箭窗，是为防盗、观察、攻敌之防御功用，夜间则有照明之功能。

2. 汝城县上水东村"十八栋"

郴州市汝城县卢阳镇东溪上水东村位于县城南2公里，始建于清乾隆年间，现有古民居建筑面积4800平方米，另有祠堂、学堂、武校等，建筑面积超过500平方米（图4-2-83、图4-2-84）。村落四周青山环绕，风景清幽，美丽如画。

上水东村朱家大宅主体建筑有十八栋，包括住宅十七栋，祠堂1座，俗称"十八栋"。十八栋建筑同时奠基窨脚，占地约八亩。主体建筑正院坐西朝东，为纵深五进四排正栋，正院纵向三轴线，对称布局，共12栋。祠堂位于中间轴线的顶端，后面原辟有花园。前面朝门对称平行于后面的正院建筑，为六柱牌楼

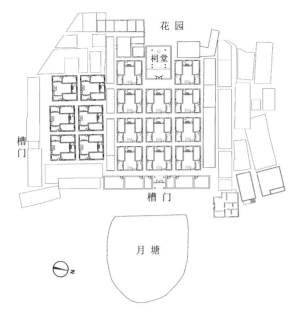

花园

祠堂

槽门

槽门

月塘

N

图4-2-83　上水东村"十八栋"平面图（来源：谭绥亨 绘）

式，据说是堪舆家肖三四勘定的汝城县"三条半"朝门之一，主文运[①]。朝门有联云："水国神龙现，东方彩凤飞"，联首两字将"水东嵌入其中"。朝门前原有一半月形明塘，远处是缓缓的山丘林地，呈环抱之势。

正院南侧有两排跨院，坐北朝南，垂直于正院，共6栋。跨院前另有一侧向朝门，为"一"字门斗式。正院和跨院各以墙亘回廊包绕，内部用巷道联系。

由于"同时奠基窨脚"，十七栋住宅建筑在平面布局、立面形式和开间尺寸等方面全部一致。每栋均为"一明两暗"的三开间格局，平面尺寸均为10.8米×10.5米，楼梯设在堂屋后面的退堂内。砖木混合结构，硬山墙，小青瓦屋面。每栋对外大门不辟在正中间，而是偏在一侧。进门为天井空间。与其他民居

图4-2-84　上水东村"十八栋"现状俯视（来源：伍国正 摄）

① 上水东古民居群保护碑，汝城县人民政府2009年立。

图4-2-85 上水东村"十八栋"祠堂檐枋（来源：伍国正 摄）

图4-2-86 上水东村"十八栋"门簪（来源：伍国正 摄）

的天井不同，十七栋住宅天井的采光口均位于堂屋对面的照墙一侧，照墙对外不开窗，塑中堂对联。天井两侧分别为厨房和储物间，用雕花隔扇门窗通过天井采光。

上水东村民居建筑装饰装修精美（图4-2-85、图4-2-86）。正院的左右两排住房，以及清末举人、曾任工部主事朱炳元的旧居，在门窗、藻井、梁枋及隔扇等处，均饰以寓意文运、修身养性、吉祥富贵的花鸟、人物、故事寓言、格言等，并采用浮雕、透雕、镂雕、圆雕成型，构图严谨，形态逼真。圆木门簪正面常雕刻有八卦图、太极图或八卦太极图。

3. 郴州市长冲村

郴州市苏仙区东南部望仙镇长冲村，距离郴州市区18公里。村中古民居群始建于清雍正年间，坐西北朝东南，现存民居48栋，保存较好，总建筑面积约10000平方米，居住近百户，400余人。

长冲村坐落在山水相间处，四周是绵延于此的五岭余脉，丘陵地貌特征明显。古民居建筑群背靠青山，前有小河，其余三面为田垌旷野，体现了古人"择水而居"的选址理念。村中现存古桥1座，古井1口，以及古树等。

长冲村现存主体建筑为三纵五横十三栋，以三进式为主，内置天井、走廊。整个古民居建筑格局统一，历史风貌保存完整、规划整齐、结构紧凑。建筑群内部通过青石板巷道联系，主巷道对外出口处设门庐，夜晚可关闭（图4-2-87、图4-2-88）。

整个民居建筑具有湘南特色，都是外为砖墙，内为木构架隔板墙的砖木结构，小青瓦屋面，以金字山墙为主，局部有"三山式"封火山墙，飞檐翘角，檐口和墙头多用青砖叠涩出挑。壁檐彩绘、木雕、石雕、砖雕、泥塑，有各种形态的人物、动物和花卉，工艺精湛，且数量较多。明沟暗沟设计合理，排水系统完善。

图4-2-87 郴州市长冲村外景（来源：伍国正 摄）

图4-2-88 郴州市长冲村内巷道组图（来源：伍国正 摄）

4. 东安县横塘村

永州市东安县横塘镇横塘村周家大院后青山叠翠，阿公山、金字岭、尖峰岭、寨岭此起彼伏，村前田垌开阔。因其地形独特，史称"睡牛地"。周氏族人借自然之山水、森林、溪岸，配合自身的村居建设，构筑了一个先天睡牛意象的格局。周家大院始建于明末清初，一直都是周氏族人居住，规模宏大（图4-2-89）。

周家大院坐西朝东，占地面积46000平方米，建筑面积22000平方米，8条青石板巷道自东向西深入，把整个大院分成九纵。过去七纵建筑前各有一口池塘，七口池塘横列于村前，也许这是横塘村名的由来[①]。村北不远处是村里的戏楼、文昌阁所在地，现已倒塌，只剩断壁残垣。村落主要的饮水源为村北的一口水井。

周家大院为砖木结构，小青瓦屋面。主体建筑均为封火山墙，饰以白色腰带，在阳光下熠熠生辉（图4-2-90）。整个大院有九纵十八栋：每纵分前后两栋，每栋有四进四个天井，后面的天井为家庭的后院空间，用后照墙与外面隔开。横塘村有大小房间320余间。每栋房屋之间由巷道隔开，所有巷道由青石板铺成，纵横交错。有的建筑外墙阳角用1米以上麻石护角。

图4-2-89 横塘村周家大院鸟瞰（来源：东安县住建局 提供）

---

① 胡功田，张官妹. 永州古村落[M]. 北京：中国文史出版社，2006：10.

图4-2-90 横塘村周家大院局部俯视（来源：东安县住建局 提供）

图4-2-91 板桥村前侧俯视（来源：永州市文物管理处 提供）

周家大院是湘南边陲古代民居建筑的代表作之一。每栋房屋雕梁画栋，整个大院重楼翘檐，门窗、檐枋、墙壁上刻有福、禄、八仙、花鸟、龙凤、狮子、麒麟等各种不同的图案，神态逼真，各具特色。地面用三合土夯实，院落呈长方形，用青石板铺筑的天井内，看不见明显的下水道，说明其排水系统非常巧妙科学。每座正屋的大门均为青石门框，石门框下表面常雕刻有八卦太极图。

因为周氏祖先是明朝大官，清末又有人考取进士，在广州南海县做县丞。从这里经过的大小官员都得"文官下轿，武官下马"。院内现留有拴马石柱数根。2016年12月横塘村入选第四批中国传统村落名录。

5. 双牌县板桥村

永州市双牌县理家坪乡板桥村吴家大院，北距双牌县城35公里。大院后为风景秀丽的后龙山，前临坦水河，面对高大雄伟的将军岭，门前有较宽阔平坦的绿野良田千亩。

吴家大院居民均为吴姓，是南宋淳佑年间的特科状元吴必达的后裔，明末从道县石下渡迁来此地居住、繁衍至今。自明末吴家祖辈学神公选址于后龙山下，吴家宅院即依时代先后自西向东发展。

吴家大院的房屋布局均坐西朝东，东西长、南北窄。大院前有敞坪，坪前是半圆形荷塘，用青石护坡，岸上建有石栏。荷塘既给吴家大院增添了灵气，又是消

图4-2-92 板桥村后侧俯视（来源：永州市文物管理处 提供）

防水源。建筑外围有用卵石砌成的围墙，开南北两门。现存主体建筑全为清代建筑，由于村民的建新住房大部分都在老宅外围，所以吴家大院保存十分完好，传统建筑风貌破坏较少。

吴家大院古建筑群，布局完整统一，纵横有序，错落有致，占地40余亩，建筑面积超过4000平方米（图4-2-91～图4-2-94）。其中，律莩齐辉1500平方米，拔萃轩1200平方米，中院350平方米，后院古屋800平方米，厢房150平方米。清嘉庆年间，吴景云在后院古屋（祖宅）前建"拔萃轩"与"律莩齐辉"等建筑（图4-2-95）。"拔萃轩"与后院古屋形成前后两院。后院大厅堂上挂有"风清古稀"匾一块，是由翰林院编

图4-2-93 板桥村"拔萃轩"轴线上天井空间（来源：刘灿松 摄）

修提督湖南全省学政在嘉庆二十四年（1819年）奉皇命为贡生吴学庆之母七旬华诞所送。

吴家大院的古民居建筑均为砖木结构，青砖外墙，内部以穿斗式梁架为主，局部采用抬梁式，小青瓦顶，飞檐翘角。主体建筑多为硬山山墙，但"拔萃轩"与"律莩齐辉"的前栋主屋为三山式封火山墙，突出了建筑群的外部形象。石门槛、石柱础、门窗、檐枋等处雕刻精细，内容丰富，如石门槛正面的双凤朝阳、石门墩正面的踏云麒麟、石柱础上的展翅大鹏、门窗上的暗八

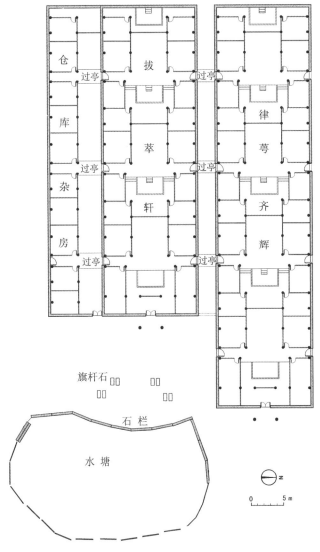

图4-2-94 板桥村前院平面图（来源：永州市文物管理处 提供）

图4-2-95 板桥村"拔萃轩"与"律莩齐辉"间巷道（来源：刘灿松 摄）

仙、厢房前檐枋的鳌鱼雕刻、檐枋下的鱼龙雀替等，几何形的窗格配以寓意吉祥的动植物形态，生动精美，古色古香（图4-2-96）。建筑入口正门用石门框，对外大门均为石门槛，门框上方做翘角卷棚式门头，雕刻和彩绘装饰图案。建筑间巷道、天井等处均用青石板铺设。2011年3月吴家大院被公布为省级文物保护单位。

另外，郴州市苏仙区坳上镇坳上村（图4-2-97）、汝城县文明镇沙洲瑶族村和文市司背湾东西二村、永丰乡先锋村（图4-2-98）、汝城县土桥镇金山村广安所村（图4-2-99）、永兴县金龟镇牛头下村（图4-2-100）、马田镇邝家村和文子洞村（图4-2-101）、高亭乡高亭村和东冲村（图4-2-102）以及板梁村（图4-2-103）、桂阳县黄沙坪区沙坪大溪村（图4-2-104）、正和镇阳山村（图4-2-105）、和平镇筱塘村、洋市镇南衙村（图4-2-106）、荷叶塘镇鑑塘村（图4-2-107）、太和镇地界村、桂阳县龙潭街道昭金村魏家村、临武县土地乡龙归坪村（图4-2-108）、衡阳常宁市白沙镇上洲村、庙前镇中田村（图4-2-109）、官岭镇新仓新塘下村罗家大院（图4-2-110）、资兴市程水镇星塘村（图4-2-111）、宜章县白沙圩乡桐木湾村和皂角村、迎春镇碛石村、华塘镇豪里村、宜章县里田镇龙溪村（图4-2-112）、永州市蓝山县新圩镇滨溪村（图4-2-113）、零陵区大庆坪乡芬香村（图4-2-114）、新田县三井乡谈文溪村（图4-2-115）、双牌县江村镇访尧村、江永县瑶族乡小河边村扶灵瑶首家大院等村落的主体空间结构，都呈明显的"行列"式布局。

图4-2-96　**板桥村檐枋雕刻组图**（来源：永州市文物管理处 提供）

图4-2-97　**郴州市坳上镇坳上村后俯视**（来源：伍国正 摄）

图4-2-98 汝城县永丰
乡先锋村（来源：伍国
正 摄）

图4-2-99 汝城县金山
村广安所村（来源：伍
国正 摄）

图4-2-100 永兴县牛头下村（来源：永兴县住建局 提供）

图4-2-101 永兴县文子洞村局部（来源：永兴县住建局 提供）

图4-2-102 永兴县东冲村局部（来源：永兴县住建局 提供）

图4-2-103 永兴县板梁村（来源：伍国正 摄）

图4-2-104 桂阳县黄沙坪区大溪村局部（来源：桂阳县住建局 提供）

图4-2-105 桂阳县正和镇阳山村（来源：伍国正 摄）

图4-2-106 桂阳县南衙村局部（来源：桂阳县住建局 提供）

图4-2-107 桂阳县荷叶塘镇鑑塘村（来源：伍国正 摄）

图4-2-108 临武县龙
归坪村朱家大院（来源：
伍国正 摄）

图4-2-109 常宁市庙
前镇中田村（来源：伍
国正 摄）

图4-2-110 常宁市新塘下村罗家大院（来源：常宁市住建局 提供）

图4-2-111 资兴市程水镇星塘村（来源：伍国正 摄）

图4-2-112 宜章县里田镇龙溪村（来源：伍国正 摄）

图4-2-113 蓝山县新圩镇滨溪村（来源：蓝山县住建局 提供）

图4-2-114 永州市零陵区芬香村（来源：零陵区住建局 提供）

图4-2-115 新田县三井乡谈文溪村（来源：伍国正 摄）

六、"围寨"式

"围寨"式传统村落是结合村落总体布局的空间结构形态及其防御性特点划分的。湘江流域的南部山区现存有"围寨"式传统村落多处，特点明显。

宋代中叶以后，湘南频繁的民族冲突、农民起义与战乱，以及土匪的经常骚掠，是地区"围寨"式村落形成的主要原因。村落一般利用山峦、河流、池塘、围墙，以及村中的寨堡、炮楼、瞭望台和门楼等作为防护设施，构成一道道防线。有同姓同宗聚居的围寨式村落，如新田县黑砠岭村、东安县六仕町村、江华县宝镜村、道县清塘镇小坪村等属于单一宗族的围寨式村落；也有多个宗族聚住的围寨式村落，如江永县兰溪瑶族乡兰溪村、道县祥霖铺镇田广洞村等。

1. 江永县兰溪村

永州市江永县兰溪瑶族乡兰溪村包括黄家村（下村）和上村两个行政村，历来有蒋、欧阳、周、杨、何、黄6姓，为多姓传统聚落。唐元和年间（公元806~820年），蒋姓人最先从大迳村移到上村定居。宋治平四年（1067年）欧阳姓人又到此定居。元代先后进入兰溪的瑶人有周、杨、何、黄等姓。兰溪村现有瑶户500余户，1800余人，上村主要有蒋、欧阳、周等姓，下村主要有黄、何、杨、欧阳等姓。

兰溪境内的瑶族是江永"四大民瑶"（勾蓝瑶、扶灵瑶、清溪瑶、古调瑶）之一的勾蓝瑶。古瑶寨背倚萌渚岭为屏障，整个村落地形呈龟形，占地约6平方公里。四周群山环绕，车尾山、人平山、呼雷山、望月山等首尾相应，错落有致（图4-2-116、图4-2-117）。地势北高南低，水系由北向南经广西恭城进入西江。

图4-2-116 兰溪村的居住环境（来源：永州市文物管理处 提供）

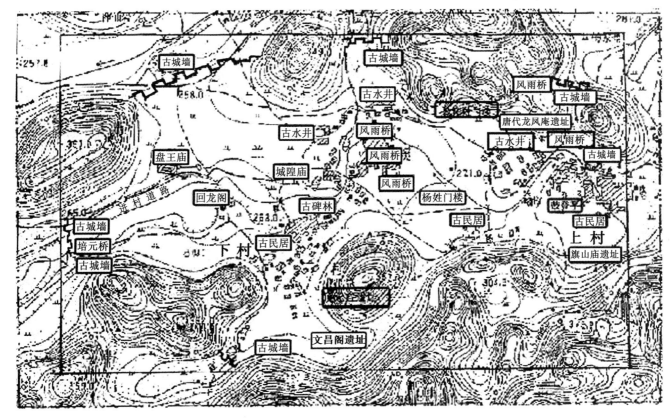

图4-2-117　兰溪村地形与传统建筑分布图（来源：永州市文物管理处 提供）

古代兰溪村是通往粤桂的必经之地。从江永出发，往西南经千年古村上甘棠至广西或广东。村内四条主干道全部由古石板铺成，总长度逾20公里，其中有4公里是古代江永通向广西富川县的必经之路，为楚粤衢道，经过石墙门2座，至今犹存。

早在清康熙年间，古村即有碑刻八景：蒲鲤生井、山窟藏庵、犀牛望月、天马归槽、石窦泉清、古塔钟远、亭通永富、岩号平安。每景赋有一诗，附有美丽动人的传说，很好地概括了兰溪古村的山水美、寺庙多、道路广、人心善等特征[①]。

兰溪村是典型的"围寨"式传统村落，村落内外共有三层防御工事，第一层为村子周围各个山口处的石城墙，设石砌寨门和砖木结构城楼。明洪武二十九

年（1396年）受朝廷招安把守粤隘，依山势在关隘口设9个石砌寨门（古称石墙门），把守通往两广的隘口。石墙门两翼筑有石墙，高二丈，宽丈余。石城墙一般高丈余，宽5尺，与陡山相连，至明嘉靖年间全部完成，全长2000余米。现存5座石墙门和村东（村后）的石城墙850米。第二层防御工事为建在村口的守夜楼，明清时期的守夜楼、门楼尚存14座，均保存完好。第三层防御工事为宗族门楼，门楼上有瞭望台、烽火台和警钟。兰溪村现保存有明清时期门楼14座，其中下村的杨姓门楼建于明万历二年（1574年）（图4-2-118）。

兰溪村历史悠久，现存古建筑数量众多，内容丰富。在方圆约6平方公里的范围内分布12座风雨桥；

---

①　胡功田，张官妹. 永州古村落[M]. 北京：中国文史出版社，2006：106.

图4-2-118 兰溪村下村中的门楼组图（来源：伍国正 摄）

图4-2-119 兰溪村的石鼓登亭（来源：永州市文物管理处 提供）

图4-2-120 兰溪村溪水上的凉亭（来源：伍国正 摄）

元、明、清时期的庙宇（遗址）47座、庵堂8座、寺院5座、古楼阁3座、道观2座、顶天宫1座、古桥50余座、古碑刻100余方。其中始建于后汉乾祐四年（公元951年），后来又陆续重建，规模宏大且独具特色的盘王庙，占地面积960平方米。庙内有近10方重修碑铭尚存。兰溪村现存明代古民居22座，建筑面积1410平方米，清代民居51座，建筑面积3100平方米。明清时期的守夜楼和门楼14座、凉亭14座（多建于溪水之上）（图4-2-119、图4-2-120）、戏台5座、祠堂建筑7座，以及众多的古井等。

民居建筑以巷道地段划分聚居单位；纵深布局，中轴对称（图4-2-121）；清水砖墙冠以白色腰带，强调山墙墀头装饰；檐饰彩绘；门簪多为乾坤造型和龙凤浮雕；室内雕刻的花鸟虫鱼、福禄寿喜等图案精美。建筑

（a）独栋天井式

（b）独栋院落式

（c）联排院落式

图4-2-121 兰溪村民居外观组图（来源：伍国正 摄）

风格融合了汉、瑶、壮等多个民族的风格，集中反映了兰溪勾蓝瑶的建筑工艺和技巧，是研究兰溪勾蓝瑶古建筑和习俗的第一手资料（图4-2-122～图4-2-124）。

2005年6月，兰溪瑶族乡兰溪瑶寨古建筑群整体成为江永县级文物保护单位。2011年3月，兰溪瑶族乡兰溪瑶寨古建筑群整体被列为湖南省第九批省级文物保护单位。2014年11月入选第三批中国传统村落名录。

2. 江华县宝镜村

永州市江华瑶族自治县大圩镇宝镜村在清顺治年间属永州府江华县，名"竹园村"。《江华地名录》记载，宝镜因其"村前有一井塘，水清如镜，可食饮，又可灌田，故名宝镜。"全村人口近1000人，全部都是何姓后裔。《何氏族谱》记载，清顺治七年（1650年），何氏第四世应棋公由道州营乐乡车坝楼田高家坊自然村溯沱水经冯河逆岭东河崇江而上，来到岭东中段的竹园村，娶妻生子，逐渐兴旺发达。

宝镜村坐东朝西，背依后龙山（笔架山），傍村有一股终年不断流、清澈见底的山泉溪水蜿蜒而过。村前为开阔田垌，村后群峰环抱，树木茂密，经年堆翠滴绿（图4-2-125）。村外稻田中央耸立着一座青砖结构五级六方的惜字塔。

宝镜村古建筑群古朴典雅，结构严谨，规模庞大，气势恢宏，占地80余亩，房屋180栋，门楼7个、巷道36条，其中，保存较好的明清时期房屋超过100栋，总建筑面积约20000平方米。从南往北有走马吊楼、新屋、

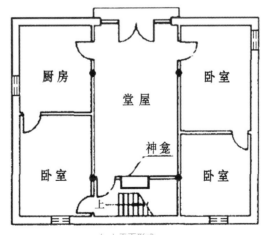
（a）平面形式一

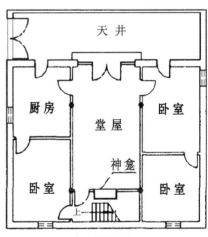
（b）平面形式二

图4-2-122 兰溪村民居平面形式（来源：《江永兰溪勾蓝瑶族古寨民居与聚落形态研究》）

图4-2-123 兰溪村民居梁架（来源：伍国正 摄）

图4-2-124 兰溪村永兴祠梁架（来源：伍国正 摄）

图4-2-125 宝镜村主入口及走马吊楼（长工楼）（来源：伍国正 摄）

老堂屋、下新屋、上新屋、大新屋、明远楼、围姊地、何氏宗祠、忠烈祠等十个相对独立的建筑单元或院落。整个村落基本保存着原来的历史风貌，80%的建筑保持完好，其余的因为无人居住，时间久远，风雨剥蚀已经破损，甚至出现了严重的墙体坍塌和檐断瓦溜的现象。

古村落地处潇贺古道的必经地，瑶汉文化的交汇点，周围环境优美，清代进士刘其璋的《宝镜何氏宅院写景》："绿柳阴浓宝镜藏，笔峯献瑞绕高房。平田作案仓箱足，要路环门束带长。桂馥兰馨盈砌秀，家泫户诵满庭芳。沱江迤逦虹桥锁，地脉钟灵万代昌。"另有《拟宝镜八景近体凡八章》："松林淡月、槐社夕阳、虹桥锁翠、螺蚰浮岚、响泉遗韵、曲水回澜、珠塘漾碧、宝塔酣青。"生动地描绘了宝镜村的自然山水和人文景观特色。

宝镜村的防御体系及空间特色营造，体现了围寨式传统村落的基本特点。其防御体系可分为三层，第一层为村四周的建筑及围墙，通过砖木结构的二层门楼出入。在进村的主入口处依地形还设有第二道围墙及砖木结构的门楼（图4-2-126）。村中现有保存完整的门楼7个。第二层为村中的瞭望台和炮楼。宝镜村建有三处高高的瞭望台，上面布满了内窄外宽的射击孔。现保存完整的位于村东笔架山下的"明远楼"，为宝镜最高点，平面呈正方形，长、宽均为4.5米，通高10米，共三层。青砖基础，土砖结构，正面开四窗，上书"明远楼"。明远楼是何氏家族读书人读书明志的地方，也是一座瞭望台和炮楼。它四面共27个内窄外宽的枪眼与村中另两座瞭望台相互呼应，可用枪炮射杀远距离来犯之敌。第三层为村中纵横交错的巷道及巷道门，以及具有防范意识的内院、外院建筑空间（图4-2-127）。村中的新屋、老堂屋、下新屋、上新屋、大新屋和围姊地均由主院及附院组成。主院是主要的起居活动区，是男人们的世界；从属于主院的院中院——附院，主要是妇女和儿童的活动空间。大量的外院则住仆役、长工，他们往往起到看家护院的特殊作用。

据《何氏族谱》记载，清时宝镜何氏家族共出才子42名，有进士10人、贡生4人、大学生6人。42名才子中有职员13名，其中文官11人、武官2人。因为在外做官，其民居建筑较多地吸取了汉族民居尤其是江南民居的风格特点。主体建筑始建于清顺治年间，少量建筑续建于民国年间。村中每一栋大体量建筑都由主院、附院、侧院、前坪、花园组成，以纵列多进式天井（院落）为中心组成住宅单元，纵深布局，中轴对称，高墙深院，对外封闭，且各具特色（图4-2-128、图4-2-129）。

图4-2-126 宝镜村主入口处下新屋与第二道门楼（来源：伍国正 摄）

图4-2-127 宝镜村内的巷道（来源：伍国正 摄）

图4-2-128 宝镜村大新屋入口（来源：伍国正 摄）

图4-2-129　宝镜村围姊地入口（来源：伍国正 摄）

图4-2-130　宝镜村民居檐枋下雀替雕刻组图（来源：伍国正 摄）

村中所有古建筑均为清水砖墙，小青瓦屋面；主要为"金字硬山搁檩造"和穿斗式梁架结构，少数采用三山式封火山墙或马头垛子；采用大量规整的石材墙基、柱础、天井或铺墁地面。雕梁画栋，灰塑、木雕、石雕、彩绘等工艺精湛，内容广泛，栩栩如生（图4-2-130）。

这里以新屋为例，介绍宝镜村的建造特点。

新屋建于清道光二十二年（1842年），是宝镜村最大、最有代表性，同时也是保存最为完好、功能最为齐全、最能反映封建地主庄园经济生活的建筑。占地总长64.8米，宽46.6米，由主院和左右各两个附院、前坪、后院等组成。主体建筑坐南朝北，总长58.5米、宽46.6米，总面积2727平方米，共12个天井、80间厢房。主院由门厅、中堂、二进中堂、倒堂四部分构成，后堂高于前堂，每堂中均有天井，号称"三进大堂屋"，当地人俗称其为"三堂九井十八厅，走马吊楼日晒西"（图4-2-131～图4-2-133）。

主院前栋为向内单坡屋顶，门外为高大的"一"字式照墙。但是前栋对外大门偏在主轴的右侧，为三间式小门屋。门屋明间设木屏门，两侧原为打更室和传达室。门屋用出挑深远、造型优美的三坡阁楼式飞檐门罩，翼角均立陶质飞龙装饰。门罩两侧挑木下用雕琢精细鳌鱼形雀替，结构性、装饰性俱佳（图4-2-134）。门屋右侧内坪用大石板墁地，平顺而规整。后面四栋均为双坡屋面，第二栋为三山式封火山墙，最后三栋为金字硬山，檐下饰以白色腰带。每栋外墙均为麻石墙基的清水砖墙。

中轴主院为三进院，每进均为三间两厢式，穿斗式梁架，穿枋外侧多雕刻吉祥动植物图案装饰。天井砌筑考究，用料大气，天井池中置放银锭形的汀石踏跺，造型奇特而实用。天井四周木隔扇门窗雕刻以花卉、草木、福、禄、寿、喜、民间故事为主（图4-2-135、图4-2-136）。南侧续接后院秀楼，多为女眷及孩子使

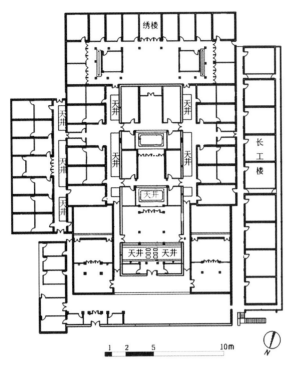

图4-2-131 宝镜村新屋平面图（来源：永州市文物管理处 提供）

用，瑶族俗称女间（图4-2-137），吊脚楼形式，院屋联七间，二层，共20间厢房，靠主院一侧设木楼梯上下，上带木质走马廊，明间装五抹头六隔扇门，装修精美。

宝镜村古村落是汉、瑶民族智慧的结晶。村口二层的走马吊楼、村中吊脚楼风格的民居、主院后的女间、外院建筑中通长的吊脚柱外廊等，都体现出明显的瑶族建筑特色。瑶汉民族建筑艺术取长补短，在这里得到完美结合（图4-2-138~图4-2-140）。

宝镜村为省级历史文化名村，2011年，湖南省人民政府公布为省级文物保护单位。2016年12月入选第四批中国传统村落名录。

另在调查中发现，郴州市桂东县沙田镇龙头村的空间结构形态具有明显的客家围屋特色。整座建筑约

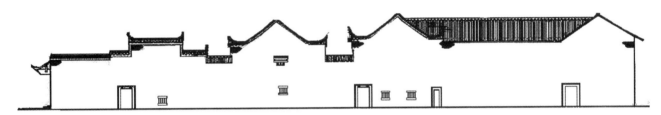

图4-2-132 宝镜村新屋侧立面图（来源：永州市文物管理处 提供）

图4-2-133 宝镜村新屋内正堂屋空间（来源：伍国正 摄）

图4-2-134 宝镜村新屋入口门罩（来源：伍国正 摄）

图4-2-135 新屋内天井空间及隔扇（来源：伍国正 摄）

图4-2-136 新屋内的隔扇窗（来源：伍国正 摄）

图4-2-137 新屋后院的女间（来源：伍国正 摄）

图4-2-138 花窗（来源：伍国正 摄）

图4-2-139 宝镜村墙头灰塑凤鸟（来源：伍国正 摄）

图4-2-140 宝镜村柱础组图（来源：
伍国正 摄）

2000平方米，共有大小房间120多间，小青瓦顶。主体建筑方形布局，坐北朝南，前后三排，中间有13个天井，砖木结构，高二层。南侧环以土砖杂房，环形幅度较大，高一层，用卵石墙基。围屋内自主房到杂房分别为敞坪、菜地和池塘（图4-2-141）。据村民郭名先老先生介绍：老屋大概是清朝咸丰年间，由郭韶埔始建；郭韶埔做生意赚了钱，又有八个儿子，所以要建大房子；郭氏祖先是从江西遂川草林攸福搬过来的，建房时对福建龙岩等地的客家围屋形式可能有模仿参考[①]。

图4-2-141 桂东县沙田镇龙头村俯视（来源：《湖南发现围屋》，郭兰胜 摄）

七、"向心"式

"向心"式村落（大宅）多以村前或村中的池塘或祠堂为中心，呈扇面向四周展开，纵向主巷道呈放射状向后延伸。村中横向次巷道与纵向主巷道相交。单体建筑大部分开门于次巷道。村落融合了传统四合院和客家民居的布局方式，具有明显的向心性。大型村落前的水塘也较大，如久安背村前水塘约5亩，路亭村前水塘约10亩。随着人口增多，民居建筑围绕池塘分布，村落整体上几乎成了圆形，如桂阳县锦湖村和庙下村，锦湖

村中水塘约10亩。随着家族分支的扩大，有的村落发展有多个中心，如汝城县高村、石泉村、金山村、土桥村等。

"向心"式传统村落布局严谨，合院式单体建筑内部尊卑有序。依地形以村前半月形池塘为中心的村落，呈扇面向四周展开，村落与半月形池塘整体上构成了一个近似的太极图案，是对宇宙图式的一种表达，也体现了生殖崇拜的传统文化特征。前面半月形池塘象征阴，后面的扇形村落象征阳，两者合为一圆代表天，

---

① 郴州电视台新闻联播："探秘"桂东围屋，2016-05-27.

建筑前的坪地象征地，是依地形对"天圆地方，阴阳合德"宇宙图式的表达，也是生殖崇拜、仿生象物意匠的体现。

1. 新田县黑砠岭村

永州市新田县枧头镇黑砠岭村龙家大院，始建于宋神宗元丰年间。村落坐西南朝东北，三面环山，村口开有半月形池塘，池塘面积1400平方米，塘水清澈，经年不干。全村现有48栋古民居，依山形地势自东北向西南递次构建，临池塘呈扇面展开（图4-2-142、图4-2-143）。旧时龙家大院是一个全封闭式的古民居群体，村后有古井群，有高达数米的两层环形护院墙及古寨堡，与半月形池塘构成一个近似的太极图案。村中有大小青石巷弄24条，纵向巷道前面与池塘边的环形大巷道相连。在池

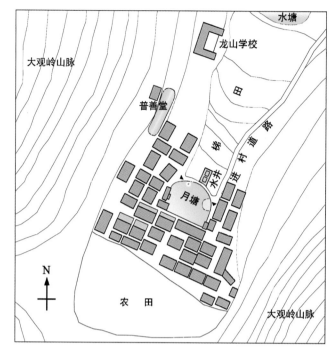

图4-2-142　黑砠岭村现状总平面图（来源：据黑砠岭村现代地形图绘制）

图4-2-143　黑砠岭村俯视（来源：伍国正 摄）

塘两端各有一个巷口门楼作为全村的出入口。整个大院现有建筑面积5780平方米，村前有普善堂和龙山学校等建筑。

龙家大院民居房屋规模较小，多为二进三开间。外部为石基砖墙，硬山两端出垛子，稍微高出屋檐，叠涩盖瓦起翘，墀头正面均塑八字双凤鸟。内部多为穿斗式木构梁架，并依使用目的之不同，用木质装修的屏风、隔扇分隔。单体建筑较高，前厅后堂，厅堂通高不分层，显得高大宽敞。堂后宝壁之上，内摆祖先牌位，初一、十五拜祭。厅堂两侧为卧房，分两层，下层居住，上层放置什物。厅堂前檐常做成各式的轩，形制秀美。

龙家大院建筑特色浓郁，建筑风格和形制统一，规划精巧，每户独立成栋，一户一巷子。门户之间，小巷之上，有过廊连接（图4-2-144）。每栋靠小巷的墙上，于一人高处开有一个或两个小窗口，据说旧时入夜，将油灯置放在窗口，既照亮了自家又方便了路人（图4-2-145）。

精美的装饰艺术，是龙家大院内的一大亮点，建筑内梁枋、门窗、隔扇、门墩、柱础、雀替、挑檐、墙上彩绘、灰塑、吻兽，甚至角柱石等，无一不精雕细琢，线条流畅，工艺精湛，造型各异，神情逼真。其装饰艺术的另一民俗特色是以象征性的图案，表达图腾崇拜和祈望思想。如隔扇绦环板上阳雕的松子、莲蓬、石榴，墀头正面的八字双凤鸟灰塑、凤凰宝瓶脊刹、建筑山墙上的太阳及葫芦图案等，既是对女性生殖崇拜的表达，也是对民族图腾的表达（图4-2-146、图4-2-147）。其中的圆形图案可认为是两重含义，一是对女性的生殖崇拜，一是对太阳的崇拜。

另外，龙家大院布局严谨，入口处的月塘与村后两层环形护院墙构成了一个近似的太极图案，其整体布局与客家圆形土楼或围龙屋形状相似，也是依地形对天圆地方、阴阳合德的宇宙图式的一种表达，体现了对生殖的崇拜。

图4-2-144　黑砠岭村巷道（来源：伍国正　摄）

图4-2-145　黑砠岭村墙上照明灯窗（来源：伍国正　摄）

图4-2-146　黑砠岭村民居建筑上凤凰宝瓶脊刹（来源：伍国正 摄）

图4-2-148　汝城县金山村鸟瞰（来源：汝城县住建局 提供）

图4-2-147　黑砠岭村中的隔扇窗（来源：伍国正 摄）

2. 汝城县金山村

郴州市汝城县土桥镇东北部的金山村传统村落始建于唐代。村落占地793亩，地势平坦，交通便利，四周为沃野良田，远处青山环绕。金山村是以血缘关系为主、聚族而居的传统村落，先后由李、卢、叶三姓迁聚于此，为村中主要姓氏。全村现有近700户，2400多人。村落中现保存有古祠堂6座，明清古民居95栋，面积约6000平方米。2011年8月金山传统村落列入湖南省历史文化名村，2016年12月入选第四批中国传统村落名录（图4-2-148）。

村落中各民居建筑组团以其前面的池塘为中心，祠堂位于组团的前面，祠堂与池塘之间一般都有开阔的"广场"，为前坪，亦称拜坪。池塘称明塘，寓心明如水之意，象征着积水聚财。水能聚气，"气聚成水，气动成风"。民居建筑在祠堂两旁及屋后环绕池塘呈扇面展开，并按照"前栋不能高于后栋，最高不能超过祠堂"的习俗建设。祠堂前视线开阔，暗示"门前开阔、鹏程万里"，其朝向代表这个组团的风水，民居建筑朝向一般也与该祠堂相同。祠堂左右民居建筑基本对称布置，但比祠堂稍稍后退约一砖长左右。"远远望去，祠堂就像一个龙头带领一群子孙向前迈进，充分体现了古人尊重并继承祖先优良传统和个体发展服从整体和谐的设计思想。"①

① 陈建平. 湖南汝城现存710余座古祠堂亟待保护和开发[EB/OL]. 2012-8-8. 中国新闻网. http://roll.sohu.com/20120808/n350168272.shtml.

村中现有池塘8个，有祠堂前广场和组团中心广场7个。组团外围为村落对外的交通大道，以村东（金山大道）入口为起点，别驾第（李氏陇西堂）为终点，按顺时针方向串行传统村落核心部分。组团内巷道主要通过祠堂前广场与对外大道相连。整体布局中心突出，规划严整，布局严谨；对外的交通大道，组团内的巷道、沟渠构成了村落的基本骨架；祠堂等公共建筑是村落中最重要的公共活动中心和精神中心；井台、朝门、广场

是人们日常交往的活动空间。

金山村传统民居以青灰色为主调，色彩清淡而朴素（图4-2-149、图4-2-150）。主体建筑外形均为面阔三开间，青砖"金包银"硬山结构，小青瓦屋面；体量以宽11米，进深8.9米为主；巷道用青石板铺就，排水沟渠用河卵石砌筑，两者在平面布局中的走向基本保持一致。祠堂入口牌楼及内部梁枋装饰，具有明显的区域性特色。

图4-2-149　金山村叶氏建筑区（来源：伍国正 摄）

图4-2-150　金山村卢氏建筑区（来源：伍国正 摄）

金山古村现有六处古祠堂：井头一、二组的"陇西堂"（李氏家庙），界下组的"叙伦堂"（卢氏家庙），坎上、坎下组的"敦本堂"（叶氏家庙），象形湾组的叶氏"达德堂"（砖屋），上叶家一、二组的叶氏"咸正堂"，田心一、二组的"别驾第"（田心李氏陇西堂）。保存较好的有：

（1）陇西堂（李氏家庙）

金山村井头组李氏陇西堂始建于明万历四十七年（1619年），坐南朝北，南北长20.7米，东西宽10.33米。主体建筑面阔三间，纵深三进二天井，砖木结构，主体结构采用抬梁式木构架。前厅正中一间为单檐歇山式，脊中央用小青瓦叠飞鸟装饰（现改为葫芦宝顶装

饰），檐口高出两侧约30厘米，两端为五山式封火山墙（图4-2-151、图4-2-152）。门楼翼角和山墙端部均用陶质凤鸟装饰。

前厅鸿门月梁三层镂雕双龙戏珠，其下两端亦用镂空飞挂装饰，其上额枋正面正中用蓝底金字书写有"李氏家庙"四字，顶棚彩绘历史故事。大门上方的门簪四周镂雕龙凤，正面阳刻太极八卦图案。大门前立一对石鼓，石鼓顶部各雕一个小狮子头，大门及两边的侧门门板上均彩绘门神，门前露台青石铺就。后厅设神龛，有装饰性隔扇五对，上悬"奉天敕命"和"陇西堂"匾。

金山村田心组李氏陇西堂入口门楼的形态与界下组的卢氏家庙（叙伦堂）相似（图4-2-153、图4-2-154）。

图4-2-151 金山村井头组李氏陇西堂（来源：伍国正 摄）

图4-2-152 金山村井头组李氏陇西堂中厅（来源：伍国正 摄）

图4-2-153 金山村田心组李氏陇西堂（"别驾第"）入口（来源：伍国正 摄）

图4-2-154 金山村田心组李氏陇西堂（"别驾第"）主殿（来源：伍国正 摄）

（2）叙伦堂（卢氏家庙）

叙伦堂始建于明万历三十三年（1605年），坐西南朝东北，长30.4米，宽9.2米。主体建筑面阔三间，纵深三进二天井，砖木结构，主体结构为抬梁式木构架。正中门楼一间，突出于前厅，单檐歇山顶，正脊陶土塑回纹"品字"装饰，脊中置火焰摩尼珠，火焰摩尼珠两侧分别为相望的母、子狮，脊断置鱼龙吻"鸱吻"。檐下施如意斗栱出挑五层，斗栱下的额枋上立"八仙"塑像，堆雕龙凤、双龙戏珠等多种彩绘图像，栩栩如生（图4-2-155）。2013年被列入国家重点文物保护单位。

和陇西堂一样，鸿门月梁三层镂雕双龙戏珠，其下两端用镂空飞挂装饰；大门门簪四周镂雕龙凤，正面阳刻太极八卦图案。额枋正中蓝底金字书写着"南楚名家"，因唐昭宗李晔皇帝所赐卢氏先人的诗中有"楚国之南皆名家"而得名。

叙伦堂前厅两端亦为五山式封火山墙，与陇西堂不同的是，叙伦堂封火山墙迎面第一层端部用鱼龙吻装饰，其他各层的端部和门楼翼角均立陶质凤鸟装饰。后厅神龛亦用五对隔扇装饰，上悬"叙伦堂"匾（图4-2-156）。前厅两侧巷道的前方大小相同的拱形门洞上方分别有白底墨书："礼门""义路"，也与陇西堂不同。

（3）敦本堂（叶氏家庙）

敦本堂始建于明弘治元年（1488年），清乾隆二十四年（1759年）第一次维修，清道光元年（1821年）、民国16年（1927年）均进行了修缮。2013年被列入国家重点文物保护单位。

敦本堂由朝门及家庙组成，均为砖木结构。朝门与家庙不在同一轴线上，朝门坐西南朝东北，总进深9.2米，总面宽7.6米，是汝城有名的"三条半"朝门之一，由清道光年间岭南著名的堪舆家肖三四亲自堪形而定。朝门两侧为八字照壁，前为敞坪和池塘，大格局与李氏家庙和卢氏家庙相似。家庙坐西朝东，主体建筑面阔三间，纵深二进一天井，南北长23.9米，东西宽6.86米。

图4-2-155 金山村卢氏家庙（叙伦堂）入口（来源：伍国正 摄）

图4-2-156 金山村卢氏家庙（叙伦堂）中厅（来源：伍国正 摄）

前进为门屋，设三山式封火山墙，山墙端部起翘简单。青砖、青瓦、青石地板，雕梁画栋，工整细致，古色古韵（图4-2-157～图4-2-159）。叶氏家庙没有卢氏家庙那种复杂的如意斗栱结构，但其鸿门月梁同样是三层镂雕双龙戏珠，云水纹环绕，层层相扣，双龙雕刻生动，形象逼真，线条粗犷有力。

大门上方的门簪四周亦镂雕龙凤，正面阳刻太极八卦图案。

融宗族文化、礼仪文化、民俗文化、建筑文化等于一体的金山村古祠堂是汝城县祠堂群的组成部分，是地域民俗文化的结晶，是见证汝城历史与变迁的"活化石"。祠堂建筑造型特色明显，雕梁画栋，古色古韵，

图4-2-157 金山村叶氏家庙（敦本堂）八字朝门（来源：伍国正 摄）

图4-2-158 金山村叶氏家庙（敦本堂）入口（来源：伍国正 摄）

图4-2-159 金山村叶氏家庙（敦本堂）檐枋装饰组图（来源：伍国正 摄）

其花鸟虫鱼、梅兰竹菊、瑞兽、吉祥纹饰等彩绘图案精美；泥塑、木雕、石雕工艺考究；浮雕、透雕、彩绘等艺术精湛，栩栩如生（图4-2-160）。

另外，宁远县湾井镇久安背村和路亭村（图4-2-161）、衡阳市常宁市西岭镇六图村（图4-2-162）、耒阳市太平圩乡寿州村、郴州市苏仙区良田镇两湾洞村（图4-2-163）、汝城县马桥镇高村（图4-2-164）、石泉村、外沙村（图4-2-165）、暖水镇（田庄乡）洪流村（图4-2-166）、土桥镇金山村、土桥村（图4-2-167）、北湖区鲁塘镇陂副村（图4-2-168）、宜章县黄沙镇（长村乡）千家岸村（图4-2-169）、白沙圩乡才口村（图4-2-170）、沙坪村（图4-2-171）、五甲村（图4-2-172）、莽山乡黄家塝村（图4-2-173）、桂阳县莲塘镇锦湖村（图4-2-174）、洋市镇庙下村（图4-2-175）等村落，围绕村前池塘或祠堂依地形呈扇面展开，都是"向心"式布局的典型事例。

图4-2-160 金山村民居外墙护角石刻（来源：伍国正 摄）

图4-2-161 宁远县湾井镇路亭村（来源：伍国正 摄）

图4-2-162 常宁市西岭镇六图村（来源：常宁市住建局 提供）

图4-2-163 郴州市两湾洞村（来源：郴州市住建局 提供）

图4-2-164 汝城县高村俯视（来源：尹政 摄）

图4-2-165 汝城县外沙村局部俯视（来源：伍国正 摄）

图4-2-166 汝城县洪流村鸟瞰（来源：伍国正 摄）

（a）鸟瞰

（b）前方俯视

图4-2-167 汝城县土桥村（来源：伍国正 摄）

（a）鸟瞰（来源：伍国正 摄）　　　　　　　　　　　　　（b）局部俯视（来源：郴州市住建局 提供）

图4-2-168　郴州市陂副村

（a）鸟瞰

（b）局部俯视

图4-2-169　宜章县千家岸村（来
源：伍国正 摄）

图4-2-170 宜章县才口村俯视（来源：伍国正 摄）

（a）鸟瞰

（b）祠堂前空间

图4-2-171 宜章县沙坪村（来源：伍国正 摄）

图4-2-172 宜章县五甲村
鸟瞰（来源：赵琦 摄）

图4-2-173 宜章县莽山乡
黄家塝村（来源：伍国
正 摄）

图4-2-174 桂阳县锦湖村鸟瞰（来源：李力夫 摄）

图4-2-175 桂阳县洋市镇庙下村（来源：《湖南传统村落（第一卷）》）

八、"散点"式

湖南"散点"式布局的村落以少数民族为多,主要分布在丘陵及山区的台地上。村落中民居建筑依地形散布于各级台地上,整体上看,村落没有明显的中心和轴线。实例有湘西土家族苗族自治州保靖县葫芦镇新民村(土家族、苗族)、永顺县灵溪镇司城村(土家族)、娄底市新化县水车镇正龙村(苗族)、株洲市醴陵市东堡乡沩山村、会同县马鞍镇相见村等(图4-2-176~图4-2-181)。

图4-2-176 保靖县葫芦镇新民村〔来源:保靖县住建局 提供〕

图4-2-177 永顺县灵溪镇司城村〔来源:伍国正 摄〕

图4-2-178 新化县水车镇正龙村〔来源:谭绥亨 摄〕

图4-2-179 辰溪县上蒲溪瑶族乡沅江岸边山坡上瑶寨（来源：辰溪县住建局 提供）

图4-2-180 醴陵市东堡乡沩山村（来源：醴陵市住建局 提供）

图4-2-181 会同县马鞍镇相见村（来源：会同县住建局 提供）

九、乡村聚落空间结构形成原因概述

地域传统乡村聚落形成与发展的因子是多方面的，如封闭的自给自足的自然经济、地形环境、气候条件、生产生活方式、产品结构、社会矛盾与斗争、传统的礼制思想、宗法制度、阴阳理论、风水观念、聚居伦理文化、趋利避害的心理需求等等。人们对其研究侧重于不同的方面。

湖南传统村落及大屋民居村落空间结构形态，是在特定的自然地理环境和社会政治经济、人文环境下产生和发展的，是地区社会经济、政治及文化发展的结果，是地区建筑文化审美的自然适应性、社会适应性和人文适应性特征的综合表现。

湖南境内四大水系：湘水、资水、沅水、澧水，均流注洞庭湖进入长江。历史文化景观自古受楚、粤文化和中原文化等多种文化影响，尤其是受历史上多次移民的直接影响。湘水流域是古代荆楚文化与百越文化的过渡区，湘水流域和资水流域是历史上四次大规模"移民入湘"的主要迁入地。历史上，湘水流域和资水流域除湘南有瑶族集中居住外，主要为汉族，湘西地区的沅水流域和澧水流域主要为土家族、苗族、侗族、瑶族等少数民族。湘水流域和资水流域相对于沅水流域和澧水流域被移民开发较早。

各民族在长期交往中，相互借鉴，相互吸收，因此传统村落布局与民居建筑风格多有融合。如"半月形"池塘，过去较多发现于文庙建筑和客家民居建筑前，湘南山区非客家的传统村落也有较多出现，而且有的村落以村前的池塘或祠堂为中心，"向心"式向四周展开。究其原因，我们认为，它与中国传统的宇宙观念和图腾崇拜等文化积淀有关，也应是受清朝初期客家人"第四次人迁徙"①进入湘南带来客家文化影响，是文化传播与融合的结果。

考察湖南省"街巷"式传统乡村聚落，一般都位于过去的地区交通要道上，如江永县上甘棠村位于旧时湘南通往两广的驿道上；道县龙村中的铺街过去是北通双牌、零陵，南达道州城再往广西的湘桂古道一部分；道县田广洞村村前是通往道州和江永县的古道（湘桂古道）；宁远县下灌村位于冷江河（村前）与东江河（村后）交汇处，有沐溪穿村而过，过去对外水路交通发达；宁远县大阳洞张村位于潇水河边，过去曾是到九嶷山途中重要的商铺要道；永兴县柏树村的穿村大道过去亦为古驿道；张家界市桑植县利福塔镇苦竹寨村前傍苦竹河，元末至清初即为桑植县十分繁荣的水埠码头，是桑植县与外界交流的主要通道；怀化市洪江市湾溪乡山下陇村杨家大院地处湘黔古商驿道必经之路，自清初以来是湾溪周边商贸集市；洪江市铁山乡沈家坡村地处铁山至邵阳、长沙的交通要道。由于村落选址在地域的交通要道，以及生产与商业的发展，村落中都有较宽阔的街道和较多商铺，通过与街道相连的主巷道进入，次巷道再与主巷道相交，形成交通网，居民从次巷道进入宅院，具有较好的安全防范性。

传统村落"街巷"式空间结构形态的形成与发展适应了当时社会、政治、经济的发展和居民生产生活的需要；适应了地域的自然地理环境与人文特点，体现了建筑文化审美在对地域的地理、气候环境与社会人文等方面的适应性，是文化审美观与功用价值观的统一；体现了文化的传承性和村落空间结构功能发展的进步性，是中国传统聚居制度与聚居形态发展的结果。延续至今，具有明显的优点，对于当今和谐社会宜居社区的规划建设仍然具有借鉴意义。

湖南传统村落采用"行列"式布局，适应了地区炎热潮湿的气候特点。一方面，它保证了村中每户都

---

① 尤慎. 从零陵先民看零陵文化的演变和分期[J]. 零陵师范高等专科学校学报，1999，20（04）：80-84.

有良好的朝向，户内能够接纳较多的阳光照射；另一方面，它又能够让村中形成了良好的通风环境。当村落的主要巷道与夏季的主导风向平行时，在正常情况下，来自田野、池塘和树林的凉风就能通过天井或敞开的大门吹进室内[1]；巷道有通风疏导作用，相对于村落的封闭空间，当风从村前或村后吹向村落时，受到村落界面墙的阻挡，通过巷道的风速就会增大，从而加大了村落内的空气流动，可以带走更多的热量；同时，由于巷道较窄，白天受阳光照射少，温度较低，而天井（院落）空间较大，受太阳辐射较多，温度较高，根据热压通风原理，常风情况下，当天井（院落）内热空气上升，巷道内的冷空间就会补充进来，从而达到降温作用[2]。

湖南传统村落和民居建筑布局既遵守"规则"，体现中国传统"礼乐"文化和"宗法"文化特点，又适应了地区的气候、地形地貌等自然环境条件。建筑布局不拘泥于"坐北朝南"。如："坐南朝北"布局的永州市零陵区干岩头村周家大院、新田县黑砠岭村龙家大院、江华瑶族自治县大圩镇宝镜村等；"坐东朝西"布局的江永县夏层铺镇上甘棠村、宁远县水桥镇平田村、江华县大圩镇宝镜村、道县龙村等；"坐西朝东"布局的宁远县湾井镇路亭村、宁远县九嶷山黄家大院、新田县三井乡谈文溪村、东安县横塘村周家大院、双牌县板桥村吴家大院、汝城县上水东村"十八栋"，以及体现各个朝向的"向心"式布局的村落等。

宋代中叶以后，频繁的民族冲突、农民起义与战乱，以及土匪的经常骚掠，"防匪护民"是"围寨"式村落形成的主要原因。

另外，"散点"式村落广泛分布于丘陵山区，选址考虑更多的是适应地形地势的需要，不侵占生存资源，而又相对易于建设，与生产生活联系较为方便的地带。

第三节　乡村聚落公共场所与建筑

一、场坪空间

（一）村寨场坪

许多村寨都有一定的活动场地，一般设置在村寨内较宽敞的空地，主要用来节庆聚会和赶场之用。在村寨内条件有限的情况下，则会在离村寨不远处寻得一片宽敞的空地用之。根据场坪与村寨的位置关系，可分为村外、村口以及村内（图4-3-1）。

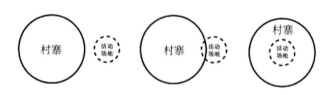

图4-3-1　村寨与赶秋节活动场地之间的位置关系（来源：王汝鑫　绘）

① 陆元鼎，魏彦钧. 广东民居[M]. 北京：中国建筑工业出版社，1990：22.
② 陆琦. 中国民居建筑丛书：广东民居[M]. 北京：中国建筑工业出版社，2008：250-251.

1. 村外场坪

将场坪设置在村外，最主要的两个主导因素，一是因自然地形地貌的因素，村寨布局紧凑，村内没有闲置的平地。二是组织规模的大小，根据活动和赶场规模，需要在村外寻找更大的坪地。如在湘西花垣县板栗村曾经举办赶秋节的秋场就设在村外空地（图4-3-2）。主要依靠原有地形，整体呈内凹的圆形，四周为稻田。场地较大，约4.5亩，承载了整个赶秋节的各类活动。

2. 村口场坪

置于村寨口的场坪与村寨的联系较紧密，充分利用了村寨的入口空间，它可以是村寨入口的广场，或仅仅是一片闲置的空地。每逢赶场日，村民带上土特产品聚集于村口，"日中为市，交易而退，各得其所"。村民们早聚晚散，人聚而市，人散则旷，或是肩担，或是提篮，或是摆摊，或是蹲点，形象百态。"谷旦于差，南方之原。不绩其麻，市也婆娑。"①或也用于举办节日活动，如2017年湘西花垣县十八洞村的赶秋节秋场，设在十八洞村竹子寨寨口，场地整体呈不规则形状，四周有跟随地形升起的台地，方便人群观看展演活动（图4-3-3）。

湘南、湘中很多传统村落在村口留有一块场坪用于村民聚集和平日临时堆晒生活物资。如宜章县才口村（图4-3-4），全村现保存有86栋明清时期的古建筑，约6万平方米。在村落西南村口留有一处不规则长方形场坪，背靠村落，前有一眼方塘，面向南面开阔农田，道路直通场坪，便于物资聚集和转运，也是村落主要的景观形象和入口。

3. 村内场坪

村内场坪往往与村寨本身的公共空间紧密联系。

图4-3-2 花垣县板栗村赶秋节的秋场（来源：杨年春 摄）

图4-3-3 花垣县十八洞村赶秋节祭秋仪式（来源：王汝鑫 提供）

有的是晒谷坪；有的是村内道路的汇合处，因建有公共建筑便于人流聚集而扩大的开敞空间；有的则是长期生活习俗固定下来。如在湘西花垣县板栗村中心位置的两个紧邻广场，一个是传统活动空间，一个是翻新修建的青石板广场（图4-3-5）。传统活动空间原本是田地，后因节庆仪式活动的需求，不再耕种，日常用来堆放一些杂物和放养家禽，在重要的集会和节庆用来作为活动的主要场地；青石板广场是后期修建的广场空间，广场内设有篮球投篮框，平常是被用来停

---

① 马世之. 中国史前古城[M]. 武汉：湖北教育出版社，2003：2.

图4-3-4 宜章县才口村鸟瞰（来源：伍国正 摄）

图4-3-5 花垣县板栗村村内广场俯视（来源：吴海深 提供）

放车辆和体育娱乐的场地。场坪呈不规则圆形，由街巷和梯田围合而成，是一个下沉式空间，低于一侧路面地势约3~4米，是平日里村中节庆汇聚活动最多的场所。

（二）宅前敞坪

宅前敞坪是大屋民居建筑群典型的室外公共活动空间，也是其空间形态构成的重要组成部分。村落或族中集会、庆典、大型祭祀、讨论重大事务、听戏看演出等活动常常在此举行。夏日可纳凉，收获时可作为晒谷场。江华县瑶族地区称晒谷场为晒坝，平时可作为小孩的嬉戏场所。此种形态在湘南和湘中地区也很常见。如邵东县清水村申家大院（荫家堂）（图4-3-6、图4-3-7）。申家大院坐北朝南，四进11排，天井44个，共有房屋148间，其中正屋108间，杂屋40间，8条风雨廊横贯连为整体，布局对称，总建筑面积约9100平方米。2013年被评为全国重点文物保护单位。

申家大院南侧入口处有一内凹方形场坪，前为一眼方塘，南面为开阔农田。居住在大院的村民有70多户，近300人。平日里宅前场坪主要用作晒谷坪，也是小孩嬉戏、村民交流纳凉之处，并提供临时聚会等活动的场所。

图4-3-6 邵东县清水村申家大院（荫家堂）宅前敞坪（来源：邵东县住建局 提供）

（三）祠庙前坪

湖南乡村家族祠堂主要分布在湘、资流域，民间建祠活动较为活跃。另外沅湘之间，"俗信鬼而好祠，其祠必作歌乐鼓舞以乐诸神"。信鬼神而好祭祀，凡祭祀必歌舞，立庙祭神成为习俗。而在祠庙内多建有戏台。"就整个湖南而言，桂阳、洞口、隆回、常宁等地的祠堂内，前厅都被开发成一个戏台。戏台是这些祠堂的标准配套设施，甚至是核心之一。相比之下，另一些地方的乡村戏台集中在寺庙，比如浏阳、醴陵、攸县等湘东地区。"[①]祠庙的特定功能和公共性决定了其建筑必然需要一处开敞空间，以承载祭祀活动和大型公共活动。

如汝城县石泉村（图4-3-8），该村坐北朝南，保留有清至民国建筑130多栋，总建筑面积达2万平方米，为第七批国家历史文化名村。该村以胡姓为主，是国民党将领胡凤璋出生地。胡氏宗祠（图4-3-9）位于村落中心，祠堂前留有一块近似平行四边形场

图4-3-7 邵东县清水村申家大院（荫家堂）鸟瞰（来源：邵东县住建局 提供）

坪，南面为两眼池塘，池塘南面原为稻田，现建成了一处村民活动广场。祠堂前设开敞场坪，一是在视觉上突出祠堂的主体地位，彰显祠堂在村民心理的

① 邹伯科. 祠堂、寺庙、对联. 戏台外的规则[N]. 潇湘晨报，2016-02-20，A10版.

图4-3-8 汝城县石泉村俯视（来源：伍国正 摄）

图4-3-9 汝城县石泉村胡氏宗祠前坪鸟瞰（来源：伍国正 摄）

图4-3-10 醴陵市沩山村古庙前坪及祭祀活动（来源：醴陵窑管理所 提供）

重要性，二是解决在祭祀活动中人流聚集和便于活动展开。

又如醴陵市沩山村，沩山村是以瓷业而兴的古村落，根据史料考古调查，最早至宋元时期便烧制青白瓷器，是醴陵釉下五彩瓷的发源地，为第七批国家历史文化名村（图4-3-10）。

自唐代，沩山村古洞天寺是我国佛教受戒道场之一，至民国年间，还有全国各地僧尼与信众乘坐轿子来到古洞天寺，诵经、举行具足戒等活动和仪式。每年农历五月十六日，村民还要举办樊公庙会，纪念樊公（瓷业祖师）生日。在这些寺庙前同样设有较大开敞空间，用于聚集人群，承载祭祀和各类民俗活动。

（四）街巷开敞空间

传统村落中的街巷空间是村落的骨架，担负着整个村落的交通和联系。不同街巷相交处即为街巷节点，它是不同街巷的过渡空间。街巷节点空间是村落中公共空间之一，是村落中基本生活、生产场景的延伸，反映村落中家庭的生活方式。街巷节点处往往是广场空间，有古树、水井、商店等，路人在此驻足小憩，村民们在大树下聊天，在水井边洗衣、洗菜，在广场上商议，甚至生产，如编织、做针线活等，生活韵味非常浓厚。

湖南传统村落中的街巷节点空间特点明显，其空间形态往往结合地形特点和村落整体布局要求，因地制宜，呈现出不同的空间形态，边界相对模糊。如：江永县上甘棠村中的街巷节点空间多位于"坊"门前的"大街"上，即在此处放大街道宽度，形成交往空间；江永县兰溪瑶族乡黄家村中的街巷节点空间中有多个风雨桥；道县乐福堂乡龙村（图4-3-11）中的街巷节点空间中有休息亭——青龙阁；宁远县下灌村中的街巷节点空间中有古桥和水井；岳阳县张谷英大屋中的街巷节点空间形成于村边渭洞河沿岸，并有水井。

图4-3-11 道县龙村街巷开敞空间（来源：道县住建局 提供）

二、廊桥与凉亭

凉亭与廊桥是传统村落内外空间的公共建筑，也是其村落空间形态构成的组成部分，体现了传统村落居住环境和生存条件。湖南属于典型的亚热带季风湿润气候，夏季炎热多雨，而且暑热期长；地形地貌大都为起伏不平的丘陵与河谷平原和盆地，尤其是南部地区，河道多顺直，沿河多为中、低山地貌，过去雨季河水多泛滥成灾。传统村落多依山傍水，为了方便生产、生活，以及旅行负贩者息肩歇脚、躲避风雨，传统村落周边和田垌要道多建凉亭（图4-3-12），溪河上往往建廊桥（风雨桥），并榜书题额、碑刻记载等相关事宜。

湖南传统村落内外的凉亭与廊桥较多，湘西侗族、土家族和苗族村寨前的溪河上多建廊桥（风雨桥），在前面各章已有介绍，这里补充部分村落的廊桥和凉亭实例。如道县乐福堂乡龙村中街巷节点空间的休息亭、清塘镇楼田村南端的濯缨亭、临武县麦市镇上乔村外的古凉亭、浏阳市社港镇新安村风雨桥、江永县桃川镇大地坪村岩寺营组朝天桥、宁远县湾井镇下灌村泠水河上的广文桥、东安县紫溪镇塘复村印河上的广利桥（下花桥）、永兴县高亭乡板梁村接龙桥等（图4-3-13～图4-3-18），而江永县兰溪瑶族乡黄家村内外均有多处风雨桥与凉亭（图4-3-19、图4-3-20），《民国汝城县志》记载，古来该县内有凉亭和廊桥170多座。

图4-3-13　浏阳市新安村风雨桥（来源：伍国正 摄）

图4-3-14　江永县大地坪村朝天桥（来源：永州市文物管理处 提供）

图4-3-12　会同县高椅村过街凉亭（来源：余翰武 摄）

图4-3-15　宁远县下灌村泠水河上的广文桥（来源：宁远县住建局 提供）

图4-3-16 东安县塘复村广利桥（来源：伍国正 摄）

图4-3-17 永兴县板梁村村口接龙桥（来源：伍国正 摄）

图4-3-18 永兴县板梁村下村石拱桥（来源：伍国正 摄）

图4-3-19　江永县黄家村凉亭与水井（来源：伍国正 摄）

图4-3-20　江永县黄家村村口培元桥（来源：伍国正 摄）

三、池塘与井台空间

池塘与水井是传统村落空间的重要组成部分。在中国传统风水环境学说的理论中，水是最重要的元素之一；气蕴于水中，水为生气之源，得水能生气；水能聚气，"气聚成水，气动成风"。古人认为，气蕴于水中，气随水走，水为生气之源，得水能生气。《葬经》载："气乘

风则散，界水则止。……风水之法，得水为上，藏风次之。"民俗中有"山主人丁水主财"之说。水是生命和财富的象征。池塘在村落中亦称明塘，寓心明如水之意，象征着积水聚财，形态多为半月形，乡间也称其为"泮池"，希冀家族子孙能够"入泮"考中功名。村落选址在满足风水环境格局的同时，还要考虑日常的生产、生活用水和防火用水。在不能方便利用"活水"的时候，人们常常在村落或房屋前开挖池塘，以满足日常用水所需。如衡南县宝盖村、新田县黑砠岭村、汝城县金山村、东安县横塘村、永兴县高亭乡板梁村、桂阳县昭金村魏家村溪里组等村落中都有多处池塘（图4-3-21、图4-3-22）。久安背村前水塘约5亩，路亭村前水塘约10亩。

然而，无论是临近自然的活水源还是人工开挖的池塘，逢干旱之年也有干涸之时，严冬雨雪之季，也多不便外出"亲水"。此时，挖井取水便有更多的意义。吴裕成先生在《中国的井文化》一书中对古人"作井"的意义作了三点阐述："挖井出泉，使人们在承雨雪、汲河湖之外，另辟水源的途径。多出一种水源，此其一；掘井，于本无水的地表掘出水，这与河边取水、洼田灌瓶——利用地表固有水源，在得水形式上有着质的区别，此其二；因为能够掘井，摆脱对江河湖汊的依赖也就成为可能，为了饮水需要，不得不依水而居的情况，便可以有了小小的改观——依井而居，此其三。"[1]

湖南传统村落的选址虽然多临近水源，但每个村落里一般都会分布多个水井。水井一般位于村落的街巷节点处。井台空间是村落的重要景观空间，也是村民日常交流的场所。人们在这里洗衣、洗菜、挑水做饭……，交换信息，增加情感。这里也自然成为人们日常生活的中心之一。很多村落在水井旁设水池，以方便洗涤；有的设多个水池，做到洁污分池（图4-3-23～图4-3-28）。

---

① 吴裕成. 中国的井文化[M]. 天津：天津人民出版社，2002：8.

图4-3-21 永兴县板梁村局部（来源：伍国正 摄）

四、交通联系空间

（一）院落与天井

以院落（天井）为中心组织建筑群空间是中国传统建筑的特征之一，也是中国传统建筑的灵魂。贝聿铭先生在讲到中国建筑民族化问题时说，需要在传统建筑艺术的基础上找到一条道路、一种风格、一种为中华民族所特有的、与其他国家和民族不同的形式，如虚的部分——大屋顶之间的庭院、墙上的漏窗、中国建筑特有的色彩、园林布局等。

湖南大屋民居一般以庭院、天井、回廊和楼梯为一体来组织室内外和楼层间的空间关系。院落和天井成为空间组织的中心，主要用于通风、采光。建筑群中的天井多为方正空间，少数为长条形的，面积大小不一。天井四周及抄手廊的边沿多用当地产的条石铺砌，天井中间也多用条石铺墁或砌成台地，种植花卉或摆设盆景，很少不用石砌的（图4-3-29～图4-3-35）。天井四周的建筑装饰集中在檐下、隔扇、横披、门头及二楼沿天井四周的回廊等处。过去没有时钟，人们常在较大天井中立杆，观日影记时，如张谷英大屋当大门中轴线上"接官厅"天井中还保留有当时人们用来插罗杆观测日影风向的石眼。庭院、天井和堂屋一起成为民居中的家庭活动中心。

（二）过厅与过亭

过厅、过亭，又称过庭或罩庭，较一般意义上的走廊宽，一般位于大屋民居的主轴线上，是两进正屋之间的联系体，联系前后两个厅堂，是重要联系空间。过

图4-3-22　桂阳县□□村魏家村溪里组（来源：伍国正 摄）

图4-3-23 东安县六仕町村池塘与古井（来源：伍国正 摄）

图4-3-24 新田县彭梓城村水井（来源：伍国正 摄）

图4-3-25 江永县兰溪黄家村水井（来源：伍国正 摄）

图4-3-26 永兴县板梁村水井（来源：伍国正 摄）

图4-3-27 汝城县益道村水井（来源：伍国正 摄）

图4-3-28 桂阳县阳山村水井（来源：伍国正 摄）

图4-3-29 资兴市三元村袁氏宗厅中堂与天井（来源：伍国正 摄）

图4-3-30 资兴市辰冈岭村黄昌岭组民居天井（来源：伍国正 摄）

图4-3-31 资兴市秧田村民居天井组图（来源：伍国正 摄）

图4-3-32 浏阳市东门社区涂家大屋天井（来源：伍国正 摄）

图4-3-33 浏阳市丹桂村桃树湾刘家大屋天井（来源：伍国正 摄）

图4-3-34 张谷英大屋当大门中轴线上的天井与阁楼（来源：伍国正 摄）　　　图4-3-35 平江县黄泥湾叶家新屋的阁楼及回廊（来源：伍国正 摄）

厅、过亭多为一层高，一般比正屋稍矮，如汨罗市任弼时故居（图4-3-36）、张谷英大屋、桃树湾刘家大屋、锦绥堂涂家大屋、沈家大屋（图4-3-37）、资兴市蓼江镇秧田村、祁阳县潘市镇侧树坪村四房院等；也有的高于正屋，如永州市祁阳县潘市镇龙溪村李家大院的过厅（图4-3-38）、新邵县太芝庙乡龙山村陈宅（原清朝进士陈鹿林府邸）中的过厅（图4-3-39）。

过厅、过亭一般不设门，左右两面多为天井，富实之家有在天井一侧或两侧设隔扇门和横披的；也有在过厅一侧或两侧另加过道，这样过厅成了独立部分，可作茶食等家庭活动空间。"在中等以上的住宅中，过庭装设有很美丽的栏杆，布置有吊兰等盆景以资点缀，可为夏天纳凉坐息之地。"[1]过厅、过亭上方多做华丽装饰，富实之家的过亭上部多用藻井装饰（图4-3-40、图4-3-41）。

（三）房廊与巷道

湖南四季分明，光热充足，降雨充沛，雨热同期，夏季潮湿闷热，而且延续时间较长，属于典型的亚热带季风湿润气候，所以一般民居四周屋檐出挑较多，以遮阳和防止雨水污湿墙面。"一"字形民居，前面多是利用房屋两端山墙出耳，中间开间立柱，形成房屋前走廊——房廊，廊宽一般为1.5～2米，多数民居为一正两厢式，利用房廊联系（图4-3-42、图4-3-43）。房廊是室内外空间的过渡部分，收获季节可临时堆放农具等，在夏季起到了很好的遮阳作用，也是很好的休息空间。

巷道是传统村落和大屋民居空间形态构成的重要组成部分，作用非常明显，它既将不同轴线上的空间分隔开来，形成空间的韵律和节奏，又将它们联系起来。湖南传统村落和大屋民居中的巷道，一般宽1～2米。大屋民居中，常常在左右需要互通的门道外的巷道处设过亭，便于下雨天联系，如双牌县理家坪乡板桥村吴家大院、道县龙村、资兴市三都镇流华湾村的巷道上均设有过亭（图4-3-44、图4-3-45）。由于两侧多为青砖墙体，直到屋顶，高度一般超过7米，所以又是很好的防火带。如遇火灾只需将巷道上的瓦撤开，就很快截断了火路，不会出现一家失火，殃及四邻的情况。

① 贺业钜. 湘中民居调查[J]. 建筑学报，1957（03）：51-58.

图4-3-36　汨罗市任弼时故居堂屋前过厅（来源：伍国正 摄）

图4-3-37　浏阳沈家大屋永庆堂轴线空间及其过亭组图（来源：伍国正 摄）

图4-3-38　祁阳县龙溪村李家大院中的过亭（来源：祁阳县农村规划办公室 提供）

图4-3-39　新邵县龙山村陈宅（来源：新邵县住建局 提供）

图4-3-40　浏阳丹桂村桃树湾刘家大屋过厅上的藻井（来源：伍国正 摄）

图4-3-41　浏阳市大围山镇东门村锦绶堂涂家大屋过厅上的藻井（来源：伍国正 摄）

图4-3-42　桂阳县阳山村民居（来源：伍国正 摄）

图4-3-43　浏阳市北麓园村民居（来源：伍国正 摄）

图4-3-44　道县龙村村内巷道（来源：伍国正 摄）

图4-3-45　资兴市流华湾村村内巷道组图（来源：伍国正 摄）

五、门楼与鼓楼

（一）门楼

过去，传统大屋民居村落和少数民族村寨多建有门楼建筑。聚族而居的大屋民居村落往往利用建筑和围墙将居住空间与外界分开，利用不同方向的门楼出入，此时门楼的朝向与形态是重点设计的内容之一。主门楼往往结合地形环境，朝向风水格局良好的方向，且门外多设"八"字式影壁。

湖南地区汉族和瑶族村落的门楼形式多样，如岳阳县张谷英大屋当大门门楼、浏阳市大围山镇东门村锦绶堂涂家大屋门楼（图4-3-46）、浏阳市金刚镇清江村桃树湾刘家大屋门楼（图4-3-47）、郴州市宜章县莽山乡黄家塝村门楼（图4-3-48）、宜章县黄沙镇（长村乡）千家岸村曹氏大屋门楼（图4-3-49）、桂阳县洋市镇南衙村门楼（图4-3-50）、衡阳市衡南县宝盖镇宝盖村廖家大屋门楼（图4-3-51）、永州市新田县石羊镇厦源村门楼（图4-3-52）、新田县三井乡谈文溪村郑家大院门楼（图4-3-53）、新田县金盆圩乡骆铭孙村门楼（图4-3-54）、江华瑶族自治县的大石桥乡井头湾村的上门楼和下门楼（图4-3-55、4-3-56）、大圩镇宝镜村何家大院门楼、江永县兰溪瑶族乡兰溪村门楼等。

大型村落不但设有高耸的对外门楼，内部亦设有多个门楼。村落内按"血缘关系"设"坊"，以巷道地段划分聚居单位（家庭用房），按坊门聚族而居，分区明确，坊门是村落的第二道门楼。如江华瑶族自治县大圩镇宝镜村何家大院、江华瑶族自治县大石桥乡井头湾村蒋氏大屋、江永县兰溪瑶族乡兰溪村、道县祥霖铺镇田广洞村、浏阳市龙伏镇新开村沈家大屋等村落内部都有多个门楼，成为进村的第二道防卫设施。江永县城夏层铺镇上甘棠村、永兴县高亭乡板梁村、桂阳县正和镇阳山村等村落利用后面的山体与前面的河流形成自然屏障，村内亦有多个门楼。

图4-3-46 浏阳市东门村锦绥堂涂家大屋门楼（来源：伍国正 摄）

图4-3-47 浏阳市清江村桃树湾刘家大屋门楼（来源：伍国正 摄）

图4-3-48 宜章县黄家塝村门楼（来源：湖南省住建厅 提供）

图4-3-49 宜章县千家岸村曹氏大屋门楼（来源：伍国正 摄）

图4-3-50 桂阳县洋市镇南衙村门楼（来源：桂阳县住建局 提供）

图4-3-51 衡南县宝盖村廖家大屋门楼（来源：王立言 摄）

图4-3-52 新田县厦源村门楼（来源：新田县住建局 提供）

图4-3-53 新田县谈文溪村郑家大院门楼（来源：伍国正 摄）

图4-3-54 新田县骆铭孙村门楼组图（来源：刘洋 摄）

图4-3-55 江华县井头湾村上门楼（来源：江华县住建局 提供）

图4-3-56 江华县井头湾村下门楼（来源：黄璞 摄）

湖南地区侗族、苗族、土家族等少数民族村寨的寨门多为楼阁形式，位于村落前各个入口道路上。

侗族寨门与鼓楼、风雨桥一起统称为侗族建筑"三宝"，是侗族文化和精神的象征。侗寨的寨门在侗族村寨中起着至关重要的作用，它的设置有两层意义，首先是安全的考虑，其次是空间的分割。寨门的选址和修建，通常在地理位置比较优越的地方，作为人们进出村寨的唯一途径，起着防盗和抵御外来者入侵的作用。寨门起到了划分侗族村寨边界的作用，是侗寨内外联系的纽带，起着连接和沟通内外的作用。侗族人常常在寨门处迎宾送客。几乎每个侗族村寨都设有一个或多个寨门，虽然它们的建筑材料基本相同，多选用杉木来建造，但它们的样式有别，形式不一。有的独立建立在村寨入口处，有的结合鼓楼、风雨桥或凉亭建设。陆元鼎先生根据寨门的形式特点，将侗族寨门分成独立式、门楼式和桥亭式三类。寨门多为穿斗与抬梁混合式构架，常见的为重檐歇山顶，覆盖小青瓦，檐口翼角有较大起翘，一二层檐之间有明显的韵律变化。在湖南地区的侗族村寨中，独立式寨门最为常见，形体相对较大，横跨整个道路，门洞开敞，无门，如通道县坪坦乡横岭村和坪坦村、双江镇芋头村侗族村寨门等（图4-3-57）。有的寨门结合周边建筑一起设立，建立在村寨的入口处，如由头寨、尾寨、新寨、盘寨四村组成的通道侗族自治县黄土乡皇都侗族文化村，各寨均有自己的寨门，其中，盘寨东南角寨门和新寨西南角寨门檐下采用多层如意斗拱出挑（图4-3-58、图4-3-59）。

过去，苗族和土家族的村寨入口处也常常设楼阁形式寨门，形态多样。随着时代变迁，村落的防御需求日渐淡化，寨门的功能发生了转变，建筑形态也比较简单，更多是作为进出村寨的标志物和在此迎宾送客的场所。现存苗族和土家族的寨门多是与村前的廊桥结合形式，设有休息条凳，是村民劳作休息、闲谈叙事的重要场所。如靖州苗族侗族自治县铺口乡林源村、张家界市

永定区王家坪镇土家族关水坪村、绥宁县关峡苗族乡大园村和东山侗族乡横坡村黄塘口组、城步苗族自治县丹口镇桃林村、永顺县灵溪镇土家族双凤村等村落中至今还保留有较好的寨门（图4-3-60～图4-3-64）。

图4-3-57　通道县芋头村牙上寨门（来源：通道县住建局　提供）

图4-3-58　通道县皇都侗族文化村盘寨东南角寨门（来源：李爱民　摄）

图4-3-59 通道县皇都侗族文化村新寨西南角寨门（来源：李爱民 摄）

图4-3-61 靖州县铺口乡林源村下寨狮子门（来源：靖州县住建局 提供）

图4-3-62 绥宁县关峡苗族乡大园村寨门（来源：绥宁县住建局 提供）

图4-3-60 靖州县铺口乡林源村上寨双鼓门（来源：靖州县住建局 提供）

图4-3-63 绥宁县东山侗族乡横坡村黄塘口组寨门（来源：绥宁县住建局 提供）

270

图4-3-64　永顺县灵溪镇土家族双凤村的两个寨门组图（来源：伍国正 摄）

（二）鼓楼

过去，鼓楼是侗族村寨的标志性建筑，因过去楼内有鼓一面，故称为"鼓楼"，村内有公共事务需要集会或遇匪患则击鼓召集村民。黔东南和湘西南的苗族与侗族文化交流多，村寨中也有苗族鼓楼，如靖州县三锹乡地笋村苗寨也有鼓楼。鼓楼是村民集会、议事、学歌、合款、争讼、休闲、迎宾送客的重要场所，是侗族人民团结和睦的象征和文化的载体，因此也是侗寨的政治、文化中心。鼓楼一般位于侗族村寨的中心，或者建在视野比较开阔的位置，是整个村寨中最高的建筑物，如新晃侗族自治县贡溪乡天井寨村、通道侗族自治县坪坦乡高步村等（图4-3-65）。

大型侗寨往往建有多座鼓楼，有的位于侗寨中间，这种位置最多；有的位于村寨的入口处，与寨门、凉亭等组合在一起，鼓楼底层架空，入寨的道路从鼓楼下通过；有的位于河道边，如通道侗族自治县坪坦乡阳烂村龙头鼓楼（图4-3-66）；有的鼓楼与风雨桥结合，如怀化市靖州苗族侗族自治县藕团乡康头村三江溪五龙桥、新晃侗族自治县扶罗镇皂溪村风雨桥、通道侗族自治县坪坦乡横岭村横岭桥、双江镇芋头村回龙桥和黄土乡皇都侗族文化村普修桥上都有三座鼓楼（图4-3-67）。鼓

楼周边常伴有广场与戏台。鼓楼边的广场亦称芦笙坪，村民常在此举行赛芦笙、哆耶、看侗戏等大型群众集会。

侗寨鼓楼外观形态上主要有"高层宝塔式"和"多层歇山式"两种，高层宝塔式比较高耸，多为攒尖顶；多层歇山式相对比较舒展，为歇山顶。湖南地区以底层架空的高层宝塔式鼓楼最为常见。层数皆为奇数，三、五、七、九、十一、十三、十五层不等，外观少见有偶数层。外观平面均为偶数，一般为正方形、六边形或八边形。有的大型鼓楼将底层设为厅堂，内设戏台等活动空间，如通道侗族自治县坪坦乡高步村秧田鼓楼、坪坦村鼓楼（图4-3-68、图4-3-69）。

鼓楼多用杉木修建，结构为穿斗与抬梁混合式，柱、梁、枋通过榫卯连接（图4-3-70、图4-3-71），很少有一柱到顶。有的鼓楼在底层采用多层如意斗栱出挑屋檐，如通道侗族自治县坪坦乡高步村秧田鼓楼、坪坦村鼓楼等。鼓楼重檐翼角起翘较大，多数做成简单的凤鸟形态，少数在底层翼角处立灰塑的凤凰或祥龙，有的鼓楼在底层翼角处立灰塑的麒麟等吉祥动物，如绥宁县乐安铺苗族侗族乡镇大团村芦笙鼓楼（图4-3-72）、通道侗族自治县黄土乡皇都侗族文化村的尾寨鼓楼（图4-3-73）。封檐板和屋内大梁多施彩绘，造型美

图4-3-65　通道县坪坦乡高步村（来源：通道县住建局 提供）

图4-3-66 通道县阳烂村龙头鼓楼（来源：通道县住建局 提供）

图4-3-67 通道县黄土乡皇都侗族文化村普修桥（来源：李爱民 摄）

图4-3-68 通道县坪坦乡高步村秧田鼓楼（来源：李爱民 摄）

图4-3-69 通道县坪坦乡坪坦村鼓楼（来源：李爱民 摄）

图4-3-70　通道县坪坦乡高步村秧田鼓楼结构组图（来源：李爱民　摄、绘）

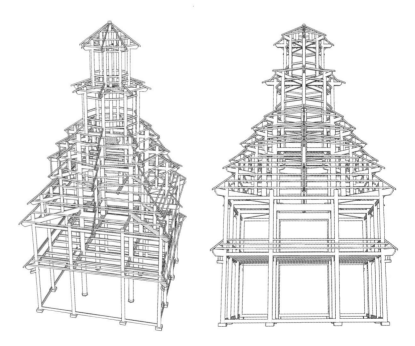

图4-3-71　不同形态鼓楼的结构组图（来源：李爱民　摄、绘）

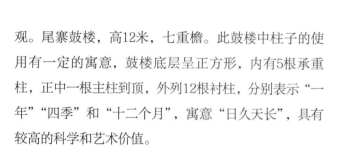

图4-3-72　绥宁县乐安铺苗族侗族乡大团村芦笙鼓楼（来源：绥宁县住建局 提供）

图4-3-73　通道县皇都侗族文化村尾寨鼓楼（来源：李爱民 摄）

观。尾寨鼓楼，高12米，七重檐。此鼓楼中柱子的使用有一定的寓意，鼓楼底层呈正方形，内有5根承重柱，正中一根主柱到顶，外列12根衬柱，分别表示"一年""四季"和"十二个月"，寓意"日久天长"，具有较高的科学和艺术价值。

六、祠堂与戏台

（一）家族祠堂

1. 祠堂类型与功能

现代一般认为，祠堂是中国古代的一种祭祀性、纪念性建筑，是旧时祭祀祖宗、贤哲或有功德者的庙堂。依据宗族祠堂内祭祀对象的不同，宗族祠堂有宗祠、支祠、家祠之分[①]。

宗祠，为合族祭祀始迁祖而立的总祠，也称总祠，它既是宗族祭祀祖先的中心，又是宗族议事、执法，实行宗族统治的中心，其建制规模比宗族其他种类的祠堂要大。宗祠的规模和等级最高，代表整个家族的兴旺与荣誉，是全体族人的象征。在许多情况下从宗祠到祖屋多层次的布局中，首先强调的是宗祠在整个聚落空间布局中的位置。

支祠，为宗族的各房、各支奉祀该房自系祖先的祠堂，也称房祠、分祠。古代，"五服"以内为"亲"，

---

① 王鹤鸣，王澄. 中国祠堂通论[M]. 上海：上海古籍出版社，2013：205.

以外为"疏"。五服以外的疏族可以另立祠堂，称为"支祠"。人丁兴旺是房系建立支祠的前提。一个大的聚族而居村落，往往建有多个支祠。随着宗族人口增多，村落原居住地已不能容纳更多的人口，支房开始向外迁移，迁出的支房在居住地建立奉祀该房自系祖先的祠堂，便成为支祠。

家祠，为家人祭祀近代祖先的场所，又称家庙，其规模是祠堂类型中最小的。家庙内奉祀的一般是不出五服即五代以内的祖先，五服以内为亲，五服以外为亲尽。古时有官爵者才能建家庙，一般人家只是象征性的在自家堂屋设立祖先牌位，逢时祭祀。唐朝始创私庙，宋代改为家庙。宋人司马光《文潞公家庙碑》曰："仁宗皇帝闵群臣，贵极公相，而祖祢食于寝，侪于庶人。"南宋朱熹在其《家礼》中明确指出，为打破古礼士庶人之贱者不得建庙的旧制，《家礼》把士庶祭祀祖先的建筑称为"祠堂"。

古代祠堂在强化家族意识、维系宗族团结、促进家族发展、维护封建宗法制度和礼制秩序、传道授业、促进社会稳定等方面发挥了重要作用。

2. 湖南家族祠堂建筑概况

明清时期，由于统治者的推崇和朝廷诏令对于民间建祠祭祖活动的开放，全国各地建有很多家族祠堂，尤其是长江流域及其以南地区，民间建祠活动尤为活跃。冯尔康先生在《清代宗族制的特点》一书中指出，清代，在安徽、江苏、浙江、湖南、湖北、江西、广东、福建、四川等地聚族而居的人们建祠祭祖已是普遍现象[①]。清乾隆时期历任吏部尚书、工部尚书、协办大学士、东阁大学士等职的陈宏谋曾言："直省中惟闽中、江西、湖南皆聚族而居，族皆有祠。"[②]

荆楚大地，沅湘之间，自古多神信仰文化特点明显，"俗信鬼神，好淫祀"。东汉王逸注《天问》载："屈原放逐，忧心愁悴，彷徨山泽……见楚有先王之庙及公卿祠堂，图画天地山川神灵，琦玮谲诡，及古贤圣怪物行事"，就是明显的例证。再如元朝后期邑人玉山县尹何盛业在汝城县《九头何氏族谱》中记载："上居星散，春秋祭祀皆于各派之祢庙而致孝享。"[③]说明在元代以前，湘南汝城等地的姓族房派已经有了祭祀父辈神主的祠宇。

湖南乡村祠堂中有明确记载，始建于明代以前的现存祠堂也充分证明了地区家族祠堂文化历史悠久，如宁远县平田村欧阳氏宗祠始建于南宋嘉定二年（1209年）、汝城县溪头村宋氏宗祠始建于南宋绍定四年（1231年）、茶陵县马首村刘氏家庙始建于南宋淳佑年间（1241～1252年）、桂东县新桥村（原称扶村）扶氏宗祠始建于南宋咸淳五年（1269年）、宁远县久安背村李氏翰林祠始建于宋代、汝城县洪流村黄氏家庙始建于元至顺元年（1330年）、安仁县石玉村欧阳氏祠始建于元至正十二年（1352年）、汝城县新南村谭氏宗祠始建于元至正二十年（1360年）等。

明清时期"湖广填四川，江西填湖广"的移民，尤其是元末明初和明末清初的两次大移民对湖南家族文化有较大影响。在这两次移民中，湘中低山—丘陵盆地、湘北丘陵—平原的迁出人口数量最大。张国雄等人研究指出，两湖向外移民主要来自鄂东低山丘陵和沿江平原、湘中丘陵盆地（包括连邵石灰岩丘陵盆地）、江汉—洞庭平原等经济开发程度较高的地区。湖南以常德、长沙、衡州、宝庆、永州（主要是丘陵地区）五府

---

① 冯尔康. 清代宗族制的特点[J]. 社会科学战线，1990（6）：175-181.
② 陈宏谋《寄杨朴园景素书》，见《皇朝经世文编》卷58，上海扫叶山房，光绪二十二年刻本。
③ （湖南）九头何氏族谱. 汝城一中教育印刷厂承印，2004：34.

为主要的迁出地；岳州、郴州和永州南部山区等地迁出人口较少[1][2]。谭其骧、曹树基等人研究指出，在明清时期的"江西填湖广"的移民运动中，移入湘北地区的氏族主要来自南昌府；移入长沙地区的氏族主要来自吉安府，来自南昌府的居次；移入湘中地区的氏族主要来自吉安府。明洪武时期，湖南全域由江西吉安府移入湖南的氏族数占总数一半以上，主要进入湖南宝庆府和常德府，由南昌府移入湖南的氏族数只有吉安府移民入湘的二分之一，主要进入长沙府[3][4]。

移入湖南的江西人一般聚族而居，保留了建祠"追远报本、敬宗睦族"等"风习赋性"的传统。谭其骧先生指出："江西人重宗祠，尤重先人庐墓，故其人之来移湖南者，往往已更历数世，支繁派衍，然犹以时归省庐墓不肯辍，所以不忘本也。"[5]元朝后期汝城县《九头何氏族谱》中的"九头何氏源流总序"关于九头何氏祖籍和何氏"存嗣续，以承宗祧"的记述是"江西人重宗祠"文化的重要佐证资料[6]。明清时期，移入湖南的以耕垦稼穑为生的江西民籍移民，连同军籍移民，以及官宦移民和商贾移民一起，加强了地区建祠"追远报本"文化。

今天，湖南乡村家族祠堂分布情况（主要集中在湘、资流域）也充分证实了谭其骧、张国雄、曹树基等人对于明清时期湖南地区的移民情况研究。据报道，浏阳市曾有家族宗祠和家庙260多座；株洲市茶陵县曾有宗祠家庙239座，其中秩堂乡就有100多栋；郴州汝城县尚存家族宗祠和家庙710余座，但大部分损坏严重，保存完好的祠堂还有300余座[7]；被誉为"中国宗祠文

化之都"的邵阳市洞口县曾有祠堂300余座，现保存有100余座，有19座宗祠被列入国家级、省级文物保护单位，其中被列入全国重点文物保护单位的有11座[8]。据湘江流域内市、县政府部门公布的"文物保护单位名单"初步统计，湘江流域现有原址原状保存或修复较为完好的家族祠堂600余座，其中宗祠数量最多，家祠（家庙）次之，支祠（房祠）数量最少。

湖南境内较大的传统村落中往往建有多座支祠和家庙，如茶陵县毗塘村现有谭氏家庙（惇伦堂）、长田公祠、石洲祖祠、张氏家庙等祠堂13座；宜章县车田村大刘家组原有刘氏大小祠堂18座，现存纬公祠等祠堂12座；宁远县礼仕湾村现有李氏诸祠10座；江永县兰溪村现存黄氏宗祠、黄族祠堂、永兴祠堂、曹家祠堂等祠堂7座；道县沙田村现有太和堂、红门楼、黑门楼、珂门楼、献门楼、佺门楼、狮子楼等何氏祠堂7座；汝城县津江村现有朱氏总祠、克宽公祠、克广公祠、克绍公祠、克纪公祠、豸史第和黄泥汉大夫第7座；汝城县金山村现有李氏家庙、卢氏家庙、叶氏家庙等古祠堂6座；洪江市古楼坪村有易氏宗祠4座；汝城县土桥村现有何氏家庙、何氏祠堂（登贤坊）、"诗礼传家"祠、"三代明经"祠4座，等等。

3. 湖南家族祠堂在村落中的分布情况

考察湖南传统村落中的家族祠堂位置，大致可以分为两大类，一是村中建祠，祠堂位于村落之中，与住宅相邻；二是村外建祠，祠堂位于村外台地，环境

① 张国雄，梅莉. 明清时期两湖移民的地理特征[J]. 中国历史地理论丛，1991（4）：77-109.
② 张国雄. 明清时期的两湖移民[M]. 西安：陕西人民教育出版社，1995：68.
③ 谭其骧. 中国内地移民·湖南篇[J]. 史学年报，1932：102-104.
④ 曹树基. 中国移民史（第五卷：明时期）[M]. 福州：福建人民出版社，1997：126-127.
⑤ 谭其骧. 中国内地移民·湖南篇[J]. 史学年报，1932：102-104.
⑥ 汝城县《九头何氏族谱》中"九头何氏源流总序"载：始祖谏议公（官名）原籍江西庐陵白鹭洲，是北宋真宗景德年间由科甲起家任东院谏议大夫。因立朝骨鲠，直言极谏，常见忤于朝廷，夫人龙氏惧祸孽连及家庭，便与谏议公商议，要保存嗣续，以承宗祧，遂携子监丞公离京远避，南行至桂阳（今汝城），卜居在城东马坎岭之砖街头（九头何氏肇基之地）。九头何氏尊谏议公为一世始祖，始迁祖监丞公为二世祖。
⑦ 陈建平. 沉睡在五岭山麓的"文化大观园"——关于汝城古祠堂保护与开发的巡访调查[N]. 中国文化报，2012-8-8，第12版.
⑧ 付强，滕治中. 洞口县首届宗祠文化旅游节隆重举行[EB/OL]. 洞口新闻网，2016-10-31.

秀美。湖南乡村祠堂在村落布局中的位置又可分为三种情况：

第一种情况是祠堂位于村前或房系聚住区的前方，民居建筑在祠堂两侧及其后方延伸，此布局在湖南乡村中较多。祠堂前一般有较大的敞坪和池塘，满足了家族祭祀、宴请等公共活动需求。如：祁阳县潘市镇龙溪村李家大院李氏宗祠、宁远县下灌村李氏宗祠、宜章县黄沙镇（长村乡）五甲村黄氏祠堂、沙坪村李氏宗祠、千家岸村贡元公祠堂与琅公宗祠、汝城县益道村绣衣坊范氏家庙、土桥村何氏家庙、香垣村何氏宗祠、永丰村（先锋村）周氏家庙和周氏宗祠（诏旌第）、永兴县板梁村的三座刘氏祠堂等。

第二种情况是家族祠堂位于村落中间，民居建筑环绕祠堂，整个村落依地形以祠堂及祠堂前池塘为中心向四周呈"曲扇"式展开。此布局也较为常见，尤以湘南地区为盛，如永州市新田县谈文溪村郑氏家庙、东安县六仕町村唐氏祠堂、道县龙村蒋家祠堂、宁远县久安背村李氏宗祠、路亭村王氏宗祠、常宁市西岭镇六图村尹氏祠堂、耒阳市寿州村贺氏宗祠、郴州市苏仙区廖家湾村廖氏宗祠、汝城县高村宋氏宗祠、外沙村朱氏家庙、石泉村胡氏宗祠、暖水镇（田庄乡）洪流村黄氏家庙、司背湾村西村罗氏家庙、宜章县黄家塝村黄氏宗祠、碛石村彭氏宗祠、桂阳县锦湖村傅氏宗祠、庙下村雷氏宗祠、永兴县高亭村王氏宗祠（琨公厅）、资兴市加田村老屋组何家公祠等。

第三种情况是家族祠堂位于村落边缘，多为进村入口处。这主要是因为村落所处地段地形地貌条件所限，村前和村中没有较好的地块建祠堂，但有的祠堂位于村落边缘，可能是后期所建，不一定体现前期的村落规划，如郴州市汝城县文明镇沙洲瑶族村朱氏宗祠、桂阳县正和镇阳山村何氏宗祠、桂阳县龙潭街道昭金村下水头组周氏宗祠、桂阳县龙潭街道昭金村魏家村溪里组魏氏宗祠、衡阳市衡南县栗江镇大渔村王氏宗祠、永兴县

香梅乡大背村李氏宗祠、永州市江永县夏层铺镇上甘棠村周氏祠堂、洞口县金塘村杨氏宗祠和洞口县石田村谭氏宗祠等。

位于村落外的祠堂，常常选址于环境秀美的台地上，周围较开阔，交通方便。如茶陵县秩堂乡田湖村刘氏家庙、火田镇芙江村毛氏家庙、常宁市松柏镇独石村李氏宗祠、浏阳市东门村涂氏祠堂、达浒镇汤氏宗祠、王氏家庙、孔氏家庙、资兴市程水镇曹氏宗祠、资兴市程水镇石鼓村程氏宗祠、怀化市中方县接龙镇龙溪村杨氏宗祠、铜鼎镇兰家坊村谢氏宗祠、桐木镇上丰坡村唐氏宗祠等。

另外，在调查中发现，有的家族祠堂位于村落或者家族聚住地的后方，如郴州市桂阳县太和镇溪口村吴佑公宗祠、汝城县卢阳镇东溪上水东村"十八栋"朱家祠堂、桂阳县黄沙坪镇大溪村骆氏宗祠（图4-3-74）。

4. 湖南家族祠堂门楼建筑外观形态的地域性差异

湖南地区乡村家族祠堂建筑入口门楼建筑外观形态在总体印象上存在三大地域性特征差异。

（1）湘中和湘北地区祠堂主体建筑入口与民居建筑的入口相似，有门堂式、凹斗门式和平门式三种形式，建筑外观形式简单，双坡屋面两侧一般为封火山墙，檐枋与墀头等处作重点装饰。祠堂主体建筑入口采用凹斗门式和平门式的实例相对较少。

门堂式为祠堂主体建筑入口外檐使用柱子承重，外立面整体上为外廊形式。如汝城县津江村朱氏祠堂和范氏家庙、金山村广安所组李氏宗祠、先锋村周氏宗祠、高村宋氏宗祠、石泉村胡氏宗祠（尚富第）、洪流村黄氏家庙、沙洲瑶族村朱氏宗祠；永兴县板梁村上村和中村的刘氏二座祠堂；浏阳市鲁家湾村鱼头组鲁氏家庙、金石村圣庙组孔氏家庙（图4-3-75）、丹桂村清江组唐氏家庙（图4-3-76）、书香村老祠

（a）村落后方鸟瞰

（b）骆氏宗祠入口

图4-3-74 桂阳县大溪村及骆氏宗祠（来源：伍国正 摄）

图4-3-75　浏阳市金石村孔氏家庙（来源：伍国正 摄）

图4-3-76　浏阳市丹桂村唐氏家庙（来源：伍国正 摄）

组卢氏家庙；平江县下西街花溪巷钟氏家庙、金龙村（大水塅菊花源）黄氏宗祠、童市镇（三墩乡）苏氏宗祠、哲寮村湛氏宗祠、保全村店头大塅方氏宗祠（图4-3-77）、白雨村余氏宗祠（图4-3-78）、木瓜村南山组余氏家庙（图4-3-79）；常宁市独石村李氏宗祠（图4-3-80）；桂阳县锦湖村傅氏宗祠、昭金村魏家村溪里组魏氏宗祠（图4-3-81）；桂东县新桥村扶氏宗祠（图4-3-82）；宜章县碛石村彭氏宗祠、沙坪村李氏宗祠、黄家塝村黄氏宗祠；祁阳县龙溪村李家大院李氏宗祠；宁远县久安背村李氏宗祠、东安头村李氏宗祠和路亭村王氏宗祠；平江县包湾村李氏宗祠、浯口镇下街江氏宗祠（图4-3-83）、向阳村李氏家庙（图4-3-84）；衡阳市栗江镇大渔村渔溪组王家祠堂（图4-3-85）；茶陵县前进村五组张氏家庙、皇图村龙家屋组龙氏家庙；炎陵县水口村朱家祠（图4-3-86）等。

图4-3-77　平江县保全村方氏宗祠（来源：伍国正 摄）

凹斗门式是指前门处建筑当心间向内凹进，两侧为次间的墙面，前檐下没有廊柱的大门形式。如炎陵县水南村叶家祠（图4-3-87）、桂阳县阳山村何氏宗祠、资兴市曹氏宗祠（图4-3-88）、桂东县地界村2组舜公宗祠等。

图4-3-78　平江县白雨村余氏宗祠（来源：伍国正 摄）

图4-3-79 平江县木瓜村余氏家庙（来源：伍国正 摄）

图4-3-80 常宁市独石村李氏宗祠（来源：伍国正 摄）

图4-3-81 桂阳县昭金村魏家村溪里组魏氏宗祠（来源：刘俊成 摄）

图4-3-82 桂东县新桥村扶氏宗祠（来源：刘俊成 摄）

图4-3-83 平江县浯口镇下街江氏宗祠（来源：伍国正 摄）

图4-3-84 平江县向阳村李氏家庙（来源：伍国正 摄）

图4-3-85　衡南县大渔村王家祠堂（来源：伍国正 摄）

图4-3-86　炎陵县水口村朱家祠（来源：伍国正 摄）

图4-3-87　炎陵县水南村叶家祠（来源：伍国正 摄）

图4-3-88　资兴市程水镇曹氏宗祠（来源：伍国正 摄）

平门式是指前门处建筑外檐下没有柱子，大门直接开在外墙上，且大门左右房屋的墙体与大门处墙体是在同一直线上。如汝城县卢阳镇东溪上水东村"十八栋"朱氏祠堂（奎联第）；宁远县湾井镇下灌村李氏宗祠；祁阳县侧树坪村杨氏宗祠；茶陵县芙江村毛氏家庙（图4-3-89）、乔下村岭下组陈氏五房宗祠（图4-3-90）、南岸村谭氏家庙；桂阳县光路村新居组曾氏宗祠、塘旺村太平组端公祠、船山村仙堂组李氏宗祠、三塘村下桥组唐氏宗祠、大湾村夏氏宗祠等。

（2）湘南和湘东地区祠堂主体建筑门屋入口上方多为歇山顶"牌楼"式样，当地常常称其为"鸿门楼"。在其三间门堂式入口正中，以歇山顶突出中间一间在整体构图上的位置，此歇山顶下方的出檐做法分有斗栱和没有斗栱两种形式，门屋两端多为五山式封火山墙在前檐出耳，祠堂正面外观整体形象古朴精美。如汝城县先锋村周氏宗祠（诏旌第）（图4-3-91），金山村田心组李氏陇西堂（别驾第）和界下组卢氏家庙，土桥村何氏祠堂（登贤坊）（图4-3-92）、"诗礼传家"祠、"何氏家庙"、"三代明经"祠（图4-3-93），文

图4-3-89 茶陵县芙江村毛氏家庙（来源：刘灿松 摄）

图4-3-90 茶陵县乔下村岭下组陈氏五房宗祠（来源：刘灿松 摄）

图4-3-91 汝城县先锋村周氏宗祠（来源：伍国正 摄）

图4-3-92 汝城县土桥村何氏祠堂（来源：伍国正 摄）

市司背湾西村罗氏家庙（图4-3-94），津江村朱氏祠堂（图4-3-95）、三拱门范家村范氏家庙（图4-3-96），益道村黄氏宗庙、克绍公祠（图4-3-97），洪流村黄氏家庙（图4-3-98）；宜章县碃石村彭氏宗祠（图4-3-99）；宁远县的久安背村李氏宗祠（图4-3-100）、路亭村王氏宗祠（图4-3-101）、东安头村李氏宗祠（图4-3-102）；江永县桐口村卢氏祠堂（图4-3-103）；新田县骆铭孙村骆氏祠堂（图4-3-104）；茶陵县毗塘村11组谭氏家庙（惇伦堂）（图4-3-105）、皇图村龙氏家庙（图4-3-106）等。汝城县金山村广安所组李氏宗祠入口门楼也为歇山顶"牌楼"式样

（图4-3-107）。

歇山顶下无斗栱时，在前檐处高出屋檐，呈现重檐式样，其他做法基本上与有斗栱的"鸿门楼"做法基本相同。如汝城县高村村宋氏宗祠（图4-3-108）、外沙村朱氏家庙（太保第）（图4-3-109）、迳口村康氏祠堂、金山村井头组李氏祠堂（陇西堂）、土桥村广安所组李氏宗祠（图4-3-110）、沙洲瑶族村朱氏宗祠（图4-3-111）、文市司背湾东村罗氏家庙（图4-3-112）；宜章县五甲村黄氏成公宗祠和黄氏祠堂（图4-3-113）；永兴县板梁村上村和中村的两座刘氏祠堂（图4-3-114、图4-3-115）等。

图4-3-93 汝城县土桥村何氏三座祠堂（来源：伍国正 摄）

图4-3-94 汝城县司背湾西村罗氏家庙（来源：汝城县住建局 提供）

图4-3-95 汝城县卢阳津江村朱氏祠堂（来源：伍国正 摄）

图4-3-96 汝城县卢阳范家村范氏家庙（来源：高国峰 摄）

图4-3-97 汝城县卢阳益道村克绍公祠（来源：赵琦 摄）

图4-3-98 汝城县洪流村黄氏家庙（来源：伍国正 摄）

图4-3-99 宜章县碕石村彭氏宗祠（来源：伍国正 摄）

图4-3-100 宁远县久安背村李氏宗祠（来源：永州市文物管理处 提供）

图4-3-101 宁远县路亭村王氏宗祠（来源：伍国正 摄）

图4-3-102 宁远县东安头村李氏宗祠（来源：薛棠皓 摄）

图4-3-103 江永县桐口村卢氏祠堂（来源：永州市文物管理处 提供）

图4-3-104 新田县骆铭孙村骆氏祠堂（来源：刘洋 摄）

图4-3-105 茶陵县秩堂毗塘村谭氏家庙（来源：伍国正 摄）

图4-3-106 茶陵县秩堂皇图村龙氏家庙（来源：伍国正 摄）

图4-3-107 汝城县金山村广安所组李氏宗祠入口门楼（来源：伍国正 摄）

图4-3-108 汝城县马桥高村村宋氏宗祠（来源：伍国正 摄）

图4-3-109 汝城县外沙村朱氏家庙（来源：伍国正 摄）

图4-3-110　汝城县金山村广安所组李氏宗祠（来源：伍国正 摄）

图4-3-111　汝城县沙洲瑶族村朱氏宗祠（来源：伍国正 摄）

图4-3-112　汝城县司背湾东村罗氏家庙（来源：黄靖淇 摄）

图4-3-113　宜章县五甲村黄氏祠堂（来源：伍国正 摄）

图4-3-114　永兴县板梁村上村刘氏祠堂（来源：伍国正 摄）

图4-3-115　永兴县板梁村中村刘氏祠堂（来源：伍国正 摄）

（3）湘西南、湘西北和湘西地区祠堂正入口大门门头、门脸多为立柱"牌楼"式样，有"六柱五间五楼式""四柱三间五楼式"和"四柱三间三楼式"三种。门屋两端多用封火山墙，祠堂正面的雕刻、彩画等装饰华美，整体形象凝重壮美。如洞口县伏龙洲萧氏宗祠（图4-3-116）、曲塘村杨氏宗祠（图4-3-117）、红鹅村曾氏宗祠（图4-3-118）、金塘村杨氏宗祠、江潭村王氏宗祠、岩塘村潘荣公祠、田函村张氏宗祠；隆回县竹山院村欧阳宗祠、天马山村刘富公祠；城步苗族自治县太平村蓝氏宗祠；溆浦县株木村阳雀坡组王氏宗祠（图4-3-119）、乌峰村谌氏凌碧公祠（图4-3-120）、万寿村王氏宗祠、梓坪村李氏宗祠、岩板村吴氏宗祠；

中方县桥头村杨氏宗祠（图4-3-121）、龙溪村舒家堂杨氏宗祠（南玉公总祠）、荆坪村潘氏宗祠（图4-3-122）、竹站村任氏宗祠、石宝字溪村杨氏宗祠、澄渡江村蒲氏宗祠、新屋村周氏宗祠、江坪村丁氏宗祠（图4-3-123）；洪江市埋上村杨氏钦公祠（图4-3-124）、古楼坪村易氏中心宗祠（图4-3-125）、易氏支祠（钱公祠）（图4-3-126）、易氏陈公祠、易氏武公祠、山下陇村杨氏实公祠（图4-3-127）、长碛村段氏宗祠；辰溪县云田垅村张氏宗祠；桑植县洪家关村土家族王氏祖祠（图4-3-128）；永定区木山村土家族欧氏祠堂（图4-3-129）等。湘西南邵阳市和怀化市的家族祠堂正面入口的立柱"牌楼"式样的中西合璧风格特点明显。

图4-3-116　洞口县洞口镇萧氏宗祠（来源：潇湘晨报2013-11-19，朱辉峰 摄）

图4-3-117　洞口县曲塘村杨氏宗祠（来源：《营建的文明：中国传统文化与传统建筑》）

图4-3-118　洞口县红鹅村曾氏宗祠（来源：《全国最大的祠堂"曾氏宗祠"竟在湖南洞口一乡村》，李根 摄）

图4-3-119　溆浦县株木村阳雀坡组王氏宗祠（来源：溆浦县住建局 提供）

图4-3-120 溆浦县乌峰村谌氏凌碧公祠（来源：溆浦县住建局 提供）

图4-3-121 中方县桥头村杨氏宗祠（来源：中方县住建局 提供）

图4-3-122 中方县荆坪村潘氏宗祠（来源：中方县住建局 提供）

图4-3-123 中方县江坪村丁氏宗祠（来源：中方县住建局 提供）

图4-3-124 洪江市埂上村杨氏钦公祠（来源：洪江市住建局 提供）

图4-3-125 洪江市古楼坪村易氏中心宗祠（来源：洪江市住建局 提供）

图4-3-126　洪江市古楼坪村易氏支祠（钱公祠）（来源：洪江市住建局 提供）

图4-3-127　洪江市山下陇村杨氏实公祠（来源：洪江市住建局 提供）

图4-3-128　桑植县洪家关村土家族王氏祖祠（来源：桑植县住建局 提供）

图4-3-129　张家界木山村土家族欧氏祠堂（来源：张家界市住建局 提供）

（二）戏台建筑

湖南自古受楚文化和中原文化共同影响，地方歌舞、百戏演出活动历史悠久。元代以后，北杂、南戏、传奇等戏曲剧目通过水陆交通不断通入湘天楚地，尤其是明代以来，弋阳腔、青阳腔、昆山腔等重要的戏曲声腔通过移民、商贾带到了湖南，大大丰富了湖南各地地方戏曲的音乐表现力。其中，昆山腔与湖湘语言和音乐交融，不仅形成了具有湖南民间特色的戏曲剧种——湘昆曲，而且还与其他地方剧种的声腔音乐相结合，成为湖南地方戏曲的重要声腔形式。

桂阳县是湘昆曲的发源和繁荣之地，城乡古戏台遗存非常丰富，据统计，最多的时候，全县有481座古戏台，基本上每个村都有戏班子。第二次全国文物普查（1981~1985年）统计，全县古戏台超过400座，第三次全国文物普查（2007~2011年）统计，全县保存较好的古戏台仍有300余座[①]。2014年以来，桂阳县的300

① 石拓. 桂阳县古戏台建筑研究[D]. 长沙：长沙理工大学，2013.

余座明清古戏台普遍得到修复和保护，其中100余座承担起乡村小舞台的功能，重新使用，使得闲置的文化资源得以利用，这也是农村文化设施的有效补充，成了村民饱览文化的窗口，展现了生活的舞台。[①]

戏台在村落中的位置，大致有二类，一是祠堂戏台，二是广场戏台，如江永县兰溪村和桂东县沙田圩的戏台（图4-3-130、图4-3-131），以祠堂内戏台最多。少数戏台位于祠堂建筑外面，应是后期加建的，如桂东县太和镇地界村2组舜公宗祠前戏台、汝城县金山村叶氏家庙旁戏台（图4-3-132）。也有少数富贵之家建有家庭戏台，如桂阳县城龙潭街道昭金村晚清时期按察使衔道员魏喻义（1822~1902年）故居内戏台正对中厅。

祠堂内的戏台，多位于前门处建筑大门背后的二层，即大门后即为戏台，向内院凸出，戏台下架空为祠堂入口通道，但高度仅有2米左右。戏台台口正对中堂，两侧耳房为化妆准备区。庭院两侧有廊楼看台时，戏台耳房与廊楼相连，形成对戏台的半包围之势。有的祠堂戏台有明确的前后台之分，后台为门楼二层空间，再与两侧廊楼连结（图4-3-133~图4-3-148）。

图4-3-131　桂东县沙田圩戏台（来源：伍国正　摄）

图4-3-132　汝城县金山村叶氏家庙旁戏台（来源：伍国正　摄）

图4-3-130　江永县兰溪村戏台（来源：伍国正　摄）

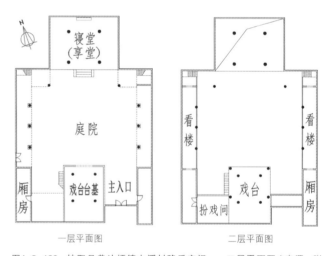

图4-3-133　桂阳县黄沙坪镇大溪村骆氏宗祠一、二层平面图（来源：张璐　绘）

① 申智林. 沉睡的古戏台，醒了[N]. 人民日报，2019-02-13，第15版.

图4-3-134 桂阳县大溪村骆氏宗祠戏台（来源：伍国正 摄）

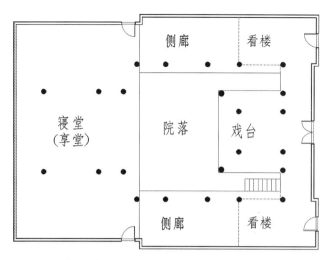

图4-3-135 桂阳县筱塘村李氏宗祠平面图（来源：张璐 绘）

图4-3-136 桂阳县筱塘村李氏宗祠戏台（来源：桂阳县住建局 提供）

图4-3-137 桂阳县船山村仙堂组李氏宗祠戏台（来源：伍国正 摄）

图4-3-138 桂阳县三塘村下桥组唐氏宗祠戏台（来源：伍国正 摄）

图4-3-139 桂阳县锦湖村傅氏宗祠戏台（来源：伍国正 摄）

图4-3-140 桂阳县大湾村夏氏宗祠戏台（来源：伍国正 摄）

图4-3-141 桂阳县乌龙村李氏宗祠戏台（来源：伍国正 摄）

图4-3-142 桂阳县昭金村溪里组魏氏宗祠戏台（来源：伍国正 摄）

图4-3-143 桂阳县昭金村下水头组周氏宗祠戏台（来源：伍国正 摄）

图4-3-144 茶陵县毗塘村谭氏家庙戏台（来源：伍国正 摄）

图4-3-145 宁远县路亭村王氏宗祠戏台（来源：伍国正 摄）

图4-3-146　宁远县东安头村李氏宗祠入口后戏台〔来源：薛棠皓 摄〕

图4-3-147　新田县骆铭孙村骆氏祠堂戏台〔来源：吴越 摄〕

图4-3-148　新田县谈文溪村郑氏祠堂戏台〔来源：张璐 摄〕

七、文昌塔（风水塔）

从文化心理学角度分析，传统村落中各种"符号化"的建筑景观与环境，如风水塔（文峰、文昌、文兴塔）、风水楼阁、庙宇，以及各种"形态图式"景观环境等，体现了村落的心理安防意境营造，可以说是村落物质防御功能的补充，是村落精神防卫体系的组成部分，体现了地区经济、文化和社会的发展特点。

风水理论体现了中国古代朴素的景观生态精神，是中国古代理想的景观模式。一方面，古人按照风水环境理论对城乡和建筑进行合理选址与布局；另一方面，当山形水势有缺陷，不尽符合理想景观模式时，古人往往又通过人工的方法加以调整和改造，"化凶为吉"，如改变河流、溪水的局部走向，改造地形，建风水塔、风水桥、水中建风水墩、风水楼阁和牌坊，改变建筑出入口朝向等方法来弥补风水环境和景观缺陷，使其符合人们的心理期盼[①]。这些用来弥补环境和景观缺陷的塔、桥、水墩、楼阁、庙宇和牌坊等，是人们建设的理想的"风水建筑景观"，即心理安防意识的体现。

中国古塔早期多与佛教寺院结合，后来逐渐与寺院空间脱离，独立于山野之中。随着中国风水文化发展，各地风水塔逐渐增多，以补地景观之不足。清人屈大均《广东新语》记载，在"水口空虚，灵气不属"之地，"法宜以人力补之，补之莫如塔"[②]。明清时期，风水塔成为中国各地重要的"风水建筑景观"之一，湖南境内城乡建造了许多风水塔或风水楼阁（文昌阁），如永州境内现存大量古塔，见表4-3-1。

笔立于湖南地区传统村落旁的风水塔多为五级六方，造型纤细优美，是村落重要的历史文化景观。如汝

---

① 林徽因等著. 张竞无编. 风生水起：风水方家谭[M]. 北京：团结出版社，2007：11-12.
② （清）屈大均.《广东新语》卷十九·坟语.

市县名	塔名及所在地
永州市	永州古城廻龙塔（1584年）、老埠头潇湘古镇文秀塔（1808年）、邮亭圩镇淋塘村字塔（1815年）
祁阳县	祁阳县文昌塔（始建于1584年，1621～1627年间毁坏，1745重建）、祁阳县白果市乡大坝头村惜字塔（1800年）
东安县	东安县吴公塔（1749～1752年）、石期市镇文塔（1748年）
蓝山县	传芳塔（1563～1573年重建）
道县	道县文塔（始建于1621～1627年，1764年重建）、乐福堂乡泥口湾村文塔和龙村文塔
江永县	江永县镇景塔（又名圳景塔）、粗石江镇清溪村文峰塔（1781年）
江华县	江华县凌云塔（1878年）、大圩镇宝镜村惜字塔
新田县	新田县青云塔（1859年）、枧头镇彭梓城村文峰塔（康熙初年）、砠湾村惜字塔（1824年）、唐家村惜字塔（1882年）、毛里乡毛里村惜字塔（1865年）、梅湾村惜字塔（清咸丰年间）、青龙村惜字塔（清代）、金盆圩乡下塘窝村文峰塔（1828年）、云砠下村惜字塔（1841年）、陈晚村惜字塔（1869年）、石羊镇欧家窝村惜字塔（1832年）、龙馆头村惜字塔（1876年）、大坪塘乡平陆坊村惜字塔（1871年）、长富村惜字塔（1882年）、陶岭乡大村惜字塔（1907年）、周家村惜字塔（1840年）、十字乡大塘背村惜字塔（1831年）、莲花乡兰田村惜字塔（1858年）、高山乡何昌村惜字塔（清咸丰年间）、骥村镇陆家村惜字塔（清代）、知市坪乡龙溪村文峰塔（清代）、冷水井乡刘家山村文峰塔（清代）
宁远县	下灌村文星塔（1853年）、湾井镇东安头村文塔、九嶷山瑶族乡西湾村文塔
双牌县	江村镇黑漯村文塔（1844年）、双牌县阳明山仙神塔

注：根据调研和相关资料统计。

城县土桥镇的香垣村文峰塔（图4-3-149）、土桥村文峰塔（图4-3-150）、湘西土家族苗族自治州保靖县阳朝乡米溪村文峰塔、会同县长寨乡小市村文峰塔、中方县铜湾镇黄溪村文峰塔（四级五方）（图4-3-151）、宁远县湾井镇下灌村文星塔、新田县枧头镇彭梓城村文峰塔（图4-3-152）、江永县粗石江镇清溪瑶族村清溪瑶文峰塔（图4-3-153）、汝城县卢阳镇盖道村文峰塔（图4-3-154），等等。

明清时期，许多地方在普修文昌塔的同时，也修建有许多镇风水、倡文风的文昌阁。如江永县上江圩镇桐口村鸣凤阁，建于清顺治年间（图4-3-155）；潇浦镇陈家村文昌阁，始建于1599年（图4-3-156）；夏层铺镇高家村文昌阁，始建于1612年（图4-3-157）；夏层铺镇上甘棠村文昌阁，始建于南宋（图4-3-158）；源口瑶族乡公朝村龙凤阁，建于清乾隆年间；永州市冷水滩区城北湘江西岸的文昌阁，始建于1532年。

图4-3-149　汝城县香垣村文峰塔（来源：伍国正　摄）

图4-3-150　汝城县土桥村文峰塔（来源：伍国正　摄）

图4-3-151　中方县黄溪村文峰塔（来源：中方县住建局　提供）

图4-3-152　新田县彭梓城村文峰塔（来源：伍国正　摄）

图4-3-153 江永县清溪瑶族村文峰塔（来源：永州市文物管理处 提供）

图4-3-154 汝城县卢阳镇盖道村文峰塔（来源：伍国正 摄）

图4-3-155 江永县桐口村鸣凤阁（来源：永州市文物管理处 提供）

图4-3-156 江永县陈家村文昌阁（来源：永州市文物管理处 提供）

图4-3-157 江永县高家村文昌阁、五通
庙（来源：永州市文物管理处 提供）

（a）文昌阁外观

（b）文昌阁内部结构

图4-3-158 江永县上甘棠村文昌阁外观与内部结构（来源：伍国正 摄）

第 五 章

传统聚落保护及活化策略

第一节　传统聚落保护原则及方法

传统聚落，是指历史的或传统的建筑群，并包括它们所处的环境。《内罗毕建议》中把这样的建筑群定义为："包括考古遗址和古生物遗址在内的，一切其内聚力和价值均已被考古学、建筑学、历史学、史前学、美学和社会文化学确认了的作为人类在城市或乡间的居住地的空间、构造物的和建筑物的群体。"并进一步将其区分为史前遗址、历史城市、古城区、村庄、小村落和纯文物建筑群。作为历史悠久的文明古国，我国拥有相当众多的传统聚落，是国家宝贵的文化遗产。近些年经过不断的探索，我国逐渐形成了以"名城—名镇—名村"为经度与以"城镇—街区—文保点"为纬度的历史城镇及村落的保护总体框架。[①]

国外在历史文化遗产、历史城镇等方面的保护起步较我国早，在18世纪末19世纪初的文物修复运动中就已开始，1933年的《雅典宪章》，提到了"有历史价值的建筑和地区"保护的专门叙述；1964年的《国际古迹保护与修复宪章》（《威尼斯宪章》），提出了有关"有意义、有历史价值的城市和乡村环境"的保护；1975年的《关于保护历史小城镇的决议》中，正式提出有关"历史性小城镇"的概念；1987年的《保护历史城镇与城区宪章》（《华盛顿宪章》）中，则明确指出"历史城镇和城区"中有关物质和精神的、自然和人工的需要保护的部分。在研究角度上，从早期单一的修复手段和建筑学的研究，拓展到政策管理、社会学、经济学等多个领域；在研究方法上，也逐渐拓展到社会统计、实地调查、比较分析、文献研究等多种方法并用的实例研究和整体保护上来，形成多领域、综合性研究的态势。例如Steinberg F.的*Conservation and Rehabilitation of Urban Heritage in Developing Countries*一文中，从社会、政策、经济、文化和城镇化5个方面探讨了发展中国家城镇遗产的保护内容。随后的历史文化遗产保护趋势，逐渐转向历史建筑及其环境、历史地段、历史城镇和村庄、古迹遗址等更广泛内容的整体保护上来。

我国在此相关领域的研究相对较晚，大致起步于20世纪后期。20世纪80年代初期，阮仪三先生主持开展了有关江南历史古镇的保护工作，开启了该领域保护的研究先河；20世纪90年代，彭一刚先生从景观、聚落、文化、空间等角度，探讨了传统村镇聚落的景观美学价值所在；进入21世纪，在2002年版的《中华人民共和国文物保护法》中，加入了有关历史文化村镇、街区保护的相关规定，明确了历史村镇的保护地位；并随着2003年国家首批历史文化名镇名村名单的公布和2008年我国《历史文化名城名镇名村保护条例》的公布，我国相关保护制度逐渐确立起来。其相关课题的研究和保护工作也开始逐渐增多，既有向国外历史城镇和街区的保护经验进行借鉴、引进的著作，也有从城市规划、心理学、旅游经济、历史学等多方面实证研究和机制探讨；应该说，国内有关此方面的研究趋势也在逐渐向着多领域、综合性、（保护评价）可量化的整体性研究方向迈进。例如赵勇2008年的《中国历史文化名镇名村保护理论与方法》和戴彦2010年的《巴蜀古镇历史文化遗产适应性保护研究》。

可见，相关学界已构建起了一套从保护区范围划定、基于质量综合评价的建筑分类修复更新、建筑高度与景观视廊控制到重点地段空间环境整治的物质空间保护理论方法。[②]然而，既有的保护构架与方法在各地名城、名镇、名村保护实践过程中却因过于注重城镇景观

---

① 赵中枢. 从文物保护到历史文化名城保护：概念的扩大与保护方法的多样化[J]. 城市规划, 2001（10）: 33-36.
② 单霁翔. 20世纪遗产保护的实践与探索[J]. 城市规划, 2008（6）: 11-32, 43.

遗存表征的保护与经济发展，缺乏对历史文化内涵的整体认知与社会综合发展的考量，导致在操作实践中引生文化遗产资源孤岛化、历史职能衰退、社会文化趋同等各种现实问题，从而造成原生住居人口流失、活力衰退和发展动力不足等现象。

一、基本原则

（一）整体性保护原则

《威尼斯宪章》中的第一条就强调了历史环境整体特性的重要性："所谓历史纪念物的概念，不是简单的一个建筑作品，应该包括可以说明特定的文明、重要发展或重大时间以及城市的和乡村的环境在内。"1968年，联合国教科文组织在第十五次全会上就文物保护问题也强调了整体环境保护的重要性："文物不是可能孤立存在之物，所有的文物几乎是群体存在的，或是和中心文物具有密切关系，显示周围环境中许多东西的集合体。因此，不单要依据法律保护被确定为文物的部分，甚至必须包括未被确定为文物但与之有密切关系的部分。"传统聚落的保护尤其要注重其整体性，即不仅保护传统聚落内的建筑，更要保护包围村落建筑的一定范围内的环境。

任何一种生活方式必然随社会发展而改变，如若为了"保护"的目标而强行限制居民生活方式的变更，是不可能为居民所接受的，也是不人道的。聚落环境历来处于动态发展之中，人为地将聚落历史"定格"于某个时代（时期），就违背了聚落存在的客观规律。以陈志华先生为代表的学者主张的"整体保护"，即强调将乡土建筑作为一个完整的系统来看待，主张以新、旧区隔离的办法解决保护和发展的矛盾，解决传统聚落不能满足人口增长和提高生活质量的矛盾。对于传统聚落的改造只能是"适当的""有限的"[①]，并提出整体保护应遵

循五个原则：①保护原生态；②保护历史信息的完整性和系统性；③尽可能地保护与自然环境的关系；④保护一切可以收集到的文字史料和口传史料；⑤在大多数情况下，用展陈或表演的方式保存主要部分。

传统聚落的历史文化是由自然生态、物质环境、精神文化有机组织的整体。因此，其保护应突出所选地的自然山水，典型的风水格局、植被水系及梯田果木等生态环境，聚落的巷道、建筑、院落等人工环境空间和历史遗存及地方文化三个层面进行原汁原味的整体保护，严禁新建不协调的建筑物，村内道路及公共设施等避免"建设性"破坏，确保整个村落历史文化的整体性。

（二）动态性保护原则

在保护传统聚落的同时，要有利于当地住民生活水平的提高、经济的发展，只有这样才能获得当地居民的支持。

传统聚落是当地社会经济、住民生存发展的载体。现仍有许多生产、生活方式寓于其间，因此，决不能把传统聚落当博物馆的陈列品而凝固起来。对传统聚落保护采取的应该是对重点历史建筑、原始风貌特征等做绝对保护的前提下，按原样修复部分已损坏的民居建筑构件、细部装饰、祠堂等公共活动场所，以完善升华聚落历史整体环境和历史文化的感染力。采取传统聚落保护及开发利用与村内现实生产生活相结合，调整生产结构，完善聚落内部基础设施，提高聚落经济、文化、生活水平。

对于住民所有的住宅，国家在保护时，不可能将所有古建筑国有化，且没必要。居民生活在自己的住宅里，在不改变建筑风貌的前提下，有权通过对建筑内部的改造，改善居住条件，使其更适合自己生活的需要，提高住民的生活质量。

---

① 李晓峰. 乡土建筑保护与更新模式的分析与反思[J]. 建筑学报，2005（7）：8-10.

二、方法与视角

（一）遗产廊道及文化线路

前文提及的《威尼斯宪章》提出了要保护"城市的或乡村的环境"。人们已经开始把文化遗产保护放在更广阔的背景下来认识，其保护范围已经由单体到街区，再至整座城镇，进而兼及更大背景范围的文化景观（cultural landscape），对遗产保护区域化趋势更体现在把自然和文化遗产合二为一。1972年，联合国教科文组织制定了《保护世界文化和自然遗产公约》，正式把自然遗产和文化遗产一起作为具有普遍价值的遗产加以保护。在这一背景下，许多西方国家都开展了整体性、区域化的遗产保护，出现了串联几座甚至几十座城市、横跨一个或多个国家的更大文化遗产保护区域（如丝绸之路等），用来解决自然及人文景观破碎化、遗产保护片断化的问题。

在此基础上又产生了"以地域为基础"的保护观念，将保护推向遗产所在地域传统的整体价值，涵盖自然与人文、物质与精神的多重范畴，这也是遗产周边环境保护思想进一步深化的必然结果。保护政策从此以注重单体深入到建筑的群体、历史街区、集镇景观构成和历史区域中的人类活动；而"保护"观念也由维持遗产状态基本不变到对变化的限制和管理。即在一种开放的条件下，长期约束保护区域内的维护、更新和重建，并把区域中各要素作为一个整体对待，同时必须承认保护区内不可避免的发展与变化。

1. 遗产廊道

遗产廊道是近十年来在国际上产生重要影响的地区发展战略与规划方法，是世界各国在保护本国历史文化时采用的一种范围较大的保护措施。1995年，美国学者Searns提出了遗产廊道的概念，即"拥有特殊历史文化资源集合的线性景观。"通常带有明显的经济中心、蓬勃发展的旅游、老建筑的适应性再利用、娱乐及环境改善，

并指出遗产廊道是绿色通道和遗产保护区域化结合的产物，是一种线性的文化景观，在这些景观中人与自然共存，长期的发展形成了"人与自然的共同作品"。尽管其个体（某个遗产点）价值未必能够列入世界遗产名录，但作为自然景观与人文景观结合的产物，其反映了人类生产生活的轨迹，体现了地域文化的整体发展历程，其代表了早期人类的运动路线，体现着当地文化的发展历程。

可见，遗产廊道是一种使遗产保护区域化的方法和手段；其强调遗产的文化价值和环境的自然价值，强调文化遗产保护和自然保护并举，是一种追求遗产资源保护、区域经济振兴、居民休闲、文化旅游和教育多赢的多目标保护方法。该方法强调对地区历史文化价值的综合认识，并利用遗产复兴和振兴经济，同时解决所面临的景观趋同、社区认同感消失、经济衰退等问题。另一方面，遗产廊道也是一个开放的系统，它在强调保护的同时，也注重发展。其适用于有较好自然环境、丰富的文化遗产点和具有经济发展要求的，且有某种联系线索的线性区域。

总之，遗产廊道是一种线性的区域，从自然、经济、历史文化三个方面综合分析和看待历史遗产问题。随着对大尺度景观价值的认识，遗产廊道逐步成为开放空间规划和遗产保护的重要方法。并以某一介质（如河道、驿道等）作为联系单个遗产点的线索，通过恰当的环境恢复措施和旅游开发等手段，恢复和保护区域内的遗产点所生存的环境，使得点状遗产重新焕发活力。其不仅把保护历史文化遗产拓展到区域，也为当代城乡居民游憩、休闲、教育等活动提供了场所，同时也实现了一种多目标的保护与利用。该理论使遗产保护更加趋向整体性，其保护的内容与方法也更为复杂与深广。

2. 文化线路

1998年，ICOMOS（International Council on Monuments and Sites，国际古迹遗址理事会）在西班

牙Tenerife（特里尼弗）召开会议，成立了国际古迹理事会文化线路技术委员会，从传播学的角度提出了"文化线路"的概念。

2003年修订的《世界遗产保护行动指南》将"文化线路"定义为"一种陆地道路、水道或者混合类型的通道，其形态特征的定型和形成基于它自身具体的和历史的动态发展和功能演变；它代表了人们的迁徙和流动，代表了一定时间内国家和地区内部或国家和地区之间人们的交往，代表了多维度的商品、思想、知识和价值的互惠和持续不断的交流；代表了因此产生的文化在时间和空间上的交流与相互滋养，这些滋养长期以来通过物质和非物质遗产不断地得到体现。"

可见，文化线路主要是建立在文化传播途径基础上的遗产类型，强调了不同文化之间的交流与对话。

3. 异同之处

（1）相同点

都是一种较大尺度区域概念，都需对遗产点进行保护，均有一条线索可将众多的遗产点串联起来。

（2）不同点

遗产廊道是以一个自然地理特征如河流、山脉为其载体，串联起文化遗产和片断的自然保护地，注重有历史重要性的遗存、具有建筑或工程上的重要性、具有自然对文化资源的重要性和经济重要性，并以整体发展和经营思路致力于生态保护、遗产保护和地方经济。遗产廊道更强调地方发展战略与保护相结合，地域性特征更为明显。

文化线路则是以一个文化事件（主题）为其载体（如丝绸之路是以东西方贸易所带来的文化交流为主题），串联起与此事件有关联的遗产和社区，产生并反映了人的交往，促进了文化在时间和空间上的杂交融

合，与线路相关的文物与历史组成了一个动力系统，更强调遗产保护的纯粹性和文化之间的交流。

（二）矛盾共轭

1. 共轭概念及内涵

矛盾竞争促成内生平衡，"共轭"（conjugation）是宇宙间互为矛盾的事物以相互制约、相互竞争的方式达成对立统一平衡状态的一种普遍现象。对传统聚落保护而言，共轭现象及其作用机制具有重要启示意义。"共轭"一词最早出现于数学、物理以及有机化学等学科领域，从共轭复数、共轭变量、共轭效应、共轭算法等专业概念衍生而来。之后，在地理、生态与城乡规划等学科中，共轭思想被广泛应用于对中心与边缘、人工与自然、政府与市场等二元对象间相互关系的探索[①]。在此过程中，"共轭"逐渐从一种客观现象被推衍、抽象为一种哲学思维，其核心内涵主要体现在以下三个方面。

（1）对立共生：即矛盾对象以相互印证、互为图底的方式支撑对方存在的一种共生关系。与互补、耦合共生不同，对立共生更侧重于矛盾双方在对立状态下特征与价值的突显。即矛盾对象依赖其对立面的存在而生成意义，如果对立因素消失则本体要素也将失去存在价值。因此，该思维下矛盾问题的处理并不是要简单、直接地壮大或剔除暂时的"积极"或"消极"因素，而是要通过对矛盾双方对立状态的保持促成系统整体的平衡。

（2）正负双刃：即任何事物或对象对其所在系统都存有积极与消极两面影响。一方面，任何要素的存在与发展都会对系统整体起到正向促进作用；另一方面，物极必反，正向因素单方面的壮大也会阻碍系统的持续稳定，进而演变为负面力量。因此，系统平衡的调节需以

---

① 金涛，林文棋. 区域共轭生态规划探论——以黄河三角洲生态规划为例［J］. 城市规划，2009（7）：59-63.

发展的眼光动态、辩证地识别、评估各要素对象在不同阶段、不同情势下对系统整体的正负影响，不能片面地以其一时一面的价值作为固化的标准，忽视可能孕生的蝴蝶效应。

（3）竞争制衡：即矛盾双方通过相互竞争激发对方持续发展和状态提升并同时相互牵制的一种制衡机制。与静态的僵持互遏不同，竞争制衡更加凸显了系统整体在矛盾要素竞争过程中的发展活性。即制衡的结果不仅保持了系统状态的稳定，同时也推动了系统的代谢演进。由此可见，即便是平衡的系统，也有消极的静态平衡与积极的动态平衡之别，精明的平衡调节更应是一种对系统内生矛盾竞争机制或触媒的培育，绝非外力持有预设目标的强制把控。

2. 共轭机制

即指共轭思维下历史街区的平衡调节。共轭思维强调矛盾要素在正负效应辨证作用下的对立共生与竞争制衡。若把历史街区视为一个具有矛盾关系与矛盾结构的共轭系统，则认准矛盾对象、了解矛盾影响、培育矛盾机制便是调节其共轭平衡的关键。

（1）凝炼核心矛盾：以共轭方式促成历史街区平衡发展须首先找出街区的核心矛盾，才能使后续调节着力在最具效能的冲突点上。在以往的观念中，保护与发展常被以二元对立的方式视作历史街区的矛盾焦点。但事实上这两者只是两种不同倾向的思路和手段，其本身并不构成街区矛盾的实质。街区中真正的结构性矛盾存在于系统层面，涉及职能、人口、空间、文化、产权等各方面，远比二元矛盾复杂。因此，从纷繁现象中梳理凝炼核心矛盾议题及其下对立要素是历史街区共轭调节的首要工作，也是共轭平衡达成的前提。

（2）评析正负效应：保护不会绝对抑制发展，发展也不会一定导致破坏，反之亦然。依据共轭原理，在历史街区保护与发展过程中，任何干预动作与要素对象都不会只产生单方面的效应，而会随其所引生的情势变化对街区系统状态形成显在或潜在的正负影响。因此，在评判任何调节行为与要素的价值功效时，都不能片面地夸大作用、回避问题或简单地批判问题、无视功绩，而应将之置入历史街区系统矛盾的背景中进行查考、辨析，并以此作为街区矛盾调节的依据。

（3）培育制衡机制：以内生矛盾的制衡取代外力强制的管控，以促成历史街区平衡状态的达成是共轭思路与传统方法最本质的区别。但这并不等于历史街区保护要放弃外力的干预介入，而是要将干预调节由直接的定向推动转变为间接的机制培育。在此转变中，历史街区保护所追求的将不再是具体目标的达成，而是通过对街区中各矛盾对象的动态监测与促抑引导培育利于街区持续自我调节的矛盾制衡机制。[①]

（三）叙事空间

既有的方法体系总体而言仍停留在物质空间规划论层面，忽略了对与历史息息相关的时间维度的因素的考虑，在保护实践中始终难以彻底解决"时间文本"的表述问题，无法有效地将"历史"这一抽象的文化资源要素融入遗产空间体系。此外，常常受经营思维影响，简单追求"特色"，置历史时空功能孕育关系多元复杂性而不顾地规模化复古造城运动被模板化的盲目套用，使修复的"历史空间"失去灵魂、千篇一律，甚至"南枳北桔""唐街宋里"。由此，空间逐渐失去在时间逻辑下生成的历史真实性与文化严肃性，成为取悦资本与权力的后现代消费文化任意拼贴的符号。相关物质遗产资

① 肖竞，曹珂. 矛盾共轭：历史街区内生平衡的保护思路与方法［J］. 城市发展研究，2017，24（3）：38-46.

源的场所意义与时空存在感被消解，变得虚无滑稽、苍白无力。①

1. 历史叙事理念引入后的时空定位

历史悠久的传统聚落都有其独特传奇的"故事"，这些"经历"是传统聚落的宝贵财富，是历史资源的重要组成部分与聚落发展的优势和潜力所在，它们与聚落中的实体遗存共同构成了聚落的文化遗产体系。然而，这些传说典故、正史轶事难以归入非物质文化遗产的行列，在以明确遗产类型为对象的照本宣科式保护实践中常常被人忽略。日益明显的叙事性与认知时空定位的倾向：保护的目的是要通过空间、景观遗存与意涵文本的联立将抽象的历史与人文价值观还原到完整的时空体中，以便人们更直观、深入与系统地去感知、理解和把握人类活动在时空与观念世界中所留下的印迹以及彼此间的关联。

2. 时空关系的梳理

目前，我国传统聚落面临遗产资源碎片化的根本问题。在传统聚落的保护与发展应从聚落演进变化的过程中总结历史与空间相互作用的机制，从更大跨度、更完整的时空范围中梳理现存各种有形、无形历史资源与信息间的脉络关联，整合碎片化空间遗产，挖掘依据、寻找线索。

（1）空间、事件关联分析

人在叙述、表达聚落的历史时，往往更加偏爱使用文字语言媒介，对空间这一更为直观的信息载体却长期地漠视。但事实上，建筑和空间除了具备具体的使用功能外，它们还是承载人类行为活动的场所，是文化信息的载体。聚落独特的历史与相关事件除通过书面记载与地方习俗等方式被记录下来以外，还会附着于空间、建筑与景观中，潜移默化地塑造地方的文化氛围与精神气质。因此，对聚落"空间—事件"关系的梳理、设想，构建城市变迁的时空图景脉络，是一个摸清家底、明确方向的"基桩建构"过程，是聚落保护的首要任务，也是空间叙事的前提和基础。

（2）历史、文化线索归纳

聚落漫长的历史孕育出无数人文事件，这些事件不断被打捞出来，赋予意义或与另一时代的人、事再次发生关联，构成新的故事，循环往复、不断累积，逐渐编织成古今交错的事件、意涵网络。但在叙述时，呈现给人们的历史却不能如其实际生成过程一般混沌无序、铺陈无章，而应似交响乐章，在统一旋律的总领下，管弦和鸣。因此，聚落空间叙事应从对繁如蛛网的历史文本的"抽丝剥茧"开始，使繁复多元的信息素材与零散意涵的独立事件能够通过关联编组形成有力度的表述结构，突出主题、强化观念，从而使最终的表达清晰有秩、层次分明又不失丰富多彩。

因此，规划可结合同类型事件的出现频率、在城市发展进程中的历史地位以及相应的空间史料要素保存情况与细节丰富程度，对各主题线索进行权重分析与分级，明确下一步空间表达的主次与层级。具体可分为主干线索（聚落文化主题）、次干线索（区域文化主题）与分支线索（市井文化分支）三级。主干线索是聚落主要功能特征、营造思想与贯穿历史的主线的集中表述，是时间维度上大型事件意义"通勤"与外地人概要式认知的快速通道；同时，其相应的空间遗存与史料信息在城市中也应保存最多。次干线索则如同聚落的次干路，是用以组织、梳理局部历史（某一时期或某一复杂主题的分支）的叙事轴线，在局部区域中也应有成组的历史印证要素。分支线索则是在供小众人群自行体验与拓展的文化触媒和城市历史主线之外"锦上添花"的"插曲"，对应物质文化遗存分布稀疏、留存量较少。

① 肖竞，曹珂. 叙述历史的空间——叙事手法在名城保护空间规划中的应用[J]. 规划师，2013，29（12）：98–103.

第二节　传统聚落活化策略

一、策略一：意象力表达

意象是指物质环境在人们头脑中的图像，是感官印象和记忆、情感和意义等相结合的经验认识空间——一个"主观环境"空间，它是观察者和被观察事物之间双向作用的结果。凯文·林奇强调对个体行为以及对该行为产生影响的个体知觉的研究，主要体现在对个体和集体的心智地图的研究。意象力则是指物质环境对观察者产生意象的强弱度，反映的是物质环境的影响力。

按照凯文·林奇的观点，商贸空间最为突出的是节点、标志、标识等要素，这些要素通过商贸行为的组织关系形成一个整体，其所表现的形式和意义包括了商贸空间的位置、形式、构筑方式等实存的几何空间形态，也包括了人们对商贸空间的心理反应与认知，由生活方式、文化观念等所形成的空间特色和精神意义，同时也包含了人的"知觉意向"和"空间感"等具有文化和心理特性的精神要素，以及由此而反映出来的意象力。

（一）标志的可识别性

标志是点状要素，是聚落形态和环境的可识别性和可意象性的重要元素之一。标志通常是以视觉吸引力及由此引发得到的精神内涵给人留下深刻的印象，是在空间场所中起控制性作用的视觉中心点，它给人以视觉的参照和引导。特征鲜明的标志成为人们感受和识别场所的重要参照物。因此，利用有特色的标志物来加深人们对聚落空间环境的印象，加强商贸信息的可识别性，显得尤为的重要。

聚落空间无论形态或大小，几乎都有自己的标志物。这些标志往往位于空间的入口、中部、端点，或地势较高的地段，人们在较远的地方就能发现到。由于标志物的差异，而使商贸空间面貌有明显的区别，给人留下不同的印象。在传统城镇中，富有传统元素的标志物是人们用来确定方位的重要标志，如城楼、桥、过街牌坊等。

一般说，入城门就进入了街道，城楼成为街道的端点，城楼成为街道空间的主要标志，也是传统城镇中意象力最强的要素之一。人们通过对体量庞大、建筑壮观的城楼对比来识别空间环境和判断自己在城镇、街道所处的位置（图5-2-1）。

牌坊是分隔空间的重要手法，是划分空间与组织街道景观的重要手段。过街牌楼不单是美化街区的装饰物，同时也给人以前后等方位的标志。还有框形或拱形的街门，其作用主要是防火，也有一定的防御性，同时也是界定不同领域街道空间的标志，有的也成商业与非商业区的划分标志（图5-2-2）。因为牌坊、街门的通透性，它们不会影响街道空间的连续性，成了人们确定位置的参照物，也大大增强了聚落空间的可识别性。

湖南传统聚落依山傍水，桥是免不了的交通要素，因其不可替代的交通便利性，商贸活动往往也伴随其而发生，商业街道也往往延伸至桥头。在苗族和侗族的聚居区（潕水河流域和清水江流域），很多桥被建成风雨桥，商贸活动在其内部发生，其本身也成了商贸空间的组成部分。其独特的造作成为反映地域文化特征的重要元素，也是人们确定空间位置最易识别的标志物之一。

标志物识别性越强，空间意象力则越强，给人提供更多的方向感和游动的兴趣，并试图寻此去改变感知，激发人们"逛"的情感，从而提供了潜在的商机。正如马克·威格利所描述的"它的使用者不断改变他们的感觉环境，根据他们不断变化的渴望重新定义该区域

（a）锦和镇东门

（b）凤凰城东门

（c）乾州古城北门（来源：余翰武 摄）

（d）道县古城门（来源：伍国正 摄）

图5-2-1 湖南传统城镇古城楼（来源：余翰武 摄）

（a）新晃龙溪口入口牌坊　　　　　　　　（b）芷江黄甲巷牌坊

（c）黔阳南正街街门　　　　　　　　　　（d）洪江古镇街门

图5-2-2　湖南传统城镇牌坊、街门（来源：余翰武　摄）

的每一个微观空间。"①所以，人们在识别标志物、找寻标志物中，在脑海中不断地更新所经过的每一个微观空间。人们在不断地"游荡"中，交往机会在增加，活力也在随之增强。

（二）节点的可及性

林奇在研究城市意象中，指出："节点是一些点、一个城市中战略性的地点，观察者能够进入、领略强烈的焦距并由此开始其旅行。"节点可以认为是某个区域的中心。"某些集中节点成为一个区域的中心和缩影，

---

① Mark Wigley. Paper, Scissors, BlurCatherine de Zegher（eds）. The Activist Drawing：Retracing Situationist Architecture from Constant's New Babylon to Beyond[C]. Cambridge：The MIT Press，2001：27.

其影响由此向外辐射，它们因此成为区域的象征，被称为核心。"[1]

码头、亭桥、城口、井台等都可视为传统聚落的节点。这些节点通常是街道空间发端、交汇、转折、分叉的地方。许多商贸、社会活动从这里发端、集中，并向四周蔓延，逐渐形成今天的历史街区。传统的街道空间通常表达为共性化的连续意象，而节点则提供丰富的个性化意象。相对于线形的街道空间，节点则突出重点，成为是某些功能或物质特征的聚集点，具有多种形态和功能。"它们首先是连接点，交通线路中的休息站，道路的交叉或汇聚点，从一种结构向另一种结构的转换处。"[2]如码头，常有宽大的青石台阶伸入河中，便于水运交通的运输和人们日常生活的使用；亭桥除了供人们往来交通、休憩打尖，很多也成了当地的交易场所；而城门口和井台更是人们经常出入的地方，特别是街中的井台，打水是当地人必然性活动，而在其周围买卖商品也成了他们可选择性的活动。进入这些节点的方式越多，聚集的人越多，活动亦增加，活力亦强。

可见，人们进入节点的感知体验、情感感受，直接影响到人们参与其中商贸活动的介入度，是反映传统城镇商贸空间意象力强弱的重要因素。介入度越深则可及性越强，人们在节点所接受商业体验越强烈，人们的交往活动越频繁。可见，节点的可及性可增强人们体验的潜在深度和强度，直接反映传统城镇活力的强弱。

（三）广告标识的信息性

芦原义信"把建筑外墙凸出物和临时附加物所构成的形态"称为建筑的"第二次轮廓线"[3]，尽管他认为："第二次轮廓线"无秩序、非结构化，不能成"画"。[4]但不能否定的是在传统商业街道行走，首先映入眼帘的就是这些各式各样、五颜六色的门面招牌、圆领、幌子，它们为往来的人们提供了商业信息，引导和激发了人们的消费欲望和行为。

许多世纪以来，各类招牌一直是零售业和服务业特有的信息传递方式，是标识行业、识别商铺的主要标识形式，并影响着商贸建筑及其环境的风格和形式（图5-2-3），其特点在于形象直观、易识易记以及趣味性。就其形式，招牌有竖招、横招、坐招、墙招几大类别。招牌多以文字标识商铺的字号、经营内容，题字往往比较注重题字人的身份，[5]有些招牌的题词甚至还有一段历史背景。

独具一格广告标识为公众提供必要的讯息服务，并将自己的店铺或强烈深刻，或简单明确地"印"在人们的脑海中，以增加店铺的意象力。

图5-2-3 传统聚落街道中各式各样的广告标识（来源：余翰武 摄）

① （美）凯文·林奇. 城市意象[M]. 方益萍，译. 北京：华夏出版社，2001：36.
② （美）凯文·林奇. 城市形态[M]. 林庆怡，等译. 北京：华夏出版社，2001：133-144.
③ （日）芦原义信. 街道的美学[M]. 尹培桐，译. 武汉：华中理工大学出版社，1988：57.
④ （日）芦原义信. 街道的美学[M]. 尹培桐，译. 武汉：华中理工大学出版社，1988：58.
⑤ 刘晓莉. 历史街区更新中的商贸空间营造[D]. 重庆：重庆大学，2003：34.

正是这些各色不同的广告标识使人们在立面雷同的传统商业街道中能较快速地找到目标。传统城镇的商贸空间通过上述元素，并融入沇水中上游特定的地域因素，不断强调自己意象，激发着人们的购买欲望，增强了交易交往，同时也增强了集镇的商贸活力。

二、策略二：情境场所

场所是人类生活的基础，在提供人类生活背景的同时，给予个人或集体以安全感和身份感，帮助人们获得了"存在于世"的根基，它反映了在一特定的时空地段中人们的生活方式和其自身的环境特征，所以场所的本质意义在于以本真的方式具化了人们的生活状况。场所强调"归属感"与场地的情感联系，可以用"植根"特定场地的特性关联有意识的感知来理解，知识和观念通过"身体化"[1]潜在地影响着环境的体验。哈贝马斯认为：场所通过交互主体行动构成的某种内在的境遇已达成理解取向的互动，建立起彼此都能接受的行动规范，形成群体的归属认同感以及强化社会的整合。[2]

可见，场所感源于人们内在熟知的环境，一个与情感紧密联系的物质环境以及意识可觉察到的环境，源于长久以来经体验所强化而来的亲切的关联性，即富含情感的"场所精神"。诺伯格·舒尔茨认为："场所精神"被人们当作具体的现实并与自己的日常生活息息相关。每个个体都应该积极地和有意识地参与到对生活每一时刻的重新建构的行动中来，所有的个体都应该建构他们生活的情境，发挥他们的潜能，并获得他们自己的乐趣。[3]

场所的情境来源于身在其中的体验与感受，对于每个人而言，他们不同的经历也许应该拥有不同的经验和感受，是每个人发自自己内心的情感反映。对于传统聚落来说，场所的情境来源于人们对过往传统文化的回忆和对当地文化根脉的寻找，用"礼失而求于野"来形容似乎不太恰当，但在当前各地滚滚而来的"现代潮"中，寻找一点中华文化的寄托确实很难，而传统聚落中的市井情境又何尝不是当前疲于奔命的工作频率的向往呢？相对于当前林立的钢筋混凝土高楼大厦，平易近人的聚落空间和世俗低调更显得充满生活气息和活力。所以场所的真正意义在于：不仅仅是对"文脉"的反映，还建立起一种新的关联——一种出于个体感受的历史与当下的对话，并且延展至将来的可能的体验场。聚落空间的多向度为这种情景场所提供了丰富的物质基础，不可否认地说传统聚落空间为当前人们回忆既往、寻找传统提供了丰富的令人激动的场所。

三、策略三：多样性

聚落是人们生活、生产等社会活动的聚集地。人口的聚集提供了多样性和差异性的可能，各类人的兴趣、能力、需求、财富千差万别，因此要求聚落空间需要尽可能错综复杂并且相互支持的多样性来满足人们这种多样化的需求。丰富多样的生活行为和方式决定了其空间形态的多样性，于是在这个过程中聚落空间丰富旺盛的生命活力便呈现出来了。[4]

（一）业态的多样性

人们来到集镇目的不一、需求不一，作用也不一，要容纳和承载这些活动，首先要求商业业态的多

① "身体化"是伯林特的参与美学的一个核心概念，认为审美就是一种综合了各种意义和经验的身体的直接感知。
② 尹树广. 生活世界的现实及其价值维度[J]. 哲学研究，2003，（1）：12-17.
③ Peter Marshall. Guy Debord and the Situationists (http：//www. sfbayrevolution. org/library/debord. html).
④ 周波. 西安市小寨商业街区活力研究[D]. 西安：西安建筑科技大学，2010，4：10-14.

样化。如洪江镇，木材、桐油、鸦片是其主要经济支柱，木行、油行和烟馆布及全镇，然而这三类业态无法使集镇市井繁荣，需要上下游及衍生的产业辅以配合，如贸易需要金融服务，于是有了银行和钱庄，用于货币周转和汇兑；往来客商需要吃、住、行，于是有了酒馆和客栈；人们需要日常生活，于是有了各类零售店铺；人们需要休闲娱乐和信仰，于是有了青楼（图5-2-4）、烟馆、会馆、寺庙等。总之，洪江有以"十三帮"为主的商业业态，即钱帮、木帮、绸布帮、盐帮、药帮、苏广货帮、南货帮、瓷帮、粮食帮、纸帮、烟酒帮；另还有桐油炸坊、油桶裱糊业、篾缆业、木器制作业、酱坊、酒坊、织染业、铁作业、皮革业、缝纫业、竹器业、雨伞业、鞋帽业、鞭炮业等手工行业；还创办了报社、学堂、镖局等。可见，洪江既有异地贸易的行业，也有服务本地的行业；既有营利性行业，也有公益性行业。

业态的多样性增加了城镇的包容性，各色人等汇集于此，以各自的角色参与到城镇的贸易与生活当中，这些活动的汇集与碰撞，使得活力得以持续发生。

（二）空间功能的复合性

传统聚落很少有纯粹功能的空间，往往是多功能的混合。如商业店肆商住合一空间布局将商贸空间、生活空间和消费空间有机地联系在一起。传统社会的生活娱乐空间相对匮乏，商贸空间又是社区周期性的休闲场所。商业店肆中，茶馆、小吃铺提供了休闲空间，各类室外文化表演形式提供了不同的休闲机会，商贸空间又同时具有了休闲娱乐空间的复合功能。"生活与休闲"价值同时体现于社区之外。传统聚落空间的"行为叙事"是一种活态文化，它不但是历史行为经验的体现，同时也是参与者的行为展现了现有时空中社区实际生活运行的状态。混合功能不仅体现在不同功能在一定的空间内的混合，也表现为同一空间不同时间的多个功能的混合。商贸空间的主要功能是商贸和交易活动，但社会生活也是它的内容之一，两者有一定的依赖性。一方面，商贸空间为社会生活提供场所；另一方面，它也可以对人们的活动起到促进或限制作用。商贸空间亦是社会公共空间，它不仅提供商贸活动场所，也是人们休闲活动和社交的聚集场所。

又如檐下空间，其功能就具有多义复合性：在空间上既是交通空间、商贸空间，又是工作空间、生活空间。如在赶集日，檐下空间被充分利用服务于商贸活动。流动的商贩大多在挑檐下摆摊，而店铺也把底层开放的铺面向外延伸，檐下空间着重表现为商业的招揽性与导引性。传统城镇中的商业和手工业往往同时存在，有的店铺前屋是柜台交易空间，后屋就是手工作坊，或者直接在店铺内进行商品的制作。因室内空间的局促，檐下空间往往也成了工作便利之所或货物展示的空间；在商业贸易活动之余，檐下空间也常常被集镇居民加以利用，成为其延伸的生活空间。平日，居民常喜欢在檐下做做家务，邻里间摆摆龙门阵，打打麻将，儿童也在此嬉闹玩耍；夏夜，又有人们临街搭设凉竹床，乘凉于街檐下——如此丰富的充满趣味的集镇生活呈现于其中。又如会馆建筑空间，其功能更为多样和复杂，其兼有商务、祭祀、惠民等功能。而街道除了进行商业活动，亦承担主要的交通职能。并且在不同的时间点或时间段，特别是重要的节日和祭祀日，其所承载的活动亦有很大的变化，呈现出时间的多义性。因为这种时空的变化和功能的多重叠加，使得聚落空间总是处于一种活动的状态，如同流动的活水——新鲜而富有生机。

四、策略四：激发自发行为

（一）人的自发行为

人的自发性源于人本身的感受而产生的反应，是人自主决策的行为或结果。自发不是无目的、偶然的，是

（a）镖局　　　　　　　　　　　　　　　　　　　　（b）青楼

（c）陈荣信商行（油号）　　　　（d）庆元丰货栈（木行）　　　　　　（e）酱号

（f）金号　　　　　（g）太平宫（宝庆会馆）　　　　（h）戏院　　　　　　（i）皂坊

图5-2-4　洪江镇多样的业态（来源：余翰武　摄）

一种随着环境变化不断调整自身的行为。自发性应是发自内心的，是人和场所最自然、最质朴、最直接的联系。这意味着自发的主体拥有"一个安全的放眼世界的起点，一种对自己在事物秩序中所处的位置的牢固把握，尤其是与某个地方的重要情节。"[①]

正如消费行为是商贸环境中最直接发生并产生经济效益的活动，购物成为能展现城镇旺盛生命力的生活行为[②]。消费行为有随机性和目的性两种方式。目的性的消费行为，其路线非常清晰而短捷，所要求的消费空间往往是较为紧凑和明确的，在其脑海里已形成了行为路线，并对前往的地点较为熟悉，消费前的时间要求尽可能短。此类自发行为目的性强，自发源于曾经的消费空间给予的过往经验；而随机性的消费行为则更大程度地依赖于环境的优劣，感受的舒适程度等其他因素。无论人是以什么样的心态走进商贸空间，一旦从中获得足够的感兴趣的消费信息，便会通过视觉、听觉、触觉等影响人的心理状态产生对环境的认知，进而产生消费的欲望。所以，一个品质较高的商贸空间使人顺利地从知觉达到意象，能自发地产生消费行为。消费活动，不仅仅限于购买商品，它是商贸活动基本意义所在，而且在于使人们的日常生活需要与整个环境产生心理协调而赶上生活节奏。因此，商贸活动反映出人们需要从情感上归属整个社会。

而非消费行为则反映出更为自由的自发性，其以游逛、休息、观赏、交往等多重行为为组合，往往交织在一起，体现出人们更为普通的日常生活，是基础性和丰富性的活动，更注重交往和创造力。但是人在不同的节点、时机和自身状态下，其主导行为也不一样。正如史蒂文·霍尔引用混沌理论对"奇异吸引粒子"的运动

轨迹的解释一样，"无论粒子来自何方，它们总会有选择的机会。当所有粒子在吸引力的周围循环流动时，最初聚集在一起的所有粒子又逐渐分散，彼此间不再有接触。然后，所有粒子可能沿着各自独立的轨迹运行。"[③]"奇异吸引粒子"是一种基于人的自发聚集行为的解释，当多个"吸引力"（可认为是某个中心或节点）存在时，人的选择就会趋向多元，轨迹也会变得多样和无序而处于混沌，也就能充分反映其自发性。

（二）聚落生长的自发行为

从历史的角度来看待聚落的发展过程，可以把聚落视为行为主体（事实上，聚落本身不可能产生行为，但可以看作是聚落中所有人行为产生结果的总和）。培根曾说过："城市是生成的而不是建成的"。[④]湖南传统聚落的建设存在着规划建设和自发建设相融合的情况，特别是明清以后，伴随着商品经济的发展由自发建设形成更为灵活自由的布局形式，各街区的自然发展几乎都呈自发状态。有的甚至整个聚落从兴起到发展完善均呈自发状态。如洪江，从唐之草市，到宋代定居人口渐多，至元末明初的湘黔边境的大墟场，后到明末清初的湘西名镇，再到民国（特别是抗战时期）的小都会，洪江随着商贸的产生和发展而自发兴起与营建扩张，其职能较为单一，没有自上而下的总体控制和规划，缺乏强有力的整体控制，处于一种自发的建设当中，呈现出有机自然生长的自发形态。

无论是人的自发行为还是聚落的自发行为，都离不开动力，其源头就是充斥于日常生活方方面面的经济活动及其所引发和延展的社会交往活动。在传统社会中，各类活动相互交织并置在一起，体现出丰富多样的

---

① （美）克莱尔·库珀·马库斯，卡罗林·弗朗西斯. 人性场所——城市开放空间设计导则（第2版）[M]. 俞孔坚，等译. 北京：中国建筑工业出版社，2001：5.
② 蒋涤非. 城市形态活力论[M]. 南京：东南大学出版社，2007，2：4.
③ Steven Holl. A story of a strange attractor[M]. Parallax，2000：273.
④ （美）埃德蒙·N. 培根. 城市设计[M]. 黄富厢，译. 北京：中国建筑工业出版社，2000：2.

浓郁的生活气息，并叠合于各个场所。这就赋予了承载这些活动的空间的多义性，一方面，通过空间形态表现出一定的形式；另一方面，通过感知空间元素的意义而形成一定的空间感受，使人们能出于自身的经验和感受，用不同的方式来理解其更深层次的意义与内涵。任何空间都是以人的活动自发地调整从而形成了人性化的空间，都是互融共存、内外穿插的复合空间，是兼有公共生活与商品交换的多元空间。传统店铺沿街开放，为购物、餐饮、娱乐及表演构筑了良好适宜的交往环境，展现了独具特色的集镇商贸生活的画卷。聚落空间融合共济，相互渗透，使人性化内涵得以展现，形成了动态开放充满活力的聚落格局。

意象力为传统聚落的活化产生提供潜在的机会，情境场所是其承载物，多样性是活化的必要条件，而自发性则是一个集合了社会、历史、文化、经济等众多因素的"发生器"，是具有宜人尺度、多样亲切、触及人内心和包容度极强的场所，是场所多维度的复合与叠加的综合体现。

第三节　目标：焕发活力

一、活力源由

"活力"是一个抽象的概念，很难对其进行有效的量化评价；然而"活力"又能被具体体现，它必然依附于一个具体地点，存在于一个具体空间，通过具体人物和事件来记叙。所以，活力概念本身具有时间性、地域性与混沌性。很多学者对于城镇公共空间的活力进行了大量的研究：如伊恩·本特利等人的《建筑环境共鸣设计》，"活力"一词被表述为"影响着一个既定场所，容纳不同功能的多样化程度之特性"，"能够适应多种不同用途的场所提供给使用者的选择机会比那些只限制他们于单一固定功能的场所要多。能够提供这种选择机会的环境具有一种我们称为活力的特性"[1]。可见伊恩将"活力"归结于场所功能复合性。凯文·林奇认为："活力是一个人类学的标准，是形态对于生命机能、生态要求和人类能力的支持程度，而最重要的是，如何保护物种的延续。"[2]，其从人类学的角度引申"活力"应是承载和包容人的活动及活动延续的，并将"活力"作为评价城市空间形态质量的首要指标。1962年法国颁布的《马尔罗法》的制定就基于这样一种观念："有活力的城市地区必须以现有的城市状况为基础"[3]。

可见，"活力"来自于人的聚集和活动，而活动起于生活，延展于交往，商贸活动使得人们参与对话与交往的概率和范围大大增加了。芒福德指出："对话是城镇生活的最高表现形式之一，是长长的青藤上的一朵鲜花。城镇这个演戏场包容的人物的多样性使对话成为可能。……城镇发展的关键因素在于社交圈子的扩大，以至最终使所有的人都能参加对话。不止一座历史名城在一次总结其全部生活经验的对话中达到了自己发展的极顶。"[4]这里"对话"指的就是交往、交流。在芒福德看

① （英）伊恩·本特利，等. 建筑环境共鸣设计[M]. 大连：大连理工大学出版社，2002，2：83.
② （美）凯文·林奇. 城市形态[M]. 北京：华夏出版社，2001，6：84.
③ Phili Piegill. Nancy Vollanan Landscapes in History[M]. New York：Van Nostrand Reinhold，1993.
④ 刘易斯·芒福德. 城市发展史——起源、演变和前景[M]. 北京：中国建筑工业出版社，1989.

来，广泛而充分的社交不但是人类生存和发展的基本需求和重要因素，而且是城镇兴盛的标志。[①]

"人+空间+活动"形成场所，其是承载活力的容器。一方面，它为人及其活动提供空间，是人们邻里交往与对话的扩大和延续；另一方面，它可以对人的聚集和人们的活动起到激发或抑制的作用。通过"阅读"这种社会空间和物质空间交融的空间系统，可以"触摸"到传统城镇的文化脉络，了解生活中人及其社会关系、行为心理、长期积淀的文化内涵，切实感受生活的情趣和勃勃生机。

二、活力根源

（一）差异空间

所谓差异空间就是区域自治与普遍自我管理的城镇空间，是镶嵌拼接的不同空间。差异空间源于空间的自组织[②]特征——开放性、非平衡性、非线性。[③]

开放性是空间自组织的前提，空间必须保持开放，才能不断从外部获取负熵，保证自身结构的有序发展；然而这种开放又是相对的，空间应当保持自身的独立性和特色，即存在差异，这是聚落的生命边界。聚落是一个自然—社会—经济的复合体，其系统中的自然要素、社会要素、经济要素自身之间及与其周围环境之间，需要不断进行物质、能量和信息的交换和传输，并以差异形式贯穿其间，既维持聚落与环境的关系，又维持城镇内部各要素的关系，形成一个动态有序的开放系统，是差异空间得以能存在的物质体现。

非平衡性是指在聚落之间，区位条件和聚落规模的不平衡，所形成的优势互补；在经济上的不平衡或由于区位、用地属性及人口密度的不平衡，产生了聚落之间的和内部的人口流动。这种不平衡势必产生差异，生成势位，这促使人类活动从低势位向高势位流动，形成聚落系统从无序走向有序的一种负熵流，从而出现了自组织现象。由人口流、信息流、物资流、资金流等的共同作用，形成了空间的聚集。这种空间聚集会使区位规模发生变化，进一步产生新的组织现象，促使聚落空间持续聚散与演替。

非线性的相互作用是自组织的基础。聚落作为自组织系统，其内部的自然、社会和经济要素并不是简单的叠加。非线性是造成聚落系统复杂性的根本原因，是聚落系统的核心特征，非线性相互作用使聚落的演化产生多样性和不确定性，使聚落系统具有复杂性和混沌性。非线性意味着聚落系统处于一种不平衡状态，处于不断的发展变化之中，促使聚落系统中的因子产生运动，每个因子的运动都具有偶然性，有可能聚集，有可能离散，并通过这一行为形成差异空间，进而产生"流动"。

当前在全球化的控制力与影响力下，抽象空间也正在改变着我们所生活的城镇面貌，使得我们必须准备面对西方社会已经历的各种城市问题，包括城市面貌差异性减弱，趋同性增强的境况，这意味着"城市一旦失去独立性和特色，城市将在不断发展中走向消亡。"[④]，而文化的地域性是其独立性和特色的最为突出的显现因子，是要形成多元和差异的聚落空间形态的重要条

---

① 狄雅静，张永川. 建筑平面布局形态与街道建筑空间的视觉秩序[J]. 江苏建筑，2003，1（89）：9-13.
② 自组织概念有两层意思："自"，即自发的，自然进行；"组织"则意味着这种自发的发展必须形成某种结构，而不是长期处于混乱的状态；同时，也意味着这种发展是有规律的，可研究的。自组织理论兴起于20世纪60年代，它并非是个系统性理论，而是若干理论的总称。如普利高津提出的"耗散结构理论"，哈肯的"协同学""混沌学"理论。其中以"耗散结构理论"在城市研究领域最具影响力，该理论指出：城市是不断演化发展的自组织系统，是一种耗散结构组织，它不断地从外界输入物质、能量和信息（包括原材料、能源、通信等），又不断地输出人才、产品、废料等。这种物质流动，造成地域与城市发展的不平衡，要通过不断分化和调整组织新秩序。
③ 蒋涤非. 城市形态活力论[M]. 南京：东南大学出版社，2007，2：159-160.
④ 蒋涤非. 城市形态活力论[M]. 南京：东南大学出版社，2007，2：160.

件。可见，差异空间强调地方特色和个性，从这个意义上说，差异空间也就是文化的地域性建构的具体目标与空间形态。而我们也可以通过历史文化要素，利用差异空间架构湖南传统聚落的历史文化价值体系，从而引导文化资源流动和各个传统聚落地方特色的保护与延续。

（二）地方文脉观

列斐伏尔把差异空间视为一种重现地方文化的场所，指出"城市空间形态不能仅仅以满足商品交换和产生剩余价值为目的，应是人类本真的需求。"[1]吴良镛先生说："捍卫特性将不仅被看作古老价值的简单复活，而主要是体现新的文化设想的追求"[2]。因为地方性是由当地自然、历史和人文长期积淀而成，地方性越强越彰显其价值，越能产生差异的引力和势能。传统聚落代表了当地历史长河中积累的地方文脉，这是人为策划、设计、包装无法产生的，只能通过挖掘、保护、提炼来发扬；而具有历史文化特征鲜明的传统聚落正是因为拥有传统的地方特色而区别于其他，即以地域文化的独特性成为永续使用、可持续的价值生产场所。

亚历山大认为："对于城市真正起到作用的是过程和它的历史，而不是形式，如果能够创造一种合适的过程，从而重新遵循历史的脉络，城市就有希望恢复往日的完整"[3]。"文化是历史的积淀，存留于建筑间，融会在生活里，对城市的营造和市民的行为起着潜移默化的影响，是城市和建筑的灵魂。"[4]它取决于人们对其周围的事物与生存环境的感知所形成的偶然与必然的认识，及基于这种认识所构筑的理想憧憬，它一旦形成便与物理的环境相融合，成为这个簇群生存的有意义的人文环境。就文化而言，湖南地区是地域文化和中原文化交融互动的区域，具有多元文化交融的特点，具有极强的区域文化价值。意识形态、价值取向、生活习俗以及宗教信仰等已成为该区域传统聚落群体化的文化表征。由于湖南地区为多民族聚居地，各类文化遗存较多，且地域性、民族性特点突出。从特色上来说，民族边区巫蛊文化色彩浓厚，口头传说丰厚古朴悠久，崇拜信仰神秘多样，民间节庆丰富多彩。这种资源既具有外向表征又富含深厚的历史文化价值；其表现出强烈的地域特征，构成独特的文化差异性。

湖南传统聚落空间的形态样式、景观特征以及人们的行为方式，都体现为一段时期该地区文化的一个重要方面和一种物质体现。它一方面展示着该地区传统聚落文明的独特传统，另一方面又表征着其社会经济生活的面貌和特色，表现出该地区人们社会活动的独特情趣，历史与文化在此得以关联与长存。

三、支撑区域经济发展的可持续性

从可持续发展的角度说，联合国提出"可持续发展"的概念是"满足当代人需求又不能损害后代人满足其需求能力的发展"，似乎倾向于关注世界能源、资源等物质层面，而对于文化这种非物质"资源"却没有给予更多的关注。借用这一概念，是不是可以说在文化建设上要满足当代人的需求，同时当代人也有义务为后代创造出更好的文化环境；而不是一概抹掉前人所留下来的文化遗产，后人理应有权利享有文化遗产。如果将这一概念称之为文化的可持续发展，那么大力强调、深化推广这一文化上的可持续发展比起物质资源的可持续发展对于我国的现状更加具有现实的意义。

① 李春敏. 列斐伏尔的空间生产理论探析[J]. 人文杂志, 2011（1）：64-68.
② 吴良镛. 广义建筑学[M]. 北京：中国建筑工业出版社, 2010, 5：32.
③ 张京祥. 西方城市规划史纲[D]. 南京：东南大学出版社, 2005：37, 192, 212.
④ 吴良镛, 世纪之交的凝思：建筑学的未来[M]. 北京：清华大学出版社, 1999.

湖南传统聚落从其历史性、重要性来看，无疑具有极强的区域文化价值，主要体现在相近或相同（但并不意味一致）的意识形态、价值取向、生活习俗以及宗教信仰等等，成为该区域传统聚落主体群体化的文化表征。这些凸显出来的文化表征具有强烈的地域特征，构成独特的文化差异性，成为一种文化资源。澳大利亚麦克里大学经济学教授戴维·思罗斯比认为："有形的文化资本的积累存在于被赋予了文化意义（通常被称为文化遗产）的建筑、遗址、艺术品……而存在的人工制品之中。"①，并指出文化资源具有无形性、无限使用性、地域差异性、消费精神性和易变性的特征。1989年，英国艺术委员会在《城市复兴艺术在内城再生中的作用》一文中指出："文化艺术是巩固经济增长与推动社会环境发展的必要组成部分，它能够激发旅游业，创造就业机会。更重要的是，它是区域全面复兴的主要促进因素。它是社会群体的自豪感和社会认同的焦点。"②具有悠久历史文化的聚落或街区往往因为载有历史记忆的空间表征和传统的价值观，而形成以文化产业为核心的经济发展模式。传统聚落的地域性对经济最直接的贡献就是催生文化旅游经济。这种集文化旅游和休闲观光旅游为一体的经济模式是当前利用传统聚落最直接的方式。

此外，历史发展到今天，不同地域的文化交流变得迅速而便捷。不同民族的文化资源共享也成为可能。人类探求未知、感受未知的冲动，比以往的任何时代都表现得更为强烈。可以认为，聚落空间是历史与现实生活延续性的一种反映，都是文化的一种物质表征。

"一座建筑无论如何华丽，总有褪色、崩塌的一天，一座城市如何固若金汤，总会有被摧毁的可能，而一种道德、一种精神可以穿越岁月，永久地留给后世。""金钱导致的繁荣是短暂的，是迟早会没落的；只有文化（文明）的昌盛，才能使繁荣源远流长"。过于追求经济利益（目标），会产生快速发展，但不可能长久，只有文化素质的提高，文明的发达，才能使发展更为持续。一切经济领域无不包含着文化，文化对经济和社会生活的各个方面又都产生着广泛的影响。文化与经济的日益融合，迸发出巨大的创造力，极大地推动生产力的发展。同时通过历史记忆、民俗文化来建立文化的情感纽带，提升空间与历史文化事件的耦合，可使地域文脉得以延续和创新。

由此可见，焕发传统聚落的活力取决于其历史文化价值及其带来的经济发展——传统聚落的文化价值对该区域经济的可持续发展提供了发展内涵和发展动力，而以地方文化拉动经济发展是当今全球化背景下，提高综合竞争力的重要途径。历史人文区域除了能够带来眼前的经济利益之外，它更是历史的见证和人文精神的继承，是发展的永恒动力③。

① 李沛新. 文化资本论——关于文化资本运营的理论与实务研究[D]. 北京：中央民族大学，2006：8.
② Art Council. An Urban Renaissance：the Role of the Arts in Inner City Regeneration，1989：2.
③ 王靖. 城市区域空间的文化性研究[D]. 哈尔滨：哈尔滨工业大学，2010：70.

附录一　湖南省传统村落分布图

湖南省列入中国传统村落的村落位置（第一批～第五批）

（湖南省中国传统村落名单见附录四）

［来源：胡沛玲　统计、绘制］

附录二 湖南省历史文化名城名镇分布图

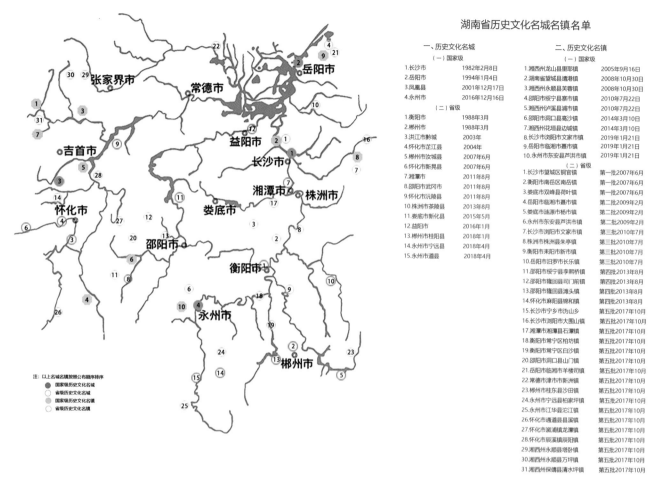

湖南省历史文化名城名镇名单

一、历史文化名城

（一）国家级
1.长沙市　　　　1982年2月8日
2.岳阳市　　　　1994年1月4日
3.凤凰县　　　　2001年12月17日
4.永州市　　　　2016年12月16日

（二）省级
1.衡阳市　　　　1988年3月
2.郴州市　　　　1988年3月
3.洪江市黔城　　2003年
4.怀化市芷江县　2004年
5.郴州市汝城县　2007年6月
6.怀化市新晃县　2007年6月
7.湘潭市　　　　2011年8月
8.邵阳市武冈市　2011年8月
9.怀化市沅陵县　2011年8月
10.株洲市茶陵县　2013年8月
11.娄底市新化县　2015年5月
12.益阳市　　　　2016年1月
13.郴州市桂阳县　2018年1月
14.永州市宁远县　2018年4月
15.永州市道县　　2018年4月

二、历史文化名镇

（一）国家级
1.湘西州龙山县里耶镇　　　2005年9月16日
2.湖南省望城县靖港镇　　　2008年10月30日
3.湘西州永顺县芙蓉镇　　　2008年10月30日
4.邵阳市绥宁县寨市镇　　　2010年7月22日
5.湘西州泸溪县浦市镇　　　2010年7月22日
6.邵阳市洞口县高沙镇　　　2014年3月10日
7.湘西州花垣县边城镇　　　2014年3月10日
8.长沙市浏阳市文家市镇　　2019年1月21日
9.岳阳市临湘市聂市镇　　　2019年1月21日
10.永州市东安县芦洪市镇　　2019年1月21日

（二）省级
1.长沙市望城区铜官镇　　　第一批2007年6月
2.衡阳市南岳区南岳镇　　　第一批2007年6月
3.娄底市双峰县荷叶镇　　　第一批2007年6月
4.岳阳市临湘市聂市镇　　　第二批2009年2月
5.娄底市涟源市杨市镇　　　第二批2009年2月
6.永州市东安县芦洪市镇　　第二批2009年2月
7.长沙市浏阳市文家市镇　　第三批2010年7月
8.株洲市株洲县朱亭镇　　　第三批2010年7月
9.衡阳市耒阳市新市镇　　　第三批2010年7月
10.岳阳市汨罗市长乐镇　　　第三批2010年7月
11.邵阳市绥宁县李熙桥镇　　第四批2013年8月
12.邵阳市隆回县司门前镇　　第四批2013年8月
13.邵阳市隆回县滩头镇　　　第四批2013年8月
14.怀化市麻阳县锦和镇　　　第四批2013年8月
15.长沙市宁乡市沩山乡　　　第五批2017年10月
16.长沙市浏阳市大围山镇　　第五批2017年10月
17.湘潭市湘潭县石潭镇　　　第五批2017年10月
18.衡阳市常宁区柏坊镇　　　第五批2017年10月
19.衡阳市常宁区白沙镇　　　第五批2017年10月
20.邵阳市洞口县山门镇　　　第五批2017年10月
21.岳阳市临湘市羊楼司镇　　第五批2017年10月
22.常德市津市市新洲镇　　　第五批2017年10月
23.郴州市桂东县沙田镇　　　第五批2017年10月
24.永州市宁远县柏家坪镇　　第五批2017年10月
25.永州市江华县沱江镇　　　第五批2017年10月
26.怀化市通道县县溪镇　　　第五批2017年10月
27.怀化市溆浦县龙潭镇　　　第五批2017年10月
28.怀化市辰溪县辰阳镇　　　第五批2017年10月
29.湘西州永顺县塔卧镇　　　第五批2017年10月
30.湘西州永顺县万坪镇　　　第五批2017年10月
31.湘西州保靖县清水坪镇　　第五批2017年10月

（来源：胡沛玲 统计、绘制）

附录三 湖南省国家级历史文化名城名镇名村一览表

湖南省国家历史文化名城		
名称	批次	时间
长沙市	第一批	1982年2月8日
岳阳市	第三批	1994年1月4日
凤凰县	增补	2001年12月17日
永州市	增补	2016年12月16日

湖南省国家历史文化名镇			
名称	所属地区	批次	时间
里耶镇	湘西州龙山县	第二批	2005年9月16日
靖港镇	长沙市望城县	第四批	2008年10月30日
芙蓉镇	湘西州永顺县	第四批	2008年10月30日
寨市镇	邵阳市绥宁县	第五批	2010年7月22日
浦市镇	湘西州泸溪县	第五批	2010年7月22日
高沙镇	邵阳市洞口县	第六批	2014年3月10日
边城镇	湘西州花垣县	第六批	2014年3月10日
文家市镇	长沙市浏阳市	第七批	2019年1月21日
聂市镇	岳阳市临湘市	第七批	2019年1月21日
芦洪市镇	永州市东安县	第七批	2019年1月21日

湖南省国家历史文化名村			
名称	所属地市	批次	时间
上甘棠村	永州市江永县	第三批	2007年5月31日
高椅村	怀化市会同县	第三批	2007年5月31日
干岩头村	永州市零陵区	第三批	2007年5月31日
坦田村	永州市双牌县	第五批	2010年7月22日
龙溪村	永州市祁阳县	第五批	2010年7月22日
板梁村	郴州市永兴县	第五批	2010年7月22日

湖南省国家历史文化名村			
名称	所属地市	批次	时间
五宝田村	怀化市辰溪县	第五批	2010年7月22日
老司城村	湘西州永顺县	第六批	2014年3月10日
芋头村	怀化市通道县	第六批	2014年3月10日
坪坦村	怀化市通道县	第六批	2014年3月10日
上堡村	邵阳市绥宁县	第六批	2014年3月10日
大园村	邵阳市绥宁县	第六批	2014年3月10日
兰溪村	永州市江永县	第六批	2014年3月10日
捞车村	湘西州龙山县	第六批	2014年3月10日
沩山村	株洲市醴陵市	第七批	2018年12月18日
沙洲村	郴州市汝城县	第七批	2018年12月18日
永丰村	郴州市汝城县	第七批	2018年12月18日
石泉村	郴州市汝城县	第七批	2018年12月18日
龙家大院村	永州市新田县	第七批	2018年12月18日
楼田村	永州市道县	第七批	2018年12月18日
明中村	怀化市沅陵县	第七批	2018年12月18日
荆坪村	怀化市中方县	第七批	2018年12月18日

附录四 中国传统村落一览表（湖南省）

所属地市	村名	所属地市	村名
\multicolumn{4}{c}{中国传统村落名录第一批（30个）}			
所属地市	村名	所属地市	村名
衡阳市	1.常宁市中田村	湘西土家族苗族自治州	16.凤凰县舒家塘村
邵阳市	2.隆回县崇木凼村		17.凤凰县拉毫村
岳阳市	3.岳阳县张谷英村		18.凤凰县老洞村
张家界市	4.永定区石堰坪村		19.古丈县岩排溪村
益阳市	5.安化县黄沙坪老街		20.古丈县老司岩村
	6.安化县马路溪村		21.古丈县龙鼻村
郴州市	7.永兴县板梁村		22.花垣县磨老村
永州市	8.零陵区干岩头村		23.花垣县板栗村
	9.江永县上甘棠村		24.吉首市德夯村
	10.祁阳县龙溪村		25.吉首市中黄村
	11.双牌县坦田村		26.龙山县六合村
怀化市	12.辰溪县五宝田村		27.龙山县惹巴拉村
	13.会同县高椅村		28.永顺县双凤村
湘西土家族苗族自治州	14.保靖县夯沙村		29.永顺县老司城村
	15.保靖县首八峒村		30.永顺县小溪村

所属地市	村名	所属地市	村名
\multicolumn{4}{c}{中国传统村落名录第二批（42个）}			
所属地市	村名	所属地市	村名
长沙市	31.浏阳市楚东村	益阳市	45.安化县唐家观村
衡阳市	32.衡东县夏浦村		46.安化县洞市社区
	33.衡东县杨林村		47.安化县梅山村
	34.衡东县高田村新大屋		48.安化县新潭村樟水凼
	35.祁东县沙井老屋村		49.安化县将军村滑石寨
邵阳市	36.绥宁县李熙村	郴州市	50.桂阳县溪里魏家村
	37.绥宁县东山村		51.桂阳县地界村
	38.绥宁县正板村		52.桂阳县庙下村
	39.绥宁县天堂村		53.桂阳县大湾村
	40.绥宁县上堡村		54.桂阳县上王家村
	41.新宁县西村坊村		55. 汝城县外沙村
	42.城步县桃林村	永州市	56.宁远县小桃源村
	43.城步县大寨村		57.新田县河山岩村
	44.武冈市浪石村	怀化市	58.通道县坪坦村

中国传统村落名录第二批（42个）			
所属地市	村名	所属地市	村名
怀化市	59.麻阳县岩口山村	湘西土家族苗族自治州	66.吉首市齐心村
	60.麻阳县溪口村湾里		67.吉首市河坪村
	61.麻阳县小江村		68.凤凰县老家寨村
	62.麻阳县豪侠坪村		69.凤凰县凉灯村
	63.鹤城区尽远村		70.泸溪县岩门村
娄底市	64.新化县上团村		71.龙山县万龙村
湘西土家族苗族自治州	65.吉首市小溪村		72.龙山县长春村

中国传统村落名录第三批（19个）			
所属地市	村名	所属地市	村名
邵阳市	73.绥宁县大园村	怀化市	83.新晃县美岩村
郴州市	74.宜章县腊元村		84.通道县芋头村
永州市	75.双牌县塘基上村		85.通道县皇都侗族文化村
	76.江永县乡兰溪村	娄底市	86.新化县正龙村
	77.溆浦县山背村		87.新化县下团村
怀化市	78.会同县小市村	湘西土家族苗族自治州	88.凤凰县黄毛坪村
	79.会同县大坪村		89.凤凰县早岗村
	80.会同县墓脚村		90.凤凰县竹山村
	81.新晃县何家田村		91.龙山县捞车村
	82.新晃县地习村		

中国传统村落名录第四批（166个）			
所属地市	村名	所属地市	村名
湘潭市	92.湘潭县顶峰村	邵阳市	104.新邵县爽溪村
	93.湘乡市壶天村		105.新邵县仓场村
	94.衡南县宝盖村		106.新邵县小白水村
	95.衡南县大渔村		107.隆回县老屋村
衡阳市	96.衡东县草市村		108.绥宁县横坡村
	97.衡东县南湾村		109.绥宁县上白村
	98.耒阳市小墟村		110.城步县清溪村
	99.耒阳市寿州村		111.城步县杉坊村
	100.耒阳市珊铀村	岳阳市	112.平江县黄桥村
	101.常宁市上游村		113.汨罗市新市村
	102.常宁市六图村		114.汨罗市长新村
	103.常宁市下冲村	张家界市	115.永定区伞家湾村

中国传统村落名录第四批（166个）			
所属地市	村名	所属地市	村名
张家界市	116.永定区庙岗村	郴州市	143.资兴市中田村
	117.桑植县洪家关村		144.资兴市星塘村
益阳市	118.桃江县花园洞村		145.资兴市石鼓村
	119.安化县九龙池村		146.资兴市新坳村
郴州市	120.北湖区陂副村	永州市	147.零陵区芬香村
	121.北湖区村头村		148.祁阳县蔗塘村
	122.苏仙区坳上村		149.祁阳县九泥村
	123.苏仙区长冲村		150.祁阳县陈朝村
	124.桂阳县筱塘村		151.祁阳县元家庙村
	125.桂阳县阳山村		152.东安县横塘村
	126.宜章县碕石村		153.双牌县访尧村
	127.宜章县千家岸村		154.道县楼田村
	128.永兴县坪洞村		155.道县小坪村
	129.嘉禾县仙江村		156.道县田广洞村
	130.嘉禾县石桥铺村		157.宁远县下灌村
	131.嘉禾县雷公井村		158.蓝山县虎溪村
	132.临武县南福村		159.新田县文溪村
	133.临武县上乔村		160.江华县水东村
	134.临武县乐岭村		161.江华县宝镜村
	135.汝城县金山村		162.江华县井头湾村
	136.汝城县东溪村	怀化市	163.中方县荆坪村
	137.汝城县津江村		164.中方县黄溪村
	138.汝城县沙洲村		165.中方县江坪村
	139.汝城县石泉村		166.中方县桥头村
	140.汝城县先锋村		167.沅陵县浪潮村烧火岩
	141.资兴市辰冈岭村		168.沅陵县胡家溪村
	142.资兴市流华湾村		169.沅陵县莲花池村

所属地市	村名	所属地市	村名
怀化市	170.沅陵县明中村	娄底市	202.双峰县碳石村
	171.溆浦县金中村		203.涟源市铜盆村
	172.溆浦县蓑衣溪村		204.新化县楼下村
	173.溆浦县光明村	湘西土家族苗族自治州	205.吉首市坪年村
	174.溆浦县株木村阳雀坡		206.吉首市坪朗村
	175.溆浦县乌峰村		207.吉首市补点村
	176.会同县吉朗村		208.泸溪县芭蕉坪村
	177.会同县翁高村		209.泸溪县椰木溪村
	178.新晃县道丁村		210.泸溪县欧溪村
	179.新晃县天井寨村		211.凤凰县塘坳村
	180.靖州县燎原村		212.凤凰县大塘村
	181.靖州县寨姓村		213.凤凰县火炉坪村
	182.靖州县九龙村		214.凤凰县东就村
	183.靖州县木洞村		215.凤凰县塘头村芭蕉冲
	184.靖州县江边村		216.凤凰县泡水村
	185.靖州县岩脚村		217.凤凰县扭光村
	186.靖州县大林村		218.凤凰县香炉山村
	187.靖州县地笋村		219.凤凰县关田山村
	188.靖州县林源村		220.凤凰县黄沙坪村
	189.靖州县老里村		221.凤凰县米良村
	190.通道县上湘村		222.花垣县高务村
	191.通道县陈团村		223.花垣县五斗村
	192.通道县占字村		224.花垣县十八洞村
	193.通道县半坡村		225.花垣县张刀村
	194.通道县高步村		226.花垣县芷耳村
	195.通道县高团村		227.花垣县金龙村
	196.通道县洞雷村		228.花垣县油麻村
	197.洪江市沅城村		229.保靖县金落河村
	198.洪江市洒溪村		230.保靖县新民村
	199.洪江市堙上古村		231.保靖县木芽村
	200.洪江市山下陇古村		232.保靖县傍海村
	201.洪江市古楼坪村		233.保靖县黄金村

中国传统村落名录第四批（166个）

中国传统村落名录第四批（166个）			
所属地市	村名	所属地市	村名
湘西土家族苗族自治州	234.保靖县魏家寨村	湘西土家族苗族自治州	246.永顺县爬出科村
	235.保靖县吕洞村		247.永顺县博射坪村
	236.保靖县夯吉村		248.永顺县砂土村
	237.保靖县梯子村		249.永顺县大井村
	238.古丈县李家村		250.永顺县芷州村
	239.古丈县中寨村		251.永顺县列夕村
	240.古丈县九龙村		252.永顺县伍伦村
	241.古丈县毛坪村		253.永顺县西那村
	242.古丈县翁草村		254.龙山县老洞村
	243.古丈县列溪村		255.龙山县树比村
	244.古丈县洞溪村		256.龙山县街上村
	245.古丈县宋家村		257.龙山县巴沙村

中国传统村落名录第五批（401个）			
所属地市	村名	所属地市	村名
衡阳市	258.衡南县高新村	郴州市	274.北湖区土坑下村
	259.耒阳市罗渡村		275.北湖区豪里村
	260.耒阳市导子社区		276.北湖区下鲁塘村
	261.耒阳市水口村		277.北湖区小埠村
	262.耒阳市石枧村		278.北湖区新田岭村
	263.常宁市大洪村		279.北湖区安源村
	264.常宁市五冲村		280.苏仙区两湾洞村
	265.常宁市双湾村		281.苏仙区堆上村
	266.常宁市玄塘村		282.苏仙区高雅岭村
	267.常宁市石盘村		283.苏仙区岗脚村
	268.常宁市上洲村		284.苏仙区朱家湾村
	269.常宁市光荣村		285.苏仙区正源村
	270.常宁市大茅坪村		286.桂阳县长乐村
湘潭市	271.韶山村		287.桂阳县锦湖村
郴州市	272.北湖区小溪村		288.临武县坦下村
	273.北湖区吴山村		289.临武县龙归坪村

所属地市	村名	所属地市	村名
	290.临武县油湾村	郴州市	323.资兴市鸭公垅村
	291.临武县石门村		324.资兴市羊场村
	292.汝城县土桥村		325.资兴市黄嘉村
	293.汝城县永安村		326.资兴市回龙村
	294.汝城县永丰村	益阳市	327.安化县双烟村
	295.汝城县星村村		328.安化县大安村
	296.汝城县北水村		329.安化县金辉村
	297.汝城县云善村		330.安化县高城村
	298.汝城县高村村		331.安化县天子山村
	299.汝城县大村村	邵阳市	332.邵东县清水村
	300.汝城县文市村		333.新邵县白水洞村
	301.汝城县韩田村		334.新邵县清水村
	302.宜章县月梅村		335.新邵县刘家村
	303.宜章县沙坪村		336.新邵县龙山村
	304.宜章县水尾村		337.邵阳县三门村
郴州市	305.宜章县林家排村		338.邵阳县青石塘村
	306.宜章县黄家塝村		339.邵阳县芙蓉社区
	307.宜章县双溪村		340.邵阳县六里村
	308.永兴县井岗村		341.邵阳县文昌村
	309.永兴县牛头村		342.邵阳县易仕村
	310.永兴县车田村		343.洞口县白椒村
	311.永兴县柏树村		344.洞口县宝瑶村
	312.嘉禾县英花村		345.洞口县大麻溪村
	313.嘉禾县中华山村		346.绥宁县翁溪村
	314.嘉禾县周家村		347.绥宁县大团村
	315.嘉禾县忠良村		348.绥宁县插柳村
	316.嘉禾县雷家村		349.绥宁县花园角村
	317.嘉禾县茶坞村		350.绥宁县道口村
	318.桂东县龙头村		351.城步县杨家将村
	319.资兴市辰南村		352.城步县下团村
	320.资兴市蓼江村		353.城步县羊石村
	321.资兴市秧田村		354.城步县长安营村
	322.资兴市岭脚村		355.城步县铺头村

中国传统村落名录第五批（401个）

所属地市	村名	所属地市	村名
	中国传统村落名录第五批（401个）		
永州市	356.零陵区大皮口村	永州市	386.江永县棠下村
	357.零陵区杉木桥村		387.祁阳县柏家村
	358.零陵区杏木元村		388.祁阳县泉口村
	359.零陵区田家湾村		389.祁阳县云腾村
	360.零陵区大庆坪社区		390.双牌县平福头村
	361.零陵区夫江仔村		391.双牌县大河江村
	362.祁阳县八尺村		392.道县修宜村
	363.祁阳县双凤村		393.道县达村
	364.祁阳县枫梓塘村		394.道县土墙村
	365.祁阳县董家埠村		395.道县老村
	366.祁阳县八角岭村		396.道县郎龙村
	367.祁阳县侧树坪村		397.道县达头山村
	368.道县坦口村		398.道县庄村
	369.道县桥头村		399.宁远县路亭村
	370.道县乡龙村		400.宁远县久安背村
	371.道县菖路村		401.宁远县骆家村
	372.道县横岭村		402.宁远县城盘岭村
	373.江永县何家湾村		403.宁远县琵琶岗村
	374.江永县向光村		404.宁远县岭头村
	375.江永县河渊村		405.江永县古调村
	376.江永县夏湾村		406.江永县清溪村
	377.江永县浦尾村		407.宁远县大阳洞村
	378.江永县桐口村		408.宁远县柏家村
	379.江永县高家村		409.宁远县平田村
	380.江永县东塘村		410.宁远县西湾村
	381.江永县大地坪村		411.新田县龙家大院村
	382.江永县城下村		412.新田县彭梓城村
	383.江永县黄甲岭社区		413.新田县乐大晚村
	384.江永县松柏社区		414.新田县厦源村
	385.江永县新桥村		415.新田县骆铭孙村

中国传统村落名录第五批（401个）			
所属地市	村名	所属地市	村名
永州市	416.江华县牛路社区	长沙市	448.浏阳市潭湾村
张家界市	417.永定区栗山村	常德市	449.汉寿县铁甲村
	418.永定区红星村		450.桃源县三红村
	419.永定区盘塘村		451.桃源县毛坪村
	420.永定区红土坪村	怀化市	452.沅陵县上古古寨
	421.永定区栗子坪村		453.沅陵县洞溪村
	422.永定区马头溪村		454.沅陵县金花殿村
	423.永定区紫荆塔村		455.沅陵县金河村
	424.永定区太阳山村		456.沅陵县三星村
	425.永定区宋家溪村		457.沅陵县拖舟村
	426.永定区桥边河村		458.沅陵县楠木村
	427.永定区木山村		459.沅陵县中村村
	428.永定区砂子垭村		460.沅陵县借母溪村
	429.永定区韭菜垭村		461.沅陵县洞上坪村
	430.永定区高坪村		462.沅陵县碣滩村
	431.永定区龙阳村		463.沅陵县黄泥田村
	432.永定区孙阳坪村		464.沅陵县粟家古寨
	433.永定区筒车坝村		465.沅陵县板树坪村
	434.永定区龙凤村		466.沅陵县楠木垭古寨
	435.永定区黄家河村		467.辰溪县张家溜村
	436.永定区熊家塔村		468.辰溪县板桥村
	437.永定区铜斗村		469.辰溪县龚家湾村
	438.永定区和平村		470.辰溪县椒坪溪村
	439.慈利县老棚村		471.辰溪县船溪驿村
	440.桑植县廖城村		472.辰溪县雷家坡村
	441.桑植县双溪桥村		473.辰溪县纪岩村
娄底市	442.双峰县香花村		474.辰溪县刘家垅村
	443.新化县上溪村		475.辰溪县梯田村
	444.新化县琅塘社区		476.辰溪县保树坪村
	445.涟源市洄水村		477.辰溪县茂兰冲村
	446.涟源市三甲村		478.辰溪县当峰村
长沙市	447.长沙县开慧村		479.辰溪县光明堂村

所属地市	村名	所属地市	村名
怀化市	480.辰溪县狮头坡村	怀化市	512.靖州县前进村
	481.会同县金寨村		513.靖州县铜锣村
	482.洪江市长坡村		514.靖州县岩寨村
	483.洪江市界脚村		515.靖州县姚家村
	484.洪江市大沅村		516.靖州县新寨村
	485.洪江市大年溪村		517.靖州县地芒村
	486.洪江市双松村		518.靖州县金山寨村
	487.洪江市羊坡村		519.靖州县元贞凤冲村
	488.洪江市罗翁村		520.靖州县地卢村
	489.洪江市铁山村		521.靖州县芳团村
	490.洪江市芙蓉溪村		522.靖州县戈盈村
	491.洪江市蒿莱坪村		523.靖州县高营村塘保寨
	492.洪江市花洋溪村		524.靖州县康头村
	493.洪江市小熟坪村		525.靖州县新街村
	494.洪江市黄家村		526.溆浦县金子湖村
	495.洪江市白龙村		527.溆浦县金牛村
	496.洪江市翁朗溪村		528.溆浦县岩板村
	497.洪江市竹坪垅村		529.溆浦县白雾头村
	498.洪江市青树村		530.溆浦县金屋湾村
	499.会同县东岳司村		531.溆浦县高桥村
	500.会同县官舟村		532.溆浦县青龙溪村
	501.会同县盛储村		533.溆浦县仁里冲村
	502.会同县望东村		534.溆浦县穿岩山村
	503.会同县檀木村		535.溆浦县牛溪村
	504.会同县长田村		536.溆浦县令溪塘村
	505.会同县西楼村		537.溆浦县高坪村
	506.会同县羊角坪村		538.溆浦县上尚村
	507.会同县相见村		539.通道县张里村
	508.会同县市田村		540.通道县老寨村
	509.会同县白市村		541.通道县龙寨塘村
	510.会同县利溪村		542.通道县地坪村
	511.会同县邓家村		543.通道县中步村

中国传统村落名录第五批（401个）			
所属地市	村名	所属地市	村名
怀化市	544.通道县横岭村	湘西土家族苗族自治州	576.花垣县鼓戎湖村
	545.通道县岭南村		577.花垣县板栗村
	546.通道县西流村		578.花垣县磨子村
	547.通道县恭城村		579.花垣县雅桥村
	548.通道县水涌村		580.花垣县子腊村
	549.通道县贯团村		581.花垣县懂马村
	550.通道县官团村		582.花垣县大兴村
	551.通道县炉溪村		583.花垣县石栏村
	552.通道县枫香村、元现村		584.花垣县岩科村
	553.通道县定溪村		585.花垣县谷坡村
	554.通道县北麻村		586.花垣县桃子村
	555.通道县孟冲村		587.花垣县懂哨村
	556.通道县画笔村		588.保靖县波溪村
	557.新晃县桓胆村		589.保靖县亨章村
	558.新晃县坪南村		590.花垣县土屯村
	559.新晃县黄雷村		591.花垣县大夯来村
	560.新晃县天雷村		592.花垣县夜郎坪村
	561.新晃县大堡村		593.花垣县扪岱村
	562.新晃县绍溪村		594.花垣县东卫村
	563.新晃县烂泥村		595.花垣县排腊村
	564.溆浦县茅坡村		596.泸溪县新寨坪村
株洲市	565.攸县泉坪村		597.泸溪县塘食溪村
	566.茶陵县双元村		598.泸溪县三角潭村
	567.炎陵县西草坪村		599.泸溪县布条坪村
	568.醴陵市沩山村		600.泸溪县李什坪村
湘西土家族苗族自治州	569.凤凰县苏马河村		601.泸溪县张家坪村
	570.凤凰县米坨村		602.龙山县耳洞村
	571.凤凰县扭仁村		603.龙山县天井村
	572.花垣县坡脚村		604.龙山县大字沟
	573.花垣县紫霞村		605.龙山县百型村
	574.花垣县鸡坡岭村		606.龙山县信地村
	575.花垣县龙孔村		607.龙山县中心村

	中国传统村落名录第五批（401个）		
所属地市	村名	所属地市	村名
湘西土家族苗族自治州	608.龙山县东风村	湘西土家族苗族自治州	634.古丈县沾潭村
	609.龙山县兔吐村		635.古丈县梓木村
	610.龙山县双树村		636.古丈县磨刀岩村
	611.龙山县双坪村		637.古丈县夯娄村
	612.龙山县前丰村		638.古丈县新窝村
	613.龙山县马洛沟		639.古丈县白果树村
	614.龙山县泽果村		640.古丈县坐龙峡村
	615.龙山县猛西村		641.古丈县三坪村
	616.龙山县烈坝村		642.古丈县陈家村
	617.龙山县喇宗坡寨		643.古丈县曹家村
	618.龙山县天桥村		644.古丈县窝米寨
	619.龙山县塔泥村		645.古丈县葫芦坪村
	620.龙山县脉龙村		646.永顺县大明村
	621.龙山县长兴村		647.永顺县那必村
	622.保靖县丰宏村		648.永顺县西龙村
	623.保靖县新印村		649.永顺县流浪溪村
	624.保靖县白云山村		650.永顺县西岐村
	625.保靖县磋比村		651.永顺县咱河村
	626.保靖县沙湾村		652.永顺县龙珠村
	627.保靖县米溪村		653.永顺县兰花洞村
	628.保靖县陇木村		654.吉首市家庭村
	629.保靖县阿扎河村		655.吉首市联团村
	630.保靖县陡滩村		656.吉首市林农寨
	631.保靖县巴科村		657.吉首市锦坪村
	632.古丈县丫角村		658.吉首市古者寨
	633.古丈县排茹村		

	非前五批的传统村落（5个）		
所属地市	村名	所属地市	村名
娄底市	659.双峰县枫树山村	永州市	662.蓝山县滨溪村
永州市	660.新田县黑砠岭村	怀化市	663.新晃县四路村
株洲市	661.炎陵县中村村		

索引

聚落名称	地点	现存主体聚落形成年代	类型	户数/人口	民族	级别	页码
清溪村	永州市江永县	明清	村落		瑶族	第五批中国传统村落名录	177
沙洲村	郴州市汝城县	明清	村落	500余人	瑶族	第七批中国历史文化名村、第四批中国传统村落名录	177
井头湾村	永州市江华县	明清	村落	1453人	瑶族	第四批中国传统村落名录	178
新开村	湖南省浏阳市	明清	村落	2444人	汉族		182
龙溪村	永州市祁阳县	明清	村落	488户/1831人	汉族	第五批中国历史文化名村、第一批中国传统村落名录	184
金花村	永州市零陵区	明清	村落	233户/1007人	汉族	2011年，湖南省省级文物保护单位	188
龙村	永州市道县	明清	村落	1297人	汉族	第五批中国传统村落名录	199
下灌村	永州市宁远县	明清	村落	7100余人	汉族	第四批中国传统村落名录	201
田广洞村	永州市道县	明清	村落	1951人	汉族	第四批中国传统村落名录	203
苦竹寨	张家界桑植县	唐宋	村落		土家族		204
下冲村	衡阳市常宁市	明清	村落		汉族	第四批中国传统村落名录	206
上水东村	郴州市汝城县	明清	村落	578人	汉族		208
长冲村	郴州市苏仙区	明清	村落	100余户/400余人	汉族	第四批中国传统村落名录	210
横塘村	永州市东安县	明清	村落		汉族	第四批中国传统村落名录	211
板桥村	永州市双牌县	明清	村落	368户/1346人	汉族	第五批中国传统村落名录	212
兰溪村	永州市江永县	明清	村落	500余户/1800余人	瑶族	第六批中国历史文化名村、第三批中国传统村落名录	222
宝镜村	永州市江华县	明清	村落	1000余人	瑶族	第四批中国传统村落名录	225
黑砠岭村	永州市新田县	明清	村落	2831人	汉族	2013年，国家重点文物保护单位	232
金山村	郴州市汝城县	唐	村落	618户/2437余人	汉族	第四批中国传统村落名录	234
清水村	邵阳市邵东县	清	村落	70余户/300余人	汉族	第五批中国传统村落名录、全国重点文物保护单位	253
石泉村	郴州市汝城县	清至民国	村落	662户/2433人	汉族	第四批中国传统村落名录、第七批中国历史文化名村	253

聚落名称	地点	现存主体聚落形成年代	类型	户数/人口	民族	级别	页码
珊钿村	衡阳市耒阳市	宋	村落	2000余人	汉族	第四批中国传统村落名录	190
流华湾村	郴州市资兴市	明清	村落	2891人	汉族	第四批中国传统村落名录	190
石鼓村	郴州市资兴市	清	村落	1040人	汉族	第四批中国传统村落名录	190
蔗塘村	郴州市祁阳市	清	村落	856人	汉族	第四批中国传统村落名录	190
八尺村	郴州市祁阳县	明清	村落	1250人	汉族	第五批中国传统村落名录	190
竹山村	湖南省凤凰县	明	村落	237户/1095人	苗族	第三批中国传统村落名录	190
山下陇古村	怀化市洪江市		村落		汉族	第四批中国传统村落名录	190
坳上村	郴州市苏仙区	明清	村落	504户/2467人	苗族、侗族	第四批中国传统村落名录	214
先锋村	郴州市汝城县	宋	村落	522户/1942人	汉族	第四批中国传统村落名录	214
板梁村	郴州市永兴县	宋	村落	1886人	汉族	第一批中国传统村落名录	214
筱塘村	郴州市桂阳县	明清	村落		汉族	第四批中国传统村落名录	214
地界村	郴州市桂阳县	明清	村落	517户/1924人	汉族	第二批中国传统村落名录	214
魏家村	郴州市桂阳县	宋	村落	193户/752人	汉族	第二批中国传统村落名录	214
龙归坪村	郴州市临武县	明清	村落		汉族	第五批中国传统村落名录	214
中田村	衡阳市常宁市	明清	村落		汉族	第一批中国传统村落名录	214
星塘村	郴州市资兴市	清	村落	1458人	汉族	第四批中国传统村落名录	214
滨溪村	永州市蓝山县	宋	村落	1100余人	汉族		214
芬香村	永州市零陵区	清	村落	1610人	汉族	第四批中国传统村落名录	214
阳山村	郴州市桂阳县	明清	村落	330户/1260人	汉族	第四批中国传统村落名录	214
久安背村	永州市宁远县	明	村落	2415人	汉族	第五批中国传统村落名录	238
路亭村	永州市宁远县	明	村落	2352人	汉族	第五批中国传统村落名录	238
六图村	衡阳市常宁市	清	村落	220户/900人	汉族	第四批中国传统村落名录	238
两湾洞村	郴州市苏仙区	明	村落	368户/1408人	汉族	第五批中国传统村落名录	238
外沙村	郴州市汝城县	明	村落	2297人	汉族	第二批中国传统村落名录	238
土桥村	郴州市汝城县	明清	村落	3092人	汉族	第五批中国传统村落名录	238
千家岸村	郴州市宜章县	明清	村落	2280人	汉族	第四批中国传统村落名录	238
沙坪村	郴州市宜章县	明清	村落	1911人	汉族	第五批中国传统村落名录	238
锦湖村	郴州市桂阳县	明	村落		汉族	第五批中国传统村落名录	238
庙下村	郴州市桂阳县	宋	村落	1948人	汉族	第二批中国传统村落名录	238
新民村	湘西保靖县		村落		土家族、苗族	第四批中国传统村落名录	247
正龙村	娄底市新化县	明清	村落		苗族	第三批中国传统村落名录	247

聚落名称	地点	现存主体聚落形成年代	类型	户数/人口	民族	级别	页码
沩山村	株洲市醴陵县	明清	村落		汉族	第七批中国历史文化名村、第五批中国传统村落名录	247
板栗村	湘西花垣县	清	村落	1426人	苗族	第一批中国传统村落名录	251
十八洞村	湘西花垣县	清至民国	村落	989人	苗族	第四批中国传统村落名录	251
黄家村	怀化市洪江市	清	村落	806人	瑶族	第五批中国传统村落名录	255
楼田村	永州市道县	宋	村落	1147人	汉族	第七批中国历史文化名村、第四批中国传统村落名录	256
大地坪村	永州市江永县	明清	村落		汉族	第五批中国传统村落名录	256
宝盖村	衡阳市衡南县	宋	村落	900人	汉族	第四批中国传统村落名录	266
骆铭孙村	永州市新田县	宋	村落		汉族	第五批中国传统村落名录	266
林源村	怀化市靖州县	明	村落	1334人	侗族	第四批中国传统村落名录	269
大园村	邵阳市绥宁县	清	村落	1219人	苗族	第六批中国历史文化名村、第三批中国传统村落名录	269
桃林村	邵阳市城步县	民国	村落	628人	苗族	第二批中国传统村落名录	269
双凤村	湘西永顺县	明清	村落	325人	土家族	第一批中国传统村落名录	269
横岭村	怀化市通道县	明清	村落		侗族	第五批中国传统村落名录	269
芋头村	怀化市通道县	明	村落		侗族	第六批中国历史文化名村、第三批中国传统村落名录	269
文化村	怀化市通道县		村落	2250人	侗族	第三批中国传统村落名录	269
大渔村	衡阳市衡南县	宋	村落		汉族	第四批中国传统村落名录	281
津江村	郴州市汝城县	唐	村落	3354人	汉族	第四批中国传统村落名录	284
高村	郴州市汝城县	宋	村落		汉族	第五批中国传统村落名录	284
株木村阳雀坡	怀化市溆浦县	清	村落		汉族	第四批中国传统村落名录	289
乌峰村	怀化市溆浦县	清	村落	1662人	汉族	第四批中国传统村落名录	289
荆坪村	怀化市中方县	明清	村落	1720余人	汉族	第四批中国传统村落名录	289
江坪村	怀化市中方县	宋	村落		汉族	第四批中国传统村落名录	289
木山村	张家界永定区	元	村落		土家族	第五批中国传统村落名录	289
黄溪村	怀化市中方县	明清	村落		汉族	第四批中国传统村落名录	296
彭梓城村	永州市新田县	元	村落	2300余人	汉族	第五批中国传统村落名录	296

参考文献

[1] 湖南省文物考古研究所. 澧县城头山古址1997-1998年度发掘简报 [J]. 文物，1999 (06).

[2] 王力军. 城头山遗址保护总体规划 [J]. 中国文化遗产，2004 (08).

[3] 中国历史地图集编辑组. 中国历史地图集·第一册 [M]. 上海：中华地图学社，1975.

[4] 余英. 中国东南系建筑区系类型研究 [M]. 北京：中国建筑工业出版社，2001.

[5] 朱永华，王颖姝. 九嶷山发现舜帝陵庙遗址 [N]. 湖南日报，2004-08-14.

[6] 陆元鼎主编. 中国民居建筑 (中) [M]. 北京：中国建筑工业出版社，2003.

[7] 唐晔. 湘南汝城传统村落人居环境研究 [D]. 广州：华南理工大学，2005.

[8] 叶强. 湘南瑶族民居初探 [J]. 华中建筑，1990 (02).

[9] 成长. 江华瑶族民居环境特征研究 [D]. 长沙：湖南大学，2004.

[10] 黄家瑾，邱灿红. 湖南传统民居 [M]. 长沙：湖南大学出版社，2006.

[11] 贺业钜. 湘中民居调查 [J]. 建筑学报，1957 (03).

[12] 中华人民共和国住房和城乡建设部. 中国传统建筑解析与传承 湖南卷 [M]. 北京：中国建筑工业出版社，2017.

[13] 柳肃. 营建的文明：中国传统文化与传统建筑 [M]. 北京：清华大学出版社，2014.

[14] 李根. 全国最大的祠堂"曾氏宗祠"竟在湖南洞口一乡村 [EB/OL]. 2017-02-27.

[15] 魏欣韵. 湘南民居：传统聚落研究及其保护与开发 [D]. 长沙：湖南大学，2003.

[16] 郭兰胜，黄昌盛. 湖南发现围屋 [N]. 湖南日报，2016-05-25，第01版.

[17] 吴庆洲. 建筑哲理、意匠与文化 [M]. 北京：中国建筑工业出版社，2005.

[18] 蒋学志. 洪江古商城明清会馆建筑研究 [J]. 中外建筑，2005 (4).

[19] 郭谦. 湘赣民系民居建筑与文化研究 [D]. 广东：华南理工大学，2002.

[20] 余英. 中国东南系建筑区系类型研究 [M]. 北京：中国建筑工业出版社，2001.

[21] 涂荣荣. 湖南洪江托口古镇研究 [D]. 武汉：武汉理工大学，2008.

[22] 余翰武，陆琦，伍国正. 沅水中上游流域传统建筑"窨子屋"研究 [J]. 工业建筑，2015，45 (04).

[23] 湖南省住房和城乡建设厅. 湖南传统村落 (第一卷) [M]. 北京：中国建筑工业出版社，2005.

[24] 伍国正，吴越，刘新德. 传统民居建筑的装饰审美文化——以湖南传统民居为例. 传统民居与地域文化 [C]. 北京：中国水利水电
    出版社，2010.

[25] 伍国正，吴越. 传统建筑的门饰艺术及其文化内涵 [M] // 岭南建筑文化论丛. 广州：华南理工大学出版社，2010.

[26] 伍国正，刘新德，林小松. 湘东北地区"大屋"民居的传统文化特征 [J]. 怀化学院学报，2006，25 (10).

[27] 伍国正，吴越. 传统村落形态与里坊、坊巷、街巷：以湖南省传统村落为例 [J]. 华中建筑，2007，25 (04).

[28] 伍国正，余翰武，隆万容. 传统民居的建造技术——以湖南传统民居建筑为例 [J]. 华中建筑，2007，25（11）.

[29] 伍国正，余翰武，周红. 湖南传统村落的防御性特征 [J]. 中国安全科学学报，2007，17（10）.

[30] 伍国正，吴越，刘新德. 传统民居建筑的生态特性——以湖南传统民居建筑为例 [J]. 建筑科学，2008，24（03）.

[31] 伍国正，吴越. 传统民居庭院的文化审美意蕴：以湖南传统庭院式民居为例 [J]. 华中建筑，2011，29（01）.

[32] 伍国正，周红. 永州乡村传统聚落景观类型与特点研究 [J]. 华中建筑，2014，32（09）.

[33] 吕遵锷. 关于新晃、怀化发现旧石器文化的问题 [J]. 怀化史志，1988（1）. 转引自：袁家荣. 略谈湖南旧石器的几个问题 [C] // 中国考古学会第七次年会论文集. 北京：文物出版社，1989.

[34] 万全文，杨理胜. 青铜时代背景下湖南文化中心的变迁 [J]. 湖南省博物馆馆刊，2018（08）.

[35] 袁家荣. 湖南旧石器时代文化与玉蟾岩遗址 [M]. 长沙：岳麓书社，2013.

[36] 孙伟，杨庆山，刘捷. 尊重史实——城头山遗址展示设计构思 [J]. 低温建筑技术，2011（01）.

[37] 湖南省文物考古研究所. 澧县城头山——新石器时代遗址发掘报告 [M]. 北京：文物出版社，2007.

[38] 张文绪，裴安平. 澧县梦溪乡八十垱出土稻谷的研究 [J]. 文物，1997（01）.

[39] 郭伟民. 城头山遗址与洞庭湖区新石器时代文化 [M]. 长沙：岳麓书社，2012.

[40] 张伟然. 湖南历史文化地理研究 [M]. 上海：复旦大学出版社，1995.

[41] 零陵地区地方志编纂委员会编. 零陵地区志 [M]. 长沙：湖南人民出版社，2001.

[42] 湖南省文物考古研究所. 坐果山与望子岗：潇湘上游商周遗址发掘报告 [M]. 北京：科学出版社，2010.

[43] 罗庆康. 长沙国研究 [M]. 长沙：湖南人民出版社，1998.

[44] 谭其骧. 中国内地移民·湖南篇 [J]. 史学年报，1931.

[45] 杨慎初. 湖南传统建筑 [M]. 长沙：湖南教育出版社，1993.

[46]（明）沈瓒编撰，（清）李涌重编，陈心传补编，伍新福校点，湖湘文库编辑出版委员会. 五溪蛮图志 [M]. 长沙：岳麓书社，2012.

[47] 李怀荪. 古代移民与湘西开发 [J]. 民族研究，1995（1）.

[48] 湖南省建设厅. 湘西历史城镇、村寨与建筑 [M]. 北京：中国建筑工业出版社，2008.

[49]《苗族简史》编写组. 苗族简史 [M]. 贵阳：贵州民族出版社，1985.

[50] 张泽槐. 永州史话 [M]. 桂林：漓江出版社，1997.

[51] 李筱文. 盘古、盘瓠信仰与瑶族 [J]. 清远职业技术学院学报，2014，07（02）.

[52] 湖南省住房和城乡建设厅. 湖南传统建筑 [M]. 长沙：湖南大学出版社，2017.

[53] 张官妹. 浅说周敦颐与湖湘文化的关系 [J]. 湖南科技学院学报，2005（03）.

［54］李才栋. 周敦颐在书院史上的地位［J］. 江西教育学院学报，1993，14（03）.

［55］方吉杰，刘绪义. 湖湘文化讲演录［M］. 北京：人民出版社，2008.

［56］张泽槐. 古今永州［M］. 长沙：湖南人民出版社，2003.

［57］南怀瑾. 论语别裁［M］. 上海：复旦大学出版社，2005.

［58］董鉴泓. 古代城市二十讲［M］. 北京：中国建筑工业出版社，2009.

［59］杨宇振. 中国西南地域建筑文化研究［D］. 重庆：重庆大学，2002.

［60］张衢. 湘西沅水流域城市起源与发展研究［D］. 长沙：湖南师范大学，2003.

［61］熊传新. 麻阳县发现东周时期古铜矿井，楚文化考古大事记［M］. 北京：文物出版社，1984.

［62］马立本. 湘西文化大辞典［M］. 长沙：岳麓书社，2008.

［63］蒋南华，王化伟，蒋晓红，张金富. 武陵黔东——中华及其贵州文明的发祥地［J］. 贵州师范学院学报，2011，27（8）.

［64］司马迁. 史记·五帝本纪［M］. 北京：中华书局，1982.

［65］范晔. 后汉书·南蛮西南夷列传［M］. 北京：中华书局，1973.

［66］伍新福. 苗族历史探考［M］. 贵州：贵州民族出版社，1992.

［67］司马迁. 史记·楚世家［M］. 北京：中华书局，1975.

［68］余翰武，陆琦. 遗产廊道理念下沅水流域传统聚落发展概略［J］. 小城镇建设，2013（9）.

［69］脱脱，等. 宋史·西南溪洞诸蛮（上）［M］. 北京：中华书局，1977.

［70］（德）阿尔弗雷德·申茨. 幻方：中国古代的城市［M］. 梅青，译. 北京：中国建筑工业出版社，2009.

［71］贺业钜. 中国古代城市规划史［M］. 北京：中国建筑工业出版社，1996.

［72］徐镇元. 岳阳发展简史［M］. 北京：华文出版社，2004.

［73］岳阳市地方志编纂委员会. 岳阳市志·第八册·城乡建设卷［M］. 北京：中央文献出版社，2004.

［74］温福钰主编. 长沙［M］. 北京：中国建筑工业出版社，1989.

［75］（清）刘采邦，张延珂，等. 长沙县志. 疆域志. 同治十年（1871年）刊.

［76］张研. 试论清代的社区［J］. 清史研究，1997（02）.

［77］（清）饶栓修，旷敏本纂.（乾隆二十八年）衡州府志［M］. 清光绪元年补刻重印. 长沙：岳麓书社，2008.

［78］（清）彭玉麟修，殷家俊，罗庆芗纂.（同治十一年）衡阳县图志［M］. 长沙：岳麓书社，2010.

［79］衡阳市建设志编纂委员会. 衡阳市建设志［M］. 长沙：湖南出版社，1995.

［80］吴庆洲. 中国古代哲学与古城规划［J］. 建筑学报，1995（08）.

［81］张传玺，杨济安. 中国古代史教学参考地图集［M］. 北京：北京大学出版社，1984.

［82］湖南省永州市、冷水滩市地方志联合编纂委员会编. 零陵县志［M］. 北京：中国社会出版社，1992.

［83］李珍. 汉零陵县治考［J］. 广西民族研究，2004（02）.

［84］黄善言，谢铨，欧阳培民. 湖南永州柳子庙［J］. 华中建筑，1989（01）.

［85］张群. 凤凰古城的保护开发思路［J］. 安徽农业科学，2008，36（12）.

［86］姜猛. 凤凰古城的文化遗产保护与旅游发展研究［D］. 长沙：国防科学技术大学，2010.

［87］黄应培. 凤凰厅志（乾隆、道光、光绪合订本）［M］. 香港：天马图书有限公司，2003.

［88］刘一友. 凤凰厅城的崛起和楚巫文化的张扬（上篇）——《沈从文与湘西》之二［J］. 吉首大学学报（社会科学版），1999（03）.

［89］张兰，阮仪三. 历史文化名城凤凰县及其保护规划［J］. 城市规划学刊，2001（3）.

［90］黔阳县地方志编撰委员会编. 黔阳县志［M］. 北京：中国文史出版社，1991.

［91］黔阳县志. 同治十三年重修. 学署藏版.

［92］洪江区史志档案局. 洪江市志［M］. 上海：上海三联书店，1994.

［93］刘芝凤. 发现明清古商城——湘西洪江探幽［M］. 广州：南方日报出版社，2002.

［94］洪江市志编纂委员会. 洪江市志［M］. 北京：生活·读书·新知三联书店，1994.

［95］蒋学志，梁斌. 洪江古商城建筑形态与特征［M］. 长沙：湖南科学技术出版社，2004.

［96］成臻铭. 土司城的建筑典范——永顺老司城遗址建筑布局及功能研究［M］. 北京：民族出版社，2014.

［97］赵逵，白梅. 湖南临湘聂市古镇国家历史文化名城研究中心历史街区调研［J］. 城市规划，2016（08）.

［98］肖自力. 古村风韵［M］. 长沙：湖南文艺出版社，1997.

［99］陆元鼎，魏彦钧. 广东民居［M］. 北京：中国建筑工业出版社，1990.

［100］陆琦. 中国民居建筑丛书：广东民居［M］. 北京：中国建筑工业出版社，2008.

［101］胡功田，张官妹. 永州古村落［M］. 北京：中国文史出版社，2006.

［102］方吉杰，刘绪义. 湖湘文化讲演录［M］. 北京：人民出版社，2008.

［103］余翰武，吴越. 浅析传统聚落住居及其潜意识——以怀化高椅村为例［J］. 吉林建筑工程学院学报，2007（1）.

［104］余翰武，隆万容. 洪江古商镇发展动因探析［J］. 建筑科学，2008，24（03）.

［105］童恩正. 中国北方与南方古代文明发展轨迹之异同［J］. 中国社会科学，1994（05）.

［106］湖南省住房和城乡建设厅. 湖南传统村落［M］. 北京：中国建筑工业出版社，2017.

［107］李哲. 湖南永兴县板梁村建筑布局及形态研究［D］. 长沙：湖南大学，2007.

［108］何峰. 湘南汉族传统村落空间形态演变机制与适应性研究［D］. 长沙：湖南大学，2012.

［109］罗连杰，丁杰. 徽州许村传统街巷空间探究［J］. 合肥工业大学学报（社会科学版），2018，32（02）.

［110］胡功田，张官妹. 千年文化古村上甘棠［M］. 珠海：珠海出版社，2004.

［111］王绚. 传统堡寨聚落研究［D］. 天津：天津大学，2004.

［112］陈华英. 中国的塔与亭［M］. 台北：常春树书坊，1989.

［113］楼庆西. 中国传统建筑装饰五书之装饰之道［M］. 北京：中国建筑工业出版社，2011.

［114］冯祖贻，朱俊明，潘年英，等. 侗族文化研究［M］. 贵阳：贵州人民出版社，1999.

［115］水井与自来水：一项基于侗族日常生活的人类学考察［J］. 云南民族大学学报，2016.

［116］北京市古代建筑研究所. 北京现存祠庙建筑研究［M］. 北京：北京燕山出版社，2010.

［117］樊鹏. 基于新农村建设背景下的湖南苗族村落文化保护研究［D］. 长沙：湖南大学，2012.

［118］宋晓丹. 基于场所精神的湘西传统村落公共空间演变与重构研究［D］. 长沙：湖南大学，2018.

［119］龙林格格. 湘西花垣县苗族传统村落空间形态解析［D］. 北京：北京建筑大学，2018.

[120] 魏挹澧. 湘西风土建筑 [M]. 武汉：华中科技大学出版社，2010.

[121] 陆群. 五溪流域盘瓠庙时空分布研究 [J]. 原生态民族文化学刊，2017.

[122] 陆群. 苗族女神祭坛的类型及特征论析 [J]. 民族宗教与西部边疆研究，2018.

[123] 易子晴. 湘西苗族礼仪中的造型艺术研究 [D]. 长沙：湖南师范大学，2014.

[124] 何泌章. 苗族伦理文化研究：以建筑为视角 [M]. 海口：南方出版社，2010.

[125] 伍国正. 湘江流域传统民居及其文化审美研究 [M]. 北京：中国建筑工业出版社，2019.

[126] 周宏伟. 传世文献中没有记载过洞庭郡吗？[J]. 湖南师范大学社会科学学报，2003（03）.

[127] 余翰武. 析高椅村的住居环境与营造理念 [J]. 建筑科学，2006，22（06）.

[128] 余翰武，吴越. 传统集镇街道商业空间的意象力解析 [J]. 建筑科学，2008，24（09）.

[129] 余翰武，陆琦. "檐"下之义 [J]. 华中建筑，2014（6）.

[130] 余翰武. "沿沅水去看看"——传统集镇商贸空间形态及活力探寻 [M]. 南京：东南大学出版社，2018.

[131] 伍国正. 永州古城营建与景观发展特点研究 [M]. 北京：中国建筑工业出版社，2018.

[132] 伍国正. 湘江流域乡村祠堂建筑景观与文化 [M]. 长春：吉林大学出版社，2021.

聚落是人类社会发展到一定阶段的产物，不仅是满足生活、生产活动的功能空间，也是反映某种生产关系和社会关系的社会空间，还是反映聚落群体共同信仰和行为规范的意识空间。每个聚落内部都存在着特殊的社会结构、活动、制度以及与之相应的社会形态。

传统聚落承载着中华民族的历史记忆、生产生活智慧、文化艺术结晶和民族地域特色，较完整地体现了一定时期的传统风貌，拥有较丰富的非物质文化遗产资源，具有较高的历史、文化、科学、艺术、社会、经济价值。

湖南传统聚落是湖南历史、社会演绎变迁的见证和存续，是中华文化在湖南地区的实体延续。湖南有着悠久的文明史，楚文化、儒学文化、理学文化以及少数民族的本土文化共同荟萃成为丰富多彩、博大精深的湖湘文化。始建于公元976年的岳麓书院有着"千年学府"之称，"惟楚有材，于斯为盛"，道出了湖南英才辈出的历史事实。在这浓厚的文化积淀之下，加上多样的地形地貌造就了湖南种类众多的传统聚落和民居形式，散落在湖南各地的传统聚落呈现出地域的多样性、民族的多元性等特点。

本书结合前人研究成果，在对湖南地区进行深入实地调查和分析的基础上，从府城、县城、乡镇和村落四个层次对湖南传统聚落的格局、空间构成特点等内容进行阐述和分析，并探讨了传统聚落的保护及活化策略。希望借由此书的撰写，为湖南传统聚落的保护和文化传承尽绵薄之力。由于作者的学识和精力有限，在系统性和深度上难免有所不足，期望能抛砖引玉，引起相关学者的关注和深入研究。

另外，参加本书撰写、调研和资料收集整理工作的人员还有：吴越、张平、李夏阳、李婷、冯博、黄靖琪、胡沛玲、梁昭、代嘉欣、王汝鑫、贾杪偲、蒋璐、于顺成、王立言、王萌、谭绥亨、谭鑫烨、李曦燕、廖静、沈盈、刘洋、张璐、朱昕、李力夫、刘灿松、刘俊成、王睿妮、游欣宇、李爱民、薛棠皓、赵琦、尹政、高国峰、黄璞、宋岸峰、邵泽勋、吕沅蔓、段也平等，感谢他们的辛勤劳动和付出。

图书在版编目（CIP）数据

中国传统聚落保护研究丛书. 湖南聚落 / 余翰武，
伍国正著. —北京：中国建筑工业出版社，2021.12
　　ISBN 978-7-112-26925-9

　Ⅰ. ①中… Ⅱ. ①余… ②伍… Ⅲ. ①乡村地理－聚
落地理－研究－湖南 Ⅳ. ①K928.5

中国版本图书馆CIP数据核字（2021）第249600号

　　本书阐述了湖南传统聚落的形成、发展、变迁及其特点。书中详细阐述了湖南聚落形成、历史变迁和民族文化的特点；分析了湖南自然环境对聚落形成和住居模式的影响，以及目前现存传统聚落的空间分布特征；分别对府城、县城、乡镇的城镇聚落形态进行了例证，重点归纳和分析了其格局形成及特点；对数量庞大的乡村聚落从聚落选址、形态特征、公共场所及公共建筑类型进行了描述和总结；最后对传统聚落的保护和活化提出了一些方法、视角和策略，对于传统聚落激发其潜在活力，带动经济发展，改善和提高住居品质，是其可持续发展的有效途径。本书可供建筑、城乡规划、风景园林、人文地理、文物保护等相关专业的读者及文化旅游爱好者参考阅读。

扫一扫
观看本卷聚落视频资源

责任编辑：吴　绫　胡永旭　唐　旭　贺　伟　张　华
文字编辑：李东禧　孙　硕
书籍设计：付金红　李永晶
责任校对：张惠雯

中国传统聚落保护研究丛书
湖南聚落
余翰武　伍国正　著
＊
中国建筑工业出版社出版、发行（北京海淀三里河路9号）
各地新华书店、建筑书店经销
北京锋尚制版有限公司制版
北京富诚彩色印刷有限公司印刷
＊
开本：889毫米×1194毫米　1/16　印张：23½　插页：6　字数：614千字
2022年12月第一版　　2022年12月第一次印刷
定价：**278.00**元（含视频资源）
ISBN 978-7-112-26925-9
　　（36767）